藤杖一条提得起才放得下

禅关两扇看不破便打不开

TUTORIALS ON
BUSINESS MODEL

# 商业模式教程

袁柏乔　幸　佳◎编著

中国财经出版传媒集团

经济科学出版社
Economic Science Press

·北 京·

**图书在版编目（CIP）数据**

商业模式教程／袁柏乔，幸佳编著. －－北京：经
济科学出版社，2025.8. －－ISBN 978 - 7 - 5218 - 6633 - 9

Ⅰ. F71

中国国家版本馆 CIP 数据核字第 2025FR2940 号

责任编辑：侯晓霞
责任校对：李　建
责任印制：张佳裕

**商业模式教程**

**SHANGYE MOSHI JIAOCHENG**

袁柏乔　幸　佳　编著

经济科学出版社出版、发行　新华书店经销

社址：北京市海淀区阜成路甲 28 号　邮编：100142

教材分社电话：010 - 88191345　发行部电话：010 - 88191522

网址：www. esp. com. cn

电子邮件：houxiaoxia@ esp. com. cn

天猫网店：经济科学出版社旗舰店

网址：http：//jjkxcbs. tmall. com

北京季蜂印刷有限公司印装

787 × 1092　16 开　25.5 印张　530000 字

2025 年 8 月第 1 版　2025 年 8 月第 1 次印刷

ISBN 978 - 7 - 5218 - 6633 - 9　定价：77.70 元

（图书出现印装问题，本社负责调换。电话：010 - 88191545）

（版权所有　侵权必究　打击盗版　举报热线：010 - 88191661

QQ：2242791300　营销中心电话：010 - 88191537

电子邮箱：dbts@ esp. com. cn）

# 《商业模式教程》
## 内容简介

　　本书基于协同学思想，以建构中国自主的商业模式知识体系为目标，以价值创造与价值获取的动态平衡为主线，从企业与市场、利益相关者之间对立统一的关系出发，阐明商业模式的本质与核心理念。本书结合当代领先的商业模式创新实践案例，并系统梳理商业思想史，深入浅出地阐释了商业模式的构成要素、主要职能、运行机制和创新路径。

　　本书的主要特色如下：贯彻定性与定量相结合的方法论，坚持商业模式的经济属性与社会属性相统一，注重商业模式的理论性与实践性相融合，突出商业模式的时代性和本土性，强化商业模式的系统性、过程性和动态性。全书以"宽视野、重创新"为原则，既能帮助读者理解商业模式的共通特性，也能让读者轻松领悟其精髓，并灵活应用于各类商业活动。

　　本书适合作为高校相关专业商业模式课程教材，亦可用于企事业单位的培训，或供商业从业者和研究者自学使用。

# 《商业模式教程》
# 编委会

**主　任**（排名不分先后）

周宏骐　新加坡国立大学兼任教授、商业模式畅销书《生意的本质：商业模式动态升级的底层逻辑》作者、天使投资人

席酉民　西交利物浦大学执行校长（2008～），英国利物浦大学副校长（2008～），西安交通大学人文社科资深教授

**副主任**（排名不分先后）

魏　炜　管理科学与工程博士、北京大学汇丰商学院教授、商业模式研究中心主任、国内商业模式理论研究的先行者和奠基人

朱武祥　数量经济学博士、清华大学经济管理学院教授、博士生导师。魏朱商业模式理论联合创建人、清华大学商业模式创新研究中心主任

芮明杰　经济学博士、复旦大学文科国家一级教授、博士生导师、国务院政府特殊津贴专家、复旦大学应用经济学博士后流动站站长、复旦大学企业发展与管理创新研究中心主任

吴照云　管理学博士、二级教授、博士生导师。江西财经大学原副校长，第四、五届全国工商管理硕士（MBA）教育指导委员会委员，财政部首批跨世纪企业管理学科带头人，中国企业管理学会副会长，中国管理50人论坛发起成员

黄津孚　首都经济贸易大学二级教授、中国人民大学博士生导师、国务院政府特殊津贴专家。首都经济贸易大学学术委员会原委员、工商管理学院创始院长、国家企业管理现代化创新成果审定委员会委员、袁宝华企业管理金奖评审专家委员会委员

陈传明　经济学博士、管理学教授、博士生导师。南京大学管理学院原院长，国家级精品课程《管理学》主持人，中宣部、教育部马克思主义理论研究和建设工程《管理学》首席专家，中国企业管理研究会副会长

吕　力　经济学博士、扬州大学特聘教授、博士生导师。中国管理现代化研究会管理思想与商业伦理专委会副主任委员、《中国文化与管理》学术期刊创刊主编、中国人民大学复印资料《企业管理》编委、中国管理 50 人论坛发起成员

黎　鹏　理学博士、广西大学二级教授、博士生导师、国务院政府特殊津贴专家。国家社会科学基金学科评审组专家、国家级人才项目评审专家、教育部高校经济学专业教学指导委员会委员

赵洱崟　经济学博士、北京理工大学教授、博士生导师、博士后合作导师。国务院中国政策研究会经济科学分会常务理事、教育部国家课程思政教学名师、首批国家精品在线开放课程（线上一流课程）《管理沟通》主持人

马正兵　经济学博士、教授。重庆开放大学副校长、教育部高校经济学专业教学指导委员会委员、国家级一流本科课程《金融学》负责人

# 推荐序一
## FOREWORD

## 和谐心智，融合智慧，逆俗生存

千年未遇之世界变局以及人工智能对经济和社会生活的重塑，迫使人们反思企业发展与商业实践的新模式：21 世纪的企业竞争已超越了单纯的产品、价格或服务的较量，真正决定企业命运的，是商业模式的较量。在构建我的创业成功与事业可持续发展模型①时，我有意识地将商业模式置于中心位置（见图 1）。原因是商业模式反映了我们在充分理解自己、社会和未来世界基础上对价值创造逻辑的基本认知，甚至是我们使命愿景确立的重要基础。当然，商业模式的成功落地，取决于很多要素，我在图 1 中罗列了五个关键的方面。

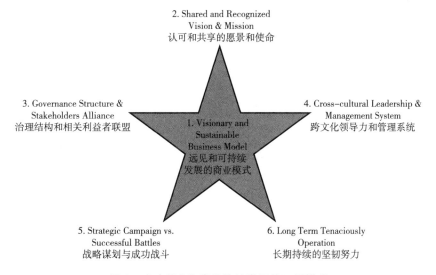

图 1　成功创业和事业持续发展的五星模式

---

① 席酉民. 管理何为：一个"理想主义"践行者的人生告白 ［M］. 北京：清华大学出版社，2022：321.

在当今日益不确定、复杂、模糊、多变的世界，商业模式在不断迭代和演进，例如数字化和智能化使跨越组织边界的融合成为可能，进而催生了围绕产业的平台搭建和生态营造，可以说我们已经进入了一个"生态时代"，创造和收获生态红利成为发展的新目标，换句话说，商业模式已不再局限于传统的企业内的"价值创造"，而是通过系统性设计实现"价值放大"与"价值锁定"。以特斯拉为例，其商业模式不仅通过技术创新颠覆了传统汽车行业，更通过能源生态系统的构建，将"卖车"升级为"卖未来"。阿里巴巴则通过打造数字经济体，将商业模式从单纯的交易撮合，进化为生态系统的价值协同。亚马逊的"飞轮效应"更是将客户体验、运营效率与收入模式无缝衔接，形成难以撼动的商业护城河。

这种从"竞争"到"竞合"的范式转移，正是新时代商业模式独特魅力的体现。它不是静态的理论框架，而是动态演化的"商业生命体"，在不确定性中寻找确定性，在多元博弈中构建共生逻辑。商业的本质不仅在于价值创造，还在于价值创造过程中所建立的协同关系。经营者通过构建或嵌入价值网络，可以达成人与人、人与物、人与人工智能的高效协同。这种关系超越了简单、线性的竞争关系，体现了商业活动的复杂性和多元性。这一主张与和谐管理的价值观和方法论高度契合。

正如和谐管理理论所揭示的，"和"是多元共生的润滑剂和发酵剂，"谐"是多元协同的黏合剂和助推器，"和""谐""耦合"是围绕商业模式构建生态、确保其动态平衡的关键，需要"和谐心智"[①] 和"融合智慧"[②]。当战略与商业模式围绕不同阶段的发展重点同频共振时，企业便能以独特的价值创造和有机的生态体系在复杂世界中享受持续进化的力量源泉。

从管理的角度讲，社会就是一部无限集的、演化的且多方博弈的连续剧。我们每个人不再是旁观者，而是其中的参与者，特别是那些身处领导岗位上的人，以其独特的视野、地位和资源，带领团队演绎出各具特色的商业模式，干预甚或主导着剧情的发展。因此，商业模式决定我们唱什么戏，管理则是"一个从更好到更好的旅行"，让演出精彩纷呈。

真正的研究必须关注现实世界的种种困惑和难题，尽可能以历史、社会、文化、互动的整体视角构建自己的解释模型，并从实践甚或理论上探讨破解的方法！进入生态时代，颠覆、重塑、创新成为常态，商业模式首当其冲！《商业模式教程》一书摒弃了"零和博弈"的竞争思维，以协同学思想为基础，致力于构建中国自主的商业模式知识体系，这无疑是一次有勇气的尝试。作者以价值创造与价值获取的动态平衡为核心，从企业与市场、利益相关者之间对立统一的关系出发，深入探讨商业模式的本质与核心理念，重新定义了企业成功的底层逻辑，揭示商业的本质在于构建价值网络

---

① 席西民. 和谐心智——鲜为人知的西浦管理故事 [M]. 北京：清华大学出版社，2020.
② 席西民. 生态时代与融合智慧 [EB/OL]. https：//www.mbachina.com/html/mbachina/202412/606119.html.

中的高效协同，而非简单的资源争夺。作者独创的"六职能模型"将商业模式拆解为"环境分析→模式定位→资源整合→价值创造→价值获取→创新重构"六大动态过程，既具备系统性的理论框架，又提供可落地的操作指南，旨在助力企业生态系统实现和谐共生。

然而，在复杂快变的当代，企业生态系统的和谐永远是相对的，随着环境变化与发展阶段切换需要不断转型。因此，孕育、保护和促进边缘或颠覆性创新的能力，并适时促进生态系统迭代升级，才会形成可持续发展的最高智慧。那么，路在何方？

商业模式决定着企业生存的底层逻辑，借鉴、模仿甚至拷贝一定会使路越走越窄。好的商业模式的魅力在于不走寻常路，敢于挑战传统思维、颠覆已有的成功模式甚至跳出世俗，洞见未来，以敢于挑战主流和世俗的气魄创造特立独行的、令人惊叹不已的新奇模式，从而引领未来。

2017年5月，我曾在60遐想中提倡"逆俗生存"①。

"世俗"指民间流行的气习或平常、凡庸的人。世俗是人类生活秩序的来源之一，所谓约定俗成；世俗也是低成本生活的一种选择，如阿时趋俗。人们的生活既受世俗影响，如习俗移性；也以自己的行为不断为世俗的发展作出贡献。世俗处在一个不断的演化过程中，所谓时移俗易。世俗是人类社会的必需品，但不可其极，俗到极点，会由世俗走向卑鄙、无耻、市侩。

人们可以选择世俗，也可以选择超凡脱俗。顺势从俗容易，而且成本低，有市场；但超凡脱俗则可能别有风景，甚至引领风气，占据未来制高点。若想这边风景独好，不妨试试"逆俗"生活。

逆俗，不是反俗，只是跳跃出常规思维或行为惯性，前瞻地探索新的思维和行为模式，甚至常常反向思维。逆俗者非常清醒时下的俗和势，但更看重未来的势和生存力，也许会以眼下的困难甚至损失换取未来或更长期的发展。

逆俗，不是无视今日之利，而是更关注未来趋势，更看重明日之利，更珍视可持续发展的事业（商业）模式，特别是在意未来的发展空间。

逆俗，常会逆潮流，乐意改变，推动革新。所以，逆俗者容易创新，因为真正的创造大都是对原有模式的背离，对社会适应的突破，对民众习惯的挑战。

逆俗不只体现在日常工作和生活中，对于大事业更需逆俗，商业模式的创造与选择概莫能外，因为只有逆俗，才可能发现新大陆，创造新机会，获得新空间，也许引领未来新趋势，甚或成就一番新大业！时下中国和未来世界，要想成就些事，常需要逆俗！

然而，逆俗不易，既要挑战自我，还要挑战世俗。第一，逆俗者离不开独立思想，自由意志，不惧孤独，不因害怕被误解而放弃行动，不会停下脚步去等待理解。所以，

---

① 席酉民. 逆俗生存——管理之道［M］. 北京：清华大学出版社，2016.

可能成为鹤立鸡群，特立独行，不仅孤独，可能还会受到歧视或挤压；第二，逆俗者需要见识，更需要胆识和智慧，甚至需要一定的资源和条件准备；第三，要真正逆俗，还需要远大的抱负和执着追求，有高瞻远瞩、看清浮云背后真相的眼力；第四，要做到逆俗，行为上需要坚守底线与基本规则，能力上要有一定的底气和足够的准备；第五，要逆俗，更要戒除浮躁、抵制短期利益诱惑，看重未来趋势和潜在机会，甚至还需要点理性分析基础上的"轻狂"！

今日，全球化面临撕裂，数字化、人工智能正在重塑人类生活方式，网络化顽强地将人类系在同一地球上。这样的场景，更要求商业模式创新要勇于智慧地逆俗生存，企业家也要超凡脱俗、具备远见卓识和责任担当。难能可贵的是，本书作者已关注到，"在新环境下，过度聚焦竞争只会让企业走向斗兽场模型，最终妨碍高质量发展"，强调"商业伦理是组织行为的道德指南。经营者围绕商业模式所做的相关决策必须遵循商业伦理规范"，指出商业模式的终极目标不是击败对手，而是与利益相关者共创可持续的共赢生态。书中不乏令人眼睛一亮的地方，例如从星巴克"会员价值战"到小米生态链案例，100 + 鲜活商业场景贯穿始终；引入"伦理关照"独立篇章，直面数字经济时代的商业道德困境；以"商业模式画布""六职能工具表"等实用工具，助力读者将抽象理论转化为决策利器等。无论是商科学子、企业管理者，还是创业者，翻开本书，都能从中获得颠覆认知的启发，并能掌握一套超越竞争的战略思维，在数字化与 AI 浪潮中，找到属于企业的"指数级增长引擎"。

最后，我想说的是，再忙，也应抽空静思，哪怕是在熙熙攘攘的人群里或繁忙的事务中！放空内心，遥望苍穹，在与时空、人及自然的对话中不断更新和升级自我，创造出属于时代的甚至引领未来的之于个人的生存模式和之于企业的商业模式！让我们携起手来，浸淫在世俗里，活在理想中，行在从世俗到理想的路上！

**席酉民**

西交利物浦大学执行校长（2008～）

英国利物浦大学副校长（2008～）

西安交通大学人文社科资深教授

2025 年 7 月

## 商业模式的时代升维：从"价值博弈"到"生态共生"

在剧变的时代环境中，商业模式创新已成为企业生存发展的根基。

气候政策剧变催生碳关税壁垒时，宁德时代通过"动力电池＋储能＋回收"闭环模式，将政策约束转化为生态优势；Z世代出现的觉醒商业思维，巴塔哥尼亚（Patagonia）以"终身保修＋旧衣回收"责任模式，将环保成本转化为品牌溢价；数字技术颠覆传统零售时，希音（Shein）借"实时数据＋柔性供应链"快反模式，将需求趋势与背靠的协同产能高效结合。

当环境从稳态走向湍流，商业模式恰似企业的"进化算法"——贝壳凭"ACN经纪人协作网络模式"重筑行业生态，又让1万名房产经纪人在小红书上以数字化KOS模式创新获客，每一个房源都有一条房源验证码核真，加速了生意效率。

这些案例彰显了商业从"博弈逻辑"向"生态共生"的范式迁移。没有真正成功的企业，只有顺应时代的企业，不断探索与当下环境适配的商业模式，才是企业对抗不确定性的真正护城河。

商业（生意）的本质是"生生不息之意"，其生命力源于经营者对环境变化的敏锐回应、对资源组合的创新设计，以及对价值网络的动态重构。当《商业模式教程》书稿置于案头，我欣喜地发现，它不只延续了商业模式研究的核心脉络，更以六大职能框架与伦理锚点开辟了新境界。本书与我提倡的"商业共生体"[1]"三层解构图"[2]等实用框架相呼应，又在多元环境要素、价值网络构建等维度实现突破，是新时代经营者不可或缺的指南。

**破界：超越"斗兽场"的协同文明**

本书开篇直击传统商业认知的桎梏——"斗兽场模型"的竞争迷思（第一章）。强调企业须从过去抱持的零和博弈心态，转而迈向互利共赢思维，组建生态，引领多

---

[1] 周宏骐. 生意的本质：商业模式动态升级的底层逻辑［M］. 北京：机械工业出版社，2024：22－37.
[2] 周宏骐. 生意的本质：商业模式动态升级的底层逻辑［M］. 北京：机械工业出版社，2024：41－86.

个合作方共同增值并实现再分配。而《生意的本质：商业模式动态升级的底层逻辑》所倡导的"聚人成事"，在本书中得到系统性回应。首先，在学科重构层面，本书以"六大动态职能"（环境分析→模式定位→资源整合→价值创造→价值获取→创新重构）依序缝合"要素观"与"过程观"的割裂，将商业模式设计从静态要素拼图（九要素模型/六要素模型）升级为动态职能推进。其次，在商业基因进化层面，作者强调的多方协同，与"商业共生体"相呼应——如北京万通新世界广场放弃自营并以分割出租方式重构商业模式，构建多方共赢的共生关系（第七章）。全书最后强调了伦理筑基在商业模式设计上的重要性，第八章提出"伦理可行性"是衡量商业模式的第五维度，重视"商业向善"，这与《生意的本质：商业模式动态升级的底层逻辑》中"高段位经营者遵循人性"形成闭环。优异的模式关照利益相关者，彼此共生共荣。

### 环境基因：商业模式不可复制的根源

本书有着极强的"动态思维"，作者将"环境分析"置于六大职能之首，认为"商业模式的上限取决于经营者理解环境的下限"。当下，经营者需清醒认识到，商业模式的生命周期在缩短。技术颠覆（如 AI）、消费代际更替（如 Z 世代主导的新需求）、地缘政治波动，正不断重塑竞争规则与利润区。唯有将环境扫描内化为持续动作，不断捕捉价值域迁移的信号，并迅速转换为模式创新的输入——正如书中纵向案例所示，电商后进拼多多洞察到行业环境中存在着数量庞大的长尾客群——他们对价格敏感、生活节奏较慢、时间较为充裕，进而开辟了全新业务定位。

### 定位升维：从"满足需求"到"定义生态位"

制定让所有商业合作方持续共赢的合作规则，是商业模式设计的实质。本书作者进一步构建了商业模式定位的三维空间模型（价值维度、产品维度、产权维度），而且强调交易维度，将定位定义为"动态满足利益相关者需求的过程"。通过剖析西南航空的经典案例得以发现，战略定位（做低成本航空）、营销定位（服务价格敏感人群）与商业模式定位（提供汽车出行的替代方案）需"三位一体"，才能构建稳固的护城河。

### 资源整合：启动"反熵增"的共生引擎

当传统管理还在封闭系统中对抗效率衰减（如产能闲置、数据孤岛），本书提出优秀的经营者要成为"反熵增的资源整合者"，通过资源整合构建独特价值组合，如医疗 AI 对诊断技术与保险服务的整合。在商业实践中，企业无需拥有经营所需的全部资源，但一定要懂得搭建共生网络——正如蔚来汽车引入艺术展览把 4S 店升级成艺术空间。这些案例表明，在这个充满变革的时代，唯有构建"你中有我，我中有你"的商业生态，才能实现持续增长。

### 价值创造：在未知地带发动"创造性奇袭"

企业真正的竞争壁垒往往并非技术独占本身，而是如小米造车通过"轻资产生态整合"实现千亿级规模扩张的共生体构建效率。本书提出价值网络构建的五大策略：一是价值域规划，聚焦高感知价值地带，如蔚来汽车从电动车制造商升级为高端生活方式服务商；二是价值流重组，打破线性链条，如某保险公司的理赔流程重组，通过删除冗余的12层审批环节，将理赔周期压缩70%；三是价值源拓展，将外部资源纳入共生体，如小米造车联合宁德时代等100余家伙伴；四是价值网协同，设计多边分配机制，如贝壳找房连接买家、卖家、经纪人，通过分佣规则驱动三方共赢，胖东来用透明分账凝聚团队；五是战略级耦合，跨生态绑定核心伙伴，如苹果与台积电的芯片联合研发。

这些策略较好地把握了商业模式的设计要义——从"已知效率优化"转向"未知领域奇袭"，并以分配逻辑的公平性换取资源的稳定性。

**盈利设计：从"计价策略"到"共生契约"**

盈利模式是企业生存发展的基石，它解决"如何赚钱＋如何分钱"的根本问题。盈利设计的最高境界，是让所有参与者都感受到"被公平对待"甚至"占到便宜"。本书归纳出有效盈利模式必备的四大构件：利润点（卖什么）、利润源（向谁收）、利润杠杆（如何促增值）、利润屏障（怎么守得住）。

作者进一步提出"盈利是价值势能差的货币化"，并主张通过三种势能差构建竞争优势：业务纵深差（如从卖产品转向卖解决方案）；能力稀缺差（如用文化溢价超越资质竞争）；生态位差（如用配电盘模式整合多边需求）。这套框架既提供了可落地执行的工具（四大构件），又揭示了盈利的本质（势能差转化）。

**创新重构：成为"生态造物主"的终极法则**

能不断穿越周期的行业领导者，总能自驱推动企业模式进化，突破成长天花板。本书第七章阐述模式重构七大思维（入口、跨行、平台、生态、资源、增值、逆向），协助经营者打破认知局限，并提出四大创新路径（无界融合、生态嵌合、链态重组、奇点破局），助力企业找到新的增长极，实现突破。

**伦理关照：从利润攫取到价值共生**

商业经营的终极使命不是利润最大化！本书期望经营者在使命上有新高度，第八章以"从利润攫取到价值共生"为纲领，提出经营的五维评估模型（经济/技术/政策/法律/伦理）。以信誉楼的持续成功为例，说明经营使命要关照更多的维度。认为商业需要利他基因，商业进化需要伦理编码。

**致经营者：在共生时代雕刻文明**

本书提供了一个创新框架——以"环境分析"为动态设计底座，从PESTNG噪声中预判价值域迁移，用"六大职能"依序让模式设计闭环，加上价值网络构建的五大策略、契约设计和分配规则激活共生以及伦理导航，同时强调在ESG浪潮中，伦理管理不是成本支出，而是商业生命的免疫系统。

　　商业的可持续发展，归于对"创造价值的锐度"与"敬畏规则的温度"的平衡。本书正是这一境界的路线图，愿每一位读者，能不断进行模式迭代，在价值创造与伦理共生中，让企业始终生生不息，蓬勃发展！

　　期待见证本书照亮更多经营者的征途。

**周宏骐**

新加坡国立大学兼任教授

《生意的本质：商业模式动态升级的底层逻辑》作者

天使投资人

2025 年 7 月

## 商业模式：从战略到模式，从要素到过程

早在 100 年前，现代经营管理之父亨利·法约尔（Henri Fayol，1916）就指出，企业经营包含多达六种基本活动：技术、商业、管理、财务、安全、会计。时至今日，研究企业经营的学术成果，更是枝繁叶茂。尽管企业经营包含诸多要素和活动，但本书认为，最为重要的经营活动，实可归结为战略、营销、组织、模式四类活动。其中，战略回答"做什么"，解决发展方向问题；营销回答"为谁做"，解决发展对象问题；组织回答"谁去做"，解决发展能力问题；模式回答"怎么做"，解决发展方式问题。为此，基于系统论思想和管理咨询实践，本书将之归纳为企业经营三角形（四要素模型），其中，战略居于核心地位，牵一发而动全身。在实践中，四要素相互耦合、互为支撑，顺应环境并与之因应，共同推动企业循环往复、螺旋前进（见图 1）。

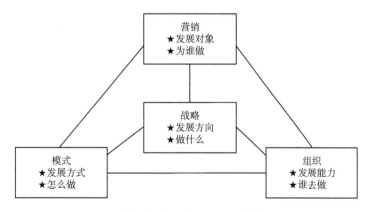

**图 1　企业经营三角形（四要素模型）**

从表面上看，商业模式是在重复研究战略管理关注的问题，但为什么商业模式这个概念变得越来越重要，越来越受到投资界、实业界和学术界的重视呢？田志龙（2020）认为，这一定是因为战略管理理论存在不足，而在探讨相同问题时，商业模式独特的视角弥补了这些不足。无独有偶，魏江（2017）在《战略管理》教材中把商

业模式纳入未来战略管理的重点关注方向之一；徐飞（2022）在《战略管理》（第五版）教材修订中增加了"商业模式再认识"，并归纳总结出26种常用和创新的商业模式。有学者断言："21世纪企业之间的竞争，已经不是产品与价格的竞争，甚至不是服务之间的竞争，而是商业模式之间的竞争"[①]"21世纪企业之间的竞争，已经不再是企业与企业之间的竞争，而是供应链之间的竞争"。哈佛大学商学院教授、"颠覆式创新"之父克莱顿·克里斯滕森（Clayton Chiristensen）认为"每一个国家都有自己的特点。比如德国的制造业很强，内部相互依存度较高，因此不容易被颠覆；而美国相对模块化，即便有一些环节改变也不会影响其他部分，所以总处于被颠覆的状态。你就会看到大量的创业公司成立和消亡。"[②]

与传统观念不同，本书认为，过度聚焦竞争只会让企业走向斗兽场模型，最终妨碍高质量发展。商业的本质是一种协同关系而非简单、线性的竞争关系，经营者通过构建或嵌入价值网络，可以达成人与人、人与物、人与人工智能的高效协同。纵观取得卓越成就的企业，无一不是与顾客、供应商、分销商等产业链价值环节展开协同合作，从而实现价值共创共享，走向双赢多赢。关于这一点，雷军在2023年8月的年度演讲中，首次向世人揭秘小米与莱卡如何开展深度合作，进而创造小米手机摄影效果世界第一的奇迹。不止于此，淘宝官宣，2024年9月27日开始，消费者通过淘宝购物时，可以使用微信支付。

今天，数字经济和人工智能新环境正在给企业经营带来一浪高过一浪的严峻挑战。"商业模式"这一概念及其术语由来已久，虽然至今仍未有学术公论，但是现有概念体系已然能够回答"组织如何持续地获取协同优势"和"组织如何持续地进行变革创新"这两个关键问题。当前，创新的商业模式教程应当通过对现有学术成果的梳理、总结、提炼和创新，进而对时代挑战作出强有力的回应。本书可能存在的创新之处如下。

1. 结构创新。过去20多年里，商业模式受到管理学术界的关注，发表的相关论文数量日益增多，出现了数十种商业模式定义和理论。国外影响较大的有价值网络理论（shafer，Smith and Linder，2005）、商业模式画布理论（Osterwalder and Pigneur，2008）以及生意本质论（周宏骐，2024）。国内影响较大的有魏炜和朱武祥的六要素模型（魏炜、朱武祥，2009）、商业模式价值基因工程理论（戴天宇，2023）、商业模式冰山理论（汪寿阳，2017）。梳理发现，以往有关商业模式创新的研究以要素观为主（Foss and Saebi，2017），要素观的商业模式创新研究侧重解析商业模式单个

---

① 宋俊骥，周玮. 大学生创新创业实务教程［M］. 苏州：苏州大学出版社，2022.

② 从效率和持续性来看中国是当之无愧的创新国家［EB/OL］. https://www.yicai.com/news/4766462. html，2016-03-24.

要素或组件的变化（Bock et al.，2012；Schneider and Spieth，2013）。基于要素观的商业模式创新研究非常丰富且深入，既有侧重理论的（如魏炜和朱武祥的六要素模型），也有侧重应用的（如生意本质论），但是要素观的研究在一定程度上忽视了商业模式要素间的内在联系，难以解析商业模式的复杂性和互补性关系（Foss and Saebi，2017）以及过程性特征。因此，商业模式创新研究有必要从要素观转向系统观和过程观。系统观的商业模式创新研究基于价值系统视角，关注相互依赖和互补的要素组成的商业模式整体架构（Amit and Zott，2012）。过程观的商业模式创新研究基于流程优化视角，关注商业模式的主要演化过程。本书基于系统观和过程观思想，将结构设计为五篇（共八章）：总论篇、环境篇、过程篇、创新篇、伦理篇。五篇结构体系，既首尾呼应，逻辑严谨，又不至于冗长繁琐，确保较强的可操作性，贴近实战（见图2）。

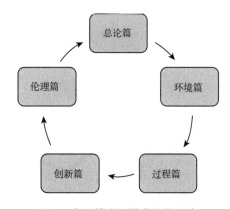

**图2　商业模式五篇章结构示意**

2. 内容创新。本书特别注意汲取名家智慧，在内容选取上，既涵盖商业模式学的经典理论、方法和工具，又兼顾商业模式学的新进展和发展趋势，努力从实际决策的角度引入商业模式的概念和分析，将更多篇幅给予较新的理论与方法。有别于学者前辈们的既有成果，本书在内容上可能存在以下三个创新点。

（1）传统的商业模式教材或著作，多以竞争为导向，过度强调竞争，在指导实践方面，容易引导市场主体强化竞争心态，甚至引起价值链各环节走向对抗。本书基于协同学视角，引导市场主体强化协同合作的心态，更有利于聚焦顾客满意，实现价值共创。

（2）传统的商业模式教材或著作，多数从要素观思想出发，构建的体系要么略显纷繁，要么过于抽象，并不利于指导实践操作。本书以系统观和过程观思想为指导，提出商业模式的设计与实施是商业模式六大职能自组织演化的系统集合和过程集合，并首度建构商业模式职能框架（见图3）。本书在继承传统学术成果基础上，整合现有商业模式研究成果，将商业模式设计与实施划分为六大过程：环境分析→模式定位→资源整合→价值创造→价值获取→创新重构，这样的操作流程，在指导实践方面，更加具体、简单、实用。此外，倡导以扎根"环境分析"作为商业模式设计底座的做法，也应是本书有别于前人之处。

（3）传统的商业模式教材或著作，鲜有关注商业伦理的主张，这在越来越强调企业需要关注全体利益相关者的今天，不能不说是一大缺憾。孟德斯鸠曾提出人性有十恶，其中第四恶是"没有道德的商业"。因此，本书单列一章，以"伦理关照"为题，阐述商业模式伦理关照的必要性、价值以及伦理管理策略，以此唤醒读者给予商业模式足够的伦理学关注。

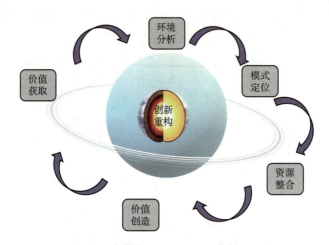

**图3　基于系统观和过程观的商业模式六职能模型**

3. 形式活泼。本书力图用生动活泼的形式，从多重角度启发读者，开阔视野，让"理论联系实际"的方法论一以贯之。每章开头均以洞见佳句引领，随后介绍本章目标、主要概念、主要思维、导入案例；每章正文均聚焦"经典、热点、痛点"，植入若干专栏如名家观点、商业模式实践等；每章结尾依次呈现本章小结、复习思考题、做中学模式、章末案例。此外，本书的一个特色是，除了每章末尾的案例分析之外，还设计了一个创新工具——商业模式六职能模型工具表，该工具表旨在帮助读者更加清晰地透视商业模式的整体逻辑以便做出更好的商业决策。在此基础上，我们特别挑选了一个具有代表性的案例，将其应用贯穿于第二章到第七章的内容。这个案例分析覆盖了六大职能，逐步深入，层层递进，帮助读者从不同角度理解商业模式的复杂性。

无论是本科生、研究生（包括 MBA 学生），还是职场人士，本书都是学习商业模式的理想选择。它不仅提供了一套逻辑严密的理论框架，还通过易于操作的工具表格，以及100多个精心挑选的典型案例，将理论与实践紧密结合。此外，书中各章节正文巧妙地植入了若干设问，帮助读者快速理解经营的核心逻辑，提供全面的学习体验。就此而言，本书也是一本适合自学的书籍。

本书由重庆第二师范学院经济与工商管理学院案例与教学研究中心主任袁柏乔副教授和幸佳博士共同完成，各章内部结构拟订和统稿工作由袁柏乔完成。具体编写分工如下：第一、二、三、五、八章由袁柏乔完成，第四、六、七章由幸佳完成。本书既是重庆第二师范学院 2022 年立项建设教材之一，也是重庆市一流本科专业建设点（商务经济学）、重庆市社会科学规划项目（2022NDYB67）、重庆第二师范学院重点科研平台"金融发展与金融社会化研究中心"的阶段性成果。

在本书逻辑结构形成的 10 多年中，我得到了许多人的启发和鼓励。我首先要感谢大学时期我的学术启蒙恩师林毓铭教授和刘紫云教授，感恩他们传授给我社会科学研究方法论，让我具备了建构定性框架的能力。尤其要感谢林毓铭教授，他教给我跨界创新的方法论。如果我在知识创造上做出了一点贡献，那都要归功于恩师的教导。同时，也特别感恩导师傅强教授、王勇教授、林略教授、张祖平教授、袁红教授以及殷子渝老师，在我学习的道路上，为我指明方向，给我树立榜样。

我还要特别感谢新加坡国立大学周宏骐教授、西交利物浦大学席酉民教授、北京大学魏炜教授和清华大学朱武祥教授，在过去八年里，我向他们深入学习了商业模式的思想与方法。这不仅助力我更全面、更深刻地理解商业模式的构建与升级，也为我的写作提供了宝贵的指导。同时，特别感谢魏炜教授和朱武祥教授作为国内商业模式学科的开创者和奠基人，以高瞻远瞩之姿，引领商业模式学科走向繁荣与发展。

在此，我也要特别感谢马正兵教授，如果没有他一直以来的鼓励与支持，就不会有这本小书的问世。当初正是在与他的交流与碰撞中，我萌生了写作本书的想法。而且，在写作及出版过程中，我也得到了他很多专业的指导和宝贵的建议。

感谢复旦大学芮明杰教授、江西财经大学吴照云教授、首都经济贸易大学黄津孚教授、南京大学陈传明教授、扬州大学吕力教授、广西大学黎鹏教授和北京理工大学赵洱崟教授的学术点拨，他们深厚的学术涵养和犀利的专业眼光，让我在写作过程中受益匪浅。

感谢为本书创作提供了许多案例支持的企业界朋友和创作搭档的辛勤工作；还有很多关心、帮助、指导过我的专家、学者和朋友，在此一并致以最诚挚的谢意；最后，感谢我的家人给予我的大力支持。

心中的微光，是梦想启航的地方。相信尘埃里会开出一朵花，因为曾有满天星斗亮透胸膛。"风雨多经人不老，关山初度路犹长。"回顾前人留下的精彩而深邃的商业模式学论述，我们掩卷沉思，赞叹不已。展望商业模式学在新经济形态下的发展和变革，我们要扬鞭奋蹄、不懈改进。由于时间和水平的限制，尽管我们做了大量努力，但未免挂一漏万，错误之处在所难免，恳请同仁和广大读者不吝赐教。

"不思，故有惑；不求，故无得；不问，故不知"（宋代晁说之《晁氏客语》）。

最美的风景永远在从世俗到理想的路上。开卷有益，与君共勉。

袁柏乔

2025 年 8 月 8 日

于重庆南山书院

# 目 录
## CONTENTS

## 【第四篇 创新篇】

## 【第五篇 伦理篇】

　　学习商业模式学的基本原理，首先必须认识什么是商业模式，什么是商业模式要素和职能，商业模式的特征有哪些，商业模式的重要性和作用，商业模式与其他管理学概念的区别，商业模式设计的基本原则和方法，商业模式的评估。

　　本篇共一章，主要围绕商业模式的基本问题，通过文献梳理和理论综述，着重就商业模式及其要素、职能，商业模式与盈利模式、管理模式等的区别，商业模式设计的基本原则和方法，商业模式的评估进行详细阐述。

# 第一章　基本原理

新环境下，过度聚焦竞争只会让企业走向斗兽场模型，最终妨碍高质量发展。商业的本质不仅在于价值创造，还在于价值创造过程中所建立的协同关系——经营者通过构建或嵌入价值网络，可以达成人与人、人与物、人与人工智能的高效协同。这种关系超越了简单、线性的竞争关系，体现了商业活动的复杂性和多元性。协同学，既是价值观，也是方法论。

——袁柏乔

## 【本章目标】

1. 理解商业模式的内涵和特征。
2. 理解商业模式的构成要素、职能和设计原则。
3. 了解商业模式的产生和发展趋势。
4. 理解商业模式与盈利模式、运营模式、管理模式和战略管理的区别。
5. 掌握商业模式画布的制作方法以及商业模式六职能模型的分析方法。
6. 了解商业模式评估和商业模式创新路径的研究状况。

## 【主要概念】

商业模式，引爆点，盈利模式，协同效应

## 【主要思维】

历史思维，辩证思维，系统思维，创新思维

## 【导入案例】

日本的佳能公司于1967年打算将产品线从照相机延伸到办公设备领域，而此时作为市场霸主的美国施乐公司已经有500多项"静电复印专利技术"，极力地阻止竞争对手进入市场。面对施乐公司的高技术壁垒，佳能公司选择了两条道路：一是继续寻求技术创新，到1968年佳能公司已经拥有了大量技术创新，实现了创新突破，基于佳能专利多，迫使施乐公司与其签订了"相互供给条约"，即两家的专利可以互相使用；

二是佳能广泛开展客户调查，寻找施乐复印机的缺点，在这个过程中，客户普遍抱怨施乐价格贵、操作复杂、体积大、保密性差等问题。基于此，佳能决定抢占小型复印机市场领域，绕过施乐之前设置的技术壁垒，通过三年时间研发出自己独特的复印技术，又用三年时间生产出第一款小型办公和家用复印机产品，同时佳能联合其他日本公司于1976年开始量产小型桌面复印机，虽然小型桌面复印机的复印质量和复印速度都比不过施乐复印机，但因为其体积小和操作方便、保密性强，足以满足消费者对小型办公和家用的需求，从而使得佳能抢占了施乐非常大的市场份额。1976～1981年，施乐的市场份额已经从82%下降到35%。施乐公司以独特的商业模式实现了复印机市场的霸主地位，佳能又通过商业模式的创新从施乐手中抢占了很大的市场份额。

资料来源：参见韩经纶，王永贵. 基于资源观的竞争优势构架透视 [J]. 外国经济与管理，2000（9）：7－11, 16.

【思考】佳能公司和施乐公司采用的商业模式有何不同？企业应该如何进行商业模式的创新设计？

在当今这个快速变化的商业世界中，商业模式是企业成功的关键。它不仅定义了企业如何创造、交付和捕获价值，而且也是企业适应市场变化、实现创新和持续增长的基石。随着全球化、技术变革和消费者行为的演变，商业模式的创新和变革比以往任何时候都更为重要。当前流行的要素学派认为，商业模式由多个核心要素组成，包括价值主张、客户细分、渠道策略、客户关系、收入来源、关键资源、重要合作伙伴和成本结构等。这些要素相互关联，共同构成了企业独特的商业模式。本书基于系统观和过程观思想，独辟蹊径提出商业模式六职能模型，用于分析和构建商业模式，操作起来更加具体、简单、实用。

本章将提供一个全面的商业模式概论，从基础概念到实际应用，帮助读者理解商业模式的构成要素、职能框架、演化机制和实践过程。我们将探讨商业模式如何帮助企业识别机会、应对挑战，并在竞争激烈的市场中保持领先地位。

# 第一节　什么是商业模式

## 一、商业模式的定义与要素

【思考】什么是商业模式？商业模式能给企业带来怎样的变化？

### （一）商业模式的定义

商业形成初期是使用以物换物的方式进行的社会活动，后来发展成为以货币为媒介进行交换从而实现商品流通的经济活动。商业是一个历史范畴，它是由第三次社会大分工出现的不从事生产而只从事商品买卖的商人阶段发展来的。商业源于原始社会以物换物的交换行为，它的本质是交换，而且是基于人们对价值认识的等价交换。一言以蔽之，商业是以货币为媒介进行交换从而实现商品流通的经济活动。商业有广义与狭义之分，广义的商业是指所有以营利为目的的事业；而狭义的商业则是指专门从事商品交换活动的营利性事业。

1. 什么是模式。模式（pattern）是指事物的标准样式，它的指涉范围甚广，标志着物件之间隐藏的规律关系，而这些物件并不必然是图像、图案，也可以是数字、抽象的关系，甚至思维的方式。模式强调的是形式上的规律，而非只是实质上的规律或前人经验的抽象和升华。简单地说，模式就是从不断重复出现的事件中发现和抽象出的规律，类似于解决问题的经验总结，只要是一再重复出现的事物，就可能存在某种模式。

模式有不同的领域，建筑领域有建筑模式，软件设计领域也有设计模式，甚至战略学派也有模式论。当一个领域逐渐成熟的时候，自然会出现很多模式。模式是一种参照性指导方略，有助于指导人们快速作出优异的设计方案，找出解决问题的最佳办法，达到事半功倍的效果。

2. 什么是商业模式。蒂默斯（Timmers）是最早研究商业模式的学者之一，他指出商业模式是一个包含多方面内容的复合概念：一是关于产品、服务和信息流的体系结构，包括对各种商业活动参与者和他们所扮演角色的描述；二是各种商业活动参与者潜在利益的描述；三是对企业收入来源的描述。自此之后，各种定义陆续涌现。

（1）主流定义。目前关于商业模式的定义五花八门，不同的机构、学者、企业家都从各自的角度出发提出不同的定义和解释。特别是近十年来，商业模式备受关注，相关研究成果如雨后春笋，其学科发展从系统、战略、营销、价值、运营、财务、结构、基因等多重视角逐步演进，商业模式的构成要素成为重要的研究对象，遗憾的是基于系统观和过程观视角的研究成果尚不多见。主流定义主要从五个维度展开界定。

一是经济类定义，把商业模式描述为企业的经济模式，其本质内涵为企业获取利润的逻辑，注重盈利模式设计（Colvin，2001；Rappa，2002；Afuah，2002）。奥佛尔（Afuah，2002）认为商业模式包含了一系列活动，描述了企业怎样利用互联网以一种可行方式赚钱，也许短期会亏损，但长远来看将获取利润。霍金斯（Hawkins，2001）认为商业模式是一种构造各种成本和收入流的方式。埃利奥特（Elliot，2002）认为商业模式明确了商业投资中不同参与者之间的关系，以及参与者各自的利益、成本状况和收入。拉帕（Rappa，2002）认为商业模式是一种商业运作方法，通过企业在价值链中的位置，阐述企业如何赚钱。商业模式就是企业通过什么途径或方式来赚钱。简而言之，饮料公司通过卖饮料来赚钱；快递公司通过送快递来赚钱；网络公司通过点击率来赚钱；通信公司通过收话费来赚钱；超市通过平台和仓储来赚钱等。哈佛商学院将商业模式定义为"企业盈利所需采用的核心业务决策与平衡"。例如，谷歌让普通用户免费使用其搜索引擎，而通过定向广告从企业客户那里获取利益。维基百科（Wikipedia）认为，商业模式是指一种企业创造营业收入与利润的手段与方法。维基百科将商业模式的组成要素归结为员工与顾客的选择、产品与服务的提供、将产品与服务推向市场、为员工与顾客提供效用、吸收与留住员工与顾客、定义工作内容、响应环境与社会的持续发展、资源配置以及获取利润等。

二是运营类定义，把商业模式描述为企业的运营结构，重点说明企业通过何种内部流程和基本构造设计来创造价值（Weill and Vitale，2002）。日本学者今枝昌宏（2020）认为商业模式是指在某个行业内，以在竞争中获得优势为目的的一种机制。商业模式的本质就是一种机制，该机制让企业在某种实际的竞争空间中知道应采取怎样的商业策略。机制具有规律性和可总结性。

三是战略类定义，把商业模式描述为不同企业战略方向的总体考察，设计市场主张、组织行为、增长机会、竞争优势和可持续性等。荆林波（2001）认为商业模式是企业从事某一领域经营的市场定位和盈利目标，以及为了满足目标顾客主体需求所采取的一系列的、整体的战略组合。雷家骕（2007）认为商业模式是企业如何利用自身资源，在一个特定的包含物流、信息流、资金流的商业流程中，将最终商品和服务提供给客户，并收回投资、获取利润的解决方案。

四是整合类定义，把商业模式界定为企业商业系统如何更好地运行的本质描述，是对企业经济模式、运营结构和战略方向的整合和提升。该定义认为成功的商业模式必须是独一无二的和无法模仿的（马哈迪温，2000；托马斯，2001；李振勇，2009）。阿富阿（2002）认为商业模式是活动组成要素的一种体系结构配置。商业模式是为实现客户价值最大化，把能使企业运行的内外各要素整合起来，形成一个完整高效的具有独特核心能力的运行系统，并通过最优实现形式满足客户需求、实现客户价值，同时使系统达成持续盈利目标的整体解决方案。魏炜和朱武祥（2009）认为商业模式是为了最大化企业价值而构建的企业与其利益相关者的交易结构。

五是价值类定义，认为商业模式是组织创造、传递、获取价值的基本原理（奥斯特瓦尔德，2016），商业模式是价值环节的生态组合（戴天宇，2017）。说到底，商业模式就是关于做什么、如何做、怎样赚钱的问题，其实质是一种创新形式。商业模式是企业围绕客户价值开展的各项价值活动的总称，是企业各种战略运用的结合体和组合表现形态，它关注的是如何通过有效的战略组合进行价值创新和商业模式的系统运营，从而构建企业的核心能力，建立竞争优势。商业模式的内在范围涵盖了企业的整个运营流程，也就是我们通常所说的价值链，它是一个整体的、系统的概念，是企业构造价值链的方式，由包括融资、研发、生产、营销等相关联的一系列价值活动所构成，而不仅仅是一个单一的组成要素。商业模式是企业围绕客户价值最大化构造价值链的方式。

（2）本书的定义。本书认为，作为战略管理的分支学科，商业模式既具备研究要素所要求的系统性，也应具备主流管理学所体现的过程性。从系统观视角，商业模式包括价值网络、盈利模式、协同结构；从过程观视角，商业模式包含环境分析→模式定位→资源整合→价值创造→价值获取→创新重构六大职能。上述六大职能的具体展开，即为商业模式系统自组织演化的六大过程。本书将按上述六大职能来构建全书框架并依次展开论述。

实践中，商业模式六大职能需要高度协同，这是企业适应环境变化、实现创新发展的必然选择。第一，环境分析为企业提供决策支持，帮助企业理解外部环境中的机会与威胁，以及内部环境中的优势与劣势。第二，模式定位要求企业根据自身条件和市场环境，确定其商业模式的发展方向。第三，资源整合则是将企业内外部资源有效结合，以支持商业模式的运作。第四，价值创造是企业商业模式的核心环节，它直接关系到企业能否提供满足市场需求的产品或服务。第五，价值获取是确保企业从价值创造过程中获得经济回报的环节。第六，创新重构则是在现有商业模式基础上进行的持续改进和革新，以适应不断变化的市场和技术条件。这些环节的协同作用能够确保企业在动态的市场环境中更好地整合资源、提升价值创造能力、优化价值获取方式，并在不断创新重构中寻找新的成长路径，实现可持续发展。

此外，技术创新与商业模式创新的协同也是推动企业持续增长的关键动力。技术创新可以带来新的产品或服务，而商业模式创新则可以改变企业创造价值和获取价值的方式。二者的协同，能够为企业带来更大的竞争优势和市场机会。尤其是在数字化转型的背景下，企业需要开发数字化技术和支持能力，以建立新的数字化商业模式。这种转型不仅涉及技术的创新，也涉及商业模式的创新，两者的结合是实现数字化转型的关键。

综上，本书认为，商业模式是一种战略框架，它通过整合企业内外部资源、能力和伙伴关系，构建一个高效且具有差异化优势的协同系统。该系统旨在创造并提供价值优良的产品与服务，满足客户需求，同时实现企业核心能力提升和持续盈利。

（3）从协同到协同学。协同一词源自古希腊语，意指协调合作的学问，又名协和、同步、和谐、协调、协作、合作，是协同学（synergetics）的核心理念。《说文解字》中解释"协"为众人和谐一致，而"同"则是合而为一。所谓协同，就是指协调不同资源或个体，和谐一致地实现某一目标的过程或能力。

协同学理论于20世纪70年代初提出，并在1977年正式确立，其主要代表人物是德国理论物理学家赫尔曼·哈肯（Hermann Haken）。他基于激光理论研究，揭示了开放系统从低级到高级、从混沌到有序，再从有序到混沌的动态变化规律。赫尔曼·哈肯（1971）认为自然界和人类社会中的事物普遍存在有序与无序现象，且在特定条件下，有序与无序可以相互转化，无序即混沌，有序即协同，这是一条普遍规律。

协同学理论包含三个基本原理：首先是协同效应原理，它描述了由于协同作用而产生的整体效应，即"1 + 1 > 2"的效果，这种效应源于复杂开放系统中大量子系统之间的相互作用，是自然界和社会系统中普遍存在的现象，也是系统有序结构形成的内在动力。其次是支配原理，它指出协同系统的状态由一组状态参量描述，这些参量随着时间变化的速度不同，分为快变量和慢变量，其中慢变量——序参量起主导作用，快变量服从慢变量，即支配原理。当系统接近从无序到有序的临界点时，慢变量数量减少，有时甚至只有一个或少数几个，这些少数慢变量决定系统的整体走向，体现系统的有序化程度。最后是自组织原理，它强调在一定条件下，系统内部可以自发地组织起来，通过信息控制和反馈强化有序结构。其中，自组织原理是协同学的核心，与他组织不同，自组织强调系统内部子系统在无外部干预的情况下，能够按照内在规则自动形成某种结构或功能，具有内在性和自生性。

（4）商业模式应用模型——利润倍增机制。商业模式一般有两种理解：一种可归纳为企业从事商业的具体方法和途径；另一种则强调模型方面的意义。前者泛指一个企业从事商业的方式，而后者指的是商业方式的概念化，提出了一些由要素及其之间关系构成的参考模型。其中，基于模型的研究，有广义和狭义的定义。从广义上定义商业模式，奥斯特瓦尔德（2012）在《商业模式新生代》一书中认为："商业模式描述了企业如何创造价值、传递价值和获取价值的基本原理。"从狭义上说，企业的"利润倍增机制"就是企业的商业模式。

企业的"利润倍增机制"是由一个或多个"引爆点"（盈利模式）构成的连环效应（正反馈效应）。这一系列的引爆点环环相扣，相互补强，协同放大，能达成十倍、百倍、千倍的综合效益。如同飞机的螺旋桨或者轮船的涡轮机，商业模式就是企业的多元发动机动力机制，每一个发动机都是一股强劲的引爆力量，如图1-1所示。

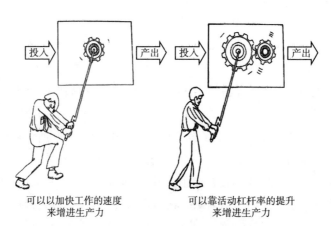

投入 ➡ 产出　　投入 ➡ 产出

可以以加快工作的速度　　　可以靠活动杠杆率的提升
来增进生产力　　　　　　　来增进生产力

**图1-1　企业的"利润倍增机制"**

资料来源：王新永，杜新民，王超亮，王磊. 供应商管理绩效综合评价模型研究［J］. 企业改革与管理，2019（11）：20-21.

商业模式 = 企业的"利润倍增机制" = 引爆点 1 ∧ 引爆点 2 ∧ 引爆点 3 ∧ 引爆点 4 ∧ 引爆点 5 ∧ ⋯ ∧ 引爆点 N。

这个定义至少包含三个方面的内容：第一，从整体系统来看，商业模式是企业的独特价值网络。这个价值网络至少有七大节点：客户与市场、渠道与销售、产品与品牌、组织与流程、供应链优化、竞争与生态、知识与创新。第二，什么是引爆点？企业在自身"价值网络"的每个节点上都可以塑造出独特的"引爆点"。"引爆点"作为一种促进价值创造的独特方式，斯莱沃斯基（2007）称之为"利润模式"或"盈利模式"，它是构成商业模式的基本单元。第三，引爆点之间的协同效应。各引爆点之间相互协同，达成相加、相乘或乘方的效果。张国军（2001）认为，企业核心能力的构建与扩散是一种战略协同的过程。把各个"引爆点"达成有机连接的力量，即企业的"核心能力"，是企业的战略制高点。吉姆·柯林斯（1979）称之为"刺猬法则"，巴菲特（1993）称之为"护城河"，它是各个引爆点之间达成综效的枢纽。同时，各引爆点之间还必须遵从"统一性法则"。建立在"关键资源和核心能力"基础上的"统一性法则"，促进各引爆点相互协作而达成合力的最大效果。

值得注意的是，著名管理学家黄津孚（2019）提出，在智能互联环境下，经营战略和经营模式的变革需要积极推动价值链合作，这与本书大力提倡的协同理念不谋而合。

## 📖 专栏 1.1【名家观点】 ∙∙∙∙∙∙∙∙∙∙∙∙∙∙∙∙∙∙∙∙∙∙∙∙∙∙∙∙∙∙∙∙∙∙∙∙∙∙∙∙∙∙∙∙∙∙

### 黄津孚：智能互联环境下经营战略和经营模式的变革
#### ——智能互联推动价值链合作

工业化时代你死我活的零和博弈，带来了一系列严重弊端。商家利用信息不对称，欺诈消费者；在渠道为王的时代，大零售商压榨供应商、制造商；无休止的低价竞争扼杀创新、劣币驱逐良币、摧毁整个产业。为解决企业可持续发展问题，必须转变观念，例如阿里巴巴公司（以下简称阿里）并不是自己平台所售卖产品的所有者，因此并不会从这些假货的销售中直接获益。不过他们认识到"阿里巴巴每卖出一件假货，就会让公司失去 5 个以上的用户"。这些商品销售所带来的平台交易量，是分析师和投资人最为看重的一个指标，而且这一数据会直接影响阿里的广告位价格，因而阿里为商品"打假"不遗余力。

在智能互联时代，新商业文明引导企业目标从你死我活的零和博弈转向相关利益者的合作共赢。目前合作伙伴、创新链、供应链、产业链、价值链、生态链的概念已经深入人心。企业日益主动地通过与相关利益者合作，共建价值链网生态圈，共享利益，共担风险。

一是加强与客户合作。制造商在产品开发阶段就听取客户的意见,甚至鼓励他们发挥创意。设备提供商在售卖产品的同时还提供用户培训服务,获得用户反馈。比如,小米同 500 万用户一起参与 MIUI 平台的研发,通过发烧友试用新产品提出改进意见,有 80% 的软件问题是用户发现的。

二是加强与供应商合作。例如,与供应商共享资源,协同承包大型工程、协同生产计划,帮助合作伙伴解决困难。例如,陕鼓集团帮助配套厂商融资、阿里帮助中小商户融资等。近年来,阿里已经和苹果、Burberry、LV、Cartier、Nike 等在内的逾 1.8 万个国际品牌开展打假合作。

三是加强与竞争者合作。同行合作共同攻克技术难题,交换专利已不鲜见。作为 G20 就业议题组主席,李彦宏提出 G20 智慧(SMART)创新倡议,就是建立一个供政府、私营部门、院校和研究机构共享资源、知识和成果的开放型网络,以推动技术创新为目标,促进全球经济发展与就业增长;在人工智能技术开源上,百度公布了百度大脑开放平台和百度深度学习平台,对广大开发者、创业者及传统企业开放其核心功能和底层技术,其中很多部分都将是免费的。百度还于 2015 年提出了与合作伙伴分享收益的计划,在技术、资金和平台上,为互联网初创企业提供帮助,百度联盟生态已经扶持了非常多的中小企业成长,不乏在国内 A 股、新三板、美股、港股上市的案例。

资料来源:参见黄津孚. 智能互联时代的管理变革〔M〕. 北京:首都经济贸易大学出版社,2019:153 – 170.


根据以上定义,我们便可建构一个多维、立体、动态、有机、协同、系统的商业模式应用模型。

①商业模式的空间形态(横向剖面):多点引爆。在某一个时间点,从横向剖面来看,在企业的价值网络上,有多个引爆点同时起作用,称为多点引爆(见图 1 – 2)。

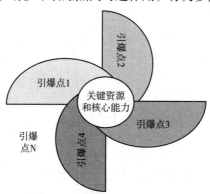

**图 1 – 2　商业模式横向剖面示意图:风火轮模型**

资料来源:杜义飞,杨静,聂创,冯小平. 潜模式:大数据时代下的商业模式创新新思维〔M〕. 北京:科学出版社,2018.

②商业模式的进化方式（纵向剖面）：多级火箭模型。从企业的发展历史来看，每个战略周期各有其相应的"引爆点组合"，战略周期之间则前后相连，层层推进，称为"多级火箭"（见图1-3）。

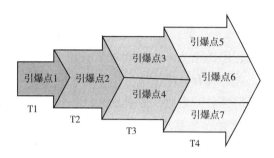

**图1-3 商业模式纵向剖面示意图：多级火箭模型**

注：其中 T1、T2、T3、T4 代表4个战略周期。

资料来源：杜义飞，杨静，聂创，冯小平. 潜模式：大数据时代下的商业模式创新新思维［M］. 北京：科学出版社，2018.

每一个引爆点都有一个或长或短的前置期，恰如动物进化中的"先期适应"。例如，羽毛在被用来飞行之前很久，就被用来保暖。如果没有先期适应，很难想象某些生命形式能够如同地质记录中显示的，在功能上做这么快速的跃进。同理，引爆点在达到临界值被引爆之前，也有一个发动的过程。对于一个组织来说，需要2～4年时间去学习如何创造真正的新的增长点。

当核心事业仍持续成长时，主管就必须经常推出（或购进）新成长事业，否则企业价值将随着成长趋缓而改变，当价值发生大幅度改变后，成长也随之面临"瓶颈"。根据麦肯锡的研究，企业不仅要发挥现有的能力与竞争优势，同时也要积极培养新的能力，以备未来推陈出新所需。要想在未来获得显著的可持续增长，企业就必须找到一个新的增长平台。所以在战略规划过程中，既要考量如何串联一系列的短暂优势，也要为未来的成长进行开拓和创新。企业的业务增长有三个层面，如图1-4所示。

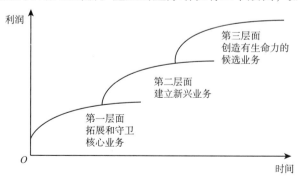

**图1-4 业务增长的三个层面**

资料来源：斯皮勒，赖内克，昂格曼，特谢拉. 麦肯锡采购指南［M］. 周云，译. 北京：机械工业出版社，2016.

第一层面包含处于企业心脏位置的核心业务。客户和股票分析师很容易将其与所属企业的名字相联系。在成功的企业中，这些业务通常能为企业带来大部分利润和现金流。第一层业务与企业近期业绩关系重大，它们贡献的现金流以及在此过程中培育的技能可以成为企业成长的资源。并且它们常常还有一些成长潜能，但最终将耗尽余力，衰落下去。没有成功的第一层面的支持，第二、第三层面的项目很可能停滞或难以启动。

第二层面包括正在崛起中的业务。这些业务带有快速发展和创业性的特质，经营概念已经基本发展完全，并且具有高成长性。作为全公司的新兴明星，这些业务正在吸引投资人的注意。它们能够改造企业，但须投入巨额资金。尽管获得巨额利润还是四五年后的事，但它们已经有一批客户，正在获取收益，也许已经产生了某些利润。更重要的是，人们指望它们到时候像第一层业务那样盈利。

第三层面包含未来更长远业务选择的种子。虽然处于胚胎状态，但第三层面的选择项目比想法更进了一步：它们不管多么微小，却是真正的项目和投资。它们是研究课题、市场试点、联盟项目、少量投资的尝试和为加深对行业了解所做的努力，即使它们也许10年内见不到利润，但毕竟标志着走向实质性业务的第一步。

例如，戴尔电脑的商业模式靠的不是高技术和复杂、深奥的流程，它之所以难以模仿，是许多引爆点联合作用的结果。戴尔模式包含八个引爆点：客户定制（给客户一个线上"选择板"）；先下单，后付款，再生产；直接销售（取消中间商）；快速（从客户订货到计算机离开生产线等待发送，只需要6小时）；优质产品；可信赖的品牌；数字化企业设计（O2O）；零组件外包（由戴尔自行组装）。再如，通用电气的商业模式，包含七个引爆点：解决方案提供商；数一数二战略（1981年12月提出，1996年作出修正）；合力促进（work - out，1988年9月开始）；6个标准差（1996年1月开始）；差异化管理（20：70：10原则）；数字化企业；无疆界政策（猎获创意）。

### （二）商业模式的要素

【思考】商业模式的常见要素有哪些？你认为在要素观指导下的商业模式设计，需要弥补哪些欠缺？为什么？

早期的商业模式研究主要限于电子商务领域（Mahadevan，2000），重点关注网络企业如何获取收益的问题。随后的研究开始区别基于产品提供、价值创造过程、企业架构及其他变量的模式类型，研究对象也慢慢扩展到一般企业。因此，关于商业模式组件的研究也丰富起来，但对其关键组件仍然没有形成一致意见，相关研究如表1-1所示。

表1-1　　　　　　　　　商业模式的组件

| 文献 | 组件 | 组件个数 | 企业 |
|---|---|---|---|
| 霍洛维茨（Horowitz，1996） | 价格、产品、分销、组织特征、技术 | 5 | G |
| 维西奥和巴斯特纳克<br>（Viscio and Paternack，1996） | 全球核心、治理、业务单元、服务、联系 | 5 | G |

续表

| 文献 | 组件 | 组件个数 | 企业 |
|---|---|---|---|
| 蒂默斯（Timmers，1998） | 产品/服务/信息流的架构、商业参与者及其角色、参与者的利益、收益来源、营销战略 | 5 | E |
| 文卡特拉曼和亨德森（Venkatraman and Henderson，1998） | 顾客互动、资产配置、知识杠杆 | 3 | E |
| 拉帕（Rappa，1999） | 持续性、收益流、成本结构、价值链定位 | 4 | E |
| 多纳特（Donath，1999） | 顾客理解、营销战略、公司治理、内外部能力 | 4 | E |
| 马凯兹（Markides，1999） | 产品创新、顾客关系、基础设施管理、财务方面 | 4 | G |
| 哈梅尔（Hamel，2000） | 顾客界面、核心战略、战略资源、价值网络 | 4 | G |
| 马哈德万（Mahadevan，2000） | 价值流、收益流、物流 | 3 | E |
| 斯图尔特和赵（Stewart and Zhao，2000） | 收益流、成本结构 | 2 | E |
| 林德和坎特雷尔（Linder and Cantrell，2000） | 定价模式、收益模式、渠道模式、商业流程模式、互联网驱动的商业关系、组织形式、价值主张 | 7 | G |
| 齐默尔曼（Zimmerman，2001） | 使命、结构、流程、收益、法律问题、技术 | 6 | E |
| 瑞波特和贾沃斯基（Rayport and Jaworski，2001） | 价值主张或价值簇、市场空间提供物的范围、资源系统、财务模式 | 4 | E |
| 埃米特和佐特（Amit and Zott，2001） | 交易内容、交易结构、交易治理 | 3 | E |
| 阿普尔盖特（Applegate，2001） | 概念、能力、价值 | 3 | G |
| 戈尔登和阿克曼斯（Gordijn and Akkermans，2001） | 参与者、市场细分、价值提供物、价值活动、利益相关者网络、价值界面、价值端口、价值交换 | 8 | E |
| 彼得罗维奇，凯蒂和斯科滕（Petrovie, Kittl and Teksten，2001） | 价值模式、资源模式、生产模式、顾客关系模式、收益模式、资本模式、市场模式 | 7 | E |
| 威尔和维塔利（Weill and Vitale，2001） | 战略目标、价值主张、收益来源、成功因素、渠道、核心能力、顾客细分、IT 基础设施 | 8 | E |
| 斯塔勒（Stahler，2002） | 价值主张、产品与服务、价值结构、收益模式 | 4 | G |
| 杜伯森·托贝，奥斯特瓦尔德和皮尼厄（Dubosson-Torbay, Osterwalder and Pigneur，2002） | 产品创新、顾客关系、基础设施管理、财务方面 | 4 | E |
| 贝茨（Betz，2002） | 资源、销售、利润、资本 | 4 | G |
| 切斯堡和罗森布鲁姆（Chesbrough and Rosenbloom，2002） | 价值主张、市场细分、价值链、成本结构和利润潜力、价值网络、竞争战略 | 6 | G |

续表

| 文献 | 组件 | 组件个数 | 企业 |
|---|---|---|---|
| 玛格丽塔（Magretta，2002） | 角色、动机、谋划 | 3 | G |
| 海德曼和卡尔林（Hedman and Kalling，2003） | 顾客、竞争者、提供物、活动与组织、资源、要素的供应与生产投入、纵向过程 | 7 | G |
| 阿富阿和图奇（Afuah and Coles，2003） | 利润所在、顾客价值、范围、价格、收益来源、有联系的活动、执行、能力、持续性、成本结构 | 10 | E |
| 米切尔和科尔斯（Mitchell and Coles，2003b） | 谁、什么、何时、哪里、为什么、如何、多少 | 7 | G |
| 加特纳（Gartner，2003） | 市场提供物、能力、核心技术投资、底线 | 4 | E |
| 翁君奕（2004） | 价值对象、价值内容、价值提交、价值回收 | 4 | G |
| 李和沃诺塔斯（Lee and Vonortas，2004） | 战略目标和价值主张、提供物的范围、定价、收益模式、资源数量和相关成本、战略/结构/流程需要、法律问题 | 7 | E |
| 施魏策尔（Schweizer，2005b） | 价值链、创新者相对互补资产所有者的市场力量、总收益潜力 | 3 | G |
| 莫里斯，辛德胡特和艾伦（Morris，Schindehutte and Allen，2005） | 与提供物相关的因素、市场因素、内部能力因素、竞争战略因素、经济因素、个人/投资者因素 | 6 | G |
| 谢弗，斯密斯和林德（Shafer，Smith and Linder，2005） | 战略选择、创造价值、获取价值、价值网络 | 4 | G |
| 田志龙，盘远华，高海涛（2006） | 为谁、做什么、如何做、如何盈利 | 4 | G |
| 勒科克，德梅尔和瓦尼尔（Lecoq，Demil and Warnier，2006） | 资源和能力、组织、价值主张 | 3 | G |
| 博纳科西，詹南杰利和罗西（Bonaccorsi，Giannangeli and Rossi，2006） | 产品和服务提供、顾客、成本结构、收入 | 4 | E |
| 布鲁索和彭德（Brousseau and Penard，2006） | 成本、收益流、可持续收益的产生、产品与服务的生产与交换 | 4 | E |
| 原磊（2007a） | 目标顾客、价值内容、网络形态、业务定位、伙伴关系、隔绝机制、收入模式、成本管理 | 8 | G |
| 奥斯特瓦尔德和皮尼厄（Osterwalder and Pigneur，2008） | 价值主张、目标顾客、分销渠道、关系、价值配置、核心能力、合作伙伴的网络、成本结构、收益模式 | 9 | E |
| 约翰逊，克里斯滕森和哈特曼（Johnson，Christensen and Kagermann，2008） | 顾客价值主张、利润公式、关键资源、关键流程 | 4 | G |

| 文献 | 组件 | 组件个数 | 企业 |
|---|---|---|---|
| 杜卡诺瓦，埃克姆和雷诺（Doganova, Eyquem and Renault, 2009） | 价值主张、价值结构、收益模式 | 3 | G |
| 罗珉（2009） | 价值主张、核心战略、资源配置、组织设计、价值网络、产品与服务设计、经营收入机制、盈利潜力 | 8 | G |
| 唐东方和冉斌（2009） | 商业结构、运行方式、利润模式、共有价值和资源能力 | 4 | G |
| 郭毅夫（2009） | 价值主张、价值创造、价值传递 | 3 | G |
| 彭韧（2010） | 独特的客户价值主张、独擅的资源与能力、独享的盈利公式和可持续性 | 3 | G |
| 纪慧生，陆强，王红卫（2010） | 价值发现、价值主张、价值创造、价值配置、价值管理、价值实现 | 6 | G |
| 德巴里和菲茨杰拉德（Al-Debei and Fitzgerald, 2010） | 价值主张、价值结构、价值网络、价值财务 | 4 | G |
| 麦克格拉斯（McGrath, 2010） | 商业单元、过程或运营优势 | 2 | G |

注：G 表示一般企业，E 表示互联网/电子商务企业。

资料来源：参见刘刚. 商业模式结构适应性：组件耦合协调分析 [J]. 科技进步与对策，2017，34（5）：14 - 19.

哈梅尔（Hamel，2000）认为，要成为一个产业的革命者，企业必须形成一种本能：从整体上思考商业模式。他创造了一个完整且简单的商业模式框架，如图 1 - 5 所示。这个框架包括四个主要组件：顾客界面、核心战略、战略资源和价值网络，每个组件都有几个次级组件。这四个核心组件通过三个"桥梁"组件连接在一起：连接核心战略与战略资源的活动配置、连接核心战略与顾客界面的顾客利益及连接战略资源与价值网络的企业边界。支撑商业模式的是四个决定其利润潜力的因素：商业概念交付顾客利益的效率、商业概念的独特性、商业概念元素之间的匹配性及商业概念所利用的利润助推器。这个框架包含了许多战略要素，对企业充分利用外部机会和自身的资源/能力、提供卓越的顾客价值、避免商业模式创新的盲点等都具有很好的参考价值。然而，其构念的复杂性和认知范围导致这个构念的"淡化"从而是不切实际的。

谢弗、史密斯和林德（Shafer，Smith and Linder，2005）在 1998 ~ 2002 年相关文献的 12 个定义中发现了 42 个不同的商业模式组件，并把它们分成四个主要类别：战略选择、创造价值、获取价值和价值网络，如图 1 - 6 所示。他们整理出来的商业模式组件看起来是离散的，至少没有明确这些组件之间的联系，也没有对应有的联系进行说明和解释。

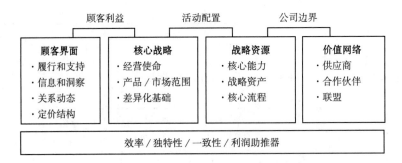

**图1-5　哈梅尔（2000）的商业模式要素及其关系**

资料来源：Gary Hamel. Leading the Revolution［M］. Boston，Mass：Harvard Business School Press，2000.

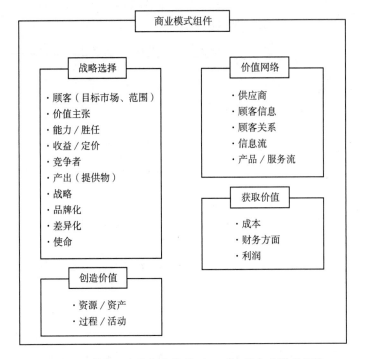

**图1-6　谢弗、史密斯和林德（2005）的商业模式组件**

资料来源：Shafer S. M.，Smith H. J.，Linder J C. The power of business models［J］. Business Horizons，2005，48（3）：199-207.

受彭罗斯企业观的启发，勒科克、德梅尔和瓦尼尔（Lecocq，Demil and Warnier，2006）开发了一个RCOV框架（见图1-7），试图统一商业模式这个概念的静态用法和变革用法，以便考察商业模式的演变，特别是商业模式组件之间的相互作用所产生的动力机制。他们假设一个商业模式可以用三个核心组件来描述：资源和能力（RC）、组织（O）、价值主张（V），而且每个核心组件都包括几个不同的元素。在RCOV框架中这三个基本的商业模式组件决定了一个商业模式的成本/收益的结构与大小，从而决定了边际利润，并最终决定了其持续性。RCOV框架形成了一种简洁、动态的商业模式方法。在这个框架中，商业模式不间断的动态演变来自核心组件之间和核心组件内部的相互作用。商业模式的演变是一个微调过程，涉及连接在一起的核心组件内部和核心组件之间自发的和意外的变化。他们发现企业的持续性取决于它对自发的和意外的变革序列的预期和反应，并把企业建立和保持其绩效的同时变革其商业模式的能力称为"动态一致性"（Demil and Lecocq，2010）。

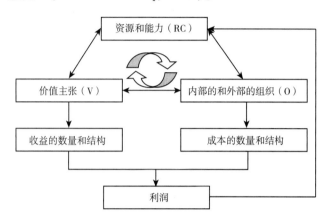

图1-7 勒科克、德梅尔和瓦尼尔（2006）的 RCOV 框架

资料来源：Demil B. and X. Lecocq. Business model evolution：in search of dynamic consistency ［J］. Long Range Planning, 2010, 43（2/3）：227-246.

原磊（2007）在全面考察和总结企业价值创造活动并参考国外大量商业模式组成要素的基础上，提出了"3-4-8"的商业模式构成体系（见图1-8），其中"3"代表3个联系界面，"4"代表商业模式的4个构成单元，"8"代表8个组成要素。实际上，他认为商业模式是分不同层次的。

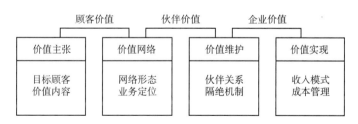

图1-8 原磊（2007）的"3-4-8"商业模式架构

资料来源：原磊. 商业模式与企业创新 ［M］. 北京：经济管理出版社, 2017.

在现有的研究结论中，总共提及了近80种不同的构成要素，其中价值收入、资源、产品、顾客是出现频率最高的要素。可见，商业模式无论包含哪几大维度，其最终目的都是实现价值创造。

奥斯特瓦尔德（2008）提出了商业模式画布理论，即九要素模型。商业模式画布，就是一张能将组织的商业模式展示出来的画布。它是一种用于梳理商业模式的思维方式和工具，可以帮助我们描述商业模式、评估商业模式和改变商业模式，并以一种极其简练的、可视化的、一张纸的方式表现出来。商业画布能够帮助管理者催生创意、降低风险、精准定位目标用户、合理解决问题、正确审视现有业务和发现新业务机会。如图1-9所示，商业模式画布包括：（1）"客户细分"是企业想要获得的和期望服务的不同目标人群和机构。（2）"价值主张"是企业向客户提供的独特价值和解决方案，旨在解决客户的问题或满足其需求。（3）"渠道通路"是企业如何同客户群体达成沟通并建立联系，以向对方传递自身的价值主张。（4）"客户关系"是企业与客户之间建立和维护的关系类型。（5）"收入来源"是企业从客户群体获得的现金收益（扣除成本）。（6）"核心资源"指企业保证商业模式顺利运行所需的最重要的资产。（7）"关键业务"即需求、痛点的解决方案。（8）"重要合作"描述商业模式顺利运行所需要的供应商和合作伙伴网络。（9）"成本结构"即企业维持商业模式运作所需的全部成本，包括固定成本和可变成本。

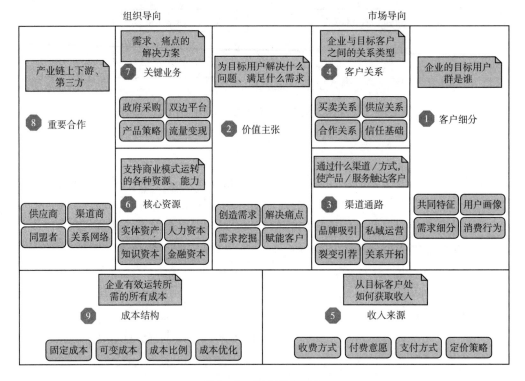

图1-9　商业模式画布

魏炜和朱武祥（2009）提出了商业模式六要素模型。他们认为商业模式的本质就是一群利益相关者将自己的资源能力投进来，形成一个交易结构。如果这个交易结构能够持续交易下去，那么就会创出更多新的价值，然后每一个利益方都会按照一定的盈利方式获得相应的价值。如果每一个利益方获得的价值超过了它们起初投入的资源能力的成本，这就意味着这个交易结构十分稳固。这个交易结构就是商业模式模型，如图1-10所示，六要素模型包括：（1）定位，即一个企业要想在市场中取胜，首先需要明确自己需要做什么，需要通过什么方式用自己的产品和服务换取客户价值，这就是定位。定位在商业模式中起着决定性作用。（2）业务系统，即企业在实现目标的过程中，利益相关者之间产生合作交易的方式。业务系统是商业模式的核心元素。（3）盈利模式，即企业与利益相关者之间赚取收入、获得利润的方式。（4）关键资源能力，即企业在运转过程中，需要各种重要的资源和能力来支持。而这些重要的资源和能力，就是关键资源能力。（5）现金流结构，即企业的发展离不开现金的支出和收入。现金流结构是商业模式模型中的重要元素之一。不同的现金流结构，反映出商业模式的不同，同时也影响着企业成长速度的快慢，决定企业资金投入价值的高低。（6）企业价值，即企业的投资价值，是企业用来判断商业模式优劣的标准。一个企业的发展，需要商业模式的推动，才能使得利益相关者贡献出更多的价值，为企业重塑活力。

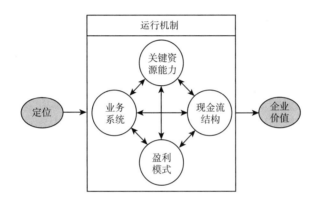

**图 1-10　魏炜和朱武祥（2009）的六要素模型结构**

值得一提的是，学术界关于商业模式要素的研究，关注经营者素质的成果尚不多见，而本书认为，经营者素质应是商业模式设计必须考虑的重要因素之一。值得庆幸的是，周宏骐（2024）在其著作《生意的本质：商业模式动态升级的底层逻辑》一书中适时提出"商业头脑"模型，让人耳目一新。

## 专栏1.2【名家观点】 ------------------------------------------

### 周宏骐：商业头脑，让生意跑起来

要成为一个合格的经营者，一定要有经营生意的商业头脑。商业头脑包括两个维度：一是经营者的精神特质、思维模式。二是经营者的逻辑体系，即系统化指导决策和行动的框架、工具、方法，对应的是商业经营应遵循的逻辑顺序：确认商机、布局分工、组局与设计交易、升级迭代。周宏骐将前者称为"经营思维"，将后者称为"生意构建逻辑"，由此便可以用一个清晰的框架来表达商业头脑是什么。

商业头脑 = 经营思维 + 生意构建逻辑

经营思维与生意构建逻辑是相辅相成、缺一不可的，任何一部分出现短板，都会使商业头脑大打折扣。

我们先来了解一下商业头脑的第一个组成部分——经营思维（本书认为经营者应具备四种经营思维：发现思维、合作思维、发明思维和动态思维）。之所以用"思维"这个词，是因为周教授希望突出"思维模式"的意义。经营者在商业上获得成功，并不完全是因为他具有超强的能力和超高的天赋，在追求目标的过程中他所展现的思维模式也发挥了很大的作用。思维模式是如身体反应般自然而然又根深蒂固地存在，是你看待周遭世界的"默认模式"。

如何理解思维模式？且看一个小故事。有一个旅行者徒步穿越沙漠，把带的水全喝光了，在极度干渴中煎熬了很久之后他终于发现远处有一个水杯，于是惊喜万分地狂奔过去，却看到水杯中只有半杯水顿时心生不满，不停地抱怨。就在这时，一阵大风吹走了水杯，最后，这个人在绝望中干渴而死。而在沙漠的另一边，另一个旅行者也发现了半杯水，他马上一口气喝光，带着感激之情重新上路，没想到很快又发现了绿洲，最终，他成功走出了沙漠。

资料来源：参见周宏骐. 生意的本质：商业模式动态升级的底层逻辑［M］. 北京：机械工业出版社，2024：9 – 47.

不止于此，批量复制经营人才对于商业模式的落地执行也至关重要。本书认为，经营人才的素质模型应涵盖战略眼光、商业头脑、管理思维和领导能力等方面。

## 二、商业模式的特征

【思考】商业模式的特征有哪些？你认为其核心特征是什么？为什么？

第一，成功的商业模式要提供独特的价值。这个独特的价值可能是新的思想；可能是产品和服务独特性的组合，这种组合要么可以向客户提供额外的价值，要么使得客户能用更低的价格获得同样的利益，或者用同样的价格获得更多的利益。

第二，商业模式是难以模仿的。企业通过确立自己的与众不同，如对客户的悉心照顾、无与伦比的实施能力等，来提高行业的进入门槛，从而保证利润来源不受侵犯。比如，直销模式（仅凭"直销"一点，还不能称其为一个商业模式），人人都知道其如何运作，也都知道戴尔公司是直销的标杆，但很难复制戴尔的模式，原因在于"直销"的背后是一整套完整的、极难复制的资源和运作流程。

第三，成功的商业模式是脚踏实地的。企业要做到量入为出、收支平衡。现实中的很多企业，不管是传统企业还是新型企业，对于自己的钱从何处赚来，为什么客户看中自己企业的产品和服务，乃至有多少客户实际上并不能为企业带来利润、反而在侵蚀企业的收入等关键问题，都不甚了解。

第四，商业模式是从整体系统角度考虑企业的一种工具。思考商业模式的有效办法是在分析外部环境和内部活动的时候，对所希望实现的战略目标有一个总体的意识。

第五，必须通晓各组成部分的相互关系。商业模式的全部价值要通过连接其所有组成部分来实现，应用商业模式模型来分析企业，要求细致地审视其所有组成部分，并在制定决策、执行行动计划的时候，认清他们彼此之间的连接性和关系，这就要进行量化和非量化的研判，讲究实效以提高判断准确率。

第六，商业模式是动态的。几乎所有的商业模式都是在实践中不断打磨、不断更新，从而得以完善的。其中有些内容比如历史盈利状况，其数据是可以量化的，但许多因素却是不可量化的，因为它们充满变化，比如新的法规、周期性变化、业内竞争对手策略。

## 三、商业模式的价值

【思考】商业模式的价值有哪些？你认为其核心价值是什么？为什么？

商业模式是企业正常运转的底层逻辑和商业基础，没有哪个企业脱离商业模式还能够获得良好发展。依托独特的商业模式，企业可以更加科学、高效地发展。

### （一）创造价值、传递价值、获取价值

商业模式的价值，首先在于创造价值、传递价值、获取价值。换句话说，商业模式价值就是通过企业创造什么价值，通过什么方式将价值传递出去，借助什么方法将价值回收回来。由此形成一个良性循环，保证企业能够持久运作下去。创造价值，是为解决客户需求问题而构建有效的解决方案；传递价值，是通过企业在各种关系中的资源合理配置，实现价值交付；获取价值，是企业借助一定的盈利模式获取持久的利润。

### （二）包装商机，用价值赚取盈利

每一个社会问题都蕴藏着一个商业机会。商业模式的一个重要价值，就是能够帮助企业把握商业机会，将机会中蕴含的价值转化为盈利。这就好比我们拿着一块布，如果不做任何设计，那它只能是一块布。但如果将其在设计、生产和销售等各个流程上走一遍，其蕴含的价值就会很好地体现出来，价值也会进一步转化为盈利。而这块布所走的流程，就是一种商业模式。可以说，商业模式是对商业机会的一种包装，将商业机会变为一整套运营方法或体系，然后再通过该方法或体系，让价值变现。

### （三）打通产业链，增强竞争能力和抗风险能力

商业模式本身就是一个包含着企业与产业链上下游之间存在各种各样的有关交易关系和价值交换的方法、方案。所以，商业模式还具有打通产业链的作用。企业产业链是一个基于"研、产、销"而形成的链条式关联关系形态，它将上游的原材料供应、中游的生产加工，下游的市场营销全部纳入企业的掌控之中。每个企业只有将上、

中、下游全部打通，才能拥有强大的竞争能力和抗风险能力。如果产业链上某一环节出现风险，企业就可以依靠全产业链的整体效能抵御风险，获取利润。

### （四）构建平台，实现资源有效整合

商业模式还是一种包含诸多要素与关系的工具。也正是这样一个工具，将与企业相关联的企业顾客、渠道、合作伙伴、产业链上下游都有效地聚集到一个平台上，形成一个超大的平台生态系统，把更多的资源整合在平台上，实现多方共赢。例如，传统的线下零售，往往是厂家找经销商，经销商找客户，客户找货源。这样的模式对于任何一端，都十分浪费时间成本。阿里巴巴则把自己做成了一个平台，在这个平台上，聚集了厂家和客户，阿里巴巴左手整合上游资源，右手整合下游资源，自己不用生产产品，就建立起了整个买卖市场，成了供应链平台巨头。

### （五）跨界混搭，经营思路多样化

在市场竞争中要想脱颖而出，企业还要做多面手。换言之，要做功能组合。常见的是社区商业模式，即将餐饮商家、蔬菜店、超市、便利店等聚合在一起，以小租户经营为主。这对于企业来讲，可以有效缓解租金压力，同时还通过经营思路多样化，实现高效引流和高效变现。

## 四、商业模式与其他概念的区别

【思考】商业模式与盈利模式、运营模式、管理模式、传统战略论有何异同？为什么？

### （一）商业模式与盈利模式的关系

商业模式描述了企业如何运作并创造价值，包括它提供的产品或服务以及在产业链中的位置。盈利模式则是商业模式的一部分，专注于企业如何从其提供的价值中获得收入。简而言之，商业模式是企业的整体运营策略，而盈利模式是这一策略中创造收入的具体方法（见表1-2）。在互联网行业，这两者的关系尤为显著，如免费服务平台可能通过吸引广告来实现盈利，尽管其核心商业模式是提供无直接成本的服务。

表1-2 商业模式与盈利模式的异同

| 模式 | 区别 | 联系 |
|---|---|---|
| 商业模式 | 解决企业"做什么，如何做"问题的具体方法：互联网企业的外在商务构架 | 商业模式与盈利模式是统一的 |
| 盈利模式 | 解决"怎样赚钱"的问题：企业最终获利的内在源泉 | |

资料来源：王晓莉. 特许经营商业模式和盈利模式研究 [J]. 企业技术开发（学术版），2007, 26 (9)：116-118.

### （二）商业模式与运营模式的关系

商业模式偏重如何销售及如何赚钱，而运营模式注重于赚钱过程中的管理，但两者还是统一于企业之中，如表1-3所示。

表1-3　　　　　　　　　　　商业模式和运营模式的异同

| 模式 | 区别 | 联系 |
|------|------|------|
| 商业模式 | 为实现客户价值最大化，使企业达成持续盈利目标的整体解决方案 | 商业模式与运营模式是统一的 |
| 运营模式 | 是经营方法，是与产品生产和服务创造密切相关的各项管理 | |

资料来源：王晓莉．特许经营商业模式和盈利模式研究［J］．企业技术开发（学术版），2007，26（9）：116-118.

### （三）商业模式与创新的关系

企业的创新贯穿于企业经营的整个过程，贯穿于资源开发、研发模式、制造方式、营销体系、市场流通等各个环节。也就是说在企业经营的每一个环节上的创新都可能演化成一种成功的商业模式。拿制造业来说，就先后经历了手工作坊、工厂式、福特式、数字化等商业模式阶段，而这每个阶段的生产方式都是一种全新的商业模式。

### （四）商业模式与传统战略论的关系

战略是关于企业如何在众多选择中作出最佳决策的学问。传统战略论分为定位派和能力派。迈克尔·波特的定位派战略理论认为，企业应通过五力模型分析市场，选择竞争和替代压力小、供应商和顾客要求低的市场定位，并通过成本领先、差异化或专注特定市场细分的策略来确保优势。而能力派则侧重于企业内部资源和能力，通过VRIO模型分析资源的价值、稀有性、难以模仿性和组织能力，以识别竞争优势。具体而言，VRIO模型包含四个核心问题：资源是否具有价值（value）、稀有性（rarity）、难以被竞争对手模仿的独特性（inimitability）、企业是否具备有效利用这些资源的组织能力（organization）。与迈克尔·波特的市场定位理论不同，能力学派认为市场之所以重要，是因为它是企业资产和能力得以发挥的舞台，而非市场本身。定位派和能力派都强调市场定位和企业优势的重要性，但往往忽略了具体的商业策略。

在全球化和市场竞争加剧的今天，企业不仅需要明确市场定位，还需要深入探讨如何在市场中实施商业模式。商业模式关注如何在特定市场和行业背景下制定和执行策略，是战略实施的具体化，决定了企业能否在所选市场中实现持续的竞争优势。因此，商业模式成为现代企业战略中不可或缺的一部分，它补充了传统战略理论，帮助企业在选定的市场中实现盈利和增长。

### （五）商业模式与故事论的关系

日本学者今枝昌宏（2020）认为，商业模式是一种可重复利用的机制，它定义了企业如何在特定行业内获得竞争优势。与此相对，故事论提供的是一次性的策略，针对特定情境下的最优解，它不是机制，因此不具备商业模式的可重复性。尽管故事论中的策略高效，但由于其不可复制性，其学习和应用的价值有限。然而，如果能够将这些高效的商业流程模型化，使其能够被反复利用，那么它们就可以转化为商业模式，从而具有更广泛的应用和学习价值。

### （六）商业模式与职能战略/业务流程的关系

商业模式与职能战略/业务流程紧密相关，但它们各有侧重点。职能战略/业务流程关注于企业内部特定职能的方向性选择和流程的模式化，旨在确保商业职能的有效运行。而商业模式则侧重于如何在竞争中通过独特的机制取胜，它不仅包含职能战略，还强调如何构建和竞争对手不同的优势机制。

商业模式作为战略和业务流程之间的桥梁，不仅关注市场定位，还考虑如何通过特定的商业模式实现这一定位，并指导业务流程和技术支持机制的建设。这种模式要求企业首先明确市场定位，然后设计相应的商业模式来获得竞争优势，最后围绕这一模式构建和优化业务流程。

### （七）商业模式与管理模式的关系

商业模式与管理模式是企业经营中的两个关键概念，它们相辅相成。商业模式关注的是企业如何通过特定的机制在市场中运转和创造价值，包括与外部利益相关者如供应商、经销商的关系。它决定了企业需要哪些管理能力和相应的管理模式，是企业的基础结构。

管理模式则聚焦于企业内部，包括战略、组织结构、管理控制、企业文化、人力资源管理和绩效管理等方面。这些要素通过计划与指令来配置资源和协同行动，以实现经营目标和员工激励。

在企业设计时，商业模式的设计应优先于管理模式。商业模式的调整可能需要管理模式的相应调整，以确保商业模式的创新得到有效执行。简而言之，商业模式是企业运作的框架，而管理模式则是实现商业模式目标的执行机制。商业模式越先进，越是能够降低对管理模式的要求，反之则反是。

## 五、商业模式设计的基本原则和方法

【思考】商业模式设计的基本原则有哪些？其核心原则是哪几个？为什么？

商业模式的基本原则是企业是否遵循规律，能否持续盈利，以及判断其是否成功的外在标准。商业模式越隐蔽，越有出人意料的好效果。当商业模式的所有要素均能相互协同时，就能为企业创造利润。因此，商业模式的各个部分必须协调一致，朝着同一目标前进。

### （一）客户偏好、产品设计的同一性原则

如何使产品开发配合客户的需求？最著名的辅助工具是质量功能展开（quality function deployment，QFD），倡导者是美国的克劳辛（Don Clausing）。QFD 和客户需求互动所发展出来的两种工具是概念工程和关键特性。

概念工程协助产品开发团队发展产品的相关概念。如表 1-4 所示，概念工程可分为五个阶段，每个阶段又有三个步骤。

表 1-4　　　　　　　　　　　　　　　概念工程

| 阶段 | 步骤 |
| --- | --- |
| 阶段一：了解客户的背景环境 | 步骤 1：制订出勘查的计划 |
| | 步骤 2：收集客户的意见 |
| | 步骤 3：发展出具备共通印象的背景环境 |
| 阶段二：由理解转换为要求 | 步骤 4：将客户的意愿转换成要求 |
| | 步骤 5：筛选出必要的几项 |
| | 步骤 6：把理解融入要求之中 |
| 阶段三：将所知落实 | 步骤 7：整理调查资料 |
| | 步骤 8：将需求转换为矩阵图表 |
| | 步骤 9：整合共识 |
| 阶段四：概念成型 | 步骤 10：分解概念 |
| | 步骤 11：提出想法 |
| | 步骤 12：提出解答 |
| 阶段五：概念选择 | 步骤 13：筛选解答 |
| | 步骤 14：选择概念 |
| | 步骤 15：概念表达 |

资料来源：吕鸿江. 中国转型经济背景下的商业模式适应性：权变路径与演进机理 [M]. 北京：科学出版社，2016.

阶段一：了解客户的背景环境。首先要站在客户的角度与立场去了解这项产品和服务的实际使用环境。可以运用 KJ 意象图来选择与分析客户使用背景的意象。这种图表用视觉和语言把产品概念与客户的真实环境相连接，也为产品开发团队提供了一份地图，从中可具体看出客户的环境背景，有利于产品概念决策。

阶段二：由理解转换为要求。从客户的要求中找出关键点，在充分了解后萃取其

精义。通常客户的表达会充斥许多主观的语句，需要转换成客观而诉诸事实的叙述，以便于下游开发任务进行参照。从多项有用的要求中筛选出重点，再从中分析各项之间的关系。

阶段三：将所知落实。确认客户的关键要求后，以可测量的单位加以定义，并且一一呈现出来。如此一来，客户的需求、矩阵图和客户反馈之间的相互关系即可一目了然。

阶段四：概念成型。开发团队的思维从"要求或问题"转换为"方法或解答"。依据客户与设计工程师双方的角度，将复杂的设计问题拆解为一些子问题，经由个人或团队的努力，一一将解决的概念成型，并由此产生最后的设计概念。

阶段五：概念选择。反复结合与改进最初的解决概念，从中发展出少数优异的概念。从这些"幸存"的完整概念中，再就客户要求及组织条件进行详细评量，筛选出主导性的概念。

关键特性通常是指在产品或制造流程中那些对最终客户价值感知具有决定性影响的特性。客户的需求→制造上的要求→制造能力的要求。关键特性包括产品关键特性（product key characteristics，PKC）、制造关键特性（manufacturing key characteristics，MKC）、组装关键特性（assembly key characteristics，AKC）。PKC 所涉及的产品重要性质与客户满意度息息相关；MKC 则是有关创造 PKC 时在制造流程中的细部程序；AKC 则是指支援产品组装（生产）所应具备的一些特性。

### （二）产品、流程、供应链的三维同步工程原则

三维同步工程即企业同时开发产品、流程与供应链。曾几何时，一项新产品发明之后，研发人员只需把设计扔出实验室的墙外，落到生产部门的手上，让那些人自行琢磨这项设计如何付诸生产。而生产部门通常也不考虑供应链的状况，只是把自己的要求丢给采购部门，让采购员忙着找出适合的原料和报价最低的供应商。这种情况直到 20 世纪 80 年代，美国的制造业企业纷纷在国际上铩羽而归，才开始向日本学习"精益生产"和"同步工程"的理念。同步工程也称为"面向制造的设计"（design for manufacturability，DFM），即在产品设计时就预先把生产设备的实际状况考虑进去。

英特尔在不到 10 年的时间就成为市值 250 亿美元的公司，拥有高度资本密集的工厂，及时推出新产品。在计算机业爆炸性的成长中，英特尔之所以还能远远抛开竞争对手，主要在于它能与许多新供应商同心协力，以高速进行产品与流程的开发。换句话说，英特尔已证明自己是高脉动速度中的三维同步大师。英特尔研究出一套相当巧妙的三维同步战略，运用产品/流程模块化的特性，大幅简化了复杂的技术性挑战。在 20 世纪 90 年代，英特尔每次推出全新的微处理器，都运用原有的流程平台。相应地，每次推出新一代流程，也都会运用于原有的微处理器技术。例如，英特尔推出 486 产品时，所用的 IIm 流程技术早已用于生产 386 芯片上。然后，英特尔研发 0.8μm 制程技术，并首先运用在已经成功的 486 产品上。随后，它又先以 0.8μm 流程技术推出奔

腾芯片，再把流程改良到 0.6μm。运用这一套产品与流程交替更新的模式，英特尔在产品与流程之间创造了近乎完美的模块性，大大降低了新产品或流程推出时的复杂程度。英特尔每次对微处理器新厂房的投资耗费 10 亿美元以上，但使用时间只有 4 年左右。

### （三）核心事业与周边事业拓展相统一原则

多数成功企业的主要成长来源，是发展能够巩固核心并共享经济的适当周边事业，而不是进行无关的多元化。企业若没有一个强而有力、出类拔萃的核心事业做基础，要想拥有持续不断的获利成长，无异于缘木求鱼。所谓周边事业，就是让企业能延伸核心事业范畴的成长机会。大多数企业只要将所需的能力向一个新的而又比较接近的领域扩展，就能够做到既拓宽供应范围，又维持和增强核心业务。贝恩咨询公司研究发现，1988~1998 年，有 75% 的持续成长的企业在其核心事业上获得领先地位。绩效最高的企业往往在一两个核心事业上领先，接着才循序渐进，朝着相关领域发展。当它们将触角伸向新客户、新渠道、新产品或新事业时，同时也巩固了原本的核心（见图 1-11）。扩张周边事业不仅能够也应该预防未来的变数，促进学习，并攻占临近的利润池。对可持续成长战略来说，这些行动都是关键的磐石。

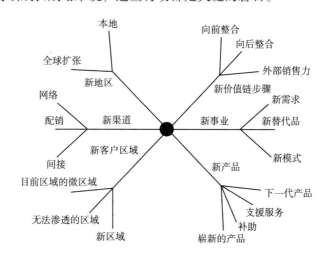

**图 1-11 核心事业与周边事业拓展相统一**

资料来源：薛在君，刘进华. 企业战略与商业模式［M］. 北京：机械工业出版社，2016：72-98.

### （四）有机增长与对外并购相统一原则

有机增长依赖于企业内部的创新，如营运、产品、战略和管理等方面的创新，这些创新可以推动企业持续增长。对外并购则是企业通过外部扩张实现快速增长的另一种方式，但并购的成功往往取决于并购目标与企业核心业务的兼容性。

1981~1987 年，美国大企业进行的购并案中，有 65% 与核心事业相关，而在放弃的旗下企业中，则有近 58% 与核心事业无关。郭士纳担任 CEO 期间，IBM 收购了 90

家公司。最成功的是收购那些与 IBM 的有机成长计划搭配得天衣无缝的公司。美国思科公司拟定的战略是"购买"新科技。当思科意识到需要有一种新产品时，它首先分析从内部开发到产品上市的时间，如果这一过程超过 6 个月，思科就会通过收购一家具有先进技术的公司，达到进入该市场的目的。1999 年，思科购并了 19 家类似的小公司，2000 年购并了 23 家公司。思科在 2001 年经济不景气前购并新科技公司的战略，称得上相当成功。20 年来的努力，思科在网络历史上书写了浓墨重彩的一笔，它改变了传统电信业，使电信与网络合二为一，走上整合的道路。

多年来，强生公司持续依靠收购破坏性事业，不断为公司创造新营收来源。20 世纪 90 年代期间，强生旗下有三大事业群：处方药品事业群、医疗设备及诊疗器材（medical devices and diagnostics，MDD）事业群以及消费品事业群。1993 年，消费品事业群与 MDD 事业群规模相当，各贡献了近 50 亿美元的营业收入。之后数年，两大事业群的增长曲线却出现很大差异。消费品事业群的增长曲线基本上很平坦，通常靠收购高营收公司维持事业群的整体成长。例如，买下露得清及 Aveeno，这些被收购公司的营收曲线也很平坦。收购这几家公司，冲高了消费品事业群的营收，增长曲线却没拉高。10 年间，消费品事业群的年平均增长率仅维持在 4% 的水平。反观 MDD 事业群，在同一时期却能创造平均 11% 的年增长率。其增长原动力来自四类收购的破坏性事业。其中，爱惜康（Ethicon Endo-Surgery）公司专门生产用于内窥镜治疗手术的仪器，内窥镜治疗手术可算是一种破坏性创新。科迪斯（Cordis）公司专门制造用于血管扩张手术的仪器，相对于必须切开心脏做血管绕道手术的传统做法，血管扩张手术也是一种破坏性创新。MDD 事业群还收购了理康（LifeScan）公司，有了理康生产的新型携带型血糖仪，糖尿病人就不需大老远跑到医院去验血糖。最后收购的视力保健（Vistakon）公司，专门生产抛弃型隐形眼镜，相对于博士伦等传统隐形眼镜制造商的产品，抛弃型隐形眼镜也是一种破坏性创新。自 1993 年以来，这四类新收购事业的平均年营收增长率高达 43%，总营收约为 100 亿美元。

惠普科技则采用了混合战略，通过收购具有破坏性创新的公司，如阿波罗电脑，以及内部创新，如喷墨打印机，来维持整体增长。这些例子表明，无论是通过内部创新还是外部并购，成功的增长战略都需要与企业的核心能力和市场定位保持一致。

**（五）自制、外包与战略定位相统一原则**

最大的成功属于那些能长期投注精力而毫不松懈的企业，它们不断斟酌衡量：哪些能力值得投资，哪些可以外包；哪些值得培养，哪些可以舍弃；哪些是掌控价值链的关键，哪些可以交由别人掌控。

苹果公司的战略组合：企业必须根据价值活动距离战略重心的远近以及其战略优先程度，采取不同的战略组合。在 iPad 的商业模式设计上，苹果公司采取四种战略组合配置资源，即增强战略、杠杆战略、保持战略以及外包战略（见图 1-12 和表 1-5）。

**图 1-12　苹果公司的创新式营销战略组合**

表 1-5　　　　　　　　苹果公司的创新式营销战略组合的具体内容

| 战略选择 | 定位 | 内容 |
| --- | --- | --- |
| 增强战略 | 距离战略重心近，战略优先程度高 | iPad 是苹果公司所有产品中第一个采用苹果公司自主设计的微处理器的。苹果公司在 2008 年以及 2010 年分别收购了芯片公司 P. A. Semi 以及 Intrinsity，增强了对微处理器的设计能力，使得 iPad 可以运行更为复杂的软件 |
| 杠杆战略 | 距离战略重心近，战略优先程度比较低 | 使用外部软件开发者的研发设计能力。iPad 的消费者可以在 App Store 上选择由独立第三方软件公司所设计的近 20 万个应用程序，从游戏到商务应用一应俱全。目前 App Store 已成为全球最大的移动软件平台，而 App Store 软件开发者已从应用的销售中获得超过 10 亿美元的收入 |
| 保持战略 | 距离战略重心远，战略优先程度高 | 苹果专卖店的设立可以让潜在的消费者亲身体验。从 2001 年在美国开设第一家专卖店，目前苹果公司通过全球 7 个国家的 300 多家专卖店进行零售 |
| 外包战略 | 距离战略重心远，战略优先程度低 | 苹果将不擅长的生产和制造外包出去，富士康就是它最大的外包制造商，此外全球各地还有无数不透露公司名称的零部件生产商 |

资料来源：蔡力. 苹果公司创新式营销战略分析 [J]. 企业技术开发（学术版），2012, 31 (2): 3, 5.

思科的产品来自 34 个工厂，这些工厂位于世界不同的地区，思科只拥有其中的两个工厂。但通过互联网，思科能够保持对不同工厂的质量控制，把握生产进度。公司对供应商、客户、员工都保持透明度，供应商都可以利用思科的 ERP，得到一个更新后的 12 个月销售预报，然后他们就可以对自己的生产计划做相应的修改。如此，供应商的存货下降了 45%，还能保证及时供货。思科通过将产品生产的 70% 外包，在不建立新厂房的情况下，产量增加了 3 倍。外包产品直接制造并发送给客户，不经过思科，这些产品占思科全部收入的比例接近 40%。

**（六）品牌与产品、商业模式相协同的原则**

品牌投资要兼顾三个要素：生产出众的产品并提供优质的客户服务；制定成功的商业模式；恰如其分地传递吸引人的品牌形象。这三个要素相互连接，构成了品牌价值金三角（见图 1-13）。

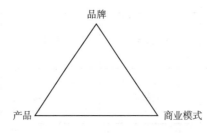

图 1 – 13　品牌价值金三角

资料来源：蒋璟萍．品牌本体论视角中的品牌竞争力［J］．中南大学学报，2010，16（2）：76 – 80.

没有生命力的产品令品牌被侵蚀得更快，错误的商业模式会产生同样的后果。反之亦然，衰退的品牌能够因绝妙的产品而重振雄风，甚至可以因为卓越的商业模式而变得更加成功。"红牛"产品的推出创造了一个"能量饮料"的新市场，并且很快在年轻消费者中风靡开来。公司的营销给"红牛"赋予了特殊的品牌价值和"能量"内涵，而不是简单地向市场投入一种新的产品。尽管产品非常简单，尽管模仿者无数，尽管许多大公司虎视眈眈，但"红牛"仍然是"能量饮料"市场的一面旗帜。这不仅仅是产品创新的结果，也是商业模式创新、鲜明的品牌定位以及独特的营销手段协同作用的结果。

## （七）创新与战略相统一的原则

如果企业面对的是维持性创新，则采用计划型战略并非不可行；如果企业面对的是破坏性环境，就必须使用应变型战略。因此，对应于维持性创新的，是计划型战略规划；对应于破坏性创新的，是发现导向的战略规划（见表 1 – 6）。

表 1 – 6　　　　　　　　　　　　创新与战略相统一

| 序号 | 维持性创新：计划型战略规划 | 破坏性创新：发现导向的战略规划 |
|---|---|---|
| 1 | 对未来提出愿景 | 预测财务目标 |
| 2 | 根据上述预测拟定战略，依据该战略进行财务预测 | 欲实现上述预测，必须证明哪些目标是正确的 |
| 3 | 根据财务预测决定投资额度 | 导入计划，从经验中了解目标是否合理 |
| 4 | 导入战略，达成预测财务目标 | 投资导入战略 |
| 5 | 注：经理人可以根据数字与规则，决定是否导入这些专案 | 注：经理人必须根据市场形态，决定是否导入这些专案 |

大多数计划型战略的规划流程必须经过四个步骤：创新者必须对新事业提出美好的愿景，创新者通常会根据某些理论预测目标；创新者必须根据愿景，推算财务预测值；高阶经理人必须根据财务预测值，核准新事业投资方案；企业必须组织团队，执行战略并带领新事业创造绩效。

发现导向的战略规划与计划型战略规划的不同：一是必须先进行财务预测，也就是具体指出新事业的财务目标。经理人向上级简报时，第一张投影片通常会出现损益表，清楚地指出目标投资报酬率。二是要求经理人提出目标预测。既然知道多少会是上级接受的数字，也就知道什么是合理的目标。依序列出最可能达成的目标与最难达成的目标。创新事业本身必须具备破坏低阶市场或新市场的能力，吸引目标客户购买新产品，让企业取得有利位置，创造更多利润。三是导入战略。经理人必须用最少的投入、最快的测试方法与最重要的信息，判断这些目标是否有效。四是投资既定战略。在这之前，经理人必须根据需求修正战略，还必须确定所有目标的可行性，才能修正原始战略。

### （八）商业模式的倍增效应原则

引爆点之间的综效：做加法；做乘法；做乘方。合格企业做加法，优秀企业做乘法，卓越企业做乘方。

1. 初级做加法。企业内部各部门之间相互合作、相互支援，而不是各自为政、相互拆台，即为做加法。

2. 中级做乘法，即四两拨千斤。例如，杠杆原理、齿轮原理、滑轮原理等。例如，滑轮原理即是做乘法。一个有 5 组滑轮、10 段绳子的机械，其拉动力（$F$）是重物（$G$）重量的 1/10（见图 1 - 14）。

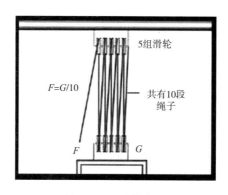

**图 1 - 14　滑轮定理**

资料来源：王国平，丰莉莉，穆成富，等. 滑轮运动问题的深入探讨［J］. 大学物理，2022，41（2）：82 - 85.

再如，数字化企业设计带来的不是 10% 或 20% 的生产率提高，而是 10 倍或 20 倍的提高。所谓生产率，是指所创造的价值和所使用资源的比率。当一个组织能够用更少的资源创造出更大的价值时，就意味着生产率的提高。戴尔利用数字化企业设计，将它的年存货周转速度从 6 次增加到 60 次。

3. 高级做乘方，即指数增长。例如，滚雪球效应、雪崩效应、细胞分裂效应、网络效应、聚合效应、口碑效应、复利法则、摩尔定律、连锁效应等。其效果可用疯狂、井喷、爆炸性增长、火箭速度、核裂变、病毒式传播等来形容。例如，给你一张纸，先折叠一次，然后把折叠起来的纸再折叠一次，如此反复折叠50次。这时候你认为这张被折叠起来的纸有多高？答案是这张被折叠了50次的纸，其高度相当于从地球到太阳的距离。

### （九）商业模式的独特性原则（即破坏性战略）

"管理创新具有难以被复制的独特优势。"理论上，所有竞争优势都是暂时的，但竞争对手很难复制"系统化"的优势，也就是由多个相互连接的新管理流程所形成的网络。那些善于创造财富的企业，都拥有高度差异化的竞争战略，即独特的能力、独特的资产、独特的价值主张和独特的市场定位。如果企业的战略没有与众不同，那就无法有所发展。如果一个企业的营收增长、投资报酬率、营业利润甚至市盈率，都与行业平均值大同小异，那就表示这家企业的战略与多数同行竞争者趋于一致了。

商业模式的独特性来自企业的破坏性战略，包括动机不对称、能力不对称和价值网络不对称。差异化竞争即改变游戏规则，造成动机、能力和价值网络的不对称，让在位者无力反击，借机做强、做大。破坏性战略就是创造与利用动机、能力及价值网络的不对称，一举击败在位者。

1. 动机不对称。当甲公司想做某件事而乙公司不想做时，此谓动机的不对称。当贝尔实验室于1948年宣布发明半导体时，没人感兴趣。真空管时代的巨人，如西屋电气（Westing house）、真力时（Zenith）、通用电气（General Electric）、雷神（Raytheon）等公司，却没有一家成为新兴半导体产业中举足轻重的厂商。

2. 能力不对称。能力不对称发生在一个公司的强项正好是另一个公司的弱点时。企业的"能力"包括企业的资源（resources）、流程（processes）和价值主张（values）三个方面，简称RPV架构。资源包括人力、设备、技术等，流程涵盖产品开发和制造的方式，而价值主张则是员工的行动准则和决策优先级的基础。

米其林在20世纪60年代通过利用其子午线轮胎技术的优势，在欧洲轮胎市场取得显著成功，市场占有率从不到10%激增至接近75%。与此同时，面对子午线轮胎的挑战，像凡士通这样的美国轮胎企业尝试通过推出改良产品来竞争，但最终因为产品并无实质差异而失去市场份额。凡士通在1972年福特汽车宣布将子午线轮胎作为标准配置后，迅速调整生产流程，但由于沿用现有制造流程，导致产品质量问题，最终不得不召回870万个轮胎，造成高达1.5亿美元的损失，成为美国历史上规模最大的消费者召回行动之一。

3. 价值网络不对称。价值网络不对称指的是创新者和在位企业的价值网络不重叠，这种不重叠是企业获得竞争优势的关键。企业价值网络包括供应商、客户、分销商等，若与竞争对手的价值网络重叠，可能导致创新容易被对手模仿和吸收，增加竞争压力。

不对称能力是企业通过重复执行特定活动而形成的独特优势，它可以帮助企业在竞争中占据优势。新进入者要成功，就需要发展出与众不同的流程和价值网络，以创造对手难以模仿的不对称优势。例如，西南航空公司通过独特的运营模式和价值网络，在航空市场中创造了不对称优势，从而取得了巨大成功。

# 第二节　商业模式的演进发展及趋势

## 一、商业模式演进发展的驱动因素

【思考】商业模式演进发展的驱动因素有哪些？其关键驱动因素是什么？为什么？

商业模式的持久竞争力源于不断的调整和创新。企业必须理解驱动这些变革背后的因素，才能深刻把握商业模式的本质。随着消费者获取信息的途径增多、认知水平提高和消费能力增强，他们的需求也在不断演变。消费升级呈现出螺旋式上升特征，这不仅是人性的推动，也与生产力的发展紧密相连。

### （一）消费结构升级

消费结构的升级正推动着商业模式的转变。过去，消费模式"以产品为中心"，企业生产主导消费，消费者选择有限。但随着经济发展，人们的基本需求得到满足后，开始追求更高层次的享受型消费。消费者不仅关注产品本身，还追求更好的服务体验和产品附加值。因此，企业必须从"以产品为中心"转变为"以客户为中心"，将客户的需求放在首位，提供更高质量的产品和服务。这种转变促使商业模式创新，例如，结合线上购物的便捷性和线下服务的个性化，推出"线上购买＋上门配送"等新型服务模式，以适应消费结构的升级。

### （二）消费需求升级

消费需求的升级正引领着商业模式的创新。根据马斯洛的需求层次理论，人们在满足了基本的生理需求后，会追求更高层次的安全、社交、尊重和自我实现需求。这种需求的升级反映在消费行为上，就是从单纯的物质满足转向追求精神和情感的满足，以及个性化和安全性的重视。随着年轻消费群体的崛起，他们更加追求个性化、高性价比的产品，这推动了体验式消费和个性化定制需求的增长。为了适应这种消费需求的变化，商业模式开始围绕不同的消费需求进行创新。例如，结合咖啡体验和阅读空间的"咖啡＋图书"模式，以及允许消费者根据个人喜好自行组合产品的个性化定制模式，都是满足消费者体验和个性化需求的商业模式创新。

### （三）消费渠道升级

消费渠道的升级反映了消费者购物习惯的演变和技术的进步。1978～1999 年的单一渠道阶段，主要依赖百货商店等线下门店；2000～2015 年的多渠道阶段，互联网的普及带来了网店、电商平台的兴起，商业模式变得更加多样化；2016 年至今的全渠道阶段，移动互联网、大数据、云计算和人工智能的发展，以及社交平台和智能设备的普及，推动了线上线下融合的商业模式，如社交电商和直播电商。

消费升级与商业模式之间存在着相互促进的关系。消费升级推动商业模式不断创新和优化，而商业模式的创新又反过来促进消费升级向更高层次发展。这种升级趋势预计将会更加明显，商业模式的突破成为必然，以适应消费者对更便捷、更多元和更个性化购物体验的需求。

## 二、商业模式的趋同化

【思考】商业模式为什么会走向趋同化？怎样打破趋同化的魔咒？为什么？

随着模仿的增多，商业模式的同质化趋势愈发明显，企业要保持竞争优势，必须不断创新其商业模式。自改革开放以来，中国的商业模式发展经历了以下几个阶段。

### （一）产销一体化模式阶段

在物资短缺、生产力较低的背景下，市场供不应求，生产者掌握定价权。企业普遍采用产销一体化模式，即生产者直接销售产品，形成了直销模式的雏形。

### （二）厂商合作化模式阶段

随着生产能力提高，消费者需求多样化，生产商与销售商开始分离，形成了厂商合作化模式。这种模式下，商家开始销售多种产品，出现了经销商、分销商等多样化销售渠道。娃哈哈集团就是这一模式的典型代表。娃哈哈成立于 1993 年，先后在全国 31 个省区市，选择了 1000 家经销商，组成了几乎覆盖中国绝大多数乡镇的厂商合作销售体系，这为娃哈哈带来了更强的市场竞争力。之后，娃哈哈又与经销商共同建立了特约二级分销商，进一步强化其产品在市场中的渗透力。

### （三）产业链化模式阶段

随着互联网的普及和电子商务的兴起，供求信息变得更加透明，消费者获取产品信息的途径日益增多。同时，生产厂商面临激烈的市场竞争和缩小的利润空间，这促使企业寻求新的商业模式以吸引消费者。

产业链化模式因此成为企业发展的新方向。产业链化模式指的是企业通过扩展其业务活动（无论是横向还是纵向）来提供更全面和更系统的价值给消费者，实现产业链各环节与消费者之间的价值交换。这一模式发展出三种类型：（1）横向模式，即在产业链上的同类型企业之间进行整合、并购，从而扩大本企业在市场中的竞争优势，甚至垄断整个市场。例如，阿里巴巴收购雅虎中国的全部资产，并享有雅虎品牌以及技术在中国的独家使用权。（2）纵向模式，即对产业链上下游企业进行跨界整合，以此提升企业的市场竞争力。（3）混合模式，即商业模式中既有横向模式，又有纵向模式。

### （四）生态系统化模式阶段

随着互联网和移动互联网深度融入日常生活，商业模式也随之进化到了生态系统化阶段。在这一阶段，商业活动围绕互联网构建起一个高度互联的生态系统，实现了资源的高效配置和价值最大化。企业内外部资源协同合作，实现企业与用户之间，甚至是竞争对手之间的价值共创、共享、共赢。例如，小米在进行产品设计时，往往邀请小米用户参与其中。不但与小米用户建立了良好、融洽的关系，还能通过发挥小米用户的聪明才智，帮助小米研发出更加新奇的产品，使得小米在市场竞争中能够快人一步抢占先机。

可见，商业模式注定是在时代背景下进行创新。换言之，任何一个商业模式，都会过时。企业唯有认清市场环境，认清自身实际，才能理性选择更加适合自己的商业模式。

# 第三节　商业模式的分类与创新研究

## 一、商业模式的分类研究

【思考】商业模式的分类研究有哪些？哪种分类研究更有价值？为什么？

### （一）根据商业模式的定义与特征分类

根据对商业模式的定义与特征的理解，可以把商业模式分为运营性商业模式和策略性商业模式两大类。

1. 运营性商业模式。该模式重点解决企业与环境的互动关系（包括与产业价值链环节的互动关系）。运营性商业模式创造企业的核心优势、能力、关系和知识，主要包含以下内容：一是产业价值链定位。企业处于什么样的产业链条中，在这个链条中处于何种地位，企业应如何结合自身的资源条件和发展战略进行定位。二是盈利模式设计（收入来源、收入分配）。企业从哪里获得收入，获得收入的形式有哪几种，这些收入以何种形式和比例在产业链中分配，企业是否对这种分配有话语权。

2. 策略性商业模式。策略性商业模式是对运营性商业模式加以扩展和利用，应该说策略性商业模式涉及企业生产经营的方方面面。（1）业务模式：确定企业提供给客户的价值，如品牌和产品。（2）渠道模式：设计传递业务和价值给客户的途径，包括渠道策略的多样化。（3）组织模式：建立高效的管理控制体系，比如客户导向的组织结构和数字化运营。

新商业模式的出现代表着创新和商机。企业若能率先把握这些机会，便能在竞争中领先。商业模式有其生命周期，过去的创新如金吉利剃须刀的赠送模式，如今已普及。商业模式也可迁移到其他领域，如网络企业的免费服务策略。在企业发展中，创新可能随时发生，有时小创新也能引发商业模式的重大变革，显示了其偶然性和衍生潜力。

### （二）根据产业链上不同的生态位分类

在快速消费品和耐用消费品的产业链中，制造商（包括品牌商）的商业模式因其在产业链中的生态位而异。根据产业链上不同的生态位，可以把商业模式分为六大类。

1. 直供商业模式。主要应用在一些市场半径较小、产品价格较低或流程较清晰、资本实力雄厚的国际大公司。它需要制造商具有强大的执行力，现金流状况良好，市场基础平台稳固，具备市场产品流动速度很快的特点。由于中国市场战略纵深大，市场特点迥异，渠道系统复杂，市场规范化程度较低，在全国市场范围内选择直供商业模式是难以想象的，因此，即使如可口可乐等跨国企业也开始放弃直供商业模式。但是，利润较为丰厚的行业与产业还是会选择直供商业模式，如白酒行业。云峰酒业就是典型，为了精耕市场，它在全国各地成立诸多销售公司直接控制市场终端，如今，广州云峰、西安云峰、合肥云峰、湖北云峰等公司在当地市场上均具备一定的实力。此外，很多 OTC 产品也会选择直供市场。

2. 总代理制商业模式。这种商业模式为中国广大的中小企业广泛使用。由于中国广大的中小企业在发展过程中面临着两个最为核心的难题：其一是团队执行力比较差，他们很难在短时间内构建一个庞大的执行团队，而选择经销商做总代理可以省去很多当地市场执行层面的困难；其二是资金实力上的困难，中国中小企业普遍比较薄弱，选择总代理制商业模式，就可以在一定程度上占有总代理的一部分资金，更有甚者，他们可以通过这种方式完成最初的原始资金积累，实现企业快速发展。

3. 联销体商业模式。随着大量中小企业选择采取总代理制商业模式，市场上好的经销商成为一种稀缺的战略性资源，他们对于鱼目混珠的招商产生了严重的戒备心理。因此，很多比较有实力的经销商为了降低商业风险选择与企业进行捆绑式合作，即制造商与经销商分别出资，成立联销体机构。这种模式对经销商来说，可以减少对单一制造商的依赖，增加议价能力；对制造商而言，则可以确保产品直接进入市场，提高市场响应速度。娃哈哈和格力空调等行业领导者采用这种模式，通过与经销商的紧密合作，实现了市场的快速扩张和销售的稳步增长。

4. 仓储式商业模式。仓储式商业模式是指企业通过建立自己的仓库和分销系统，直接向消费者或零售商配送产品，以降低分销成本并提高价格竞争力。这种模式允许企业通过有效的库存管理和直接配送来控制成本，同时保持对产品流通的控制。

直供通常意味着企业通过第三方销售平台来分销产品，而仓储式模式则涉及企业拥有并运营自己的销售和分销平台。例如，20 世纪 90 年代，四川长虹电视为了降低渠道成本和增强市场竞争力，采用了仓储式商业模式，直接将电视配送给消费者。

5. 专卖式商业模式。专卖式商业模式适用于品牌强大、产品线丰富且市场环境成熟的企业。这种模式通过开设专卖店或加盟方式，直接控制产品销售，强化品牌形象和服务质量。它要求企业在品牌影响力、产品多样性和市场环境上具备一定优势。与侧重价格竞争的仓储式模式不同，专卖式模式专注于品牌形象和高端市场，适合在消费者对品牌有较高忠诚度的市场中实施。例如，TCL、五粮液和蒙牛等企业都通过专卖系统来增强品牌影响力和市场控制力。

6. 复合式商业模式。复合式商业模式是企业为适应复杂市场环境而采取的多策略方法。这种模式允许企业根据发展阶段和市场条件，灵活运用多种营销策略和渠道。企业在采用复合式模式时，应明确主流商业模式以保持战略一致性，避免频繁变动导致经营系统混乱。选择复合式模式后，需对组织结构、人力资源、物流和营销策略等方面进行调整，以确保商业模式的有效实施和成功运作。

## 二、商业模式的创新研究

【思考】商业模式创新研究有哪些模式？你对哪种模式更有兴趣？为什么？

在人类商业模式创新实践过程中，陆续出现过五种经典商业模式（见表 1 - 7），以下对平台商业模式和长尾商业模式做简要介绍。

表 1 - 7 五种经典商业模式

| 模式 | 背景 | 挑战 | 解决方案 | 理论依据 | 案例 |
|---|---|---|---|---|---|
| 平台商业模式 | 一个价值主张只针对一个客户群体 | 企业无法获得潜在的新客户，这些新客户对于企业的既有客户群体十分感兴趣，例如游戏开发商希望能够得到游戏机玩家的青睐 | 提出新的价值主张，使得企业的既有客户群体让人够得到，例如游戏机生产商为自己的软件开发商提供与游戏机用户的沟通渠道 | 作为媒介，以平台方式沟通两个或多个客户群体，为原有的商业模式增加收益来源 | 谷歌、任天堂、索尼、微软的电子游戏机、苹果公司 |

| 模式 | 背景 | 挑战 | 解决方案 | 理论依据 | 案例 |
|---|---|---|---|---|---|
| 长尾商业模式 | 价值主张只针对最能产生利润的客户 | 针对利润较小的群体设置不同的价值主张，成本过高 | 这种新的或者说附加的价值主张，针对的是之前看来利润较小的那一大部分群体，小众客户群体，总体而言是盈利的 | 信息技术以及运营管理方法的改善，使得定制化的价值主张得以面向大量的新客户，并且以低成本实现 | 出版行业、乐高 |
| 分拆商业模式 | 包含基础设施管理、产品创新以及客户关系管理于一体的模式 | 成本过高，若干相互冲突的组织文化共存于同一实体中，产生不良的消长 | 将企业分拆为三个独立但互补的模式，即基础设施管理、产品创新与客户关系维护 | 信息技术以及管理工具的完善，使得不同企业独立，但相互协作的商业模式可以获得更低的运营成本，从而消除了不良的消长 | 私人银行、移动通信运营商 |
| 免费商业模式 | 高价值、高成本的价值主张只面向付费客户提供 | 高价格让客户望而却步 | 面向产生不同收益流的不同客户群体提供不同的价值主张，其中一种是免费模式或低成本模式 | 用付费客户群体来补贴免费客户群体，从而吸引最大数量的用户 | 广告和报纸、吉列的剃刀和刀片 |
| 开放商业模式 | 研发资源和关键活动都聚焦于企业内部理念，全部来自内部成果，全部用于内部 | 研发活动成本高且效率较低 | 内部研发资源和活动应得到外部合作者的使用而被激活，内部研发成果转化为价值主张，并提供给感兴趣的客户群体 | 从外部渠道获得研发成果可能成本更低，并缩短产品上市的时间，将未利用的创新成果向外部销售，从而可能带来更多的收益 | 宝洁 |

资料来源：康迪. 经典的商业模式［J］. 竞争力，2007，65（8）：40.

## （一）平台商业模式

互联网为平台商业模式提供了前所未有的契机，让其以令人难以置信的速度和规模席卷全球。平台商业模式渗透群众的生活，频频出现在各种产业中，包括社交网络、电子商务、快递行业、信用卡、第三方支付、在线游戏、房地产开发等。目前在全球最大的100家企业中，有一半以上企业的主要收入源自平台商业模式。

1. 平台商业模式的概念。

（1）平台商业模式的本质。国内学者王生金（2014）认为平台模式是一种基于价值创造、价值传递和价值实现的商业逻辑。平台企业通过提供服务，连接供应商和消费者，创造并传递价值。同时，平台通过与供应商的分成协议，实现价值分配，完成价值的最终实现。这种模式的关键在于服务提供、产品传送和收益分成。

（2）平台商业模式的核心思想。即通过统一的应用、平台和数据，为不同群体提供互动机制，满足他们的需求并从中盈利。这种模式强调提供信息服务的高效率和低成本。一是统一应用，所有客户共享同一应用系统，降低开发成本，同时确保平台内部功能模块相互独立且无重叠，减少运营成本；二是统一平台，平台与客户内部系统整合，采用统一标准，使用统一技术平台，降低技术运营成本；三是统一数据，作为数据交换中心，实现数据一次采集、多方共享，同时在平台内部保持数据高度统一，逻辑上一体化；四是个性化服务，在统一的基础上，通过规则驱动、前后端系统分离和开放 API 等方式，满足客户的个性化需求。

2. 平台商业模式的内容。

（1）基础模块，由平台资源和能力构成，包括顾客资源、无形资产、技术等资源，以及需求识别、客户沟通等能力。这一模块为其他模块提供支持，是平台商业模式的基础。

（2）价值模块，涉及为终端客户和供应商创造价值，以及平台企业从中获取价值。平台通过提供中介服务，促进双方交易，从中获得佣金等收益，实现价值的创造和分配。

（3）交易模块，由交易的主体、内容和形式组成。包括消费者、供应商、广告商等在内的多个角色，交易内容可以是实体产品或服务，交易形式包括付费、顾客补贴或捆绑销售等。

（4）服务模块，旨在促进交易，由信息服务和交易服务构成。信息服务涵盖数据分析、风险控制等，而交易服务则包括支付方式、交易保证等方面。

3. 平台商业模式的特征。

（1）系统性和复杂性。平台模式由多个相互协同的模块构成，包括基础、价值、交易和服务模块。这些模块共同促进顾客价值的创造和企业价值的实现。平台的复杂性不仅在于构建的多样性，还包括参与主体和价值逻辑的多样性。研究平台模式时，需要从整体上理解各模块及其相互关系。

（2）价值逻辑的"三位一体"。平台模式强调终端顾客、供应商和平台企业之间的价值关系。企业通过提供产品和服务为顾客创造价值，顾客的购买行为则是企业价值实现的手段。平台企业通过提供中介服务，促进双方交易，从中获得收益。

（3）模块间的逻辑对应关系。平台模式由多个模块组成，每个模块包含完成特定功能的要素。例如，交易模块涉及交易主体，价值模块涉及价值的创造和分配。平台模式的稳定性取决于各模块内部要素的统一和模块间关系的动态平衡。模块间关系的任何变化都可能需要新的商业模式来匹配，从而推动商业模式的创新。

4. 平台商业模式的作用。平台商业模式之所以成为新兴的商业模式，这是时代的选择，更是新的商业机会，同时还是关系网增值和产业价值链重组的必然抉择。

（1）时代的产物。平台商业模式利用互联网特性，满足社会需求，影响经济运作和资源配置。平台企业通过互联网的规模效应降低成本，用户基数的增加成为其可持续发展的关键。

（2）发掘新商业机会。平台模式推动传统企业转型，从单向产业链到多向价值网络；改变盈利模式，从硬件销售转向平台生态圈的佣金收入。

（3）关系网增值效应。平台模式利用网络外部性，即用户越多，价值越大的效应，提升用户体验，增强竞争力。如 QQ 通过用户间的互动，实现价值增值。

（4）产业价值链重组。平台模式从单边市场向多边平台转变，连接生产者和消费者，重塑价值链条，通过资源整合和互动媒介体系，创造出更大的市场价值。

5. 平台商业模式的设计。未来商业模式的竞争可能会变成平台间的竞争。平台模式通过连接多个群体并提供互动机制来满足他们的需求，同时实现盈利。成功的平台不仅仅是提供交易渠道，更是在构建一个具有强大成长潜力的商业生态系统。

（1）设计的原则。设计平台商业模式时，需遵循安全性、高效性、技术先进性、可扩展性，以及维护性和易使用性原则。这意味着要确保数据安全，提供快速响应服务，采用前沿技术以延长系统生命周期，便于未来功能扩展，同时确保用户操作简便且系统易于维护升级，力争对管理服务的影响最小化。

（2）设计的步骤。第一，定位。确定平台服务的多边市场群体，如买家和卖家，并吸引他们加入平台生态圈。例如，淘宝网连接买家和卖家，而前程无忧则服务于招聘方和求职者。一些平台甚至涉及三方或更多群体，如淘宝后来引入软件开发商作为第三方参与者。第二，制定核心补贴策略。通过费用补贴吸引一方群体如买家，从而为另一方如卖家，提供持续收入。第三，有效利用网络效应。通过同边和跨边网络效应，促进用户增长和互动，增强平台吸引力。第四，让成员产生归属感。通过促进成员间的互动，增强他们的忠诚度和社区凝聚力。例如，起点中文网通过设置催更机制，让热情的读者能够直接向作者表达期待，这种互动不仅增强了用户的参与感，也提升了社区的凝聚力。第五，决定平台企业的盈利模式。利用多边群体间的互补需求和数据挖掘，构建盈利点，实现盈利。

6. 平台商业模式的管理。

（1）用户管理。通过营销提高知名度，精准定位吸引客户，提供免费试用和优化支付流程，促进用户从觉察到行动的转化。

（2）用户联系。建立用户对产品的忠诚度，通过转换成本或用户对品牌的信任增强用户黏性，实现无须捆绑的用户留存。

（3）战略管理。其侧重点在于关注多边市场的竞争，其中网络效应的启动和持续是关键。此外还要注意识别目标市场，提供定制化服务，保持竞争力和可持续发展。

### （二）长尾商业模式

长尾商业模式通过销售大量小众产品来实现可观的总收入，这与依赖少数热门产品的传统模式不同。这种模式需要较高的库存成本和强大的平台支持。

长尾概念由克里斯·安德森提出，描述了从销售少数热门产品转向多种小众产品的市场现象。这一现象得益于技术成本降低、互联网销售渠道的兴起以及搜索引擎和社区的便利。长尾效应鼓励市场多样性和个性化，为小规模生产者和创作者提供机会。它启示企业关注利基市场，通过降低库存成本和构建平台，使利基产品更容易被兴趣买家获取。

其价值主张是提供宽范围的非热销品，并且支持用户创造产品，聚焦于小众客户，创建一个多边平台。长尾商业模式的平台是其核心资源，关键业务包括平台开发、维护以及小众产品的获取与生产。例如，Lulu.com 作为一个知名的自助出版平台，颠覆了传统以畅销书为主的出版业，为各种需求的作者提供出版解决方案。该平台通过在线服务，提供排版和印刷工具，帮助作者推广他们的作品，降低了进入市场的障碍。Lulu.com 的成功依赖于吸引更多的作者，因为这些作者同时成为其客户。作为一个多边平台，Lulu.com 利用用户生成的内容实现长尾效应，同时满足作者和读者的需求。作者可以利用平台的工具来发布和销售书籍，这种模式之所以有效，是因为书籍仅在有需求时才印刷，从而避免了无订单印刷的成本风险。

## 三、商业模式创新战略的功能

【思考】商业模式创新战略有哪些功能？哪个功能相对更加重要？为什么？

### （一）商业模式的产品价值创新功能

商业模式的产品价值创新功能专注于通过增强产品或服务的核心能力来吸引顾客，并依靠创新在市场上取得成功。这涉及重新定义顾客需求、创新价值活动，以及通过新技术升级产品平台。产品功能创新可以通过整合商品组合、增加功能和服务、改变产品定位或属性、改变交易方式来实现。

商业模式创新的核心目标是创造价值，这包括三个方面：当前的盈利能力、未来盈利的持续增长能力，以及未来盈利的稳定性和风险发生率。简而言之，创新旨在提升产品价值，满足顾客需求，并确保企业的持续增长和盈利性。

### （二）商业模式的战略创新功能

商业模式的创新对战略的影响力表现在三个方面：战略定位是战略的核心；战略规划是对企业内各方面活动进行的谋划，是战略定位下的具体化、专门化、导向化；战略执行是从生产运营、资源保障和战略支持等企业运营的维度去思考企业内部如何调配资源能力以实现最优，与其匹配的是资源布局能力和支持辅助能力。

### （三）商业模式的市场定位创新功能

商业模式的市场定位创新就是指企业根据竞争者现有产品在市场上所处的位置，

针对顾客对该类产品某些特征或属性的重视程度，为本企业产品塑造与众不同的，给人印象鲜明的形象，并将这种形象生动地传递给顾客，从而使该产品在市场上确定正确位置的创新。市场定位创新战略主要是指差异化竞争战略，可以从地域市场划分、消费者群体细分、产品差异化、技术壁垒和营销模式等差异，来确定精准的市场定位。商业模式创新往往是在客户定位层面上找到一个新的突破点，并相应地创新产品和服务，为顾客带去最好的产品价值感受。

### （四）商业模式的营销创新功能

商业模式创新可以推动营销创新。一是吸引客户方面。商业模式创新不但可以扩大客户群体，还可以增强客户黏性。前者如共享经济模式或订阅制模式。比如视频流媒体平台奈飞（Netflix）改变了传统的影视内容消费模式。消费者不再需要购买单个DVD或者去实体店租赁光盘，而是通过每月支付订阅费的方式获得海量影视内容的观看权限。后者如社区驱动型商业模式。以小米集团为例，其构建了庞大的米粉社区。小米集团会根据社区用户的反馈来改进产品，这种参与感使得客户对品牌产生更强的归属感。二是提升营销效率和效果方面。商业模式创新不但可以实现精准营销，还可以降低营销成本。前者如数据驱动型商业模式，它们利用大数据分析技术来构建用户画像，然后据此为用户精准推荐他们可能感兴趣的商品。后者如营销自动化商业模式，通过营销自动化软件，企业可以自动执行一系列营销任务。三是创造需求方面。商业模式创新不但可以创造新的市场需求，还可以挖掘客户潜在需求。前者如颠覆式创新商业模式，比如特斯拉的电动汽车商业模式，它改变了人们对汽车的传统认知，创造了一个全新的市场领域。后者如情景体验式商业模式，宜家家居即是典型代表。它将门店设计成家居生活场景展示，让顾客在不知不觉中挖掘出自己对家居环境改善的潜在需求。

### （五）商业模式的运作管理创新功能

商业模式的核心是创造价值。商业模式创新的实质在于价值链上的资源整合。因此，只有深刻理解价值链的本质，才能有效地实现商业模式的创新。通过价值链分析，企业可以对某个业务领域的关键活动进行透彻了解，从而抓住这些特定领域的运作管理规律，并提炼出独特的商业模式，或者对商业模式进行有效的创新。

### （六）商业模式的资源整合创新功能

资源整合创新是企业战略创新的关键手段，通过优化资源配置实现整体最优化。这一过程涉及根据企业战略和市场需求重新配置资源，以强化核心能力并满足客户需求，旨在通过组织和管理制度的创新来提升企业的市场竞争力和客户服务水平。

这种战略涉及客户、能力和信息的整合。商务结构通常关注交易对象、内容和规模等外部要素，而业务结构则涉及科研、采购等内部要素。两者共同影响资源配置的效果。

商业模式的资源整合创新着重于提升企业内部资源的整合与运作能力，通过构建开放的生态系统，实现与外部企业的互补和资源共享。这种创新通过构建共生关系网络，促进整个生态系统的价值创造，推动多方共赢。

### （七）商业模式的成本控制创新功能

商业模式的成本控制创新功能就是通过确定价值链流程，分析各活动和成本之间的关系以及活动和产品之间的关系，并通过对企业所有的价值活动进行成本与价值的衡量，发现企业潜在的成本问题，进而整合、缩减或删除流程中的某些价值活动，降低企业运营成本，使成本控制方式更有助于管理和战略决策。

### （八）商业模式的营业收入创新功能

营业收入创新是对企业经营要素进行价值识别和管理，在经营要素中找到盈利机会，即探求企业利润来源、生成过程以及产出方式的系统方法。

商业模式的营业收入创新旨在揭秘盈利模式的秘密，洞悉收入倍增、盈利倍增的突破模式。企业盈利模式和利润来源如何，怎样搭建快速盈利系统，如何通过改善产品线结构和区域销售结构，迅速提高利润，加速资金周转，实现轻资产运营，利用杠杆效应提升投资回报率，这些都是商业模式营业收入创新的功能体现。

### （九）商业模式的资本运作创新功能

资本运作创新是指通过以货币化资产为主要对象的购买、出售、转让、兼并、托管等活动，实现资源优化配置，进而达到收益最大化。比如如何成功对接 VC 等战略性投资者，如何实施并购整合的投资战略，如何把握历史机遇登陆股市或创业板、中小企业板，如何进行股权投资，都是资本运作的操作性方式。资本运作创新不同于资本运营创新。资本运营是指围绕资本保值增值进行经营管理，把资本增值作为管理的核心，实现资本价值最大化。商业模式的资本运营创新是指以利润最大化和资本增值为目的，以价值管理为特征，将本企业的各类资本，不断地与其他企业或部门的资本进行交换或重组，实现生产要素的优化配置甚至产业结构的动态重组，以达到本企业自有资本不断增值这一最终目的的运营行为。可见，资本运营创新关注企业整体资本结构的优化与配置，而资本运作创新则更侧重于金融市场的操作，更关注资金的高效利用和风险控制。

商业模式创造企业价值的路径之一是围绕资本运作创新去提升企业价值。企业经营者为了实现企业价值最大化，必须具备资本运作意识，推动资本增值变化。从经营战略层面，商业模式与资本运作的创新息息相关。一方面，商业模式是资本运作的关键基础；另一方面，资本运作又是很多商业模式落地实现或创新重构的重要途径。

## 四、商业模式创新战略影响因素及赋值分析表

【思考】商业模式创新战略影响因素有哪些？其中最关键的影响因素是什么？为什么？
如表1-8所示，商业模式创新战略的影响因素包括诸多内容。

表1-8 商业模式创新战略赋值分析表

| 商业模式创新战略影响因素 | 评估赋值（1~5） | | | | |
|---|---|---|---|---|---|
| | 1 | 2 | 3 | 4 | 5 |
| 产品价值创新 | | | | | |
| 　创新实用价值（$PVI_1$） | | | | | |
| 　服务价值（$PVI_2$） | | | | | |
| 　品牌价值（$PVI_3$） | | | | | |
| 　客户价值（$PVI_4$） | | | | | |
| 经营策略创新 | | | | | |
| 　环境分析（$BSI_1$） | | | | | |
| 　战略选择（$BSI_2$） | | | | | |
| 　战略计划（$BSI_3$） | | | | | |
| 　战略执行（$BSI_4$） | | | | | |
| 市场定位创新 | | | | | |
| 　市场机会（$TMI_1$） | | | | | |
| 　市场壁垒（$TMI_2$） | | | | | |
| 　目标客户群（$TMI_3$） | | | | | |
| 　市场细分（$TMI_4$） | | | | | |
| 营销推广创新 | | | | | |
| 　市场策略（$MTI_1$） | | | | | |
| 　产品策略（$MTI_2$） | | | | | |
| 　分销渠道（$MTI_3$） | | | | | |
| 　促销推广（$MTI_4$） | | | | | |
| 运作管理创新 | | | | | |
| 　结构化（$OMI_1$） | | | | | |
| 　标准化（$OMI_2$） | | | | | |
| 　流程化（$OMI_3$） | | | | | |
| 　虚拟化（$OMI_4$） | | | | | |
| 资源整合创新 | | | | | |
| 　资源丰富性（$RII_1$） | | | | | |
| 　价值链（$RII_2$） | | | | | |
| 　价值网（$RII_3$） | | | | | |
| 　内外部整合力（$RII_4$） | | | | | |

续表

| 商业模式创新战略影响因素 | 评估赋值（1~5） | | | | |
|---|---|---|---|---|---|
| | 1 | 2 | 3 | 4 | 5 |
| 成本控制创新 | | | | | |
| 　　成本结构（$CCI_1$） | | | | | |
| 　　资产负债（$CCI_2$） | | | | | |
| 　　经营损益（$CCI_3$） | | | | | |
| 　　现金流（$CCI_4$） | | | | | |
| 营业收入创新 | | | | | |
| 　　收入渠道（$BRI_1$） | | | | | |
| 　　收入多样性（$BRI_2$） | | | | | |
| 　　收入稳定性（$BRI_3$） | | | | | |
| 　　收入增长性（$BRI_4$） | | | | | |
| 资本运作创新 | | | | | |
| 　　融资能力（$COI_1$） | | | | | |
| 　　财务治理能力（$COI_2$） | | | | | |
| 　　投资能力（$COI_3$） | | | | | |
| 　　上市能力（$COI_4$） | | | | | |

### （一）产品价值创新影响因素

1. 创新实用价值，是指提供一些具有实用价值的产品和服务以满足客户从未感受和体验过的全新需求或提供新的需求满足。

2. 服务价值，是构成顾客总价值的重要因素之一。价值体现不仅在于产品本身价值的高低，而且更在于产品附加价值的大小。

3. 品牌价值，是指关于品牌价值的创新，迈克尔·波特在其品牌竞争优势中曾提到：品牌的资产主要体现在品牌的核心价值上，或者说品牌核心价值也是品牌精髓所在。

4. 客户价值，是指企业在生产经营活动过程中能够为其顾客带来的利益，即客户从企业的产品和服务中得到的需求满足。

### （二）经营策略创新影响因素

1. 环境分析，是指通过对企业采取各种策略，对自身所处的内外环境进行充分认识和评价，依据环境中各构成要素的数量（即环境复杂性）和变动程度（即环境动态性）的不同，以便发现市场的机会和威胁，确定企业自身的优势和劣势，从而为经营战略提供指导的活动。

2. 战略选择，是确定企业未来战略的一种决策，是战略决策者在多个可行方案中选择出一个切实可行的方案的过程。战略选择可有成本领先战略、聚焦战略或差异化战略等不同选择。

3. 战略计划，是企业制定长期目标并将其付诸实施的过程。其计划性是组织资源和环境的匹配，同时也是目标和组织活动的匹配。

4. 战略执行，是将公司战略付诸实施的过程，即战略管理过程的行动阶段。

### （三）市场定位创新影响因素

1. 市场机会，是指通过分析市场上存在的尚未满足或尚未完全满足的显性或隐性需求，根据企业的资源和能力，找到内外结合的最佳点，有效地组织和配置资源，向客户提供所需产品或服务，实现价值创造的过程。

2. 市场壁垒，是指企业在市场竞争中，基于自身的资源与市场环境约束，构建有效的针对竞争对手的"竞争门槛"，以达到维护自身在市场中的优势。

3. 目标客户群，是指对该企业产品有需要也有一定购买能力的人群。一是寻找与企业品牌相匹配的具有共同需求和偏好的消费群体；二是寻找能帮助企业获得预期可达到的销售收入和利益的群体。

4. 市场细分，是指企业根据市场需求的多样性和购买者行为的差异性，把整体市场划分为若干具有某种相似特征的顾客群，以便选择确定自己的目标市场的策略或方法。

### （四）营销推广创新影响因素

1. 市场策略，是企业以顾客需要为出发点，根据顾客需求量以及购买力的信息和经营期望值，有计划地组织各项市场活动，通过协调一致的产品策略、价格策略、渠道策略和促销策略满足顾客需求的方法和策略。

2. 产品策略，是指产品的包装、设计、颜色、款式、商标等，能给产品赋予特色，让其在消费者心中留下深刻的印象。

3. 分销渠道，是指企业选用何种渠道使产品流通到顾客手中。它有很多种，比如直销渠道、间接渠道（分销、经销、代理等），企业根据不同的情况选用不同的渠道。

4. 促销推广，主要是指企业采用一定的促销手段来达到销售产品，增加销售额的目的。手段包括折扣、返现、抽奖、免费体验等多种方式。

### （五）运作管理创新影响因素

1. 结构化，是指将一个复杂的概念或对象按照逻辑层次和组成部分进行清晰、系统化的描述，明确其各个部分的定义、关系和作用。

2. 标准化，是指对生产过程中产品的类型、性能、规格、质量、原材料、工艺装备和检验方法等制定统一规范的标准并贯彻实施的策略。

3. 流程化，是指以流程为主线的管理方法。流程化管理是在哈默（1990）提出的流程再造的基础上发展而来的。流程化管理模式是一种基于业务流程进行管理、控制的管理模式，是一种新的企业组织工作模式。

4. 虚拟化，是指针对企业虚拟化部署以及虚拟环境中的管理活动，它是网络时代的特定产物，尤其适合于企业成员分布于不同地点时的管理，也意指团队成员并不一定由单一企业成员组成。其管理状态是跨越时间、空间和组织边界的实时沟通和合作，以达到资源的合理配置和效益的最大化。

**（六）资源整合创新影响因素**

1. 资源丰富性，是指在企业资源配置、利用、开发活动中进行计划、组织、协调、监督、控制的过程，以期创造更多的资源。

2. 价值链，是企业进行价值创造的各个环节形成的链条，也意指企业创造价值的动态过程。它由基本活动和辅助活动组成：基本活动包括内部后勤、生产作业、外部后勤、市场和销售、服务等；而辅助活动则包括采购、财务、技术开发、人力资源管理和企业基础设施等。

3. 价值网，是指由客户、供应商、代理商、战略合作伙伴等价值流及其之间的信息流所构成的动态网络架构。价值网的框架完全突破了原有价值链的概念，它从更大的范围去构建一个由各个相互协作企业所构成的战略虚拟价值网。

4. 内外部资源整合力，是指企业整合和利用内外部资源的能力，是企业对内部核心资源业务、产业上下游的关联业务、优势资源之间进行的调整合并过程，以达到增强企业竞争力和加强产业控制的目的。

**（七）成本控制创新影响因素**

1. 成本结构，是指企业经营成本的各个组成部分或成本项目，成本结构分析包括对产品成本中各项开支费用所占的比例或各成本项目占总成本的比率进行计算，进一步分析各个项目成本发生增减及成本结构发生变化的原因，以寻找进一步降低成本的途径。

2. 资产负债，是财务状况的反映和表现，表示企业在一定时期的财务状况（即资产、负债和所有者权益的状况）。资产负债分析主要是利用会计平衡原则分析企业资产、财务状况和盈利情况。

3. 经营损益，是指对企业在一定会计期间内的经营成果及其分配情况的会计报表分析，它反映了这段时间的销售收入、销售成本、经营费用及纳税状况，是衡量企业经营成果的依据。

4. 现金流，是指企业在一定会计期间通过一定的经济活动而产生的现金流动，即企业在一定时期内的现金和现金等价物的流入和流出的数量，它是衡量企业经营状况、现金偿还债务、资产的变现能力等的重要指标。

### （八）营业收入创新影响因素

1. 收入渠道，是指收入来源的多元性和多样化结构。

2. 收入多样性，是指企业收入呈现多样性变化，表现为不同来源、不同结构、不同方式的收入。

3. 收入稳定性，是指企业在构建盈利收入来源时应考虑以持续性增长的方式获得基本收益的稳定性。稳定的收入有利于企业的可持续发展。

4. 收入增长性，是指企业年度主营业务收入总额同上年主营业务收入总额差值的比率的增长。这是评价企业成长状况和发展能力的重要指标。

### （九）资本运作创新影响因素

1. 融资能力，是指企业通过不同渠道和方式获取资金，并有效运用以满足经营、投资或偿债的能力。多渠道、低成本的企业融资能力是企业快速发展的关键因素。

2. 财务治理能力，是指企业通过财务治理机制和工具，对财务资源进行有效配置、监控和管理，以实现企业价值最大化和利益相关者利益平衡的能力。财务治理能力包括财务预测、财务决策、财务计划、财务控制和风险管理能力。

3. 投资能力，是指企业在投资活动过程中，通过分析、决策和执行，实现资产保值增值的能力。

4. 上市能力，是指企业通过证券交易所首次公开向投资者发行股票，在证券交易所挂牌交易，以期募集用于企业发展资金的能力。上市能力包括 IPO 能力、借壳上市能力、发行债券能力等。

# 第四节　商业模式的评估

商业模式的评估可以揭示企业价值创造的规律，帮助理解企业行为背后的深层逻辑与原理，并为投资者和经营者提供决策支持。它涉及对企业经营逻辑、战略定位的深入分析，预测企业未来的盈利空间及经营业绩的成长性和稳定性。

## 一、商业模式的评估标准

【思考】商业模式的评估标准有哪些？你认为最重要的标准是什么？为什么？

对于企业家，尤其是创业者来讲，前期选择合适的商业模式，比后期的勤奋努力更重要，因为它直接影响企业的成败。因此很有必要了解、选择并设计适合自己企业的商业模式，以提高成功的可能性。正确的商业模式是企业成功的基石。选择时必须作出明智的判断，以免在实施后才发现问题，造成资源和时间的浪费，使企业发展受阻。好的商业模式需要满足哪些标准呢？

### （一）轻资产

在获客成本高企、人口红利减退的当下，企业要实现可持续发展，关键在于选择一种能够最大化投资回报的商业模式。轻资产模式因其低成本、高灵活性成为现代企业的首选。换言之，轻资产是判断商业模式好坏的第一个标准。

轻资产模式侧重于无形资产的投入，如品牌、流程管理、技术等，相较于重资产模式下的厂房、设备等固定资产投入，它能够减少资本开支，提高企业的运营效率。例如，万达集团早期就是重资产发展模式，在之后的发展过程中，借助自己的筹资、开发、招商、运营、资产管理能力，逐渐从重资产转向轻资产。尤其是近几年，万达在全新的轻资产模式下，产业业务发展得非常迅速。万达商业模式创新实现的第一个轻资产合作项目，就是位于北京丰台区的槐房万达广场。当时，万达就是看中了丰台区槐房自有土地开发建设的优势，与槐房进行合作摆脱了重资产的束缚，不必承受还本付息以及运营成本的压力，实现了旱涝保收。轻资产模式的核心在于利用非物质资源，这些资源不仅占用资金少，而且更加灵活，有助于企业快速适应市场变化，保持竞争力。

### （二）易操作

商业模式的作用就是帮助企业创造价值，赢得市场竞争优势。但如果一个商业模式看上去很完美，在操作的过程中却会存在很多难点和阻力，那么这样的商业模式并不能算作好的商业模式。商业模式就好比是企业打猎的"猎枪"。猎枪简单好用，能打到猎物的机会就更大。所以说，商业模式不易操作，企业会做得很累，甚至有被"饿死"的风险。

### （三）高利润

企业的持续经营和发展，需要靠强大的资金力量做支撑。好的商业模式，能够在推动企业发展的同时，帮助企业最大限度地获取高额的商业利润。所以，那些能为企业带来高营业收入却不能给企业带来高利润的商业模式，并不能算作好的商业模式。

### （四）低风险

好的商业模式还必须能经得起风险的考验。如果一种商业模式能为企业带来高利润，同时也隐藏着巨大的风险，这样的商业模式设计得再精妙也不可取。对于任何一种商业模式来说，其稳定性都不容忽视。

### （五）易复制

这里讲的"易复制"，是对于企业自身而言的商业模式复制，而不是指竞争对手进行模仿。企业发展的最终目的，是让企业通过模式化实现规模化，让自己不断做大做强。很多企业在创建之初会从单店做起，而这也就是我们常说的"样板店"。对样板店进行新的商业模式尝试，试错成本低。一旦样板市场取得成功，便可以想方设法将这一新的商业模式向更多的分店复制。这样，整个企业就能全面开花，更上一层楼。因此，商业模式易复制的特点非常重要。

### （六）可调整

经济环境与市场发展是多变的，它们永远处于一个动态变化的过程。再加上知识与科技的快速更迭，就更需要一种好的商业模式将各种变化吸纳进去。即便企业外部环境发生某种变化，这样的商业模式也能随时进行适当调整以适应这种变化。商业模式有很多，不同领域、不同行业、不同时代，都会有不同的商业模式出现。但无论何种商业模式，能够称为好的商业模式，就必须具备让企业健康发展、持续盈利的能力。

## 二、如何寻找适合自己的商业模式

【思考】如何寻找适合自己的商业模式？你认为其中的关键路径是什么？为什么？

近几年，企业竞争不断加剧，信息技术不断发展，新的商业模式不断涌现，比如免费模式、O2O模式、共享模式、砍价模式等。面对如此众多的模式，企业如何才能选对商业模式？答案是：适合自己的才是最好的。如何才能找到适合自己的商业模式呢？

### （一）用敏锐的洞察力去发现

一个优秀的企业家、创业者、经营者，要善于从优秀的同行业竞争对手、与自己经营内容相近的企业那里，发现优秀的商业模式。外围优秀的商业模式对于自己企业的发展有很重要的借鉴意义。这比自己盲目在众多商业模式中做选择来讲，省去了很多时间、精力，以及试错成本。

### （二）善于取其精华有所舍弃

企业在选择商业模式时，应根据自身的特点和战略定位来定制，而不是盲目模仿他人的成功。每个企业都有其独特的属性和成长路径，因此，商业模式的选择应有所取舍，以确保理论模型与企业实际情况相匹配。

例如，拼多多并没有完全复制淘宝的商业模式，而是根据自身的市场定位和用户特点进行了创新。拼多多通过聚焦农村市场和低价策略，推出了拼团和砍价模式，成功地获取了市场红利。这说明，只有适合自己的商业模式，才能带来真正的价值增值和企业的快速发展。

### （三）前瞻性指引长远发展

什么是"前瞻性"？就是眼光放得长远。对于一个企业来讲，要想走得远，走得久，就需要具有前瞻性眼光，提前布局，步步为营。商业模式的本质就是将利益相关者聚集起来，将它们的资源能力吸纳进来，形成一个稳定的交易结构，帮助企业解决如何快速盈利，以及如何持续性盈利的根本问题。在选择商业模式的时候，一定要看其是否具有前瞻性。商业模式的创新其实是一种新型业态的创新。

## 📖 专栏1.3【商业模式实践】 ⋯⋯⋯⋯⋯⋯⋯⋯⋯⋯⋯⋯⋯⋯⋯⋯⋯⋯

### 京东7FRESH的生超商业模式

京东7FRESH的生超商业模式，就是一种极具前瞻性的商业模式。

京东7FRESH，是京东开设的线下生鲜超市，主打生鲜海产品。7FRESH主要是利用京东生鲜优势，让消费者在最短时间里能够享受到最新鲜的全球食材。与此同时，京东还为消费者提供了店内烹饪服务，相当于直接将餐厅搬进了京东7FRESH。从这一点看，京东7FRESH和盒马鲜生的商业模式十分相似。但有一个不同之处，就是实现线上线下一体化。

当消费者在7FRESH门店拿起一个水果，将其放到指定区域，就可以在屏幕上看到这个水果的相关信息，包括产地、糖度、特点、食用方法等。

对于广大消费者来说，购买产品，更加关心的是产品的品质，但一直以来很多传统生超难以满足消费者的这一需求。而这也正是生鲜生意迫在眉睫必须考虑的问题。7FRESH的线上线下一体化模式，实现了商品的溯源与追踪，真正做到了让消费者买得放心。显然，京东7FRESH把眼光放得更加长远一些，对传统商业模式进行了调整和改革，因此赢得了消费者的一致好评。

资料来源：参见但斌，江小玲，王烽权. 生鲜电商流通模式演化与服务价值创造——盒马鲜生和京东生鲜的双案例研究 [J]. 商业经济与管理，2024（1）：20－36.

真正优秀的商业模式，其前瞻性并不是只看它在表面上能够为企业带来多大的利润，而是看它是否能够深挖用户最深层次的需求，并能在充分满足用户需求的基础上，为企业带来更多更大的利润和发展空间。利润固然重要，但发展空间更不可少。细水长流，比短暂繁华更具价值和意义。

衡量商业模式好不好，关键因素有很多，如果只从其为企业带来的利润大小做衡量，就显得过于片面，也失去了商业模式应有的价值。具有前瞻性的商业模式，其实已经上升到了一个更高的层次和境界，更具远大格局。这样的商业模式，能让企业发展迅猛，更能为企业塑造持久的发展动能。

## 三、如何衡量商业模式的有效性

商业模式要解决的问题就是企业如何有效达成自己的战略与营销目标。任何一个企业寻求并采用商业模式进行发展，都是为了能够让自己有效获得实实在在的价值和利润。因此，选择商业模式的时候一定要考虑其是否具有有效性。

【思考】如何衡量商业模式的有效性？哪些指标最为重要？为什么？

### （一）盈利能力

一个企业发展得好不好，首先看的就是其盈利能力强弱。而企业盈利能力，主要取决于其盈利模式。商业模式有很多种，不同商业模式其盈利模式也会不同，对企业盈利能力的影响也有所不同。好的商业模式，必定具有较强的盈利能力。

### （二）客户价值

商业模式的最高境界，就是创造和实现客户价值。那些规模较大的企业如腾讯、阿里巴巴、百度等，都是借助商业模式为客户实现价值，而且实现的价值比行业竞争对手要好、要多，因此，客户价值也是判断一种商业模式是否有效的重要因素。

客户价值，就是客户从产品或服务中所获得的利益与付出的总代价的比较。如何用客户价值的高低来衡量商业模式是否有效呢？这要对客户得到与付出的匹配度进行衡量。如果客户得到的产品或服务价值（功能、功效、用途、意义等给客户带来外显的与潜在的价值）与付出的价值（货币成本、时间成本、人力成本）不相匹配，那么客户就会逐渐流失，说明该商业模式具有低客户价值，不可取；如果客户得到的价值高于付出的价值，有利于客户沉淀和转介绍客户的增加，则这一商业模式具有高客户价值，是一种好的商业模式。

### （三）投资回报

好的商业模式，最基本的特征就是具备价值创造的能力，即资本产出要大于资本投入。换句话说，就是投入的资本回报率高于资本成本。所以，投资回报率也是衡量商业模式是否有效的一个重要指标。比如，一家生鲜企业为了实践某一商业模式，用设备、厂房、专利、特许经营权等资产，以及劳动力成本的投入，最终以销售生鲜产品或服务收回投入资本，完成价值创造。在整个过程中，如果实现了价值增值，那么就说明投资回报率高，意味着这一商业模式具有有效性。

### （四）社会效益

模式的本质是结构。商业模式就是利益相关者之间，包括股东、员工、供应商等的交易结构。因此，判断一种商业模式是否行之有效，就要看这一商业模式是否能创造更大的社会效益，为交易结构中的利益相关者创造全局性增量，让每个人都能获得更多的盈余，实现共赢。如果一种商业模式只为企业自身创造了价值，提升了增量，而其他利益相关者却没有得到任何益处，那么这一商业模式是失败的。

## 四、商业模式变革中的与时俱进

时代在变化中前行，经济环境在周期中演化。在不同时代，不同经济环境下诞生、发展的企业，应当用变化的思维和发展的眼光去看待和选择商业模式。商业模式是企业发展过程中必须格外重视的关键一环，商业模式的选择可以决定一个企业的成败。并不是任何一个时期、任何一个环境下，都可以凭借同一种商业模式在市场中取胜。甚至可以毫不夸张地说：一种商业模式，最多只能存活 10 年或 20 年，市场、环境和技术的变化速度之快，以至于今天的商业模式难以保障明天的成功。因此，找寻适合自身的商业模式，也需要在大环境的变化与变革中与时俱进。

【思考】如何做到商业模式变革的与时俱进？哪几点最为关键？为什么？

### （一）做好转型思想准备

对于有一定发展基础的企业，要想让自身能够在市场中站稳脚跟、持续盈利，就要先改变自己的守旧思想。选择一个全新的、符合时代发展要求的商业模式，就意味着要做好转型的思想准备。以往的商业模式太过老旧，已经不再适合时代的发展要求。在与时俱进中选择全新的商业模式，是企业进入新阶段获得全新竞争优势所迈出的第一步。

### （二）顺应时代发展趋势

在物质产品极为丰富、人民生活水平逐渐提高、消费者认知能力不断提升、全新信息技术不断涌现的今天，市场竞争越来越激烈，那些想要靠以往的商业模式占领市场的企业，在当前这个时代显然已经行不通了。在互联网、移动互联网出现之后，"懒人经济"有了极大的施展空间，以往的单一线下实体店销售模式，受到了线上网店的冲击。如果只做线下模式，企业、商家会走得很艰难。O2O 商业模式的诞生就具有了必然性。然而，在当下短视频带货、直播电商迅猛崛起之际，如果线上商家依旧只做传统电商 O2O 模式，商品的曝光率显然会严重受限。在合法合规的前提下，短视频带货与直播电商为企业和商业带来显著的流量与销量增长，相较于传统电商 O2O 模式，优势十分明显。

📖 **专栏1.4【商业模式实践】** ┄┄┄┄┄┄┄┄┄┄┄┄┄┄┄┄┄┄┄┄┄┄┄┄┄┄┄┄┄┄

## 白水洋·鸳鸯溪景区打造"旅游＋VR"新模式

在过去，人们旅游就是看看美景，游山玩水，感受一下大自然对人类的美好馈赠。随着5G、人工智能、AR、VR等先进技术的出现，旅游业已更加注重与先进技术的融合，为用户体验、品牌传播等提供强有力的支撑。由此，新的商业模式——"旅游＋VR"模式，成为时下十分受旅游界青睐的商业模式。

以国家5A级景区白水洋·鸳鸯溪为例。该景区为用户打造了一个720°全景VR服务功能，用户可以通过一个菜单，将景区内的不同景点进行分类，直接在菜单中点击想要查看的景点进行了解，方便游客提前一览目的地风光，并定制游玩攻略、观赏路线等。这对于初次来该景区游玩的游客来讲，游览逻辑清晰，只要跟着定制的路线游玩即可，有效避免迷路风险，节省游玩时间。

此外，该景区还在这套全景VR中增加了语音讲解功能，并且将景区产品链接植入这套系统当中，全面服务于游客，方便游客下单购买。

资料来源：参见宁德屏南县全力打造全国一流的乡村文旅康养基地［N］．福建日报，2021－12－21（12）．

总而言之，任何企业在选择商业模式时，都必须关注和顺应时代发展趋势。与时俱进的商业模式，才更具吸金能力。

———— 【本章小结】 ————

1. 商业模式与价值链、战略、营销、运营、盈利模式、管理模式等既有区别又有联系。最近十多年来，商业模式学科发展从系统、战略、营销、价值、运营、财务、结构、基因等多重视角逐步演进，商业模式的构成要素成为重要的研究对象，但是基于过程视角的研究成果尚未发现。

2. 作为战略管理的分支学科，商业模式既具备研究要素所要求的系统性，也具备主流管理学所体现的过程性。从系统观视角，商业模式包括价值网络、盈利模式、协同结构；从过程观视角，本书提出商业模式设计与实践应包含环境分析→模式定位→资源整合→价值创造→价值获取→创新重构六大职能。

3. 商业模式组件有近80种。影响较大的是九要素模型和六要素模型。

———— 【复习思考题】 ————

1. 你认为什么是商业模式？

2. 商业模式有哪些类型？

3. 如何区分商业模式和盈利模式、运营模式、管理模式和战略管理？

4. 一个成功的商业模式应包含哪些要素、具备什么样的特征？

5. 如何理解创新对商业模式的重要性？

6. 你认为什么类型的商业模式最具有创新性？为什么？

## 【做中学模式】

1. 访谈二至三位本土创业者或企业经营者，了解他们是如何学习商业模式的，阅读了哪些商业模式著作？讨论一下这些图书给你所访谈的创业者或企业经营者形成多大程度的影响。

2. 访谈二至三位本土创业者或企业经营者，了解他们所经营企业的商业模式及其特征，依据本章所学的基本原理，画出该企业的商业画布，判断其商业模式的类型，并找出对该企业商业模式产生重大影响的因素。

3. 选择一家你身边的企业，结合所学的商业模式九要素模型、六要素模型或本书提出的商业模式六职能模型，试着对其商业模式进行创新设计。

## 【章末案例】

### 会员体系"破圈"升级 星巴克想要打"价值战"

在中国市场，星巴克正面临激烈的竞争，特别是来自瑞幸咖啡和库迪咖啡的低价策略和快速扩张。截至2024年5月，瑞幸在中国的门店数量已超过19500家，而星巴克的门店数量约为7920家，库迪咖啡则紧随其后，拥有6942家门店。这使得星巴克在门店数量上落后于瑞幸，同时库迪咖啡也正迅速逼近，甚至有超越之势。硬币的另一面是，中国咖啡市场自2023年下半年以来整体面临较大压力。据窄门餐眼的统计，从2023年6月至2024年6月，中国连锁咖啡品牌关闭或调整的门店数量超过3.7万家，这是自2020年以来门店调整幅度最大的时期。在这个周期中，即便是市场领头羊也感受到了增长的挑战：星巴克2024年第一季度的中国市场同店销售额同比下降了11%，瑞幸的自营门店同店销售额下降了约20.3%，而Tims中国在同一季度的门店同店销售额也下降了约13.6%。

在这样的背景下，星巴克将注意力转向了其会员群体。根据星巴克的最新财报，会员的销售额已经占到了总销售额的75%。因此，如何进一步开发会员资源，提高会员价值，成为星巴克在中国市场寻求增长的关键策略。

1. 调整会员体系。星巴克在疫情后对其会员体系"星享俱乐部"进行了大规模升级，增加了"钻星等级"，将会员等级扩展到四个，引入了新玩法如"盲盒"，提高了星星的兑换价值，并与其他品牌如希尔顿酒店实现联动。

这次升级的三个关键策略包括：首先，通过新增等级区分高购买力和高忠诚度会员；其次，调整兑换商品库以提高复购率；最后，与其他品牌联动拓宽消费场景。分析师认为，星巴克的钻星会员与希尔顿酒店的客户群有高度重合，这些高价值用户是星巴克在中国市场的重要基础。

在调整前，星巴克已评估了达到"钻星"水平的用户数量，估计有数十万人。星巴克中国区会员总数达 1.27 亿人，其中 90 天内活跃会员约 2100 万人。钻星会员年消费额约 5000 元，若通过星礼卡消费，年消费额可能在 4000 元左右。这些消费者正成为星巴克在中国市场的关键力量，显示星巴克采取了与库迪和瑞幸不同的策略和模式。

2. 进一步挖掘"会员池"价值。中国咖啡市场的价格战愈演愈烈，但长期发展需要转向价值竞争。星巴克的钻星会员数据显示，浓缩咖啡类产品最受欢迎，其在中国市场的售价区间通常在 30～40 元，且这些会员对高端产品的消费意愿强烈，消费频次和能力均高。星巴克的其他单品，如美食和拿铁等基础 SKU，其毛利率也普遍高于本土连锁咖啡品牌的同类产品。

星巴克的钻星会员倾向于消费毛利率较高的产品，其商业模式侧重于吸引高净值人群，提高客单价和复购率。星巴克通过会员体系改革，吸引门店附近 1～2 公里范围内的中产阶级，提升消费频次，培养对高客单价产品的消费习惯。

星巴克的新会员体系鼓励消费者购买更多以积累星星，根据新会员体系，消费 50 元可以获得 1～1.25 颗星星，而大部分星巴克单品的价格在 30～40 元，这意味着消费者通常需要购买两杯才能积累一颗星星。与本土品牌相比，星巴克少有低价引流单品，而是通过会员身份提高复购率。

2023 年下半年和 2024 年初，星巴克尝试了一些针对更低价格带的促销活动，并推出了更小杯量的新品。但这些尝试并未成为星巴克的新战略核心。相反，从 2024 年第二季度开始，星巴克推出了一些针对高净值人群的高单价单品，如融入橄榄油的意榄朵（售价 37～41 元）、单价 38～44 元的比利时黑巧星冰乐，以及 239 元的雾野系列桌面杯等。

瑞幸的商业模式则从低价策略转变为"引流产品＋大爆品"，并通过私域会员提高用户活跃度。瑞幸的一个常见商业模式是：一位核心用户每天购买一杯低价引流单品（如标准美式咖啡），然后每周奖励自己 1～2 杯生椰拿铁或其他高单价 SKU，保持高复购率。库迪等新兴本土品牌则更注重性价比，通过低价单品和加盟模式运营，其收入结构呈现金字塔形，大量用户购买低价单品构成收入基础。

星巴克、瑞幸和库迪等品牌在不同的市场生态位上构建自己的基本盘，星巴克更关注下沉市场的高收入群体，而瑞幸和库迪则在性价比和价格战上走得更远。

3. 仅靠会员并不够。星巴克的会员体系改革显示其策略是避开竞争激烈的 10～20 元价格区间，这个区间已成为茶饮品牌的价格上限。同时，茶饮品牌推出咖啡 SKU，加剧了这一价格带的竞争。星巴克面临的挑战是低端市场竞争加剧，高端市场也非易事。中产阶级消费分级，一部分转向自制饮品。

此外，随着"00后"群体的崛起，他们对咖啡价格带的认知也在发生变化。一些"00后"消费者开始意识到，某些咖啡产品的价格与其实际价值并不成正比，这导致对高客单价咖啡饮品的需求开始减少。星巴克的高管在财报会议上也提到了本土咖啡品牌的价格战对其中国市场的影响，随着"00后"成为咖啡消费的主力，这种影响可能会进一步扩大。

星巴克面临的是一个系统性的挑战，不仅仅是会员体系，其SKU、门店模型、服务、新品开发和迭代速度都需要进行升级。一个关键问题是，中国消费者对咖啡口味的需求正在发生变化，与北美市场渐行渐远。经过近十年的市场培养，中国消费者越来越倾向于咖啡茶饮化、低苦度和咖啡饮品化。

资深咖啡师指出，一些海外大牌咖啡品牌在2022年至今推出的部分核心SKU并未在市场上引起轰动，这反映出中国消费者对咖啡的需求正在发生变化。星巴克需要适应这种变化，以保持其在中国市场的竞争地位。

资料来源：参见苗正卿. 会员体系"破圈"升级 星巴克想要打"价值战"［J］. 中国食品，2024（13）：136－139.

**讨论题：**

1. 你如何定义商业模式？你如何理解星巴克、瑞幸、库迪的商业模式？它们各自属于什么类型？其各自的内在价值逻辑是什么？

2. 你认为星巴克在不同发展阶段都需要协同哪些重要因素和资源？

3. 结合本章开头列举的"主要思维"，讨论一下星巴克可能运用了哪些主要思维？你如何理解这些思维？

4. 列举你在生活中遇见的不同商业模式类型，并尝试解释其各自隐含的价值逻辑。

第二篇

# 环境篇

　　环境因素是企业生存与发展的重要限定条件。经营者所能做的工作实质上是在限定条件下求解。一个企业的生存发展、兴衰存亡在很大程度上取决于经营决策与创新，特别是高层管理者的战略决策与商业模式创新，取决于高层管理者能否审时度势、把握环境变化、抓住发展机遇，有胆略地进行风险决策和模式创新。

　　学好商业模式学，需要深刻认识企业外部环境和内部环境因素，理解当今世界商业环境所发生的深刻变化，以及对经营者提出的新要求，掌握商业模式环境分析的框架思路。

　　本篇共一章，将围绕上述重要问题展开讨论。

# 第二章　环境分析

成功的商业模式难以复制，这是企业界普遍面临的深层次挑战。即便是基于相同的要素框架设计（如九要素模型或六要素模型），不同企业实施的结果往往大相径庭。究其根源，正如物种适应环境而进化，商业模式的上限，取决于经营者理解环境的下限。商业模式的"基因密码"深深地隐藏于环境之中，体现在那些难以复制的互动关系、隐性知识、资源协同与动态适应性里。因此，任何脱离具体环境进行"真空"设计或机械复制的模式，都注定难以成功。破解之道在于，将"深刻洞察环境"和"持续动态适配"置于商业模式设计与迭代的核心，让模式自然生长于其生态土壤之中。

——袁柏乔

## 【本章目标】

1. 了解企业外部一般环境分析的基本框架与分析工具。
2. 掌握行业环境分析的经典框架、发展趋势和分析工具。
3. 掌握竞争者环境分析的基本框架、内涵元素和工具。
4. 掌握 SWOT 分析法的基本流程并将其应用于商业模式。
5. 理解企业内部环境的构成要素特点。
6. 了解企业内部环境分析的重点领域。
7. 掌握企业内部环境分析的重要工具。
8. 理解企业内外部环境互动的特点与意义。

## 【主要概念】

一般环境，行业环境，企业资源，企业能力，企业文化，价值链分析

## 【主要思维】

战略思维，历史思维，辩证思维，法治思维

## 【导入案例】

康柏电脑公司创建于 1982 年，在 20 世纪 80 年代发展快速，是继 IBM、苹果电脑

公司之后的世界第三大电脑供应商。康柏认为电脑的用户主要是商业用户，他们需要的是高质量的、功能强大的电脑和卓越的售后服务，并愿意为这样的产品和服务给出高价格。但临近 20 世纪 90 年代，个人开始购买电脑，个体消费者更看重的是价格。此时的戴尔公司利用已有的技术和零部件资源组装电脑，通过电话订购等方式销售，把电脑的成本控制得很低，相同规格的电脑，其售价比康柏公司低 30% ~ 40%。康柏公司因为没有深刻洞察商业环境的变化，导致其销售和盈利大幅度下降，并最终没能逃脱被惠普并购的命运。

近年来，国内企业界流传着两句话："移动联通竞争了 30 年，回头发现搞错对象，真正的'敌人'是微信"，"工行、农行、中行、建行相互竞争了 60 年，回头发现，竞争对手搞错了，真正的对手是阿里和腾讯"。魏江（2017）认为，不管是银行网点、政府资源、政策支持、企业品牌还是业务资质，阿里巴巴的蚂蚁金服、腾讯的理财通都绝对没有办法同四大商业银行竞争，阿里巴巴和腾讯几乎一个优势都没有，但是结果如何呢？

资料来源：参见魏江，邬爱其等. 战略管理［M］. 北京：机械工业出版社，2018：62 - 104.

【思考】在快速变化的时代，市场需求会迅速发生变化，企业应该如何满足不断变化的市场需求？到底应该怎样去评价一个企业的优势和不足？

2024 年宏观经济专题分析显示，中美贸易摩擦对中国出口产生显著影响，导致美国自华进口下降约 9.9 个百分点。上网本刚刚流行没几天，人们的兴趣就突然转向了 iPad 主导的平板电脑，而当前 AI 技术的融入又预示着个人电脑市场将迎来新的变革和增长周期，华为以 46.9% 的同比增长率超越苹果位列平板电脑市场份额第一，且 2024 年 AI PC 占 PC 整体比例预计将达到 55%。有些企业在变化中捕捉到机会，有些企业则在变化中陷入了困境。回望 2008 年，正值乳制品三聚氰胺事件爆发，豆浆迅速成为替代选择，九阳豆浆机年销售增长 122%，同时也引来了美的等大企业的强势竞争，让九阳陷入争夺行业领导地位的苦战困境。

环境变化势必影响商业模式决策。总体来看，无论是宏观经济政策、科技企业合作，还是具体到消费市场，环境变化都在推动各行业和企业不断调整和创新，以适应新的市场条件和消费者需求。鉴于对企业环境进行深入分析，力求获得价值最大化的最优解是每一个经营者的重要责任，本章基于战略导向的视角，建立企业内外部环境分析的技术框架，以助力商业模式决策。

## 第一节　商业模式环境的结构与类型

在商业模式研究领域，关注环境的学者凤毛麟角，以汪寿阳、乔晗等（2017）最具代表性。汪寿阳等（2017）提出基于知识管理的商业模式冰山理论，试图解释"为什么成功的商业模式难以被复制"这一管理学难题。该理论首先指出商业模式具有显性知识和隐性知识，强调必须用系统科学的方法对其进行分析。商业模式画布等传统分析方法只能用于分析显性知识，忽视了隐性知识对于分析商业模式的重要性。其次提出用于分析商业模式隐性知识的CET@I方法论，其核心思想是商业模式根植于其所处行业、社会环境和科技发展中，是与组织自身条件匹配集成的复杂系统。最后给出我国企业商业模式创新的几点启示。

该理论认为商业模式是一个复杂系统，包含易于分析的显性知识和难以分析的隐性知识，正如冰山水下部分（隐性知识）的体积远远大于水上部分（显性知识）。对于同一组织，在不同维度（如时间、空间等）中，其表现出的商业模式不同，当其中的某一维度（构成因素）发生改变时，其商业模式也会随之发生变化。因此，商业模式冰山理论认为，可将组织的商业模式看作一个复杂系统，能够应用冰山理论进行分析。其中，商业模式的显性知识，可以通过商业模式画布等工具进行研究；商业模式的隐性知识需要建立新的研究方法进行研究。为此，该书用系统集成的方法研究商业模式的显性知识和隐性知识，并构建相关模型。毫无疑问，汪寿阳等（2017）在商业模式环境研究领域取得喜人的突破性进展。不过，其在不同的案例研究中显性知识和隐性知识的选择标准存在较大差异，从指导实践的可操作性层面看，现有理论给本书预留了进一步优化的空间。

# 一、商业模式环境的结构

【思考】企业的内部环境和外部环境容易区别吗？企业的任务环境和一般环境有何区别？

实践中，通过对某些行业的整体观察，经常能够看到这样一种现象：在外部环境有利的条件下，同一行业中很多企业的业绩都会有较大幅度的提升，甚至引发投资热潮，而一旦外部环境趋于动荡，就会发现有的企业仍然保持着较好的业绩，有的企业业绩则直线下降。进一步选择一两个企业进行跟踪观察，类似的情境也会出现：在一个绩效较差的企业，空降一个新的负责人后，组织绩效大为改观；而在另一个绩效同样较差的企业中，尽管已经换过几任责任人，也依然未能阻止其绩效的继续下滑。

可见，企业的绩效受到内外部环境因素的综合影响。商业模式环境是指存在于企业外部和内部的能够影响企业商业模式决策，进而影响企业生存和发展的各种条件和因素的集合。环境是由若干方面组成的，每个部分又是包含着相似要素的环境子系统，如图2-1和图2-2所示。环境的变化，既会给企业带来威胁，也能带来机遇。

任何企业的可持续发展，最根本的原因是能够与环境良性互动，并和环境发展的趋势相一致。所有成功的企业都善于在环境变化中把握机遇，理解环境所发生的变化，并改变自己的商业模式、产品结构和市场认知。如果仅仅借助行业趋势性力量带来的惯性发展，虽然有可能存活下来，但却无法看到更长远、更美好的未来。

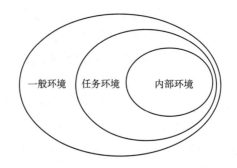

图 2-1　企业的环境

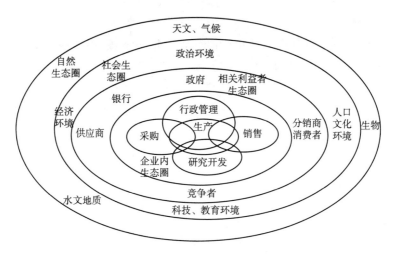

图 2-2　企业的多层次生态系统圈

资料来源：黄津孚. 现代企业管理原理［M］. 北京：清华大学出版社，2017：28-47.

## 二、商业模式环境的类型

【思考】企业环境有哪些类型？不同的环境类型对商业模式设计有何影响？

环境是企业赖以生存的基础和条件。研究环境，可以提高商业模式决策的正确性。

环境的不确定性（environment uncertainty）是指外部环境的变化程度和复杂程度。环境的变化程度，用于衡量外部环境构成要素是否频繁地发生变化，根据变化频率，可以分成动态环境和相对稳定环境。环境的复杂程度，用于衡量外部环境的构成要素数量、企业对这些构成要素的了解程度以及企业需要掌握的关于外部环境的知识量大小。如果面对较少的竞争者、客户、供应商和政府机构，则复杂程度较低。特别地，企业的利益相关者会在很大程度上影响商业模式环境的复杂程度，如图 2-3 所示。

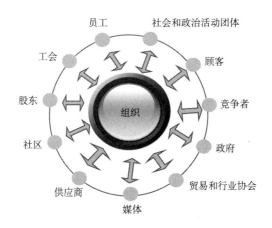

**图2-3 企业的利益相关者**

资料来源：袁柏乔，张兴福，等．管理学［M］．上海：上海交通大学出版社，2018：85-113.

根据环境的变化程度和复杂程度可以将企业环境区分为四种类型，如表2-1所示。

表2-1 企业环境的分类

| 环境状态 | | 复杂程度 | |
|---|---|---|---|
| | | 简单 | 复杂 |
| 变化程度 | 稳定 | 状态1：低度不确定【简单稳定】<br>○ 外部因素的数量少<br>○ 各因素保持不变或变化缓慢 | 状态2：中度不确定【复杂稳定】<br>○ 外部因素的数量多<br>○ 各因素保持不变或变化缓慢 |
| | 动态 | 状态3：中高度不确定【简单动态】<br>○ 外部因素的数量少<br>○ 各因素变化频繁，不可预见，且会产生反作用 | 状态4：高度不确定【复杂动态】<br>○ 外部因素的数量多<br>○ 各因素变化频繁，不可预见，且会产生反作用 |

状态1为低度不确定的环境，企业会相对比较稳定，商业模式决策比较简单。一般的日用品生产企业大多都处于此种环境。例如，软饮料经销商就是在简单、稳定的环境中经营的。软饮料需求量的变化只是渐进的，经销商有固定的分销渠道，能按时供应，其商业模式比较稳定。

状态2为中度不确定的环境，企业相对稳定，但影响因素较多。这种环境中的企业，其商业模式决策相对简单，在管理方式上大多采取分权的方式等。小家电制造商、保险公司、生产企业等处于稳定、复杂的环境中，面临大量的外部环境因素，不过，尽管这些因素会发生变化，其变化只是渐进的、可以预见的，其商业模式相对稳定。

状态3为中高度不确定的环境，企业处于相对缓和的变化状态中，影响环境的因素不多，但可能变化比较频繁。因此，在商业模式决策上，有必要考虑时常调整满足顾客需求的方式，辅以快速的技术或市场响应手段；在管理上以计划、规章等常规管理措施为主。玩具制造商就处于简单、不稳定的环境中。设计、制造和销售玩具的企业，或者涉足服装或影音业的企业，就面临着变化无常的供求关系。例如，时尚服装公司 ZARA 每年发布大约 11000 种新产品来满足不断变化的顾客需求。尽管它们可能只有少量的外部因素（如技术、竞争者）需要应对，但这些因素难以预见且会突然发生料想不到的变化。

状态 4 为高度不确定的环境，企业的宏观和任务环境会相互作用，形成高度动荡和复杂的环境。在商业模式决策上以快速响应为主，在企业管理上以高度分权为主。一般互联网、高新技术企业和航空业都处在这种环境中。以航空业为例，短短几年内，它们就开始面临许多问题，包括空管人员不足、飞机老化、员工怠工、油价飙升、低成本竞争者的进入等。

尽管一般环境因素，例如经济条件、社会潮流或技术进步等也能够给企业的发展带来不确定性，但企业环境的不确定性更多的却是来自任务环境中的因素，因此企业需要定期注意的因素较多（比如人、其他企业、事件），还要注意这些因素的变化有多快等。任务环境中不确定因素的综合就是企业最终感受到的环境不确定性。

拉姆·查兰（Ram Charan，2015）认为，企业面临的不确定性分为以下两种：经营性不确定性和结构性不确定性。经营性不确定性在一定程度上存在于预知范围内，它并不会对原有的格局产生根本性影响，但会影响企业的盈亏。经营性不确定性的分析，用现有的方法足以应对。结构性不确定性则会改变产业格局，并会带来根本性的影响。经营者一般对经营性不确定性多少会敏感一点，因为人们对盈亏很敏感，但对结构性不确定性却很不敏感。结构性不确定性来自外部环境的根本性改变，如果没有及早觉察、提前布局，等到变化真的发生时，原有商业模式只有死路一条。

中国学者也高度关注环境变化及其可能带来的深刻影响。关于这一点，席酉民（2002）和黄津孚（2019）先后进行过敏锐而深邃的洞察并提炼出各自的模型。21 世纪初，席酉民就将环境特点总结为 UACC，即由四个变量构成的未来人类的生存空间：不确定性（uncertainty）、模糊性（ambiguity）、复杂性（complexity）和快变性（changeability）。他认为谁也无法逃脱这四个变量的影响，也就是说，未来大家都生存在 UACC 这样一个空间里（见图 2-4）。这一洞见，同样适用于企业。

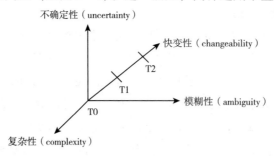

图 2-4　UACC：未来人类生存环境的基本特征

资料来源：席酉民，尚玉钒. 和谐管理理论 [M]. 北京：中国人民大学出版社，2002：15-112.

综上所述，企业应尽力设法预见和应对环境的不确定性，以取得尽可能满意的经营效果。尽管不确定性意味着决策者不能得到关于环境各因素足够的信息，因而很可能难以预见外界的变化。同时，不确定性增加了企业反应行动的风险，并使商业模式决策方案和成功概率的估算变得困难。保持对环境的敏感，要求经营者对变化敏感，而对变化的敏感则首先来源于对顾客体验的敏感性，经营者一定要找到创新的商业模式解决方案来增进和强化与顾客之间的联系。

# 第二节　商业模式外部环境分析

企业的外部环境是指存在于企业外部、短期内难以为企业所控制的、影响企业商业模式决策的各种因素和力量。从整个环境中减去代表企业的那一部分，余下的部分就是外部环境。

外部环境包括一般环境和行业环境。外部环境满足企业对信息的需要和对资源的需要，为企业开展商业模式实践提供条件，也具有制约作用。企业的商业模式决策必须关注外部一般环境和行业环境变量的影响，通过对外部环境变化的分析，发现企业发展的新机会和避免这些变化所带来的威胁。

一般环境是指可能对这个企业的商业模式活动产生影响但其影响的相关性却不清楚的一个国家或地区的各种因素，包括政治、经济、社会和技术等各方面。

行业环境是指那些对企业的影响更频繁、更直接的外部环境因素，是与企业目标的制定、实施或者某一具体决策活动和处理转换过程直接相关的各种特殊力量。在商业模式决策中，它主要体现企业选定的产业竞争情况和企业开展经营的具体环境，包括竞争者、替代者、消费者、供应商和特殊利益代表组织等。

## 一、商业模式外部一般环境分析（PESTNG 分析法）

【思考】PESTNG 分析法可以回答商业模式设计中的哪些问题？为什么？

一般环境分析也称为宏观环境分析，一般环境因素由政治（political）环境、经济（economic）环境、社会文化（social-cultural）环境、技术（technological）环境、自然（natural）环境五大类构成，这种分析方法也被称为 PESTN 分析。在此基础上，魏江（2017）认为还有人口（people）和全球化（globalization）这两个因素也值得关注，由此构成了 PESTNPG 外部环境分析框架。不过，人口因素本身可以归属于社会文化环境因素去讨论，因此，本书遵循简约主义理念，将人口因素纳入社会文化环境因素去分析。此外，近年来，由于公共卫生事件带来的巨大冲击，在全球很多地方出现了逆全球化的思潮，许多国家转而谋求发展区域一体化，少数国家甚至重返贸易保护主义的老路，给未来世界的全球化前景蒙上了一层厚厚的阴影。尽管困难重重，但本书仍然认为，在数字经济背景下，全球化大趋势的前进方向并不会改变。由此，本书建构了PESTNG 外部环境分析框架，如图 2 - 5 所示。

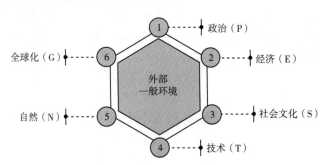

图 2 - 5　外部一般环境分析框架（PESTNG 分析法）

### （一）一般环境的要素分析

1. 政治环境。

【思考】你认为近 10 年来世界政治格局发生了哪些变化？这些变化对中国企业的商业模式决策会产生什么影响？

（1）政治环境概述。政治环境是指对企业行为产生强制或制约因素的各项方针、政策、法律、法规、政府条例等。政治环境对一般组织的影响主要表现在地区政局的稳定性和政府对各类组织或活动的态度上。政局的稳定性，确定了企业经营的经营风险和不确定性，进而影响企业目标实现的可能性。政府对各类组织或活动的态度，则决定了企业能做什么，不能做什么。例如，政府如果认为金融保险业必须由政府经营，其他民营企业就很难涉足金融保险业。

而全球化是当今世界的主要特征之一，中国的不少企业已经进军国际市场。这就要求经营者对全球的政治环境变化有一定的预见能力。

（2）政治环境对商业模式的影响。政治环境对商业模式的影响主要体现在以下几个方面：一是政策法规的限制与要求。政治环境中的政策法规对商业模式有着直接的影响。例如，政府可能通过立法来限制某些商业行为，或者规定企业必须遵循的运营标准。这些法规可能会影响企业的盈利模式、运营成本以及战略规划。

二是政府监管的态度。政府的监管态度会影响商业模式的可行性。如果政府对某个行业持有开放的态度，那么商业模式创新在该行业就可能会更容易实施。相反，如果政府采取保守或限制性的态度，那么商业模式创新就可能会面临更多的挑战。

三是政局稳定性与国际关系。地区的政局稳定性对商业模式的实施也有重要影响。政局的动荡可能导致经济环境的不稳定，进而影响企业的商业模式决策和运行。此外，国际关系与惯例也可能影响跨国企业的商业模式重构，如贸易政策、关税和国际合作协议等。

四是政治风险。企业在设计商业模式时，需要考虑政治风险。例如，在某些国家或地区，企业可能需要与当地的政治力量或政府机构建立良好的关系，以便更好地开展业务。此外，企业还可能需要制订应急计划，以应对可能的政治风险。

五是资源分配与权力平衡。在政治环境中，资源的分配和权力的平衡也会影响商业模式的设计和实施。例如，政府可能通过税收、补贴或其他政策工具来影响企业资源的获取和利用。此外，与政府机构或政治力量的关系也可能影响企业的资源分配和市场竞争地位。

可见，政治环境对商业模式的影响是多方面的，包括但不限于政策法规、政府监管态度、政局稳定性、国际关系、政治风险以及资源分配与权力平衡等。企业在设计商业模式时需要充分考虑这些因素，以制定出适应政治环境的有效策略。

2. 经济环境。

【思考】改革开放 40 余年来，中国企业面临的经济环境发生了哪些变化？这些变化对企业商业模式决策会产生什么影响？

（1）经济环境概述。经济环境是指构成企业生存和发展的社会经济状况，包括社会经济结构、经济体制、宏观经济政策、生产力布局、区域经济发展水平等。一般经济环境，以国民生产总值、利率、通货膨胀率、就业率、可支配收入的变化、股市指数和经济周期等经济指标来表示。经济环境主要影响企业各种资源的获得方式、价格水准，以及市场需求结构和可接受价格。近年来，公共卫生事件带来全球经济的极大衰退并影响到了所有行业。在经济疲软的影响下，大多数企业都在极力控制成本。加之数字经济正在重塑世界经济版图，而中国经济发展也进入了新常态，出现了经济发展增速变缓，发展动力由以前的资源和要素驱动转化为结构驱动、技术驱动和创新驱动，诸多因素正合力促进经济结构的战略性调整。

（2）经济环境对商业模式的影响。经济环境对商业模式的影响主要体现在以下几个方面：一是资源获取与成本。经济环境中的资源获取方式和成本对企业运营有着直接影响。企业需要评估在经济环境中获取关键资源（如原材料、劳动力、资本等）的难易程度和成本。如果资源获取困难或成本过高，企业可能需要重新考虑其商业模式，如寻找替代资源、提高生产效率或调整定价策略。

二是市场需求与消费水平。经济环境中的市场需求和消费水平也是商业模式的重要考虑因素。随着经济状况的变化，消费者的购买力和消费偏好也会发生相应变化。经济繁荣时，消费者需求可能增加，企业可相应扩大生产和销售规模；经济衰退时，消费者需求可能减少，企业则需要调整商业模式，如降低成本、优化产品或调整市场定位。

三是经济周期与行业趋势。经济周期（如增长、繁荣、衰退、萧条）和行业发展趋势对商业模式的影响不容忽视。企业需要根据经济周期的变化预测市场需求，并在不同阶段采取相应的商业模式调整策略。例如，在经济衰退期，企业可能需要更加注重成本控制和现金流管理；在经济繁荣期，则可能更需要扩大市场份额和投资于创新。

四是市场竞争与定价策略。经济环境中的市场竞争状况也会影响企业的商业模式。在竞争激烈的市场中，企业可能需要通过价格战、差异化产品或服务、品牌建设等策略来获得竞争优势。同时，市场竞争也会影响企业的定价策略，企业需要灵活调整价格以适应市场需求和经济环境的变化。

五是经济发展水平与产业结构。不同地区的经济发展水平和产业结构对商业模式的影响也不容忽视。随着经济的发展，消费者的需求层次可能会发生变化，企业需要相应地调整产品或服务以满足不断升级的市场需求。此外，产业结构的变化也可能影响企业与其合作伙伴或竞争对手的关系，进而影响商业模式的成功实施。

六是利率与金融市场。利率和金融市场的变化对企业融资、投资和财务管理等方面具有重要影响。利率的升降直接关系到企业的融资成本和投资回报。金融市场的状况则影响企业的筹资和融资方式，进而影响企业的资金运作和财务结构。因此，企业在制定商业模式时需要考虑这些因素，以制定出适应经济环境的融资、投资和财务管理策略。

可见，经济环境对商业模式的影响主要体现在资源获取与成本、市场需求与消费水平、经济周期与行业趋势、市场竞争与定价策略、经济发展水平与产业结构以及利率与金融市场等方面。企业在设计商业模式时需要充分考虑这些因素，以制定出适应经济环境的有效策略。

3. 社会文化环境。

【思考】改革开放40余年来，中国企业面临的社会文化环境发生了哪些变化？这些变化对企业商业模式决策会产生什么影响？

（1）社会文化环境概述。社会文化环境是指在一定社会范围内影响个体和群体行为以及社会实践活动的诸如价值观念、风俗习惯等文化因素的总和。社会文化环境通过行为规范（风俗、道德、法律）、生活方式和态度（家庭结构、教育水平、价值观念）来影响一国群体的行为规范、劳动力的数量和质量以及所需商品和服务的类型和数量等，并进而影响企业的商业模式决策。人是社会人，受到人们普遍接受的各种行为准则的约束。道德准则和社会公德虽然大多没有形成法律条文，但对于约束个体或集体行为仍具有事实上的作用和威力，任何企业的行为都不能不考虑社会秩序和伦理道德的影响。例如，随着人们越来越重视环保，有污染的项目就很难生存。同时，企业还不得不考虑一些倡导性团体的压力，例如公众呼吁沃尔玛、苹果公司等企业的承包商改善员工的工作条件，而沃尔玛等企业则称，他们将终止与任何有违道德标准的供应商之间的合作。

（2）社会文化环境对商业模式的影响。社会文化环境对商业模式的影响主要体现在以下几个方面：一是消费行为与偏好。社会文化环境影响消费者的价值观、审美观和消费行为。不同的文化背景和社会习俗会导致消费者对产品或服务的需求和偏好产生差异。企业需要了解目标市场的文化背景和消费习惯，以便更好地定位产品和制定营销策略。

二是教育水平与职业结构。社会文化环境中的教育水平和职业结构也会影响商业模式。教育水平较高的地区通常对高品质、高技术含量的产品或服务有着更高需求，而职业结构也会影响消费者的购买力和消费习惯。企业需要根据目标市场的教育水平和职业结构来调整产品或服务，以满足不同消费者的需求。

三是家庭结构与生活方式。社会文化环境中的家庭结构和人们的生活方式也会影响商业模式。家庭结构的变化（如单人家庭、单亲家庭、"丁克"家庭、隔代家庭、留守家庭等特殊形式的陆续出现）会影响消费者对产品或服务的需求。人们的生活方式（如快节奏、轻休闲等）也会影响消费习惯和商业模式。企业需要关注这些变化，并调整其商业模式以适应不同消费群体的需求。

四是社会价值观与信仰。社会文化环境中的社会价值观和信仰对商业模式产生深远影响。不同的社会价值观和信仰可能导致消费者对某些产品或服务有特殊偏好或禁忌。企业需要尊重并适应目标市场的社会价值观和信仰，以避免市场冲突或误解。

五是道德伦理与行为规范。社会文化环境中的道德伦理和行为规范对企业的商业决策和行为具有指导意义。企业在商业活动中需要考虑社会的道德标准和行为规范，以树立良好的企业形象和声誉。在某些国家或地区，商业行为的道德标准和文化习俗可能对企业产生特定的约束或要求。

六是语言与沟通方式。社会文化环境中的语言和沟通方式也会影响商业模式。语言障碍可能导致信息传递不畅或误解，影响企业与客户、合作伙伴之间的沟通。企业需要关注目标市场的语言和文化差异，并采取相应的沟通策略，以确保信息的准确传递和有效沟通。

可见，社会文化环境通过影响消费行为与偏好、教育水平与职业结构、家庭结构与生活方式、社会价值观与信仰、道德伦理与行为规范以及语言与沟通方式等方面，对商业模式产生重要影响。企业在设计商业模式时需要充分考虑这些因素，以制定出适应社会文化环境的有效策略。

4. 技术环境。

【思考】改革开放 40 余年来，中国企业面临的技术环境发生了哪些变化？这些变化对企业商业模式决策会产生什么影响？你和身边的人对技术环境变化有过哪些关注？

（1）技术环境概述。技术环境是指企业所处的技术领域的发展趋势、竞争态势以及政策法规等因素的总和。具体一点，技术环境指的是企业业务所涉的国家和地区的技术水平、技术政策、新产品开发能力以及技术发展的动态等。它包括多个方面，例如技术架构、技术标准、数据存储等。这些方面的进步和发展，对软件开发、硬件设计等方面都有着深远的影响。

技术环境对企业的经营行为和战略管理有着重要影响。首先，技术环境决定了企业的产品开发方向和生产方式。随着技术的发展，新的产品和服务不断涌现，企业需要紧跟技术发展的步伐，不断更新和升级产品，以满足市场需求。其次，技术环境对企业生产过程中的资源配置和生产方式也有重要影响。新的技术和设备的出现可以改变企业的生产效率和质量，进而影响企业的竞争力和盈利能力。历史上几次大的发明，都对企业管理变革产生了明显的促进作用。例如，蒸汽机的发明导致了企业管理视野的扩大，电力技术的发明导致了企业管理周期的延长，计算机技术导致了企业管理过程的缩短。

因此，企业需要时刻关注技术环境的变化，积极应对技术变革，加强技术创新和研发，以适应不断变化的市场需求和技术环境。同时，企业也需要制定合理的技术战略和决策，以充分利用技术环境中的机遇和优势，实现可持续发展。

（2）技术环境对商业模式的影响。技术环境对商业模式的影响主要体现在以下几个方面：一是技术环境的发展趋势对企业的商业模式产生重要影响。随着科技的不断发展，新的技术和产品不断涌现，企业需要紧跟技术发展的步伐，不断更新自己的商业模式。例如，随着互联网和移动互联网的普及，越来越多的企业开始采用线上销售和直播营销的模式，从而降低成本并提高效率。

二是技术环境的竞争态势也会对企业的商业模式产生影响。企业需要了解竞争对手的技术水平和产品特点，从而制定相应的竞争策略。例如，如果企业的竞争对手拥有更加先进的技术和产品，企业也需要加大研发和创新投入，以提高自己的技术水平和产品品质，从而获得竞争优势。

三是技术环境的政策法规也会对企业的商业模式产生影响。政府通常会制定相关的政策法规来规范和引导技术领域的发展，企业需要关注这些政策法规的变化并采取相应的措施来应对挑战和机遇。例如，政府可能会对某些行业的技术标准和准入门槛进行限制，企业需要了解这些政策和标准的变化并遵守相关规定。

四是企业还需要关注全球各地的技术发展趋势和政策变化。随着全球化的发展和技术创新的不断涌现，越来越多的国家或地区开始加强技术领域的合作和交流。企业需要关注这些变化并采取相应的措施来应对挑战和机遇。例如，企业可以与国际合作伙伴开展技术交流和合作，共同研发新技术和新产品，从而获得更广阔的市场和发展空间。

总之，技术环境是商业模式外部一般环境分析中的重要因素之一。企业需要深入了解自己所处的技术领域的发展趋势、竞争态势以及政策法规等，并采取相应的措施来应对挑战和机遇，从而保持竞争优势并实现可持续发展。

5. 自然环境。

【思考】改革开放40余年来，中国企业面临的自然环境发生了哪些变化？这些变化对企业商业模式决策会产生什么影响？

（1）自然环境概述。自然环境也称为原生环境，是指企业所在国家或地区的自然资源与生态环境，包括地理位置、气候，以及土地、森林、河流、海洋、矿产、能源、水源等自然资源。自然环境对人类的生活有着重要意义，同时对人的犯罪行为亦有一定影响，后者包括自然灾害对犯罪行为的影响，地域对犯罪行为的影响，气候、季节、时间对犯罪行为的影响等。

自然环境由各种生态系统组成，其中包括完整的生态单位，这是没有受到人为大规模干扰下自我运作的自然系统，它包括所有植物、动物、微生物、土壤、岩石、大气，以及在其范围内发生的自然现象。自然环境还包括不受人类活动影响的普遍的自然资源和物理现象，如空气、水和气候，以及能源、辐射、电荷和磁性。

此外，自然环境还可以具体分为几个主要组成部分：水圈（河流、湖泊、海洋、地下水）；岩石土壤圈（土壤、山脉、矿藏）；大气圈（从地球表层上至 2000 千米左右的大气层）；生物圈（地球上存在生命的部分）。相应地，人工环境也称人为环境或次生环境，是指人类为了提高物质和文化生活，在自然环境的基础上，经过人类劳动的改造或加工而制造出来的环境。例如，城市、居民区（生活小区）、乡村、水库、名胜古迹、风景游览区等。

总之，自然环境是一个涵盖了所有生物之间相互作用的复杂系统，而人类的活动和行为也会对其产生影响。因此，在设计和实施商业模式时，应充分考虑自然环境的影响和限制，以实现可持续发展和长期成功。

（2）自然环境对商业模式的影响。自然环境对商业模式的影响主要体现在以下几个方面：一是自然环境对企业的商业模式有着直接影响。不同的自然环境条件会对企业的生产、运输、销售等环节产生直接影响，进而影响企业的成本和效益。例如，在资源丰富的地区，企业可以利用当地资源进行生产，从而降低成本；而在自然条件恶劣的地区，企业则需要投入更多的资源和人力来应对挑战。

二是自然环境的变化也会对企业的商业模式产生影响。随着全球气候变化和环境问题的加剧，自然环境的变化越来越频繁，企业需要不断地调整自己的商业模式来应对这些变化。例如，随着环保法规的加强，企业需要加大环保投入，采用更加环保的生产方式；随着资源的枯竭，企业需要寻找新的原材料来源，或者开发新的产品和服务。特别地，由于我国这些年来的快速发展在一定程度上是以自然资源的过度开发与牺牲生态环境为代价的，这种不可持续的发展显然难以长期维持，这给未来国内资源依赖型企业的商业模式决策带来巨大的压力。企业必须彻底摒弃以牺牲大自然为代价的商业模式，将自己改造成绿色企业商业模式。

三是企业还需要关注全球各地的环保趋势和政策变化。随着全球环保意识的提高，越来越多的国家或地区开始强化环保法规和标准，企业需要关注这些变化并采取相应的措施来应对挑战和机遇。例如，企业可以采用更加环保的生产方式和技术，开发更加环保的产品和服务，从而满足市场需求并获得竞争优势。

总之，自然环境是商业模式外部一般环境分析中的重要因素之一。企业需要深入了解自己所处的自然环境状况以及未来的变化趋势，企业经营者一定要有战略眼光，从可持续发展视角出发，遵循人与自然的协同观，采取相应的措施来应对挑战和机遇，从而保持竞争优势并实现可持续发展。

6. 全球化环境。

【思考】近10年来，中国企业面临的全球化环境发生了哪些变化？这些变化对企业商业模式决策会产生什么影响？

（1）全球化环境概述。全球化是一个复杂的现象，涉及经济、政治、文化和技术等多个方面。全球化主要指世界各国、各地区之间的交流与合作，以及资源和信息的共享。全球化环境不仅包括全球市场和国际贸易，还包括技术、人才、资本和信息的全球流动，以及全球范围内的政治、文化和价值观的交流与碰撞。

在全球化进程中，各国经济不断融合，市场不断扩大，企业竞争日趋激烈。同时，信息技术的快速发展，使得全球范围内的商业活动更加便捷和高效。在全球化环境中，各国之间的相互依存和联系越来越紧密，世界经济、政治和文化等方面的变化都会对各国产生深远的影响。同时，全球化环境也带来了许多挑战，例如全球经济不稳定、环境破坏、文化冲突和社会不平等等问题。此外，近几年全球经济遭遇下行风险，全球范围内出现了一定程度的逆全球化趋势，很多人陷入悲观。不过，诺贝尔经济学奖得主迈克尔·斯宾塞（Michael Spence，2024）的态度截然不同。在2024年举办的第六届外滩金融峰会上，他表示任何经济体都有贸易部门，这些部门对全球经济状况非常敏感，但是并不意味着其中所有东西都在贸易流通。因此他很乐观，认为在未来5~10年，经济数字化将创造一个全新的全球互联水平，减少物理边界的限制，世界经济全球化趋势仍然不变。

对于企业和个人而言，适应和应对全球化环境是非常重要的。企业需要把握全球市场动态，制定国际化的战略和商业模式，以应对全球竞争和变化。个人则需要不断学习和更新知识，提升自身能力和素养，以适应全球化环境中不断变化的工作和生活需求。

总之，全球化环境是一个复杂而多维度的概念，它涉及许多方面的变化和挑战。适应和应对全球化环境需要全社会的共同努力和协作。

（2）全球化环境对商业模式的影响。全球化环境对商业模式的影响主要体现在以下几个方面：一是商业模式创新。全球化会推动企业商业模式的创新。例如，跨境电商、全球供应链、共享经济等，这些新型商业模式为企业提供了新的发展机会。

二是资源优化配置。全球化使得企业可以在全球范围内进行资源优化配置，包括研发、采购、生产和销售等方面，从而提高效率、降低成本。尤其是全球化背景下的技术进步，会大大加速商业模式的迭代与变革。例如，大数据、云计算、人工智能等技术的应用，为企业提供了更高效、更便捷的服务方式。

三是市场融合加速。全球化使得原本可能互不相干的市场开始融合，为商业合作提供了一个更为广阔的平台。企业可以借此机会将业务扩展到其他国家或地区，获得更多的商机。

四是客户需求变化。全球化使得客户的需求变得更加多样化，企业需要更加关注全球市场的客户需求，并灵活地调整产品和服务。

五是市场竞争加剧。全球化使得市场竞争变得更加激烈，企业需要提高自身的竞争力，通过产品创新、品质提升、降低成本等策略应对市场竞争。

六是合规要求提高。全球化背景下，各国法律法规和监管要求不尽相同，企业需要更加注重合规经营，避免因违规行为导致商业风险和法律纠纷。

七是文化融合挑战。全球化背景下，企业需要面对来自不同国家和地区的员工、客户和供应商，文化差异成为一个不可忽视的因素。企业需要了解和适应不同国家和地区的文化背景、消费习惯和价值观，尤其需要注重文化融合，以实现更好的合作和交流。

可见，全球化环境对商业模式的影响是多方面的，全球化进程既带来了机会，也产生了威胁。企业需要不断创新和完善自身的商业模式，以适应全球化环境的变化。

### （二）一般环境分析的技术路线

技术路线以企业为例进行设计和阐述。

1. 信息收集。在进行宏观环境分析时，信息的来源主要有以下几个渠道：国家统计局、国家计委等机关的公报；报纸、杂志的公开报道；专业机构的研究报告；党和国家的重要会议文件；互联网资讯。

2. 建立宏观环境因素组合。在分析宏观环境因素时，采用下面的分析框架，从经济、技术、社会文化（人口）、政治（政府和法律）、自然和全球化六个主要方面进行研究。在研究过程中考察这六个方面的因素对行业竞争和产业演变的影响，如图 2 - 6 所示。

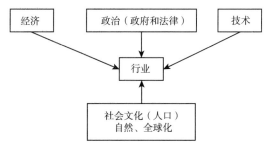

**图 2 - 6　宏观环境因素组合**

资料来源：袁柏乔，张兴福，等．管理学［M］．上海：上海交通大学出版社，2019：85 - 113.

这六个主要方面分别包含以下一些具体因素，如表 2 - 2 所示，构成了宏观环境因素组合。

表 2 - 2 宏观环境因素组合

| 环境因素 | 内容 | | |
|---|---|---|---|
| 经济 | 贷款的易得性和利率<br>国民生产总值增长率<br>通货膨胀率<br>汇率变动 | 股票市场趋势<br>失业率<br>税率<br>劳动生产率水平 | 贸易赤字<br>可支配收入水平<br>财政预算与赤字<br>地区间经济差异 |
| 社会文化<br>（人口） | 关于闲暇时间的价值观<br>社会责任<br>对婚姻与家庭的态度<br>人口预期寿命 | 对环保的关注程度<br>对职业的态度<br>对经商的态度<br>人口的年龄构成 | 生活方式<br>对待环保的态度<br>人口的地域分布<br>人口的性别构成 |
| 政治<br>（政府和法律） | 政治稳定情况<br>外交政策<br>税收政策 | 对各种经济成分的态度<br>财政政策及其变化<br>知识产权政策 | 产业及贸易政策<br>货币政策及其变化<br>相关法律、法规 |
| 技术 | 企业主要技术的发展<br>「ChatGPT」大语言模型对企业的影响<br>新能源开发的进展 | 互联网对企业的影响<br>环保技术的进展<br>企业与大学、研究院所的关系 | 人工智能对企业的影响 |
| 自然 | 企业的地理位置 | 自然资源对企业的影响 | 生态环境对企业的影响 |
| 全球化 | 资源配置　需求变化 | 市场融合　市场竞争 | 合规要求　文化融合 |

3. 明确关键宏观因素的变化趋势。在宏观环境因素组合的基础上，与企业高层一起确定影响企业和行业的关键宏观因素，并根据收集的资料或通过咨询专家预测这些因素的变化趋势。

4. 建立外部因素评价矩阵（EFE 矩阵分析法）。EFE 矩阵分析法是一种对外部环境进行分析的工具，其做法是从机会和威胁两个方面找出影响企业未来发展的关键因素，并根据各个因素影响程度的大小确定权数，再按企业对各关键因素的有效反应程度对各关键因素进行评分，最后算出企业的总加权分数。

EFE 矩阵分析法的程序如下，建议企业高层与咨询公司专家一起完成。（1）列出外部分析过程中确定的关键性外部因素，包括影响企业和所在产业的各种机会与威胁。首先列出机会，然后列出威胁，并且尽可能具体一些，必要时可采用百分比、比率和对比数字。（2）赋予每个因素以权重，数值从 0（不重要）到 1.0（非常重要），所有权数总和等于 1.0。权数表明该因素对于企业在其产业中取得成功的相对重要性。（3）按照企业现行战略对各关键因素的有效反应程度为各关键因素评分。分值范围为 1 ~ 4 分，4 分代表反应很好，3 分代表反应超过平均水平，2 分代表反应为平均水平，而 1

分则代表反应差。其中很重要的一点是威胁和机会因素都可以获得 1～4 分。（4）用每个因素的权重乘以它的评分，得到每个因素的加权分数。（5）将所有因素的加权分数相加，得到企业外部环境与威胁的综合加权总分。无论 EFE 矩阵所包含的关键机会与威胁数量是多少，企业所能得到的总加权分数高为 4.0，低为 1.0，平均总加权分数为 2.5。（6）根据总加权分数分析企业对外部环境的反应水平。通过 EFE 矩阵分析法，企业可以把自己所面临的机会与威胁汇总，以刻画出企业的全部吸引力，如表 2-3 所示。

| 表 2-3 | 企业外部因素评价矩阵（EFE 矩阵分析法） | | |
|---|---|---|---|
| 关键外部因素 | 权重 | 评分 | 加权分数 |
| 机会 | | | |
| 威胁 | | | |
| 总计 | | | |

注：评分表示公司战略是否对各因素作出了有效的反应：4 = 反应很好，3 = 反应超过平均水平，2 = 反应为平均水平，1 = 反应很差。

## 二、商业模式外部行业环境分析（五力模型）

【思考】波特五力模型可以回答商业模式设计中的哪些问题？为什么？在新商业环境下，作为常用分析工具，你认为五力模型本身需要如何创新发展？

行业环境分析也称为任务环境分析。在行业环境分析阶段，通常的做法是根据迈克尔·波特（Michael E. Porter，1980）提出的驱动行业竞争的五种力量作为分析框架：买方讨价还价能力、供方讨价还价能力、产业竞争对手、新进入者的威胁和替代产品的威胁，如图 2-7 所示。这五种力量决定着行业的竞争强度，也决定着行业的利润水平。

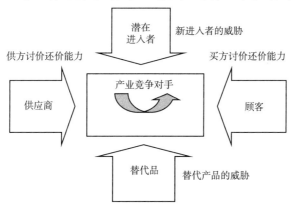

**图 2-7　行业竞争环境分析：波特五力模型**

资料来源：Michael E. Poter. Competitive Strategy［M］. New York：Free Press，1980：4.

### （一）行业环境的要素分析

1. 顾客。顾客对商业模式的成败影响极大。顾客是企业产品和服务的购买者，是企业赖以生存的基础。进行顾客研究的主要内容包括总体市场分析、市场细分、目标市场确定和产品定位。市场分析需要进行地域和市场需求性质的界定，并从总体市场中根据地域、人口特征、消费者心理或者行为因素等选择一个细分的目标市场，且进行产品的准确定位，包括确定产品和服务的功能、质量、价格、包装、销售渠道和服务方式等。

企业必须深入市场，分析顾客心理，正确认识顾客的需求；企业应根据顾客需求及时推出新产品和新服务，以准确满足顾客的需求。数字经济时代，企业面对的是庞大的线上人口和新的族群。新族群无论是在价值观、行为模式、生活方式，还是沟通和认知上，都是完全不一样的。企业一定要与新的族群加强链接，让顾客体验变得更好。企业的目标，不是生产、创造或者提供一种好的产品和服务，进而进行推销，而是在于发现并满足客户的需求。无论环境如何变化，企业存在的价值根本还是在于捕捉客户痛点，解决客户问题，为客户创造价值。

2. 供应商。供应商是指为企业提供原材料、设备和其他资源的人和企业。企业为了提供更好的产品和服务，有赖于上游供应商提供的产品和服务。对于大多数企业来说，金融部门、政府部门、股东是其主要的资金供应者，学校、各类培训机构、人才市场、猎头机构是其主要的人力资源供应者，各新闻机构、情报信息中心、咨询服务机构、政府部门是其主要的信息供应者，大专院校、科研机构、发明家是其技术的主要源泉。他们可以通过提高投入品价格或降低投入品的质量来影响企业绩效，从而对企业构成威胁。一旦资源供应发生问题，就会导致整个企业运转的减缓或者中止。数字经济时代，产业链的上下游之间的协作，要求全方位、实时协同，这样才能做到及时响应顾客需求。

3. 现有竞争对手。现有竞争对手是指行业内与企业争夺资源、服务对象的人或企业。现有竞争对手的多少和竞争力量，直接影响企业获得一定绩效所付出的代价。竞争对手分析的目的是认识在行业竞争中可能成功的战略的性质、竞争者对不同战略及其在行业变迁及更广泛的环境变化中可能作出的反应。企业应该正确认识竞争对手，并积极展开公平竞争。

4. 潜在进入者分析。数字经济时代，很多产业出现了颠覆性的新进入者，改变了行业竞争格局。例如，Uber 和滴滴打车，就颠覆了传统的出租车行业，也颠覆了传统的交通广播广告行业。大部分企业在进行战略或竞争分析时，通常喜欢用行业经验或者成熟的价值链分析工具，以常用的预测方法分析历史数据以推测未来。如果有新进入者，这些做法就会变得非常有局限。因此，企业要多关注新进入者，站在新进入者的立场思考和理解市场与顾客，切不可低估新生事物的发展势头。

5. 替代品分析。替代品往往能够吸引消费者的关注，在转换成本可接受的情况下，很可能逐步改变消费者的习惯。替代品设置了行业企业可谋取利润的上限，限制了一个企业的潜在收益。一种新的替代品的出现是对企业生存的最大威胁之一。比如，数码相机的出现对专业胶卷生产商造成毁灭性打击。又如，随着人工智能时代的到来，机器人正在逐步替代产业工人，甚至冲击服务业。这些都值得管理者高度重视。

除了经典的五力模型之外，近些年有学者研究发现，行业环境还应包括"政府管理部门"和"特定利益代表者"等因素，值得企业管理者注意。政府管理部门主要是指国务院、各部委及地方政府的相应机构，如工商行政管理部门、技术监督部门、环保部门、物价部门等。官方机构拥有特殊的国家行政权力，可以制定或执行相关政策法规，一方面会增加企业的运行成本，另一方面会限制企业的选择余地。特定利益代表者是指代表着社会上某一部分人的特殊利益的群体组织，例如工会、消费者协会、环境保护组织等。

值得一提的是，随着新环境的演变发展，仅仅研究一般环境和行业环境是不够的。企业要实现基业长青，还必须升维思考，进一步研究产业环境，席酉民（2018）是最早倡导这种做法的学者之一，他提出要做好企业经营，企业家必须升级为产业家。

### （二）行业环境分析的技术路线

依托迈克尔·波特的五力模型作为分析框架，结合咨询实务总结如下。

1. 顾客分析。顾客的议价能力增强同样是企业应当警惕的一种威胁。顾客的威胁能力主要受以下因素影响：一是顾客的集中程度。当顾客相对行业中的厂家而言比较集中或者某些客户的进货批量很大，顾客的议价能力增强。二是产品的标准化程度。标准化的产品降低了企业的转换成本，顾客能很容易地在行业中进行挑选。三是产品相对顾客的重要程度。产品对顾客越重要，顾客的议价能力越弱。四是产品在客户消费中的比重。产品在顾客消费总额中占的比例越大，顾客对产品的价格越敏感。五是顾客后向一体化的威胁。当顾客存在切实的后向一体化的实力和可能时，顾客的议价能力将会增强。六是顾客拥有全面的信息。当顾客拥有有关需求、价格、成本等全面信息时，顾客就更能确保接受最有利的价格。

2. 供应商分析。供应商可以通过提高价格或降低质量等形式使企业面临困境，因此供应商议价能力的增强是企业可能面临的另一种威胁。供应商分析与顾客分析的方法类似，主要包括以下几点：一是供应商的行业集中程度。如果供应方主要由几家企业控制，意味着供应商能够对价格、质量、贸易条件等方面施加影响。二是供应商产品对企业的重要程度。如果供应商的产品是企业重要的原材料，供应商将具有强大的议价能力。三是供应商产品的差异化程度或转换成本大小。产品差异化程度越高，企业转换成本越大，越有利于供应商。四是供应商产品面临的替代品威胁。替代品威胁越小，企业越被动。五是企业相对供应商的重要性。如果企业只是供应商无足轻重的客户，供应商的议价能力将会增强。六是供应商前向一体化的威胁。这种威胁限制了企业改善进货条件的能力。

3. 现有竞争对手分析。

（1）信息收集。在进行竞争对手研究时，通常通过下面的渠道收集相关信息：一是研究竞争对手当地的报纸、行业杂志和期刊的公开报道。二是收集竞争对手领导层的公开讲话。三是收集专业机构的统计数据。四是接触竞争对手的广告机构、咨询机构等。五是进行一定范围的实地调查。六是接触竞争对手的营销渠道、供应商、顾客。七是收集竞争对手的公开报表。八是访问竞争对手的网站。

（2）竞争对手分析框架。在进行竞争对手分析时，通过对综合目标、企业假设、潜在能力、现行战略和竞争对手战略五个方面的研究，得到竞争对手的战略选择方向。其分析模式可以用图2-8加以说明。

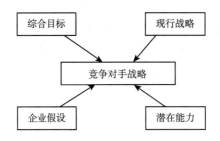

**图2-8 竞争对手的战略选择**

资料来源：袁柏乔，张兴福，等. 管理学 ［M］. 上海：上海交通大学出版社，2019：85-113.

①综合目标研究。主要通过收集的信息去分析下面几个命题，得到竞争对手综合目标的结论。竞争对手的财务目标——这主要包括竞争对手在长期业绩与短期业绩、利润水平和收入增长、企业增长与利润分配之间的权衡；组织结构及关键性决策的责任和权力分配——这将揭示竞争对手关于各职能领域的相对状态和协作情况，并且突出战略重点；董事会、管理层的人员组成和各自背景、经历——这些情况将提供关于企业发展方向、承担风险的态度甚至所偏爱的战略方法等方面的信息；竞争对手的历史经营情况——历史经营状况将透露竞争对手可能的战略选择和偏好，因为在任何一个企业中都存在着发展的惯性；企业的控制和激励系统；竞争对手的经营宗旨、价值观。

②企业假设识别。竞争对手的假设识别主要分为两类：一是竞争者对自己的假设；二是竞争者对行业和行业内其他企业的假设。在识别竞争者假设时，可以着重回答下面的问题：竞争对手对自身在产品各主要方面的相对地位的认识；竞争对手对某些产品、某些职能性方针政策的感情和历史偏好；竞争对手对产业趋势和产品需求的显著性看法；竞争对手对其竞争者们的目标和能力的看法。

③现行战略分析。在分析竞争者的现行战略时，分析其在各个职能领域内主要的经营策略以及它如何寻求把这些职能联系起来的途径。此处主要采用竞争战略轮盘作为分析框架，如图2-9所示。在该竞争战略轮盘中，轮轴处是企业的总目标，辐条处是用来达到这些目标的主要经营方针。而辐条必须互相连接表明了企业的各个职能的联系。

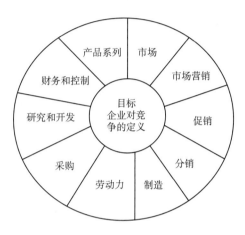

**图2-9 企业战略轮盘**

资料来源：迈克尔·波特. 竞争战略 [M]. 北京：中信出版社，2014：29-133.

④潜在能力分析。在分析竞争对手的潜在能力时，可以通过一份概括性框架对其在关键业务领域的强项和弱点进行初步分析，再辅以五个方面的综合问题，得到竞争对手潜在能力的总体结论。竞争对手潜在能力分析的框架如图2-10所示。

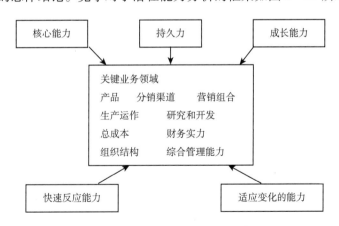

**图2-10 竞争对手潜在能力分析框架**

资料来源：迈克尔·波特. 竞争战略 [M]. 北京：中信出版社，2014：29-133.

⑤竞争对手战略反应判断。

方法一：比较竞争对手的目标和其现有地位，判断竞争对手发起战略变革的可能性。根据竞争对手的目标、假设和能力，判断竞争对手进行变革的方向。

方法二：勾画行业战略集团分布矩阵，判别集团间的移动壁垒。确定边际集团，结合企业的潜在能力判断竞争对手的战略移动方向。建立行业战略集团分布图的程序如下：确定行业竞争的关键战略变量，构造关键变量集合；选择两个关键战略变量作为分布图的数轴；根据信息确定竞争对手的位置；在战略变量集合中选择变量，从不同角度构造战略集团分布图。

在分析五个方面的综合问题时，有下列一些关键因素：一是核心能力。即竞争对手在各职能领域中的最强之处；竞争对手在战略一致性检验方面的表现；竞争对手在各职能领域能力的变化情况。二是成长能力。即竞争对手有所成长的可能领域；竞争对手在人员、技能和工厂能力方面发展壮大的前景；利用杜邦分析考察竞争对手持续增长能力。三是快速反应能力。即自由现金储备；留存借贷能力；生产设施扩展能力；新产品开发能力。四是适应变化能力。即竞争对手固定成本和可变成本的组成情况；竞争对手适应各职能领域条件变化和作出反应的能力；竞争对手的退出壁垒；竞争对手从外界获取援助的能力。五是持久力。即现金储备；管理人员的协调统一；财务目标上的长远眼光。

4. 潜在进入者分析。在考察行业的潜在进入者时，首先应当明确行业主要的进入壁垒。常见的进入壁垒主要有规模经济、产品差异、资本投入、转换成本、分销渠道、现存企业与规模无关的成本优势等。

在明确行业的进入壁垒后，主要从以下四类企业中分辨出潜在的竞争者：不在本产业但不费气力便可克服进入壁垒的企业；进入本产业可产生明显协同效应的企业；其战略的延伸必将导致加入本产业竞争的企业；可能前向整合或后向整合的客户或供应商。

5. 替代品分析。在进行替代品分析时，一般遵循下面的步骤：一是要建立企业产品的用户导向型陈述，以产品功能为核心选定可能替代品集合；二是收集信息了解替代品的最新进展情况。

上述五力分析，已基本能够帮助决策者判断企业的行业竞争结构，但这对经营实务还不够。实践中，还需要进行"产业演变周期分析"，因为产业演变周期是制定战略的重要因素，它是建立在产品生命周期基础上的。产品生命周期分为导入期、成长期、成熟期和衰退期四个阶段。

"产业演变周期分析"的基本流程是：首先确定产业演变周期的指示性变量，这主要包括市场增长率、产品品种、竞争者数量、顾客及顾客行为、市场营销方式、制造与分销、竞争状况、利润状况等方面。其次收集行业发展的公开报告、相关报道等资料，与咨询团队专家一起对各指示变量作出判断，共同确定行业目前在生命周期中的位置。最后，值得一提的是，深入分析外部环境（包括后文提出的内部环境），除了运用上述西方学者的理论和方法之外，国内著名管理学家李占祥（2007）提出的矛盾管理学，也是一种很有价值的可供参考的思想和工具。

専栏 2.1【名家观点】·················································

## 李占祥：管理学新论
### ——矛盾管理学

矛盾管理学的研究对象是企业生命。它的这一研究命题，是假设企业生命具有存续性、可持续成长（长寿）性。矛盾管理学的研究主题是企业可持续成长。在实践中，企业的全部活动都是动态的，总是充满着矛盾，是个矛盾运动过程。矛盾是一切事物发展的动力，也是企业成长的动力。对立统一规律（唯物辩证法的根本法则）和矛盾是一切事物发展动力的原理，是以企业生命具有存续性、可持续成长为研究主题的矛盾管理学的思想和方法基础。矛盾管理就是应用唯物辩证法的宇宙观和矛盾动力学的原理，来观察和分析企业的矛盾运动，并研究解决矛盾的方法，从而推动企业可持续成长。

矛盾学的主要研究内容包括：（1）按照企业生命要素功能素质及其合理结构的原理，研究企业生命要素特征及其构成体系；（2）按照系统论原理，研究企业成长中具有内在紧密逻辑关系的各种支持系统及其同企业可持续成长能力的关系；（3）按照企业生命周期原理，研究企业生命周期中不同时期的特征及其陷阱与防范；（4）按照对立统一规律，研究正确处理企业成长中的基本矛盾、主要矛盾和企业运营中的各种重大矛盾关系；（5）按照企业发展战略原理，研究创新、企业家、企业伦理、企业形象、知识要素等，在企业可持续成长中的战略支撑地位和作用。

限于篇幅，本书仅简述一下非常实用的第4点。所谓事物的基本矛盾，是指决定事物矛盾运动的本质和事物生命自始至终存在的矛盾。这种矛盾，非到过程完结之日，是不会消灭的。它决定着企业整体的根本性质和贯穿企业可持续成长的全过程。它包含两个方面的内容：一是从企业同外部关系看，这就是指社会不断丰富和变化的物质和文化生活需求同企业适应和满足这种需求的资源和能力有限性之间的矛盾；二是从企业内部看，这就是指企业成长机会的无限性（指企业经营资源总是具有挖不尽的潜力）和成长能力相对有限性之间的矛盾。

所谓主要矛盾，是指特定情况下对事物的性质有全局影响的突出矛盾。在企业成长过程中，当其基本矛盾没有变化的情况下，在不同时间、地点、条件下的突出矛盾会有不同的表现，从而形成企业成长过程中的各个成长阶段。

所谓各种重大矛盾关系，是指企业成长中的错综复杂的矛盾运动中所存在的相互对立又相互依存，同时又是在一定条件下可以相互转化的两种力量或因素的对应关系。例如，企业成长的促动力和制约力。促动力，如优质产品、优质服务、科技发展、品牌、商誉等；制约力，如设备老化、市场反应迟钝、创新能力减弱等。企业成长的状态，取决于大量的两种力量或因素之间对应关系的处理水平。实践证明，需要应用"两点论"和"重点论"相结合的思维方式和方法，建立起矛盾双方既对立又相互促进和转化的机制，来处理各种力量和因素之间的关系，以推动企业成长。

总之，作为一种新理论，矛盾管理学在现代管理学研究中的重大意义，就在于它是职能管理理论的重大补充和发展，它将把管理学研究推向一个新阶段。

资料来源：参见李占祥. 李占祥自选集 ［M］. 北京：中国人民大学出版社，2007：494－513.

# 第三节　商业模式内部环境分析

企业的内部环境是由处于企业内部的要素如资源、能力、管理模式、企业文化等构成的有机整体，它不仅对管理及绩效有直接或间接的影响，也对商业模式产生直接或间接的影响。内部环境主要包括企业资源、企业能力和企业文化。任何企业的活动都离不开一定数量和质量的资源投入。企业客观上占有的资源有限，并且利用资源的能力有限，企业对资源的拥有情况和利用情况影响甚至决定着企业可能开展的活动种类、规模和可能达到的效果。实践中，常常是企业资源决定企业能力。文化是企业的基因，文化是明天的经济，在企业制度和理性无法触及之处，唯有依靠文化。

## 一、组织资源分析

【思考】就企业资源和企业能力而言，哪一个对企业商业模式决策更加重要？为什么？

### （一）企业资源的概念

企业资源是指企业所控制或者拥有的有效要素，用于创造产品和服务的投入总和。被投入企业生产和运作中去的资金、设备、员工技能、市场关系、专利以及管理者的才能等，都是企业的资源。从更广的范围来看，资源包含人力资源、资金资源、技术资源、物质资源、信息资源、客户资源、关系资源等。一般来说，资源本身并不能产生竞争优势，一种竞争优势可能会来自集中资源的独特组合。不过，也有核心能力理论认为，企业核心能力的源泉有两类：一类建立在资源的基础上；另一类建立在知识的基础上。

有些资源几乎没有差别，任何企业通过努力都有可能获得，比如土地、一般劳动力、短期贷款以及日用品类的存货等。有些资源，却有着与企业身份、基因和历史紧密关联的特性，这些资源很难通过正常的供应链渠道获得，比如决策判断力、知识产权、商业秘密、良好的信誉以及品牌资产、超级流量等。

### （二）企业资源的分类与影响

按照可辨识度可以将企业资源分为有形资源和无形资源。

1. 有形资源。

（1）概述。有形资源包括人力资源、财力资源、实物资源和技术资源等。它们可以较为容易地识别出来和加以评估，并在企业的各项财务报表中得以反映。这种有形资源的易于识别和估价的特性，相对于无形资源，难以成为竞争优势源泉，它必须和无形资源以及对资源的有效管理和利用结合在一起才能发挥资源价值。例如，卡车作为有形资产，需要和适当的物流调度以及卡车司机的人力资源管理结合起来，才能发挥卡车的价值。

对有形资源的管理，体现在能否更经济地用小规模的有形资产去完成相同的任务。一般情况下，成功的企业可以通过有形资产重组来达到提高效率的目的，通过对有形资产的合理利用提高企业的资产利润率。例如，出售部分有形资源，寻求联盟等。

（2）有形资源对商业模式的影响主要体现在以下几个方面：一是决定商业模式的效率和规模。有形资源，如实物资源和技术资源，是商业模式运转的基础。足够的实物资源和技术资源能够保证商业模式的效率和规模，使得商业模式能够顺利运转。

二是决定商业模式的独特性和竞争优势。不同的有形资源会促成不同的商业模式。例如，拥有独特的技术资源可以使企业在市场中获得竞争优势，独特的人力资源可以使企业形成独特的业务流程，从而形成独特的商业模式。

三是影响商业模式的变革和创新。有形资源的配置和使用方式可以影响商业模式的变革和创新。例如，新的技术资源的引入可能会推动企业进行商业模式的创新，而人力资源的配置可能会影响企业商业模式的变革速度。实践中的案例并不少见，联想集团很早就提出"搭班子—定战略—带队伍"三步走的经营模式，之所以把"搭班子"放在首位，原因在于他们预见到人力资源配置是企业经营的重中之重。

四是影响商业模式的盈利能力和风险。有形资源的成本是商业模式成本的重要组成部分，有形资源的获取和使用的成本会影响商业模式的盈利能力。同时，有形资源的风险也会影响商业模式的稳定性，如实物资源的市场价格波动、技术资源的更新换代等。

因此，有形资源对商业模式的影响重大，在设计和选择商业模式时必须充分考虑和利用有形资源，以达到最优效果。

2. 无形资源。

（1）概述。无形资源是指企业拥有或控制的、没有实物形态的可辨认非货币性资产。它与有形资源相对，是企业资源的重要组成部分。一种资源越不可见，它就越难被竞争对手所了解、购买、模仿或替代，在它之上建立起来的竞争优势就越具有持久性。知识、管理者和员工之间的信任和联系、管理能力、企业制度、科技能力、创新能力、品牌、声誉等，都属于无形资源。企业的无形资源主要有三种形式，分别是声誉资源、创新资源和人力资源。声誉资源主要是通过企业自身的行为方式和准则而取得的社会认同，主要由产品的市场地位、形象、对顾客的服务和对员工的公正性构成。

创新资源主要是人力资源、企业文化和技术能力共同作用的结果，体现在企业新的经营模式、研发出新的产品和服务，甚至进行制度创新、组织创新并改变组织方式。人力资源深嵌于企业内部，包括企业的知识结构、技能和决策能力。

（2）无形资源对商业模式的影响主要体现在以下几个方面：一是增强商业模式的竞争优势。企业的专利技术和品牌声誉等无形资源可以为企业带来独特的竞争优势。技术专利可以保护企业的创新成果，防止竞争对手模仿，从而保持企业在市场中的技术领先地位。品牌声誉则可以提升消费者对企业的认知度和信任度，增加消费者忠诚度，从而提升企业的市场份额和盈利能力。

二是提升商业模式的效率。无形资源如品牌声誉和客户关系等可以提升商业模式的效率。良好的品牌声誉可以降低企业的营销成本，吸引更多的客户，从而提高企业的销售效率和盈利能力。而优质的客户关系管理则可以提升客户满意度和忠诚度，减少客户流失，从而降低企业的客户获取成本和客户维护成本。

三是推动商业模式的创新和变革。无形资源如创新能力、企业文化等可以推动商业模式的创新和变革。创新能力可以帮助企业在市场竞争中不断推出新产品、新服务和新模式，从而提升企业的竞争力和市场地位。而企业文化则可以激发员工的创新意识和创造力，推动企业内部的管理创新和业务创新，从而推动商业模式的持续优化和升级。

四是影响商业模式的盈利能力和风险。无形资源的价值往往难以估量，但其对商业模式的盈利能力的影响却是显著的。例如，拥有高价值的品牌声誉和专利技术可以为企业带来更高的利润空间和定价能力。同时，无形资源的风险也不容忽视，如专利技术可能面临过期或被侵权的风险，品牌声誉可能因企业的不良行为而受损。

因此，无形资源在商业模式的设计和选择中同样扮演着重要的角色。企业应充分挖掘和利用自身的无形资源，以构建更具竞争优势、更有效的商业模式。

## 二、企业能力分析

【思考】对企业商业模式的设计与实施来说，什么企业能力最为重要？为什么？

### （一）企业能力概述

企业能力，是指企业通过其资源的整合、利用和开发，实现特定目标和竞争优势的能力。传统管理理论认为，企业能力包括生产运营能力、技术创新能力、市场营销能力、组织管理能力等，企业能力的强弱决定企业资源要素转化的效率；企业的组织管理能力最能体现企业的核心竞争能力，它买不走，偷不去，学不来。而日益受到关注的商业模式研究表明，企业能力还包括企业的商业模式设计、决策与执行能力，且这些能力越来越影响企业战略的落地执行。企业资源与企业能力是互动共生关系，资源往往决定团队能够做什么，进而提升团队在某个方向的能力，反过来，团队能力提升之后，又可以获得更多相关资源。

### （二）波特价值链分析法

波特价值链分析法是一种系统性方法，用于考察企业各项活动和相互关系，从而找寻具有竞争优势的资源。根据波特价值链分析法，企业的活动可以分为基本活动和支持性活动两类。

基本活动是涉及产品的物质创造及其销售、转移给买方和售后服务的各种活动，包括生产作业、进向物流、销售和市场、去向物流以及售后服务。这些活动是企业创造对买方有价值的产品的基石，也是企业价值链中最为直接和显而易见的环节。在基本活动中，企业需要特别关注那些能够为顾客创造独特价值的环节，这些环节可能成为企业的核心能力。

支持性活动是辅助基本活动，并通过提供外购投入、技术、人力资源以及各种企业范围的职能以相互支持。这些活动包括人事、财务、计划、研究与开发、采购等。支持性活动对于基本活动而言是至关重要的，它们帮助企业优化资源配置、提升运营效率以及不断创新。在支持性活动中，企业需要关注那些能够降低成本、提高运营效率以及推动创新的环节。

以企业管理为例，根据波特价值链分析法，每个企业都是设计、生产、营销、交货以及对产品起辅助作用的各种价值活动的集合（见图2–11）。企业的各种活动，按照价值活动顺序，可以分为研发活动、物流输入、生产作业、物流输出、市场营销和销售、售后服务等环节。每种基本活动都还可以进行进一步的细分或组合。辅助活动包括企业基础设施、人力资源管理、财务管理、信息管理等活动。

**图 2–11　波特价值链**

资料来源：迈克尔·波特. 竞争战略［M］. 北京：中信出版社，2014：29–133.

在企业商业模式决策中，波特价值链分析法可以应用于以下几个方面：一是识别核心能力。通过分析企业的基本活动和支持性活动，企业可以识别出自己在价值链中的核心能力。这些核心能力是企业所独有的、难以被竞争对手模仿的资源和能力，是企业保持竞争优势的关键。二是优化资源配置。通过分析企业的各项活动和相互关系，企业可以了解资源配置的状况，并找到优化的空间。企业可以合理分配资源，提高运营效率，同时降低成本。三是创新商业模式。通过对现有商业模式的基本活动和支持性活动的分析，企业可以发现潜在的创新机会。企业可以尝试重新组合价值链中的各个环节，创新设计出全新的商业模式，从而获得竞争优势。四是评估潜在战略。通过分析波特价值链，企业可以评估潜在的战略机会和威胁。企业可以了解自己在价值链中的位置和优势，以及面临的竞争压力和挑战，从而制定出更为有效的战略规划。

可见，运用波特价值链分析法可以帮助企业在商业模式决策中更好地识别核心能力、优化资源配置、创新商业模式以及评估潜在战略。通过深入分析企业的各项活动和相互关系，企业可以找到具有竞争优势的资源，并制定出更为有效的商业策略。

### （三）企业的核心能力判定

美国学者哈默（Hamel，1990）认为，企业的核心能力是企业内的集体知识和集体学习，尤其是协调不同生产技术和整合多种多样技术流的能力。一项能力能否成为企业的核心能力，必须通过三项检验：第一，核心能力能够使企业创造顾客识别和看重的关键价值；第二，核心能力是企业所独具的，即使不是独具的，也必须比任何竞争对手胜出一筹；第三，核心能力还要有延展性，也即是企业向新市场延展的基础，企业可以通过核心能力的延展而创造出富有竞争力的产品。

总之，企业的资源和能力都非常重要，它们共同决定企业的竞争力，并与外部机会一起决定企业的战略选择。企业的资源和能力，在具备独一无二、难以模仿和不可替代的特性时，就会形成企业的核心能力。这些核心能力，确保企业不断创造新的产品和服务，持续为客户提供价值，使企业在市场竞争中保持旺盛的生命力。

环境分析为企业提供决策支持，帮助企业理解外部环境的机会与威胁。除了上述西方学者的理论和方法之外，国内著名管理学家李占祥（2007）认为，《孙子兵法》里面的思想和方法"完全可供当今企业家们借鉴"。

📖 专栏2.2【名家观点】 ------------------------------------------------------

### 李占祥："上兵伐谋"
—— 《孙子兵法》的"五事""七计"

由于在现代市场经济条件下，"市场犹如战场"，因而，中外很多管理学者都非常关注《孙子兵法》的研究，一致认为这部不朽的兵学名著中许多精华，完全可供当今企业家们借鉴。

《孙子兵法》认为用兵之道，就在于"上兵伐谋"（《孙子·谋攻篇》），它告诉人们以谋略取胜为上策。如何以谋略取胜？孙武有句为后人广为传颂的名言："知彼知己，百战不殆"。就是说，要从认识客观实际中的发展规律出发，来决定自己战胜敌人的行动。那么，又如何认识客观实际中的发展规律呢？他说：要"经之以五事，校之以计（七计）"（《孙子·计篇》），就是要从"道、天、地、将、法"五个方面进行分析研究，从"主孰有道？将孰有能？天地孰得？法令孰行？兵众孰强？士卒孰练？赏罚孰明？"七个方面进行敌我双方对比。

"五事"："一曰道"，就是用兵之道，即方针、政策、法规等。"二曰天"，就是天时，即客观情势。"三曰地"，就是地利，即战地有利于攻守进退。"四曰将"，就是将帅五德，即智（智谋才能）、信（赏罚有信）、仁（爱护士兵）、勇（勇敢果断）、严（纪律严明）。"五曰法"，就是法令制度等。

"七计"：一曰"主孰有道"，就是哪一方的国君贤明得民心，因为战争的伟力之最深厚的根源存在于民众之中。二曰"将孰有能"，就是哪一方的将帅有才能，具有驾驭整个战争变化发展的能力。三曰"天地孰得"，就是哪一方占据比较有利的天时地利的条件。四曰"法令孰行"，就是哪一方能够认真贯彻执行法令。五曰"兵众孰强"，就是哪一方的部队强盛。六曰"士卒孰练"，就是哪一方的士兵训练有素。七曰"赏罚孰明"，就是哪一方的赏罚分明公正。

以上就是《孙子兵法》讲述决定战争胜负的"五事""七计"。它告诉人们，必须从上述五个方面和七个因素的实际出发，进行分析研究，在做到"知彼知己"的基础上，提出自己的战略、策略，方能取胜。

资料来源：参见李占祥. 李占祥自选集 [M]. 北京：中国人民大学出版社，2007：494－513.

## 三、企业文化分析

【思考】企业文化对商业模式的设计与实践有何影响？为什么？

企业具有自己的构成要素，把这些要素有机地整合起来除了要有一定的正式和非正式组织以及"硬性"的规章制度外，还要有一种"软性"的黏合剂，它以无形的力量构成企业有效运行的内在驱动力。这种力量就是被称为管理之魂的企业文化。企业文化是20世纪80年代初期，学术界在总结日本、美国等优秀企业共同管理特点的基础上提出的一种新型管理理论。同时，企业文化作为一种内部环境因素，将持续不断地对企业绩效、人员和商业模式决策以及执行产生潜移默化的间接影响。在学术界，企业文化既可以作为无形资源的一个子集加以研究，也可以单列出来进行研究。鉴于企业文化对商业模式产生越来越重要且独特的影响，本书将之单列出来展开讨论。

### （一）企业文化的概念与特征

1979年，佩迪格鲁（Pettigrew）在《关于组织文化研究》一文中首次提出了"组织文化"（organizational culture）的概念，随后美国的《商业周刊》《哈佛商业评论》等权威杂志以突出篇幅对"组织文化"问题进行了讨论，反映了企业界和学术界对"组织文化"这一新生事物的强烈关注。在接下来的两年时间内，美国管理学界连续推出了四部主要专著：《Z理论——美国企业界如何迎接日本的挑战》《日本经营管理艺术》《公司文化》《追求卓越》，这四本著作被称为组织文化的"四重奏"。从此，企业文化开始成为企业实践、管理咨询领域和学术界的流行名词。本书认为，随着环境变迁，企业文化也必将对商业模式的设计与实施产生重大影响。

1. 企业文化的概念。文化一词来源于古拉丁文，本意是指"耕作""教习""开化"的意思。广义的文化是指人类在社会历史实践过程中所创造的物质财富和精神财富的总和。管理学中，文化指的是除政治、经济、军事以外的一种观念形态，所包含的内容是极其广泛和复杂的，但是文化又是可以为人们所感觉到的社会存在。它一般表现为一定时期人们的知识、宗教、信仰、道德、习俗、心理等传统。那么，企业文化是什么？不同的人有不同的看法，对它的定义不胜枚举。国外学者提出的比较有影响的观点有以下几个。

威廉·大内（William Ouchi，1981）指出公司文化是由公司的传统风气所构成，它意味着一个公司的价值观，诸如进取、保守或灵活，这些价值观构成了公司员工的活动、意见和行为的规范，同时也是指导企业制定职工和（或）顾客政策的宗旨。

特瑞斯·E. 迪尔（Terrence E. Deal）和阿兰·A. 肯尼迪（Allan A. Kennedy）于1982年出版的《企业文化》（*Corporate Culture*）一书中将企业文化描述成一种集意义、信仰、价值观和核心价值观在内的存在，是一个企业所信奉的价值观。

彼得·F. 德鲁克（Peter F. Drucker，1971）在所著的《管理学》一书中，把管理与文化明确联系起来，认为管理也是文化，而不是无价值观的科学，提出了"管理文化"（managerial culture）。

埃德加·H. 沙因（Edgar H. Schein，1984）给出的定义是：企业文化是一套基本假设——由一个特定的企业在学习处理对外部环境的适应和内部整合问题时所创造、发现或发展起来的，一种运行得很好且被证明是行之有效的，并被用来教育新成员正确感知、思考和感觉上述这些问题的基本假设。

从上述这些定义可以看出，各种定义虽然字面上存在差别，但是基本含义却是大致相同，认为企业文化是一种反映企业特色、支配员工行为的价值观念体系。可以说，企业文化是企业的人格，代表着企业的氛围，不同的企业有不同的氛围，你生活在其中就能感受得到。

此外，就企业特定的内涵而言，企业是按照一定的目的和形式而建构起来的社会集合体。为了满足企业运作的要求，企业成员必须要有共同的目标、共同的理想、共同的追求、共同的行为准则以及与此相适应的机构和制度，否则企业就会是一盘散沙。而企业文化的任务就是努力创造这些共同的价值观念体系和共同的行为准则。

简言之，企业文化可以定义为：企业在长期的实践活动中所沉淀的为企业成员普遍认可和遵循的具有本企业特色的价值观念、团体意识、思维方式、工作作风和行为规范的总和。

2. 企业文化的主要特征。企业文化本质上属于"软文化"管理的范畴，是企业的自我意识所构成的精神文化体系，是整个社会的重要组成部分，其基本特征如下。

（1）独特性。就像世界上没有两片完全相同的树叶一样，世界上也不存在完全相同的企业文化。这是因为每个企业在自身的成长和发展过程中，都会由于自己特定的历史、类型、性质、规模、心理背景、人员素质等内在因素的不同，而形成具有本企业特色的价值观、经营准则、工作作风、道德规范和发展目标等，这造就了企业文化具有鲜明的超越个体的独特性。

（2）实践性。每个企业的文化，都不是凭空产生或依靠空洞的说教就能够建立起来的，它只能在企业长期生产经营管理实践的基础上，有意识有目的地培养起来。企业文化不是口号，也不仅仅是一种文化理念。不能够与企业的实际有机结合的文化，要么流于空泛的口号、标语，要么昙花一现，很快夭折。

（3）可塑性。企业文化的形成，虽然受到企业传统因素的影响，但也并非不可改变，它也受时代、组织结构、战略目标等企业内、外环境因素的影响。而且，只要充分发挥能动性、创造性，积极倡导新准则、精神、道德和作风，就能够对传统的精神因素择优汰劣，从而形成新的企业文化。

（4）融合性。每一个企业都是在特定的文化背景之下形成的，必然会接受和继承这个国家和民族的文化传统和价值体系。企业文化的融合性除了表现为每个企业过去优良文化与现代新文化的融合，还表现为本国与国外新文化的发展融合。

### （二）企业文化的结构与内容

企业文化结构是指企业文化各种内容和形式之间的层次关系。一般将其分为四个层次，即表层的物质层、浅层的行为层、中层的制度层和深层的精神层。

1. 精神层。精神层是企业文化的核心层次，又叫深层文化，或称观念文化。主要是指企业的领导和员工共同信守的基本信念、价值标准、职业道德及精神风貌，它是企业文化的核心和灵魂，是形成企业文化的物质层和制度层的基础和原因。如大庆油田的铁人精神。企业文化中有没有精神层是衡量一个企业是否形成了自己的企业文化的主要标志和标准。企业文化的精神层主要包括企业哲学、企业价值观、企业精神和企业道德等内容，是企业意识形态的总和。在实践中，企业哲学和价值观常常通过经营理念表现出来，兹举几例影响较大的经营理念，列于专栏2.3。

📖 **专栏 2.3【名家观点】** ∙∙∙∙∙∙∙∙∙∙∙∙∙∙∙∙∙∙∙∙∙∙∙∙∙∙∙∙∙∙∙∙∙∙∙∙∙∙∙∙∙∙∙∙∙∙∙∙∙∙∙∙∙∙∙∙∙∙∙∙∙∙∙∙∙∙∙∙∙∙∙∙∙∙∙∙∙∙∙∙∙∙∙∙∙∙∙∙∙∙∙∙∙∙∙∙∙

### 关于企业经营理念

松下幸之助（1981）认为树立经营理念是企业成功的关键，是正确有效地发挥人员、技术和资金作用的基础。正如松下幸之助所说"要管理好人才，必须造就人才，要造就人才，必须树立经营理念和企业使命""自从我树立了经营理念，一直把它作为公司的基本经营方针来指导企业经营，而且职工们听了我的讲话非常感动，激起了他们的一种使命感，厂内出现了一种奋力工作的形势。"

美国学者托马斯·彼得斯和罗伯特·沃特曼（Thomas Peters and Robert Waterman，1982）在《追求卓越》一书中指出"我们研究的所有优秀公司都很清楚他们的主张是什么，并认真建立和形成了公司的价值准则。事实上，一个公司缺乏明确的价值准则或价值观念不正确，我们则怀疑它是否有可能获得经营上的成功"。

《海底捞你学不会》的作者黄铁鹰（2011）认为："正确的价值观为企业行为设置边界，企业家必须在边界内维持和发展企业。这其实是在倒逼企业家和企业，要求他们在正确的轨道上，提高正确的经营能力。"万通房地产公司创始人冯仑（2013）在《理想丰满》一书中也有类似观点。

资料来源：参见松下幸之助. 立业根基［M］. 北京：机械工业出版社，2022：265-268；黄铁鹰. 海里捞你学不会［M］. 北京：中信出版社，2011：18-20.

2. 制度层。这是企业文化的中间层次，又称制度文化、中介文化。主要是指对企业员工和企业行为产生规范性、约束性影响的部分，它集中体现了企业文化的物质层及精神层对员工和企业行为的要求。主要表现为各项规章制度、行为规范、传统习惯、领导风格、职工修养、人际关系等。这些内容都以成文或不成文的规定要求企业所有的员工接受和奉行。

这一要求包括两部分内容：一是书面约束，即书面规定的企业成员在共同的工作活动中所应当遵循的行动准则，主要包括各种工作制度、责任制度、特殊制度（如员工生日、结婚、死亡、生病、退休时干部要访问员工家庭等）和特殊风俗（企业特有的典礼、仪式、特色活动，如生日晚会、周末午餐会、厂庆活动、内部节目等）。二是对行为的非书面约束，俗称"游戏规则"，即企业虽然没有明文规定企业成员该做什么、说什么、相信什么，但是企业成员经过企业文化的熏陶并接受这一文化之后，会在生活和工作中自觉执行企业文化的要求。

3. 行为层。这是企业文化的浅层部分，又叫行为文化。企业文化最重要的体现就是企业成员的行为习惯，不管精神层面的文化有多高尚，不管制度层面的文化有多规范，如果不能落实到成员的日常行为规范，那么这样的企业文化就不能叫真正的企业文化。

4. 物质层。这是企业文化的表层部分，又叫实体文化。它是指由企业职工创造的产品和各种物质设施等所构成的实物文化，即能够看得见摸得着的文化形态。物质层主要包含两部分内容：一是表现特定设计思想、生产理念的产品和服务，比如产品的特色、式样、品质、牌子、包装、维修服务、售后服务等；二是企业创造出来的办公环境、生产环境（硬件和软件设施）、企业容貌和企业外部特征，例如企业的标志、建筑风格，工作区和生活区的绿化、美化，以及在公共关系活动中送给客人的纪念画册、纪念品、礼品等。透过这些外在现象我们可以透视企业的精神风貌和员工的道德状况，折射出企业的价值观念和管理哲学。

企业文化四个层次的内容相互依存、相互作用并且不断发展，形成了丰富多彩的企业文化。其中，企业精神层的内容决定物质层、行为层和制度层的内容，精神层是企业文化的核心，包括企业精神、价值观、经营理念等；制度层是行为层、物质层和精神层的中介，包括组织结构、管理制度、行为规则等；行为层包括人际关系、文体活动、员工行为等；物质层包括环境、设备、产品、建筑、标识等；物质层、行为层和制度层是精神层的直观体现。如图 2 - 12 所示，企业文化的精神层是最根本的，它决定着其他三个层次。建设企业文化要以精神层文化的确立为核心，同时必须注意要客观地表现为全体成员一致的行为习惯，否则文化只是空洞抽象的口号。

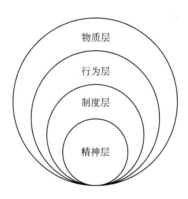

**图 2 - 12　企业文化结构**

### （三）企业文化的功能

1. 企业文化的正功能。企业文化的功能是指企业文化发挥作用，对企业的生产、经营、管理等活动产生影响。企业文化的功能具有双重性，可以分为正功能和负功能，企业文化的正功能可以提高组织承诺，增强组织成员行为的一致性，引导组织的成长、进步，进而提升组织的效能，如图 2 - 13 所示。但同时也不能忽视在特定背景下，企业文化会对组织发展产生束缚和限制等负面效应。然而，无论企业文化发挥哪类功能，它都是长期地、潜移默化地影响组织。

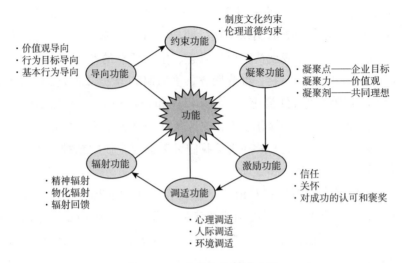

图 2-13　企业文化的正功能

（1）导向功能。企业文化能对企业整体和每个成员的价值取向与行为取向起引导作用。通过外显的层面（企业文化设施、专业教育和培训娱乐等），以及内隐的层面（企业的价值标准、道德规范、行为准则以及生活观念），企业文化可以使企业成员的思想、价值观、行为与企业的目标保持一致，从而确保企业目标的实现。由于企业价值取向是企业多数人的"共识"，因此这种导向功能对多数人来讲是建立在自觉基础之上的，他们能把自己的行为对照企业的要求进行比较和调整，使自己的行为基本符合或体现企业价值观的要求。正因为如此，许多企业都在通过文化的导向功能来塑造新进成员。

（2）约束功能。企业文化对企业成员的思想、心理和行为具有约束和规范作用。企业文化的约束不是一种制度化的硬约束，而是一种软约束，这种约束产生于企业的文化氛围、群体行为准则和道德规范。企业可以发挥文化的这一功能来减少那些起消极作用的"破坏分子"，从而维持企业的良好秩序。

（3）凝聚功能。企业文化是一种黏合剂，它把企业成员的个人目标同化于企业目标，通过共享的价值观、行为准则和道德规范使成员固守在企业之内，并紧密地联系在一起。当企业成员对企业产生了强烈的认同感，企业就成为具有共同价值观念、精神状态和理想追求的统一体，从而改变原来那种从个人角度建立价值观念的一盘散沙状态，这样企业文化就比企业外在的硬性管理办法天然地具有一种更强的凝聚力和感召力，使每个成员产生浓厚的归属感和荣誉感，从而对企业更加忠诚。

（4）激励功能。优秀的企业文化能够满足成员的多种需要，有助于员工获得较高层次的心理满足，并对不合理的需要予以约束，使企业成员从内心产生高昂的情绪和奋发进取的精神。同时，积极向上的价值观念和行为准则会形成强烈的使命感、持久的驱动力，从而引导企业成员自我激励。企业可以发挥文化的这一功能，促使适当的企业成员充当"活性因子",从而增加企业的活力。

（5）调适功能。调适就是调整和适应。企业各部门之间、职工之间，由于各种原因难免会产生一些矛盾，解决这些矛盾需要各自进行自我调节。企业与环境、与顾客、与企业、与社会之间都会存在不协调、不适应之处，这也需要进行调整和适应。企业哲学和企业道德规范使经营者和普通员工能科学地处理这些矛盾，自觉地约束自己。完美的企业形象就是进行这些调节的结果。调适功能实际也是企业能动作用的一种表现。

（6）辐射功能。企业文化不仅对企业内部产生强烈的影响，通过产品和职工的传播，也会把企业的经营理念、企业精神和企业形象昭示于社会。有的还会对社会产生强烈的影响。同时，企业文化还以其深层次结构——观念形态的因素，对社会产生辐射。一个优秀的企业，它的企业精神、职业道德、经营管理理念、价值准则等都对社会心理产生影响。

2. 企业文化的负功能。尽管企业文化存在上述正功能，但是我们也应注意到，企业文化同时还可能成为组织变革和发展的潜在障碍。这些障碍主要表现在三个方面。

（1）变革创新的障碍。企业文化往往需要经过多年的建设和沉淀才能形成，而正是这种时间和资源的持久性投入，使得企业文化具有很强的"路径依赖性"。当企业面对的环境比较稳定时，企业文化便会成为一种资本；而当企业面对动态的环境时，企业共享的价值观就可能不愿背离原先的"路径"，从而与进一步提高组织效率的要求发生冲突，成为企业发展的束缚。

（2）多样化的障碍。企业在聘用新成员时会面临两难境地：一方面，管理层要求这些新成员能够与企业文化相匹配，希望他们接受企业的核心价值观，与企业其他成员的行为和企业的形象保持一致，否则这些新成员就难以融入组织或不被组织所接受；另一方面，在面对变化的环境时，管理层也希望通过新成员所带来的差异来激活整个组织，给企业注入新鲜血液，促进组织的创新和发展。因此，管理层又会公开认可和支持这些差异与变化。

企业文化对成员有着明显的遵从压力，它限定了企业可以接受的价值观和行为准则。企业希望通过聘用各具特色、存在差异的不同员工来获得多元化优势。但是一旦新成员试图融入企业文化之中时，这些多元化的行为和优势就可能丧失。因此，当企业文化大大削弱了来自不同背景的人带给组织的独特优势时，它就成了组织发展的障碍。

（3）兼并与重组的障碍。不同企业文化的个性不同，可能使得本来可以整合的利益关系变得不可能。以前，管理人员在进行兼并或重组决策时，所考虑的关键因素是融资优势或产品协同性，而近年来文化的融合性越来越成为主要的关注对象。比如，联想收购国际商业机器公司的个人电脑业务后，两支团队的跨文化融合用了很多年才完成。又如戴姆勒－奔驰公司和克莱斯勒公司合并后，由于两家公司文化的兼容性差，导致合并的结果是克莱斯勒公司的市值下降，市场份额减少，从盈利的汽车公司走向了亏损。

3. 企业文化对商业模式的影响。企业文化作为内部环境因素之一，对商业模式有着深远的影响。企业文化的实质是组织内部的信仰、价值观、行为准则和习惯等，它塑造了组织成员的态度和行为，并影响整个组织的运作方式和决策。

（1）企业文化会影响企业对于商业模式的选择。企业文化中的信仰和价值观会指导企业制定商业策略和决策，从而影响商业模式的构建和实施。例如，如果一个企业的组织文化强调创新和变革，那么该企业可能会选择更加具有创新性和灵活性的商业模式，以适应市场变化并抓住机遇。

（2）企业文化会影响企业内部对于商业模式的认同和支持程度。如果一个企业的组织文化强大且具有凝聚力，那么企业内部成员会更加认同和支持该企业的商业模式。相反，如果组织文化不清晰或者与商业模式不匹配，企业内部就可能会出现分歧和抵触情绪，从而影响商业模式的实施效果。

（3）企业文化还会影响企业对于商业模式变革的态度和反应。当商业模式需要变革时，企业内部成员的态度和行为会受到企业文化的深刻影响。如果企业文化鼓励变革和创新，那么企业内部成员会更加积极应对变革并支持新的商业模式。相反，如果企业文化强调稳定和保守，那么企业内部成员可能会对变革产生抵触情绪，从而影响商业模式的变革进程。

值得注意的是，企业文化与商业模式之间不是静态的对应关系，而是动态的互动关系。随着时间的推移和市场环境的变化，企业文化可能会逐渐适应新的商业模式，商业模式也可能会逐渐调整以适应企业文化的需求。因此，企业在选择商业模式时需要充分考虑企业文化的因素，并在实施商业模式的过程中不断调整和完善企业文化，以实现更好的商业效果和企业可持续发展。

4. 企业文化的塑造。实践表明，"好的文化，坏人待不久；坏的文化，好人待不久"。企业文化的塑造过程是企业根据自身特点及未来发展趋势来确定自己的基本信念、价值观念和道德规范，并使企业成员达成共识的过程。企业文化的塑造是一个长期和复杂的过程。

（1）选择合适的企业价值观标准。由于企业价值观是整个企业文化的核心和灵魂，因此选择正确的企业价值观是塑造企业文化的首要问题。方法如下：一是要立足于本企业的具体特点。不同的企业有不同的目的、环境、习惯和组成方式，由此构成不同的企业类型，因此要把握本企业的特点，选择适合自身发展的企业文化模式。例如，现代企业的价值观念是在企业追求经营成功的过程中所推崇的基本信念及奉行的行为准则，亦即企业为获取成功而对其行为作出的价值取向。基本信念实际上就是本位价值，主要指一种被企业职工所公认的最根本、最重要的价值，企业以此作为价值评价的基础。

二是要坚持以人为本的理念。组织中人的因素最为重要，因此企业文化建设中的第一要义就是要强调关心人、尊重人、理解人和信任人。优秀的企业总是把普通组织成员看作提高质量和生产率的根本源泉，必须把他们当作同伴、朋友、家人来看待，待之以礼，导之以德，尊重他们，关心他们，而不是把他们和资本、设备一起看作生产工具。

（2）把价值观扩展为理念体系并转化为制度。一是把价值观扩展为理念体系。企业选定了恰当的价值观后，还必须拓展为企业各个层面的管理思想和方法，这样才能使企业文化理念体系完整起来。例如，海尔围绕其核心价值观，形成了完整的理念体系："人才理念——海尔赛马不相马；质量理念——有缺陷的产品就是废品；研发理念——用户的难题就是我们的难题；兼并理念——吃休克鱼。"

二是把理念体系转化为制度。优秀的企业文化理念最终需要通过企业的行为和外在的视觉和制度表达出来，要落到实处。否则，理念就无法发挥应有的作用。唯有建立完善的制度，方能有章可循。例如，在企业文化中强调"以人为本"，则对于人力资源管理制度，包括招聘、培训、考核、薪酬、任免、奖惩等环节，都应该深刻体现出这种文化。

（3）强化员工的认同感。一旦选择和确立企业价值观和企业文化模式之后，就应把基本认可的方案通过一定的强化方式使其深入人心，可从以下方面着手：一是充分利用一切宣传工具和手段，大力宣传企业文化的内容和要求。

二是培养和树立典型。典型榜样是企业精神和企业文化的人格化身与形象缩影，能够以其特有的感染力、影响力和号召力为企业成员提供可以效仿的具体榜样，而企业成员也正是从典型榜样的精神风貌、价值追求、工作态度和言行表现中深刻理解企业文化的实质和意义。

三是加强相关培训与教育。有目的的培训与教育，能够使企业成员系统接受和强化认同企业所倡导的企业精神和企业文化，培训的形式可以多种多样。

（4）巩固落实。一是建立必要的奖惩制度以作保障。在企业文化演变为全体员工的行为习惯之前，要使每一位成员都能自觉主动地按照企业文化和企业精神的标准去行事，几乎是不可能的。因此，建立某种奖惩规章制度是有必要的。

二是领导者率先垂范。企业领导者在塑造企业文化的过程中起着决定性作用。他本人的模范行为就是一种无声的号召和导向，对广大员工会产生强大的示范作用。任何一个企业，如果没有领导者的以身作则，要想培育和巩固优秀的企业文化都是非常困难的。

（5）在发展中不断丰富和完善。任何一种企业文化都是特定历史的产物，当企业的内外条件发生变化时，企业必须不失时机地丰富、完善和发展企业文化的内容，这既是一个不断淘汰旧文化和生成新文化的过程，也是一个认识与实践不断深化的过程。

## 四、环境战略互动

【思考】SWOT 分析对企业商业模式的设计与实施有何价值？为什么？

常用的环境战略互动工具是 SWOT 分析。最早提出 SWOT 理论的是以安德鲁斯（K. Andrens，1971）为代表的哈佛商学院的商业政策研究小组，他们认为企业战略就是企业可以做的（might do）与企业能做的（can do）之间的匹配。所谓"可以做"即环境提供的机会与威胁；"能做"即为企业自身的强项与弱项。

SWOT 分析是由企业的优势（strengths）、劣势（weaknesses）、机会（opportunities）和威胁（threats）四个方面分析构成，它包括四个基本问题：我们能做什么，即企业的优势和劣势在哪里；我们打算做什么，即企业和个人的价值；我们可以做什么，即外在的机会和威胁；其他人期望我们做什么，即利益相关者（以前仅考虑股东）的期望（如图 2 - 14 所示）。

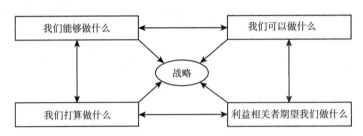

**图 2 - 14　SWOT 原型：指导战略选择的关键问题**

资料来源：迈克尔·波特. 竞争战略 ［M］. 北京：中信出版社，2014：29 - 133.

可见，企业战略制定过程的四个基本步骤是：对外部环境进行研究，发现机会与威胁，找到企业关键成功因素；对内部资源进行评估，认清企业的优势和劣势，形成特色竞争力；结合企业的社会责任，依据管理者的价值观念将可以做的与能做的相匹配，制订出战略方案，并由此来评估和选择战略方案。

📖 **专栏2.4【商业模式实践】** ·······························································

### 闻泰科技 SWOT 分析
——闻泰科技的优势、劣势、机会和威胁

在当今这个科技高速发展的时代，闻泰科技以其卓越的市场地位和技术实力成为业界瞩目的焦点。

1. 优势（strengths）。

（1）技术实力突出。闻泰科技拥有强大的研发能力，持续在芯片设计、高密度互连技术以及智能制造方面进行深入研究，拥有了大量的核心技术和自主知识产权。

（2）产品线丰富。公司产品涵盖了智能手机、平板电脑、笔记本电脑等消费电子领域，多元化的产品线保障了市场风险的分散，同时也为客户提供了一站式解决方案。

（3）客户基础稳固。与多家国际知名的电子产品品牌建立了长期稳定的合作关系，如苹果、三星等，高质量的产品和服务得到了行业的广泛认可。

（4）生产规模效应。公司通过并购等方式实现生产规模的快速扩张，形成了规模效应，能以较低的成本提供高质量的产品，增强了市场竞争力。

2. 劣势（weaknesses）。

（1）成本控制挑战。原材料价格波动可能对公司的成本控制构成挑战，直接影响利润率。

（2）研发投入巨大。为了保持技术优势，公司需要持续进行高额的研发投入，长期承受相应的财务压力。

（3）对外依赖性。在某些核心技术和关键原材料上，公司仍然依赖于国外供应商，存在供应链风险，并受制于国际政治经济环境。

（4）人才流失风险。科技人才是公司最宝贵的资源，但随着行业竞争加剧，人才流失的风险也在加大。

3. 机遇（opportunities）。

（1）行业需求增长。随着 5G 时代的到来以及物联网、智能化产品的普及，对传统电子产品以及新型电子产品的需求将继续增长。

（2）政策支持加码。国家对高新科技企业实施了一系列优惠政策，对企业的发展提供了前所未有的支持。

（3）国际市场拓展。随着全球化的发展和"一带一路"倡议的实施，闻泰科技拥有进一步拓展国际市场的巨大机遇。

（4）产业升级转型。国内正处于产业结构的升级阶段，闻泰科技可以借助自身的技术和市场优势，捕捉到新的业务增长点。

4. 挑战（threats）。

（1）市场竞争激烈。在全球电子制造市场，竞争越来越激烈，小型企业和新进入者不断涌现，竞争对手的策略调整也可能对公司产生影响。

（2）国际贸易局势。贸易摩擦等国际贸易问题可能会影响到公司的供应链稳定性及产品在国际市场上的竞争力。

（3）汇率波动风险。企业出口业务较多，汇率波动可能会给公司的业绩带来不确定性。

（4）技术更新换代速度。技术进步日新月异，产品生命周期缩短，要求企业必须加速研发步伐，以适应快速变化的市场需求。

5. 战略建议。基于以上 SWOT 分析，可以为闻泰科技提出以下战略建议：一是加大研发力度，巩固技术优势。持续投入研发不仅可以提升产品质量和技术含量，还能够在市场中形成差异化竞争优势。二是优化供应链管理，增强成本控制能力。通过提高供应链管理效率和谈判能力，减少对单一供应商的依赖，降低原材料价格波动带来的影响。三是积极拓展国际市场，分散地域风险。利用国际化战略，进入新兴市场，通过地域多元化，缓解单一市场的不稳定性和政策变化的影响。四是建立人才保留和培养机制。提供有竞争力的薪酬福利制度，建立完善的人才培养体系，吸引和留住人才，构建核心能力。

按照上述方向调整战略规划，闻泰科技有望在未来继续保持行业领先地位，实现持续增长。

资料来源：参见闻泰科技 SWOT 分析 [J/OL]. SWOT 分析师，2024 - 01 - 31.

如图 2 - 15 所示，SWOT 理论提出四种战略制定和选择的思路：一是将内部优势与外部机会相匹配，形成 SO 战略。所谓 SO 战略就是一种发挥企业自身内部优势而利用外部机会的战略，这种战略是所有管理者都希望看到的。二是将内部劣势与外部机会相匹配，形成 WO 战略。所谓 WO 战略就是通过利用外部机会来弥补自身弱点。三是将内部优势与外部威胁相匹配，形成 ST 战略。所谓 ST 战略则是利用企业的优势回避或减少外部威胁的影响。四是将内部劣势与外部威胁相匹配，形成 WT 战略。WT 战略旨在减少企业内部弱点的同时回避或减少外部威胁，通常这样的公司正面临着被并购、收缩和宣布破产等情景。最后对 SO 战略，WO 战略、ST 战略、WT 战略加以比较形成可行的最佳战略。

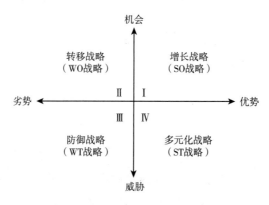

**图 2 - 15 SWOT 分析及公司层战略**

资料来源：迈克尔·波特. 竞争战略 [M]. 北京：中信出版社，2014：29 - 133.

基于本书原创的商业模式六职能模型，我们选取"拼多多电商模式"案例进行应用分析，从第二章开始，每章末尾均采用专栏形式加以展开。该案例分析贯穿于第二章至第七章，依次对应商业模式六大职能模块：环境分析→模式定位→资源整合→价值创造→价值获取→创新重构。

📖 **专栏 2.5【商业模式六职能模型应用分析之一】** ·············

## 拼多多电商模式
### ——后发平台企业的颠覆式创新

1. 可怕的"增长怪兽"，迅速成长为头部电商。宏观经济周期性波动，引致消费者需求不断变化，并加剧市场竞争，用户体验和价格竞争力越来越成为企业竞争的重要因素。据东方财富网报道，2024 年 5 月 22 日，拼多多发布 2024 年第一季度（截至 3 月 31 日）业绩报告。财报显示，拼多多第一季度实现营收 868.121 亿元，同比增长 131%；归属于公司普通股股东的净利润为 279.978 亿元，同比增长 246%；非美国通用会计准则（Non-GAAP）下，实现归属于公司普通股股东的净利润为 306.018 亿元，同比增长 202%，大幅超过预期的 155.3 亿元。值得注意的是，这已经是拼多多业绩连续第五个季度超过市场预期。业绩发布后，拼多多美股盘前一度涨超 9%。美股开盘后，拼多多股价直线拉升。截至美国东部时间 5 月 22 日收盘，拼多多报每股 147.09 美元，上涨 1.13%，总市值 2043 亿美元（约合人民币 14804 亿元人民币），再次超越阿里巴巴（总市值为 2012 亿美元，约合人民币 14580 亿元人民币）。拼多多俨然一头可怕的增长怪兽，短短几年时间，迅速成长为头部电商。近三年拼多多收入、毛利润、毛利率见表 2-4。

表 2-4　　　　　　近三年拼多多收入、毛利润、毛利率简表

| 季度 | 收入（亿元） | 同比增长（%） | 成本（亿元） | 毛利润（亿元） | 毛利率（%） |
|---|---|---|---|---|---|
| 2024Q1 | 868.1 | 130.7 | 326.9 | 541.2 | 62.3 |
| 2023Q4 | 888.8 | 123.2 | 350.8 | 538.0 | 60.5 |
| 2023Q3 | 688.4 | 93.9 | 268.3 | 420.1 | 61.0 |
| 2023Q2 | 522.8 | 66.3 | 186.9 | 335.9 | 64.3 |
| 2023Q1 | 376.4 | 58.2 | 111.3 | 265.1 | 70.4 |
| 2022Q4 | 398.2 | 46.4 | 89.3 | 308.9 | 77.6 |
| 2022Q3 | 355.0 | 65.1 | 74.1 | 280.9 | 79.1 |
| 2022Q2 | 314.4 | 36.7 | 79.6 | 234.8 | 74.7 |
| 2022Q1 | 237.9 | 7.2 | 71.6 | 166.3 | 69.9 |

2. 三大电商巨头 2024 年第一季度财报对比。中国的三大电商拼多多、阿里巴巴和京东各自发布的 2024 年第一季度业绩情况中，拼多多在营收和净利方面呈现出高速增长，而阿里巴巴和京东则在不同程度上面临增长压力。此前 5 月 14 日发布的阿里巴巴财报显示，阿里巴巴 2024 财年第四季度（自然年 2024 年第一季度）实现收入 2218.74 亿元，同比增长 7%，经营利润 147.65 亿元，同比下降 3%，经调整（EBITA）同比下降 5% 至 239.69 亿元，归属于普通股股东净利润 32.7 亿元，同比下降 86%。京东集团 2024 年第一季度的收入达到 2600 亿元，同比增长 7.0%，净利润为 71 亿元，

同比增长 13.9%。京东的增长主要得益于其在用户体验上的不断创新升级，以及供应链基础设施效能的持续释放。

论营收，京东 > 阿里 > 拼多多，京东相当于 3 个拼多多、阿里约等于 2.5 个拼多多；论利润，拼多多 > 阿里 > 京东，京东的利润不到阿里的四成、拼多多的三成；国内电商业务的平台收入，阿里还是老大，拼多多排名第二，京东退居第三；在费用方面，阿里最敢花，京东最能省；但在人效方面，拼多多最夸张，相当于京东的 7 倍、阿里的 3 倍。

3. 作为后发平台企业，拼多多如何从阿里、京东已经近乎垄断的市场格局中，实现逆袭突围，并在短短数年时间里迅速成长为头部电商，不能不说，创始人黄峥幸运地抓住了近几年消费降级的趋势。然而，如果没有商业模式的颠覆式创新，拼多多也不可能成就今天的骄人业绩。基于商业模式六职能模型的拼多多探索期、追赶期、颠覆期的商业模式分析如表 2-5 所示。

表 2-5　基于商业模式六职能模型的拼多多探索期、追赶期、颠覆期商业模式分析

| 主要过程 | 维度要素 | 重要概念 | 部分典型援引 |
|---|---|---|---|
| 环境分析 | | 拼多多探索期商业模式分析（2015 年 4 月～2015 年 8 月） | |
| | 外部环境 | 一般环境：政治、经济、社会、技术、自然、全球化 | 外部一般环境对探索期的拼多多总体友好，但同时也需关注政策变化、经济波动、技术发展等因素，以应对潜在市场风险和抓住新增长机会<br>政治：政策支持如减税等促进电商发展；监管如数据安全、反垄断法等政策法规可能会影响其运营模式和成本结构<br>经济：经济增长和消费者可支配收入提高使拼多多的商品需求增加；市场竞争影响消费者的消费习惯，给拼多多带来差异化的机会<br>社会：消费者偏好的变化影响拼多多的营销策略；人口结构如不同年龄段和收入群体的消费习惯，对拼多多的目标市场有直接影响<br>技术：技术创新如移动互联网、大数据、人工智能等提高拼多多的用户体验和运营效率；技术进步也带来网络安全挑战，需要其投入更多资源来保护用户数据<br>自然：自然灾害和气候变化可能影响供应链和物流，进而影响商品供应和配送效率<br>全球化：国际市场——全球化为拼多多提供了更广阔的市场和更多的商品来源，但也带来更激烈的国际竞争；跨境贸易——贸易政策和关税的变化会影响拼多多的跨境业务成本和利润空间 |
| | | 行业环境：顾客、竞争者、替代品、潜在入侵者、供应商 | 探索阶段起始于 2015 年 4 月黄峥创立的"拼好货"。拼好货主打自营生鲜和 C2B 拼团闪购模式，成立仅 2 个月日订单达 20 万。2015 年 9 月，拼好货模式整合优化并与游戏结合，成立拼多多，定位低端利基市场，开启供应商入驻、物流第三方合作的平台模式<br>长尾用户：对价格敏感、生活节奏较慢、时间较为充裕<br>尾部商家：2015 年淘宝清理约 24 万低端商家，京东舍弃低端"拍拍"<br>拼团模式：人们每天使用手机的时间大概 5 个小时，其中 40% 的时间用在社交 App 上，但由此达成的销售额还不到电商平台销售总额的 1% |
| | 内部环境 | 资源、能力、文化 | 拼多多一开始就倡导把简单的事情做到极致：不计一切做好一件简单的事——构建一个机制，让东西自然变便宜 |

续表

| 主要过程 | 维度要素 | 重要概念 | 部分典型援引 |
|---|---|---|---|
| 环境分析 | | **拼多多追赶期商业模式分析（2015 年 9 月～2019 年 5 月）** | |
| | 外部环境 | 一般环境：政治、经济、社会、技术、自然、全球化 | 政治、经济、社会、技术、自然、全球化环境对赶超期的拼多多总体友好，近似于探索期的环境 |
| | | 行业环境：顾客、竞争者、替代品、潜在入侵者、供应商 | 2015 年 9 月，拼多多正式成立，在行业巨头的垄断之下顺利进入了消费电商行业，标志其进入追赶期阶段。截至 2019 年 3 月，年活跃用户数量达到 4.185 亿，已赶超京东成为中国第二大电商巨头 |
| | 内部环境 | 资源、能力（数字化能力建设）、文化 | 分布式 AI 识别用户的个性化需求，精准匹配，创造"货找人"的新模式。具体如下：以平台为纽带，在需求端，通过分布式 AI 技术归集同质化需求，使需求侧反向倒逼供给侧；在供应端，缩短流通环节，采用原产地直发模式建立完备的"农货智能处理系统"，归纳了全国各大农产区的数据信息，包括地理位置、特色品类、成熟周期等，精准匹配给有需求的消费者 |
| | | **拼多多颠覆期商业模式分析（2019 年 6 月至今）** | |
| | 外部环境 | 一般环境：政治、经济、社会、技术、自然、全球化 | 政治、经济、社会、技术、自然、全球化环境对颠覆期的拼多多总体友好，近似于追赶期环境。值得一提的是，自 2023 年初以来，宏观经济进入调整周期，消费降级十分明显，拼多多的极致低价定位与外部环境高度契合，使其得以飞速发展 |
| | | 行业环境：顾客、竞争者、替代品、潜在入侵者、供应商 | 顾客锚定：利用数字化能力积累的大量消费数据，能敏捷地保持对各类产品的消费反馈和趋势判断；主攻三线以上市场<br>行业对比：截至目前，拼多多继续保持惊人业绩增速。2024 年 5 月 22 日，拼多多（Nasdaq：PDD）发布一季度财报，实现总营收 868.12 亿元，同比增长 131%；归母净利润 279.98 亿元，同比增长 246%。同期净利润京东 74 亿元、阿里仅 9 亿元。业绩发布后，截至美国东部时间 5 月 22 日收盘，拼多多报每股 147.09 美元，上涨 1.13%，总市值 2043 亿美元（约合人民币 14804 亿元人民币），再次超越阿里巴巴（总市值为 2012 亿美元，约合人民币 14580 亿元人民币），成为电商一哥 |
| | 内部环境 | 资源、能力（数字化能力 + 协同创新能力）、文化 | 数字化网络能力：基于算法设计、数据分析，建立全球第二大电子面单系统，开发高效的数字化农产品物流新体系<br>数字化管理能力：为制造商提供从生产、技术、数据到管理等层面全链路数字化服务 |

拼多多之所以能够在市场上取得显著成功，主要得益于其一贯坚持的低成本战略。在当前电商行业竞争日趋激烈的背景下，消费者对价格的敏感度不断提高。拼多多准

确把握了这一趋势，通过优化供应链和减少运营成本，有效降低了商品价格，吸引了大量价格敏感的消费者。此外，拼多多还创新性地推出了拼团和砍价等营销手段，进一步降低了消费者的购买成本，使他们能够以更低的价格购买到所需的商品。这种低成本战略不仅提升了拼多多的市场竞争力，也帮助其建立了积极的品牌形象和客户忠诚度。

除了低价策略之外，拼多多还致力于提升用户的购物体验和服务质量。平台提供的商品种类繁多，全面覆盖了消费者日常生活的各个领域。拼多多还简化了购物流程，并提供了高标准的售后服务，确保消费者能够享受到顺畅愉悦的购物过程。这种以顾客为中心的经营哲学，让拼多多在众多竞争对手中独树一帜。

资料来源：参见唐方成，顾世玲，马晓楠，等. 后发平台企业的颠覆式创新路径——以拼多多为例［J］. 南开管理评论，2024，27（5）：175－185.

─── 【本章小结】 ───

1. 商业模式的"基因密码"深深地隐藏于环境之中，任何商业模式的设计与实施都很有必要做好环境分析。其中，外部环境分析包括宏观环境分析和行业环境分析。宏观环境是企业的间接环境，对企业行为和绩效会产生间接的影响；相对应地，行业环境对企业行为和绩效会产生直接的影响，是企业所处的直接环境。

2. 宏观环境分析的主要方法是 PESTNG 分析。PESTNG 代表的是六个主要环境因素：政治（political）、经济（economic）、社会（social）、技术（technological）、自然（natural）和全球化（globalization）。

3. 行业环境分析的基本目的是评价一个行业的总体经济吸引力，需要对行业前景进行预测，掌握行业未来态势。这里涉及的主要内容有企业经营所在行业的当前与未来状况，如当前所处的生命周期阶段、长期增长与盈利潜力、行业发展推动力等。企业所处行业前景的变化相对于社会宏观大势的变化，具有变化更快、对企业盈利影响更大的特点。行业环境分析的主要工具是波特的"五力模型"，它描述了企业面临的五种竞争力量，分别是：潜在竞争对手进入的风险、现有企业的竞争强度、供应商讨价还价的能力、购买者讨价还价的能力和替代品相似度。其中尤以当前直接竞争者对本企业的直接影响最大。

4. 企业内部环境是由处于企业内部的要素如资源、能力、文化等构成的有机整体，它不仅对管理及绩效有直接或间接的影响，也对商业模式产生直接或间接的影响。内部环境主要包括企业资源、企业能力和企业文化。

─── 【复习思考题】 ───

1. 企业所处的外部环境纷繁复杂，这些外部环境一般具有什么样的结构特征？

2. 外部环境正在变得愈发动态和复杂，企业能够较系统和深入地把握外部环境吗？为什么？

3. 波特五力模型提出了五种竞争力量，其关键影响因素各有哪些？哪一种力量对企业商业模式决策的影响最大？为什么？

4. 一般环境和行业环境哪个对于企业发展更为重要，哪个对于企业商业模式决策的影响更大？为什么？

5. 企业价值链分析框架的基本战略思想是什么？这种战略思想在当前中国民营企业的商业模式实践中有指导价值吗？为什么？

6. 数据、信息和知识有何差别？三者对于企业竞争优势的影响各是什么？

7. 企业的核心能力可以准确识别吗？为什么？

8. 简述 SWOT 分析的主要内容，并谈谈该理论在商业模式决策中应当如何运用。

────【做中学模式】────

1. 选择一家你身边的企业，采用 PESTNG 分析法对其外部环境进行分析，并找出这些因素中对该企业商业模式产生重大影响的因素。

2. 选择一家你身边的企业，采用波特五力模型对其外部环境进行分析，并找出这些因素中对该企业商业模式产生重大影响的因素。

3. 选择一家你身边的企业，采用波特价值链分析法对其内部环境进行分析，并找出具有竞争优势的资源。

4. 选择一家你身边的企业，对其进行 SWOT 分析，并给出优化该企业商业模式的建议。

────【章末案例】────

### 人工智能产业的发展趋势

1. 技术方面。

（1）人工智能技术体系日趋完善。包括基础层、技术层和应用层。基础层是人工智能产业的基础，主要包括 AI 芯片等硬件设施及云计算等服务平台的基础设施、数据资源，为人工智能提供数据服务和算力支撑。技术层是人工智能产业的核心，以模拟人的智能相关特征为出发点，构建技术路径。其中，深度学习是目前人工智能领域最为活跃的研究方向，通过构建多层神经网络模型，提高了机器自学习的能力。应用层是人工智能产业的延伸，集成一类或多类人工智能基础应用技术，面向特定应用场景需求而形成软硬件产品或解决方案，如医疗领域的辅助诊断和药物研发、教育领域的个性化教学、金融领域的风控管理和智能投顾。在企业核心技术的分布上，计算机视觉技术以 34% 的占比位居首位，其次是数据挖掘与机器学习技术，分别占比 18% 和 17%。

（2）人工智能技术面临的挑战。一是数据质量和安全问题。在现实世界的使用场景中，数据常遇到不完整、错误、不一致或不平衡的状况，这要求我们必须进行数据的清洗、标注和增强等预处理步骤。同时，数据在收集、存储、传输和使用过程中可能会遭遇泄露、篡改或盗窃等安全威胁，因此必须采取数据加密、脱敏处理和数据备份等安全措施来加以保护。二是算法复杂性和可解释性问题。随着 AI 技术的进步，算法模型变得更加复杂，参数数量激增，这使得算法的运作过程和结果变得难以理解。这种复杂性降低了 AI 技术的透明度和可信度，特别是在医疗领域，如果 AI 技术无法提供清晰的诊断依据，将难以赢得医疗专业人员和患者的信任。三是算力需求和成本问题。AI 技术，特别是深度学习算法，需要巨大的计算资源和能源来支持模型的训练和推理过程，通常需要依赖 GPU、TPU 等高性能计算设备。这种对计算资源的大量需求不仅导致成本上升，还可能对环境产生负面影响。因此，如何提升计算效率和降低成本，是 AI 领域需要解决的另一个重要问题。

2. 市场方面。

（1）人工智能市场规模持续增长。从应用领域角度审视，人工智能市场的规模可以通过多种维度进行细分和评估。依据中国电子学会提供的 2021 年数据，我们可以对市场规模进行如下划分：安防领域以 370 亿元的市场规模领先，并以 35% 的增长率实现快速扩张；医疗领域市场规模达到 160 亿元，以 40% 的增长率紧随其后；教育市场则以 120 亿元的规模和 45% 的增长率展现出强劲的发展潜力；金融领域市场规模为 100 亿元，增长率为 30%；制造领域市场规模为 80 亿元，增长率为 25%；交通领域市场规模为 70 亿元，增长率为 20%；其他应用领域合计市场规模为 300 亿元，增长率达到 40%。在这些领域中，安防市场占据了最大的市场份额，比重为 28.5%，而医疗市场以 12.3% 的占比位列第二。

（2）人工智能投融资活跃。2021 年中国人工智能行业共发生了 1068 起投融资事件，涉及金额达到了 1529 亿元，同比增长了 23.6%。其中，天使轮和 Pre-A 轮占比最高，分别为 30.4% 和 25.2%，说明人工智能行业仍然有大量的创业项目处在孵化和成长阶段。A 轮和 B 轮占比分别 18.7% 和 11.4%，说明人工智能行业已经有一批项目进入了成熟和扩张阶段。C 轮及以上占比为 14.3%，说明人工智能行业已经有一些领军企业在寻求上市或并购。

3. 政策方面。

（1）国家层面政策支持。人工智能已成为国家战略的关键领域，标志着未来国际竞争的前沿和经济增长的新动力。近年来，中国对人工智能产业的发展给予了极大的关注和支持，陆续出台了一系列政策，以促进该行业的创新和发展。比如，2017 年 7 月，《新一代人工智能发展规划》将人工智能上升到国家战略层面。2021 年 3 月，《关于支持建设新一代人工智能示范应用场景的通知》明确提出六大重点领域：智慧城市、智慧医疗、智慧教育、智慧交通、智慧农业、智慧制造。

（2）地方层面政策支持。除了国家层面的政策支持外，地方层面的政策支持也是推动人工智能行业发展的重要力量。各地如北京、上海、广东等根据自身的区域特色和产业基础，制定了一系列的政策措施，包括扶持人工智能企业发展等。

4. 安全方面。

（1）人工智能安全风险。一是数据安全风险。数据在被收集、存储、传输和使用的过程中，可能会遭遇泄露、篡改或窃取的风险，这些风险可能侵犯到个人隐私、商业秘密甚至国家安全。例如，2019 年曝光的"天眼查"事件中，大量用户敏感信息如姓名、电话号码、身份证号码等被泄露。二是算法安全风险。在实际应用中，算法可能存在缺陷、偏见或被欺骗的风险，这可能导致 AI 技术产生不准确、不公正或不合理的结果。2018 年，亚马逊的 AI 招聘系统因存在性别偏见问题被迫停用，原因是该系统在历史数据学习过程中倾向于男性候选人。三是系统安全风险。系统在运行中可能面临故障、遭受攻击或被滥用的风险，这可能导致 AI 技术功能失效、性能降低或行为异常。2019 年，一辆特斯拉汽车在自动驾驶模式下未能识别停在路边的消防车而发生碰撞，导致司机受伤，这凸显了自动驾驶系统在特定情境下可能存在的识别局限。

（2）人工智能安全建设。一是加强数据安全保护。数据安全保护是人工智能安全建设的基础和前提，需要从数据收集、存储、传输和使用等各个环节进行保护。二是提高算法安全可解释性。算法安全可解释性是人工智能安全建设的核心和关键，需要从算法设计、开发、测试等各个环节进行提高。三是保障系统安全稳定性。系统安全稳定性是人工智能安全建设的载体和表现，需要从系统开发、部署、运行等各个环节进行保障。

5. 趋势方面。

（1）人工智能技术趋势。一是联邦学习。联邦学习可以应用于多个场景，如跨机构、跨设备、跨平台等，解决了数据孤岛、数据不均衡、数据安全等问题。二是神经符号学习。神经符号学习可以应用于多个领域，如自然语言处理、计算机视觉、知识图谱等，提高了模型的可解释性和通用性。三是自监督学习。自监督学习可以应用于多个领域，如自然语言处理、计算机视觉、强化学习等，提高了模型的泛化性和鲁棒性。

（2）人工智能市场趋势。一是 AI + X。可以涵盖多个领域，如 AI + 医疗、AI + 教育、AI + 金融、AI + 制造、AI + 安防、AI + 交通等。二是边缘计算。可以应用于多个场景，如物联网、自动驾驶、智能家居等。三是云原生。可以应用于多个领域，如微服务、容器、服务网格等。

（3）人工智能政策趋势。一是加强顶层设计。顶层设计可以涵盖多个方面，如发展规划、法律法规、标准规范等。二是促进协同创新。协同创新可以涵盖多个主体，如政府、企业、高校、科研机构等。三是强化社会责任。社会责任可以涵盖多个方面，如数据隐私、算法公平、系统安全等。

资料来源：参见郑旭.2023 年人工智能行业发展现状评价与趋势预测 ［DB/OL］. 尚普咨询，2023 - 05 - 07.

**讨论题：**

1. 中国人工智能产业发展的前景如何？可以采用什么方式对其发展趋势进行科学预测？

2. 在经济全球化背景下，中国企业制造的智能汽车其国际化发展潜力如何？机会和挑战又分别有哪些？

3. 人工智能正在被理论界和产业界追捧，被认为会改变整个世界。你同意吗？你认为人工智能的发展会对中国的制造业产生哪些影响（可以从当前的智能家居设备、具身智能等弱人工智能到未来的强人工智能依次展开讨论）？

　　商业模式的设计与实践，其本质是企业围绕使命、宗旨与内外环境展开互动的过程，具体包括环境分析、模式定位、资源整合、价值创造、价值获取等重要内容。

　　商业模式的基因密码隐藏在环境之中，这决定了环境分析成为商业模式设计不可逾越的起点，而以阐述价值主张为主要内容的模式定位则是环境分析的逻辑延续。除此之外，商业模式的设计与落地执行还需要深入考虑资源整合、价值创造、价值获取等职能的协同与支持。

　　本篇共四章，将围绕上述重要问题展开详细讨论。具体涵盖模式定位、资源整合、价值创造、价值获取等诸多重要内容：商业模式定位及其与战略定位和营销定位的异同，商业模式定位的关键要素，价值定位、产品定位、产权定位等策略的选择；资源整合的原则及其相关理论；价值网络的组成要素及构建策略，价值评估与度量的方法与指标；盈利模式设计的原则与流程，盈利来源的结构化设计，价值交换的机制设计。

# 第三章 模式定位

　　企业要善于学习海洋中不同生态位的鱼类，深度思考如何依托相关资源在不同的市场生态位上构建自己的基本盘。西南航空的传奇创始人赫布·凯莱赫（Herb Kelleher）在 1966 年确立了公司的价值主张，即通过具有竞争力的价格策略，将航空服务定位为公路交通的替代选择。他的愿景是吸引那些原本可能选择福特、克莱斯勒、丰田、尼桑等品牌汽车的客户，通过空中交通提供更快捷的旅行方式。这种创新的价值主张融合了战略定位、营销定位和商业模式定位的元素：战略定位——明确西南航空的发展方向，即成为低成本航空服务的领导者；营销定位——通过针对价格敏感型客户群体，解决如何吸引和保留客户的问题；商业模式定位——创新地满足客户需求，通过低成本运营模式激发市场潜力。这种综合的价值主张使西南航空能够在航空市场中突出其独特的市场地位，并成功地将潜在的公路客流转化为航空客户。

——袁柏乔

## 【本章目标】

1. 了解定位在战略管理与市场营销中的作用与内涵。
2. 了解定位与品牌差异化的关联。
3. 理解商业模式定位的概念及其与战略定位和营销定位的异同。
4. 理解商业模式定位概念的新发展。
5. 理解商业模式定位的关键要素。
6. 了解市场分析与研究的内容与方式。
7. 理解价值主张的内涵和价值捕获策略的选择。
8. 掌握价值定位策略、产品定位策略、产权定位策略的选择。

## 【主要概念】

　　战略定位，营销定位，商业模式定位，目标市场，价值主张

## 【主要思维】

　　战略思维，历史思维，辩证思维，创新思维

**【导入案例】**

海尔在建立以用户为中心的共创共赢生态圈过程中，特别强调实现"用户个性化"，这一目的的关键是"企业平台化"与"员工创客化"，要同时通过这组合式的"三化"进行企业转型，实现生态圈攸关各方的共赢增值。张瑞敏在筹划海尔战略转型方案时就设想，在互联网时代，企业应该成为一个平台，但不是一个独立的平台，而是互联网的一个节点，可以把互联网的资源都联系起来。传统企业是边际收益递减的，而网络企业是边际收益递增的。

海尔平台化转型，对外是将企业由封闭的系统变成开放的、可以整合全球资源的生态圈，对内则是通过"去中介化"和"去中心化"的组织变革来彻底颠覆原有的组织结构和流程。海尔强调员工"每个人都能成为中心""在某个为用户创造价值的节点上，这个节点的负责人就是中心""你没有领导，用户就是你的领导"。这样的"去中心化"和"去中介化"过程，意味着像海尔这样的大型制造业企业必须要将传统科层制下的紧耦合组织转变为由松耦合的平台使用者所构成的生态圈。为此，海尔首先以"人人创客""人是目的"为转型方向，将员工由附属于企业的被动执行者转变为"人人都是CEO"的创客，自主或联合他人在企业平台上开展创新创业活动。作为海尔创业平台上创新创业的主体，创客们的身份来源涵盖了在册和在线员工，前者是海尔原有的员工，后者包括了"换边"的用户、合作伙伴、社会资源以及创业联盟等。创客们通过"官兵互选"选出小微主并组建成的创业小微，具有公司或类公司的自主决策权、分配权和用人权，是独立运作的模块化业务单元，作为"三自"主体在为用户创造价值的同时实现员工自身的价值。创客们设立的创业小微是直接面向消费者创造价值的"用户小微"，通常只有不到8个人的规模。这些创业小微从业务类型上区分，有转型类（如智胜、免清洗）、孵化类（如雷神、小帅影院）和创造商机类（如GEA芯片、金控康复中心的全科）等。目前海尔已经形成了200多个这样的创业小微。作为开放的平台，海尔打开了企业边界，确保外部一流资源能够无障碍地流入，以实现内外资源的持续交互。依托用户交互平台、创业孵化平台、供应链资源平台和第三方监控平台，任何人和资源供应方都可参与平台上各类创业项目的孵化和孕育，与创业小微进行全流程协作（简兆权等，2017）。截至目前，海尔创业平台已汇聚了1328家风险投资机构，吸引4000多家生态资源方。

资料来源：参见王凤彬，王骁鹏，张驰．超模块平台组织结构与客制化创业支持——基于海尔向平台组织转型的嵌入式案例研究［J］．管理世界，2019，35（2）：121-150，199-200.

**【思考】**海尔集团的组织变革从战略定位、营销定位和商业模式定位上看各有什么特点？

在商业世界的广阔舞台上，成功的商业模式是企业脱颖而出的关键。从海尔的案例中，不难看出定位的价值所在。战略、营销等很多学科都会涉及定位理论，对定位的概念界定也各有侧重。企业如何锚定能够带来持续利润增长的目标客户群？是否能够满足客户最本质的需求？企业以何种方式满足这种独特需求？这种满足方式能否在限定的时间内实现盈利？以上问题都是从不同角度对定位的描述。如何从商业模式的角度界定和应用定位的概念？这是本章所要回答的问题。

本章将深入探讨如何识别和塑造企业的独特价值主张，以及如何通过商业模式定位来捕捉市场机会。我们将从理论出发，结合实际案例，揭示商业模式定位的重要性和复杂性，以及它如何影响企业的长期发展和竞争力。在第二章组织内外部环境分析的技术框架基础上，本章着眼于建立商业模式定位的技术框架，帮助读者为自己的企业或项目制定一套清晰、可行的商业模式定位策略。

# 第一节　什么是定位

## 一、战略定位与营销定位

【思考】定位在战略管理与市场营销中的作用与内涵有什么不同？

### （一）定位在战略管理与市场营销中的作用与内涵

"定位"一词在管理学中由来已久，这个概念主要在战略和营销领域被应用。尽管在不同的学科领域定位的定义有所不同，但总体而言，战略和营销领域定位的含义，主要通过以下五方面的问题来描述：企业服务的目标群体是哪些？他们面对的是什么样的市场领域？这些目标客户群体有什么样的需求？企业通过提供哪些产品或服务来满足这些需求？企业的产品或服务的核心价值主张是什么？从客户的角度来看，他们认为企业的产品或服务为他们带来了哪些价值？

无论是在战略管理还是在营销管理中，定位的概念都十分重要。对企业来说，战略的核心功能就是选择方向，战略从长期视角回答了企业"做什么"的根本问题。然而，过去30年，很多国内外企业过分关注短期绩效，忽略对长期发展方向的研究和论证，常常出现战略趋同，尤其是处在同一产业或行业内的企业，更是如此。因此，在战略管理中，定位就是企业选择做什么和不做什么，从而决定企业发展方向。

对比之下，营销定位则关注客户的需求和认知。其中，艾·里斯（Al Ries，1969）和杰克·特劳特（Jack Trout，1969）共同提出的定位理论，深刻影响了营销界。该理论侧重于利用消费者心理的基本原则，创建一个在消费者心中具有独特地位的产品形象，通过塑造消费者的感知来构建产品的独特性（俗称"占领心智"），进而在目标市场中确立产品的特定地位。与此同时，菲利普·科特勒（Philip Kotler，1967）的 STP 营销模型也广为人知，它包括市场细分（segmentation）、目标市场选择（targeting）以及在目标消费者心中建立独特定位（positioning）三个步骤。这个定位过程涉及了品牌如何在消费者心中塑造其独特价值，以及如何通过差异化的产品特性、定价策略等手段，与品牌形象保持一致，以吸引目标客户群体。这种差异化的营销定位策略为消费者提供了多样化的选择，满足了他们不同的需求和偏好，从而丰富了市场的产品与服务。

在满足消费者的基本需求之外，不同的企业通过提出独特的价值主张来区分自己的市场定位。例如，某品牌矿泉水可能强调其水源的纯净和自然，而另一品牌则可能突出其对环保的承诺。在饮料行业，某功能饮料可能以提供能量和提升精力为卖点，而另一品牌则可能强调其健康和天然的成分。同样，某品牌运动鞋可能以时尚设计和创新技术为卖点，而另一品牌则可能强调其产品的耐用性和舒适度。尽管许多牙膏品牌都声称具有美白牙齿的功效，但消费者真正认为有效的美白牙膏品牌并不多。消费者对企业价值主张的接受和评价，才是企业在市场中的实际定位。因此，企业提出的市场价值主张并不总是与消费者的感受和认知相一致，而消费者的真实感受和评价才是企业真正的市场定位。

### （二）定位与品牌差异化的关联

定位与品牌差异化是商业策略中两个密切相关的概念，它们共同作用于企业的市场表现和竞争优势，如表 3 - 1 所示。

表 3 - 1　　　　　　　　　　　　定位与品牌差异化的定义与目的

| 概念 | 定义 | 目的 |
| --- | --- | --- |
| 定位 | 定位是企业在目标市场中为产品或服务创造独特印象的过程，旨在在消费者心中占据特定的位置 | 定位的目的是让产品或服务在众多竞争者中脱颖而出，通过独特的价值主张吸引并保留客户 |
| 品牌差异化 | 品牌差异化是指企业通过各种营销策略和活动，使其品牌在市场上与其他品牌区分开来的行为 | 品牌差异化的目的是建立品牌的独特性，创造品牌忠诚度，并在消费者心中形成独特的品牌印象 |

定位与品牌差异化的关联性如下：一是核心价值的体现。定位和品牌差异化都强调产品或服务的核心价值。定位通过明确表达这些价值来吸引目标客户群体，而品牌差异化则通过独特的品牌个性和价值主张来区分市场。二是市场认知。成功的定位能够加强消费者对品牌的认知，而品牌差异化则通过独特的市场表现来加深这种认知，两者共同作用于提升品牌在目标市场中的知名度和影响力。三是竞争优势。定位和品牌差异化都是构建企业竞争优势的工具。通过精准的定位，企业可以针对特定的市场需求提供解决方案，而品牌差异化则有助于企业在竞争中建立独特的品牌形象，吸引并维系消费者。四是战略一致性。企业的定位策略需要与其品牌差异化战略保持一致。定位提供了品牌差异化的方向，而品牌差异化则是定位策略的具体表现。五是消费者

决策影响。定位通过影响消费者的感知和决策过程，帮助企业在消费者心中建立首选品牌的形象。品牌差异化则通过提供独特的品牌体验，增强消费者的品牌忠诚度。六是长期发展。定位和品牌差异化都是企业长期发展战略的一部分。随着市场环境的变化，企业可能需要调整其定位和品牌差异化策略，以适应新的市场需求和竞争态势。

可见，定位和品牌差异化虽然在概念上有所区别，但它们在实践中是相辅相成的。企业需要通过精准的定位来明确其市场方向，并通过有效的品牌差异化策略来实现这一定位，而成功的品牌差异化则将定位转化为消费者可感知的实际价值。两者相结合，可以帮助企业在激烈的市场竞争中获得优势，建立强大的品牌影响力。

## 二、商业模式定位

【思考】什么是商业模式定位？其作用何在？

国外相关领域的主要学者中，奥斯特瓦尔德和周宏骐均没有区分战略定位、营销定位和商业模式定位，取而代之的是前者在其九要素模型中以"价值主张"展开阐述，后者在其生意本质论中以"业务定位"展开论述。国内相关领域的主要学者中，戴天宇没有区分战略定位、营销定位和商业模式定位，而是在其著作《商业模式基因工程》中以"需求定位"展开阐述。魏炜和朱武祥的研究对此做了区分，认为无论是战略定位，还是营销定位，都强调客户需求，以及设计满足客户需求的产品、服务和认知的细节，但忽略了与满足客户需求非常相关的一个维度：客户需求的满足方式——交易方式。

例如，客户想打印一些文档资料，这是一个真实的需求，而满足这个需求的方式却有多种：一是线下打印店。在附近找到能打印文档的实体店，通过 QQ、U 盘等方式把要打印的文档传输给他们，很快就可以拿到打印好的资料。二是线上打印平台。找到支持打印的线上平台，一般来说需要注册，上传好电子文档、选择好各类参数后即可下单。送达时间取决于快递类型和距离，一般来说要 1~3 天。三是自行打印。如果家里有打印机，以及足够的打印纸和墨水等耗材。在家打印是最方便的，通过一些应用软件（如小白、极印等）连接打印机后，上传文档选择打印即可。

在企业经营实践中，我们可以看到，对于同一个客户需求，存在多种不同的满足方式，这些方式在实现客户价值的过程中展现出显著的多样性。此外，若从交易的时效性、效率性以及成本（包括操作的难易程度）等角度进行考量，可以发现，不同满足需求的方法之间存在显著的差异。从商业模式的角度出发，这些交易方式之间的差异及其选择问题，实际上就是对商业模式定位的探讨。换言之，商业模式定位的核心在于识别和选择最能有效满足特定客户需求的方法，并在确保企业可持续盈利的同时，优化交易的时效性、效率和成本。通过精准的定位，企业能够在激烈的市场竞争中找到自己的独特价值，并据此构建和实施其商业模式。因此，魏炜和朱武祥（2009）认为，商业模式定位的定义就是"满足利益相关者需求的方式"，与战略定位和营销定位有所不同。

## 三、战略定位、营销定位与商业模式定位的异同

【思考】战略定位、营销定位与商业模式定位，三者有何异同？在商业模式设计中能否将三者统一起来？你能否分析一下身边的企业案例？

企业战略定位、营销定位与商业模式定位三者之间，既相互影响，又存在巨大差异（见表3-2）。其中，战略定位居于核心地位，营销定位和商业模式定位居于重要地位。不同的战略定位，会对企业营销定位和商业模式定位产生影响。比如，虽然同处航空运输业，美国航空公司与西南航空公司的三个定位却很不相同。美国航空公司选择差异化战略（战略定位），通过提供卓越的服务和设备（商业模式定位），来吸引逐渐变得更加挑剔且愿意付出更高价格的顾客（营销定位）。美国航空公司的头等舱号称是全球最豪华的空中餐厅之一，为顾客提供顶级的餐饮娱乐服务。对比之下，美国西南航空公司从一开始就意识到，作为一家小型航空公司不能与大牌航空公司硬碰硬，因此选择了成本领先战略（战略定位），把业务锁定在点对点短途线上，以低廉的价格和频繁的班次（商业模式定位），吸引商务出行的顾客（营销定位），而这些正是大牌航空公司所没有的。

**表3-2** 战略定位、营销定位、商业模式定位的异同

| 项目 | | 战略定位 | 营销定位 | 商业模式定位 |
|---|---|---|---|---|
| 相同点 | | 聚焦客户需求，提出价值主张 | | |
| 不同点 | 定义 | "我"要去哪里（愿景） | 消费者心智占领 | 满足利益相关者需求的方式 |
| | 地位 | 核心 | 重要 | 重要 |
| | 价值主张 | 业务和产品 | 细分市场的客户需求 | 满足客户需求的方式 |
| | 回答问题 | 做什么（发展方向） | 为谁做（发展对象） | 如何做（发展方式） |
| | 变动性 | 弱 | 强 | 较弱 |

无论是战略定位、营销定位还是商业模式定位，都有各自的价值主张。对客户而言，价值主张指企业期望带给客户的价值感受。企业的价值主张可以来自战略定位、营销定位、商业模式定位三者中的任何一个，而实践中三者往往是融为一体的。三种价值主张中，战略定位着眼于业务和产品，营销定位着眼于细分市场的客户需求，商业模式定位则着眼于满足客户需求的方式。三者价值主张不同，回答的问题也不相同。战略定位回答"做什么"，解决发展方向的问题；营销定位回答"为谁做"，解决发展对象的问题；商业模式定位回答"如何做"，解决发展方式的问题。

　　此外，三者的变动性也不相同。营销定位的变动性强。同样的产品存在多个价值点，根据市场需求更换一个需求靶点，就有可能改变营销定位。例如，同一款小型越野汽车，既可以根据其越野功能定义为入门级越野车，也可以根据目标人群定位为跨界跑车。产品并没有做太大的改动，短时间内就可以重新进行营销定位。相比之下，商业模式定位的变动性较弱。因为商业模式定位主要解决满足客户需求的方式问题，而这个问题不仅涉及企业的决策，更涉及企业与利益相关者形成的协同结构和相应的业务活动构成的价值链的调整。三者对比，战略定位的变动性最弱。战略是着眼长远和全局的规划和方略，除非环境或组织发生巨变，一般不会轻易改变。战略一旦调整，不管是开发新产品还是开拓新市场，都意味着企业经营方针的转变、组织形式的变革和资源投向的改变。在企业实践中，无论是否有意识地进行了战略、营销和商业模式的定位工作，客观上每个企业都会选择自己的战略、营销和商业模式定位。因此，有意识地从企业所处的商业生态系统的角度，优先确定战略定位，再综合考虑营销定位和商业模式定位，这样的决策成本和运营成本都是最低的，对企业的可持续发展大有裨益。

## 四、商业模式定位概念的新发展

　　【思考】你如何理解商业模式定位的新概念？

### （一）商业模式定位的新概念

　　2001 年，管理学大师彼得·德鲁克在他发表《管理的实践》47 年后再次强调："企业唯一的使命是创造顾客"。本书认为，进入数字经济和人工智能新时代，在商业模式定位设计中，激发和创造需求变得比单纯满足现有需求更为重要，主要基于以下几点考虑：一是市场领先。随着市场和技术的快速变化，能够创造需求的企业更能适应市场的变化，持续创新以维持其竞争力。通过创造需求，企业可以成为市场的先行者，引领市场趋势而非追随。这可以为企业带来先发优势，包括品牌认知度的提升和市场领导地位的建立。二是客户忠诚。当企业通过创新满足了客户尚未意识到的需求时，可以增加客户的满意度和忠诚度，因为客户可能会将该企业视为其需求的首要解决方案提供者。三是增长潜力。满足现有需求可能只触及市场的表面，而创造需求则可能触及市场的深层次潜力，为企业带来更大的增长空间。四是利润空间。创造需求的产品或服务由于其独特性，往往可以享有更高的定价权，因为它们提供了客户之前未曾体验过的价值，这为企业带来了更大的利润空间。五是差异化优势。创造需求往往伴随着创新，这使得企业能够提供独特的产品或服务，从而在竞争激烈的市场中实现差异化。通过创造新的需求，企业可以开发新的市场或细分市场，减少与竞争对手的直接竞争，从而获得竞争优势。六是创新文化。强调创造需求可以培养企业的创新文化，鼓励员工不断探索和实验，从而持续推动企业向前发展。七是长期战略。创造需求有助于企业构建长期的发展战略，而不仅仅局限于短期的市场需求满足。可见，激发和创造需求不仅仅是关于产品的创新，它还涉及市场洞察、客户心理、技术发展等多个方面，是企业在激烈的市场竞争中寻求突破和实现长期成功的关键因素。

　　因此，在魏炜和朱武祥提出的概念（认为定位是满足需求的方式）基础上，本书给出商业模式定位的全新概念如下：商业模式定位是企业锚定利益相关者进行需求创造和需求满足的动态过程。简言之，即企业动态满足利益相关者需求的过程。这一概念与前者略有不同：一是从前者的名词概念转变为动词概念，强调商业模式定位的动态性和过程性特征；二是强调商业模式定位具有创造需求和满足需求的双元性特征；三是强调在数字新环境下创造需求比满足需求更为重要的优先级特征。商业模式定位概念的双元性演变如图3-1所示。

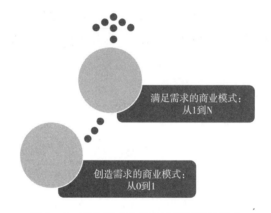

満足需求的商业模式：从1到N

创造需求的商业模式：从0到1

**图3-1　商业模式定位概念的双元性演变**

　　此外，值得一提的是，德里安·斯莱沃斯基和卡尔·韦伯（Adrian Slywotzky and Karl Weber，2013）也非常重视需求对商业模式的影响，并认为需求是缔造伟大商业传奇的根本力量。

### 专栏3.1【名家观点】

**需求——缔造伟大商业传奇的根本力量**

　　创造需求，需要解开一个谜团，这个谜团是人类学、心理学、科技、设计、经济学、基础设施以及其他众多因素综合而成的奇特组合。

　　打开需求的黑盒子，让顾客无可救药地爱上你的产品。真正的需求千奇百怪，潜藏在人性因素与其他一系列因素的相互关联之中。每个独一无二的需求故事都有着同样的起点：一个人、一个问题、一个点子。真正的需求创造大师们把所有的时间和精力都投入对"人"的了解上。他们创造出的产品，令我们无法抗拒，更令竞争对手无法复制。

创造无法割舍的情感共鸣。新的需求，永远来自富有魔力的产品（公式如下）。赢家并不是先行者，而是一个能够创造出情感共鸣的产品，并且把握市场方向的人。在需求的世界里，根本没有必然可言，你完全可以为顾客提供他们当时不具备的选择。

$$魔力\ M = 卓越功能\ F × 情感诉求\ E$$

资料来源：参见德里安·斯莱沃斯基和卡尔·韦伯. 需求［M］. 龙志勇，巍薇，译. 浙江：浙江人民出版社，2013：1 - 40.

在商业模式实践中，Airbnb 的颠覆式创新即是通过需求创造取得成功的典型案例之一。在经过创业初期试点获得市场认可后，随着 Airbnb 的发展，它不仅仅是一个简单的短租平台，还通过提供独特的住宿体验，如特色房屋、家庭式住宿等，满足了旅行者对于个性化、体验式旅行的需求。这种模式不仅吸引了追求独特体验的旅行者，也为房东带来了额外的收入，从而形成一个双赢的局面。因此，可以说 Airbnb 通过其创新的商业模式和独特的服务，成功地创造了一种新的需求，改变了传统的住宿行业格局。

## ▢▢ 专栏3.2【商业模式实践】 ------------------------------------------------------

### Airbnb 的颠覆式创新

Airbnb（中文名：爱彼迎）是一家成立于 2008 年的在线短租平台，通过连接房东和房客，提供全球范围内的短期住宿服务。Airbnb 的创始人深刻洞察到旅行者在高昂的酒店费用和缺乏个性化住宿体验上的普遍困扰。他们通过亲身体验这一问题，发现了创新的契机。Airbnb 通过搭建一个平台，允许房东出租自己的空置房间或整个住宅给旅行者，不仅为旅行者提供了经济实惠的、更加灵活的住宿解决方案，还带来了更加地道和个性化的旅行体验。

这一创新举措不仅重塑了传统的酒店产业，还为用户创造了巨大的价值。其成功的核心在于对用户真实需求的深入理解和体验，以及在此基础上的商业模式颠覆式创新。具体包括以下三方面。

1. 共享经济模式。Airbnb 采用了共享经济的模式，通过在线平台将闲置资源与需求方进行匹配，实现资源的最大化利用和经济效益的提升。这种模式不仅改变了传统酒店行业的运营模式，也为创业者提供了新的商机。

2. 信任机制。Airbnb 建立了一套完善的信任机制，确保房东和房客之间的交易安全。房东需要通过手机验证和身份验证，房客可以通过其他房客对房东的评价和交流来了解房东的信誉。此外，Airbnb 还提供 24 小时的客户服务，解决用户在使用过程中遇到的问题。

3. 个性化服务。Airbnb 提供了丰富的房源信息和用户评价，帮助用户作出更好的选择。用户可以根据自己的需求选择不同类型的房源，如公寓、别墅、独栋房屋等。此外，Airbnb 还提供多种支付方式和优惠活动，满足不同用户的需求。

资料来源：参见江积海，李琴. 平台型商业模式创新中连接属性影响价值共创的内在机理——Airbnb 的案例研究 [J]. 管理评论，2016，28（7）：252 – 260.

### （二）商业模式定位的关键要素

商业模式定位是实施企业战略的关键环节，决定了企业如何在市场竞争中服务特定客户群体、建立独特价值并实现盈利。其关键要素包括目标市场、价值主张、差异化竞争，如图 3 – 2 所示。

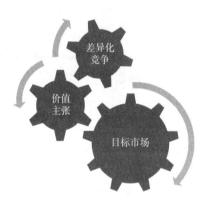

**图 3 – 2　商业模式定位的关键要素**

1. 目标市场。目标市场是企业希望服务的特定客户群体。戴天宇（2022）认为商业模式微观构造的第一步是需求定位，在商业的眼睛里，每一个客户都是一个行走的"需求集合"。明确目标市场有助于企业集中资源，更有效地满足该群体的需求。在商业模式定位中，首先需要确定的是目标市场。这涉及对市场的细分，识别出具有共同需求和特征的潜在客户群体。企业应该基于人口统计学、地理、心理和行为等因素来定义其目标市场。例如，一家高端化妆品公司可能会将其目标市场定位为高收入、注重个人形象和愿意为高品质产品支付溢价的消费者。又如，苹果公司针对的是追求高品质、设计感和用户体验的消费者。通过专注于这一细分市场，苹果能够开发出符合其目标客户期望的产品，如 iPhone、MacBook 等。

📖 **专栏3.3【名家观点】** ------------------------------------------------------------

### 戴天宇：商业模式微观构造的第一步是需求定位

2002 年以来，定位理论风靡神州大地，并延伸到了企业经营的方方面面，如企业定位、品牌定位、产品定位等。但千定位、万定位，企业最首要的定位还是需求定位，因为市场经济的核心逻辑，是需求决定供给。所以，需求定位是第一位的，供给定位是第二位的。所谓需求定位，即要开宗明义地明确，我们的产品和服务瞄准谁的，到底是哪一类用户的哪一类需求。答案也很明确：目标客户的需求靶点。也就是说，在产品和服务所能满足的全部需求当中，选择哪一点或哪几点作为企业瞄准的"靶心"。

在商业的眼睛里，每一个客户都是一个行走的"需求集合"；所有的客户叠加在一起，便会形成一个"需求空间"，而且这个"需求空间"还会随着时间、空间和场景的变化而动态变化。选择目标客户，其实就是从这一"需求空间"中切出一块来，作为企业的经营对象。由此可见，选择目标客户和选择需求靶点实际上是一回事，都是从"需求空间"中抽取出一个组合、一组需求点（通常为"全部基本型需求点 + M个期望型需求点 + N 个兴奋型需求点"），作为企业瞄准的"标靶"；然后再在这一组需求点中选择一点或几点，作为企业重点瞄准的"10 环"或"9 环"。

确定需求靶点，不能在办公室里进行想当然的逻辑推导，而要设身处地地到生动鲜活的购买场景、消费场景和使用场景中去体验，看客户在各种情形下，会对产品和服务提出哪些要求和想法，然后再将这些要求和想法记录下来，从中筛选出可供瞄准的需求靶点。一般来说，在相对成熟的市场中，基本型需求大部分已经被满足了，新进企业能做文章的，往往只剩下期望型需求或兴奋型需求。

资料来源：参见戴天宇. 商业模式基因工程［M］. 北京：北京大学出版社，2022：145－150.

2. 价值主张。加里·皮萨诺（Garyp Pisano，2019）认为企业创新的首要事项是确立创新战略，许多企业的创新战略都侧重于共同的价值主张。价值主张是企业向目标市场提供的独特价值，它解释了为什么客户应该选择该企业的产品或服务而不是竞争对手的。本书认为，价值主张是商业模式定位的核心，它需要清晰地表达出企业的产品或服务如何解决目标市场的问题或满足其需求，甚至创造新需求。价值主张可以基于以下几个方面：产品性能、便利性、设计、品牌、价格、服务等。例如，宜家的价值主张在于提供价格合理、设计简约且易于组装的家具，满足了预算有限但追求现代家居风格的消费者的需求。又如，亚马逊的价值主张在于提供广泛的商品选择、便捷的购物体验和快速的配送服务。这使得亚马逊成为在线购物的首选平台，尤其是对于那些寻求一站式购物解决方案的消费者。

## 📖 专栏 3.4【名家观点】 ----------------------------------------------

### 加里·皮萨诺：创新战略与价值主张

企业创新的首要事项是确立创新战略。许多企业的创新战略都侧重于共同的价值主张。几十年来，苹果推出了多款不同的创新产品，如苹果二型电脑、Pod（苹果播放器）、iTunes（苹果数字媒体播放应用程序）、iPhone、iPad（苹果平板电脑）、苹果应用商店。但它们拥有一个共同价值主张主题——通过直观的界面、集成硬件和软件设计，以及无缝集成我们数字生活的不同方面（音乐、照片、通信、购物等），让用户体验轻松愉快。亚马逊致力于让购物者的体验尽可能便捷安全，这体现在一系列创新中——从一键式结账和用户产品评论到亚马逊 Prime 会员服务和亚马逊智能音箱。

资料来源：参见加里·皮萨诺. 变革性创新［M］. 何文忠，桂世豪，周璐莹，译. 北京：中信出版集团，2019：32 – 33.

3. 差异化竞争。差异化竞争是指企业通过提供与众不同的产品或服务来与竞争对手区分开来，从而吸引和留住客户。差异化是企业在市场中脱颖而出的关键。通过差异化，企业可以在竞争激烈的市场中建立自己的品牌认知，并创造客户忠诚度。差异化可以通过多种方式实现，包括独特的产品特性、创新的技术、卓越的客户服务、强大的品牌影响力等。例如，谷歌通过其强大的搜索引擎算法和用户友好的界面实现了差异化，使其成为互联网用户的首选搜索工具。又如，特斯拉通过其电动汽车的创新技术、环保理念和高科技特性（如自动驾驶功能）实现了差异化竞争。这不仅吸引了环保意识强的消费者，也吸引了对新技术感兴趣的早期采用者。实践中，运用好差异化定位往往能够出奇制胜。

## 专栏3.5【商业模式实践】

### TOMORO COFFEE（明希咖啡）的差异化定位

2022 年 8 月，在新加坡国立大学校友的见证下，TOMORO COFFEE 第一家门店在印度尼西亚开业。短短一年半里，TOMORO COFFEE 在印度尼西亚的门店数达到了近 500 家。2023 年 11 月，TOMORO COFFEE 中国首店落户上海青浦。2024 年 2 月，TOMORO COFFEE 新加坡首店在新加坡国立大学商学院内开业。2024 年 4 月，TOMORO COFFEE 菲律宾首店开业。

TOMORO COFFEE 之所以能够取得成功，关键在于拥有一支核心团队。在袁幸伟看来，一个行业的真正壁垒并非产品本身。即便拥有比竞争对手更优质的选品和更美味的产品，这些优势也很容易被模仿和超越。TOMORO COFFEE 最核心的竞争力在于拥有一支愿意在海外长期扎根、稳步发展的团队。这不仅得益于公司早期事业的积累，也得益于公司管理方法的持续优化和迭代。袁幸伟用一个生动的比喻来形容海外拓展的难度："出海就像养大闸蟹，不是说把蟹放在阳澄湖里养一下，就能变成真正的阳澄湖大闸蟹了，这种简单的做法很难真正成功。"

在 TOMORO COFFEE 最初确定产品定位时，一些行业同仁注意到，在精品咖啡领域尝试进行连锁经营的商家相对较少。这背后的原因也很明显——精品咖啡的标准化和连锁化操作具有相当大的难度。然而，袁幸伟却认为这正是一个值得深入挖掘的良机。他坚信，从产品发展的逻辑来看，所有人的长期愿景必然是追求更高的品质，而精品咖啡的发展之路是没有终点的。"一旦喝了好的东西，你就很难再回去了。"做精品化和产业化两全的咖啡，始终是袁幸伟为 TOMORO 定下的愿景。显然，TOMORO COFFEE 之所以能够实现快速发展，其重要原因之一在于其创始团队在商业模式定位上做对了三件事：选准目标市场；提出独特价值主张；通过差异化策略增强客户黏性，产生协同效应，培育形成品牌竞争力。TOMORO COFFEE 的差异化定位见图 3 – 3。

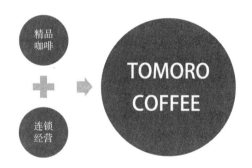

**图 3 – 3　TOMORO COFFEE（明希咖啡）的差异化定位**

资料来源：国君. 专访"印尼新咖啡"：中国人在印度尼西亚，2 年开了 600 店 ［DB/OL］. https：//36kr. com/p/3027018474677512.

# 第二节　如何进行商业模式定位

进行商业模式定位，需要考虑的因素很多，尤其是要注意把握以下三个方面的内容，即市场分析与研究、确定价值主张、选择定位策略。

## 一、市场分析与研究

【思考】进行商业模式定位，为什么要进行市场分析与研究？如何进行市场分析与研究？

### （一）目标客户群体分析

进行商业模式定位为什么要开展目标客户群体分析？《生意的本质：商业模式动态升级的底层逻辑》一书以"业务定位"来指代"商业模式定位"。周宏骐（2024）认为，从本质上来说，业务定位是具有某种需求的客群与满足这类需求的商品（产品或服务）之间的匹配关系。经营者只要抓住了这种匹配关系，就抓住了业务定位。

目标客户群体分析是市场研究的核心部分，它帮助企业了解其潜在和现有客户的特征、需求和行为模式。分析通常涵盖诸多方面：一是人口统计特征，包括年龄、性别、教育水平、收入水平等。二是地理分布，即客户所在的地理位置，包括城市、区域或国家。三是心理特征，包括客户的价值观、生活方式和消费偏好。四是行为特征，包括客户的购买习惯、使用频率和品牌忠诚度。五是需求识别，包括客户的具体需求和他们对产品或服务的期望。例如，苹果公司在推出 iPhone 时，针对的是追求高品质生活、对科技产品有高度兴趣的年轻专业人士和科技爱好者。通过精准的目标客户分析，苹果能够设计出符合这一群体审美和功能需求的产品。

📑 **专栏 3.6【名家观点】** ┈┈┈┈┈┈┈┈┈┈┈┈┈┈┈┈┈┈┈┈┈┈┈┈┈┈┈┈┈┈┈┈┈┈┈

### 业务定位引领并决定着生意最终的样子
#### ——基础的业务定位：人—货（鸟）匹配理论

基于多年为各种事业部规划营销战略（STP，市场细分、目标市场、对应的商品企划定位）的经历，周宏骐总结出一个规律，并幽默地把它称作"人鸟理论"。在商业上，客群（"人"）和商品（"鸟"，也就是"货"）之间也有某种潜在的匹配关系。无论身处什么时代，业务都是以"人—货（鸟）"之间的精准匹配为起点的。受此启发，他把构成商机的这种匹配关系称为"人—货"匹配，即生意的最小单元是单一业务，而每一个单一业务都是由一组"人—货（鸟）"匹配组成的。这就是所谓的"人—货（鸟）"匹配。值得注意的是，这里的"人"指客群，包括企业市场的法人客群和消费市场的自然人客群，而商业共生体中的"人"指合作主体，请注意二者的区别。"人—货"匹配，其实是一种 PMF（Product Market Fit，产品 – 市场匹配）。每一个单一业务都是由一组"人—货"匹配组成的。

资料来源：参见周宏骐. 生意的本质：商业模式动态升级的底层逻辑［M］. 北京：机械工业出版社，2024：98 – 129.

### （二）竞争对手分析

竞争对手分析旨在评估市场上与企业竞争的其他企业，了解它们的优势、劣势和市场策略。其详细内容在本书第二章"五力模型"里面已做系统分析，下面简要补充几点：一是市场地位，即竞争对手在市场中的地位，包括市场份额和品牌影响力。二是产品与服务，包括竞争对手提供的产品或服务的种类、质量和价格。三是营销策略，包括竞争对手的营销手段、广告宣传和促销活动。四是销售渠道，即竞争对手的销售网络和分销策略。五是研发能力，竞争对手在产品创新和技术发展上的能力。例如，在智能手机市场，三星和华为是苹果的主要竞争对手。苹果通过分析主要竞争对手的产品特性、价格策略和市场表现，来调整自己的产品线和营销计划。

### （三）市场趋势与需求识别

"宏观洞察发现趋势，微观洞察发现商机"[①]。市场趋势与需求识别关注当前和未来的市场动向，以及客户的需求变化。内容涵盖：一是宏观经济趋势，包括经济增长、失业率、消费者信心等宏观经济指标。二是行业趋势，包括行业内的技术进步、法规变化和创新趋势。三是消费者行为，特别是消费者购买行为的变化，如对环保、健康或便利性的关注增加。四是社会文化因素，即社会价值观和文化趋势的变化，如对可持续发展的关注。五是技术发展，尤其是新技术的出现如何影响产品开发和市场需求。

通过上述分析，企业可以更好地定位自己的产品和服务，制定有效的市场进入和竞争策略，以及预测和适应市场变化。例如，随着健康意识的提高，食品行业呈现出对有机和无添加产品的需求增长态势。全食超市（Whole Foods Market）通过敏锐地识别这一趋势，抢占先机并成功地推出了符合市场需求的健康食品产品线。

## 专栏3.7【商业模式实践】

### 市场趋势与需求识别的精准化助力全食超市高速发展

全食超市作为世界知名的天然食品和有机食品零售商，最早从美国得州奥斯汀大学城一家店面起家，创始人为当时仅25岁的约翰·麦基（John Mackey）。全食超市现已发展成为全美最大的天然食品和有机食品零售商，拥有200多家分店。

亚马逊早在2016年秋季就曾考虑收购全食超市。但是，对冲基金Jana Partners对全食超市进行投资后，亚马逊临时改变了想法。2017年6月，亚马逊宣布，将以每股42美元的现金收购全食超市，交易规模高达137亿美元。2018年12月，世界品牌实验室编制的《2018世界品牌500强》揭晓，全食超市排名第117位。2020年1月，2020年全球最具价值500大品牌榜发布，全食超市排名第431位。

全食超市之所以能在天然食品零售领域取得领先地位，部分归功于其对消费者对有机和无添加产品需求趋势的早期洞察，以及其对产品质量的严格把控。该超市通过获取外部认证、建立内部评级机制，并采取优先采购本地食材的策略，确保了所售食品的新鲜度和健康性，使其在天然有机食品行业中处于领先地位。全食超市不仅遵循美国农业部的有机产品标准，还针对保质期较短的商品如蔬菜、水果、牛奶和面包等，推出了"本地绿色"（Local Green）计划。该计划已在美国、英国和加拿大等国家成功实施，通过建立11个区域配送中心，提高了供应链效率，并确保了食品的新鲜度。

尽管全食超市在美国拥有447家门店，英国有9家，加拿大有12家，但其业态模

---

① 周宏骐. 生意的本质：商业模式动态升级的底层逻辑［M］. 北京：机械工业出版社，2024：106.

式和品牌理念在美国市场仍较新颖，市场份额相对较小。根据 Kantar Retail 的数据，仅有不到 9% 的美国家庭每月在全食超市购物，其中 7% 的家庭购买食品杂货，占美国总人口的 0.63%。然而，值得注意的是，76% 的全食顾客同时在亚马逊购物，而在亚马逊的消费者中有 12% 会选择在全食超市购物，显示出两者顾客群的高度重叠。专家预测，这种重叠将为全食超市带来指数级增长的消费者机会。

全食超市的成功历史表明，其在创业初期对市场趋势和顾客需求的准确把握，使其能够精准定位自己的产品和服务，制定有效的市场进入和竞争策略，从而实现高速发展。

资料来源：参见高瑞霞. 全食超市：怎样卖出世界上最贵的有机食品［J］. 中国合作经济，2010（8）：53－55.

## 二、确定价值主张

【思考】进行商业模式定位，为什么要确定价值主张？如何确定价值主张？

### （一）价值创造的途径

价值创造是指企业通过其产品或服务为客户提供独特价值的过程。这通常涉及以下方面：一是产品特性，企业要开发具有创新特性的产品，满足或超越客户期望。二是服务质量，指提供卓越的客户服务，增强客户体验。三是个性化体验，即通过定制化服务满足客户的个性化需求。四是成本效益，即以合理的成本提供高质量的产品或服务。例如，苹果公司通过其 iPhone 的创新特性和设计，创造了显著的市场价值。苹果不仅注重硬件的设计和性能，还通过 iOS 操作系统和 App Store 提供了一系列增值服务。

### （二）价值传递的方式

价值传递是指企业如何将创造的价值有效地传达给客户的过程。常见方式有：一是品牌建设，通过强有力的品牌信息和形象传递价值。二是营销策略，使用有效的营销活动来吸引和留住客户。三是分销渠道，选择合适的销售渠道，确保产品或服务能够方便地到达客户。四是客户沟通，通过各种沟通渠道与客户建立联系，了解他们的需求和反馈。例如，耐克通过其"Just Do It"品牌活动，传递了鼓励人们积极参与体育活动的价值，耐克的营销策略和产品设计都与其品牌信息紧密相连。

### （三）价值捕获的策略

价值捕获是指企业通过商业模式从创造的价值中获取收益或利润的过程。企业通常采用以下策略：一是定价策略，通过制定合理的价格，以反映产品或服务的价值。

二是收入模式，需选择适合企业及其产品或服务的收入模式，如一次性销售、订阅服务或广告收入。三是成本控制，通过有效的成本管理提高利润率。四是客户忠诚度，通过提供持续价值来建立客户忠诚度，从而增加复购行为。例如，亚马逊通过其 Prime 会员服务捕获了大量价值。Prime 会员享有免费的两日配送服务、视频流媒体和其他福利，这不仅提高了客户忠诚度，也增加了亚马逊的长期收益。

# 三、选择定位策略

【思考】定位策略有哪些？如何选择定位策略？

魏炜和朱武祥（2009）认为，对商业模式定位而言，满足方式决定价值主张，而价值主张构成交易价值、交易成本和交易风险的具体内涵。如何设计交易结构，使价值主张得以实现，是商业模式定位要考虑的核心问题。在此基础上，本书构建了商业模式定位的三维空间模型（见图3-4）。我们认为，本着实事求是的态度而展开的商业模式定位实践工作，应该以环境分析作为底座，以需求与战略导向作为牵引，以商业模式定位策略选择作为抓手，顺次展开。其中，三维空间模型蕴含的三种定位策略依次是——价值定位策略、产品定位策略、产权定位策略。

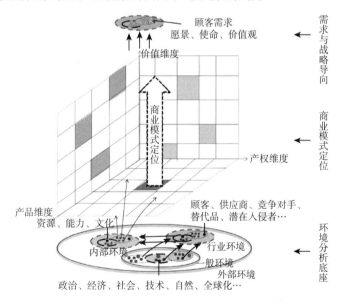

图3-4　商业模式定位的三维空间模型

## （一）价值定位策略（价值维度）

商业模式的定位可以通过分析价值主张来实现。首先，需要明确客户的需求和价值点，然后对比不同方法在满足这些需求上的优劣，绘制出价值主张曲线。其次，根据客户的期望，设计出理想的价值主张曲线。最后，根据实现这一价值主张曲线所需的条件，来构建商业模式的定位。

以重庆地区的火锅业为例，客户的价值点主要包括价格、分量、味道、菜品、服务、安全、环境、体验等。许多的传统火锅店在这些价值点方面给客户提供的价值水平趋同；而乡水源火锅则在这些需求的价值之上，提供了更高的菜品和服务价值，价格却保持在较低水平；作为网红火锅店的巴倒烫和鲜龙井火锅则提供了较高价格对应的良好环境和独特体验；同为网红火锅店的楠火锅则提供了对应较高价格、较少分量的另一种氛围的特别环境和怀旧体验。火锅作为重庆的名片之一，带给顾客的价值点很多，但是各个火锅店的商业模式定位并不相同，其价值主张的侧重点也就各不相同，如图 3-5 所示。

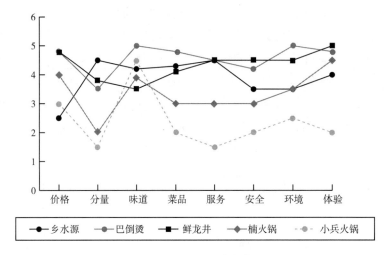

图 3-5　火锅价值主张曲线

如重庆火锅业例子所示，从价值主张维度来确定商业模式定位，首先要从需求价值点的角度分析客户的价值点，分析不同需求满足方式在这些价值点上的价值高低。然后在每一个价值点上采用芮明杰（1994）提出的加一加二、反向思考、交叉综合等创新原则进行价值点的分析和重构。

通过上述价值分析和重构，能够形成新的价值主张曲线。价值主张曲线描述了需求满足程度的高低和差异，也就是主体企业的价值主张。魏炜和朱武祥（2009）认为，要满足这个价值主张，主体企业可以从两个方向采取行动：一个方向是用新的产品和服务来满足客户需求，这个途径属于战略的方式；另一个方向则是根据这种价值主张的目标状况，设计实现此价值主张的需求满足方式，即商业模式定位。

以电子书阅读器为例，客户的价值点可能包括阅读体验、便携性、内容多样性、价格合理性等。满足这些价值点的方式可能包括实体书店、在线电子书平台、纸质书订阅服务等。通过深入分析和重新构建，可以形成不同的价值主张曲线。例如，针对经常出差的客户群体，可以增加轻便易携和长续航的价值点，从而可能催生出结合"电子书阅读器 + 便携式充电器"的销售模式。

### （二）产品定位策略（产品维度）

根据市场营销学经典理论中的大"产品"概念，企业提供给客户或合作伙伴的"产品"可以是产品、服务、解决方案或盈利模式。作为满足客户需求的方式，商业模式定位可以从上述产品维度获得不同答案，每一个答案都对应一个独特的商业模式定位。作为一个制造强国，虽然中国拥有众多以生产和销售产品为主的企业，但随着市场经济的发展，我们注意到越来越多的企业开始转向提供服务、定制化解决方案和创新的盈利模式，以满足客户多样化的需求。

一是定位于产品。单纯定位于直接销售产品的商业模式多见于初级农产品市场，在其他领域的案例，常见于企业的初创阶段，因为这个阶段的企业，其市场影响力比较弱，团队经营段位往往也处于初级阶段。

二是定位于服务。通常来说，在产品供应链的末端提供服务往往能带来更高的利润空间和更高的交易价值。这是因为在这一环节所需的资源投入相对较少，从而降低了交易成本。此外，下游的服务业往往能够带来持续稳定的收入流，而且不像其他行业那样容易受到市场周期性波动的影响，因此涉及的交易风险也相对较低。当然，从定位产品转向定位服务，至少需要具备两个条件：第一，企业自己的产品在市场上占有率较高，或者企业对其他产品技术有较深刻的理解。例如，IBM从传统的硬件制造和销售转型为提供全面的信息技术服务和咨询。IBM成功的一个关键因素是其在信息技术领域深厚的技术积累和专业知识，这使得IBM能够不仅销售自己的硬件产品，还能提供包括系统集成、云计算服务、大数据分析和人工智能解决方案在内的广泛服务。通过这种转型，IBM能够为客户提供从硬件到软件的全方位服务，满足客户在数字化转型过程中的复杂需求。第二，服务产出的现金流回收周期长，与产品销售一次性回款不同，企业要学会利用相应金融工具。以中央空调服务提供商为例，这些企业在按面积计费的基础上，为了扩大市场份额，可能需要考虑两种资金筹集方式：其一，引入私募股权基金的投资，利用外部资本的力量来加速发展；其二，通过将应收账款出售给银行，来改善自身的现金流状况。若不采取这些措施确保资金链的连续性，那么企业向服务导向型转型的努力可能会遭遇失败，仅仅停留在理论上。

民航客机发动机市场的出售产品、提供服务和租赁模式就是定位于产品和服务的商业模式实践案例。

### 专栏3.8【商业模式实践】

#### 民航客机发动机市场的出售产品、提供服务和租赁模式

除了出售发动机之外，民航客机的发动机制造商们，还会提供维修和数据监测服

务。比如说打折出售，某款发动机原价 3000 万美元，可能八折甚至七折就卖了，为的是赚取后续的维修费用和服务费用。发动机后续的零件更换，必须使用生产方提供的零件，所有维修服务的价格也由生产方决定。2023 年 8 月 14 日，根据《航空周刊》（Aviation Week）2023 年机队与 MRO（Maintenance、Repair & Operations）的预测报告，2023~2032 年全球商业 MRO 需求总值将达到 10268 亿美元。其中发动机维护工作占据最大份额，占总商业 MRO 需求的 46%，约为 4686 亿美元。发动机制造商出售发动机的同时，也要求购买者必须把相关数据传回给出售者。在飞机升空后，特定的传感器会实时监测并收集发动机关键部件以及整体的运行数据，并通过无线方式将这些信息传输到卫星或地面站。如果监测到发动机出现异常情况，制造商的技术支持团队会立即收到警报，并迅速向飞行中的航班机组发出通知，指导他们采取相应的应对措施。英国的罗尔斯·罗伊斯公司在提供发动机销售的同时，也提供这项数据监测服务。服务的收费与数据传输的频率成正比，即传输频率越高，服务费用也越高。对于发动机制造商而言，收集这些数据具有双重益处：首先，可以实时监控飞机发动机的运行状况；其次，一旦检测到问题，能够立即向飞行员提供解决策略。这也相当于同步数据采集，对之后的研发有很大的价值。

《麻省理工斯隆管理评论》（MIT Sloan Management Review）的一篇文章中介绍了一个例子：在数年前，GE 航空观察到部分喷气发动机的维护需求较为频繁。通过收集和分析大量数据，该公司发现了问题所在：中东地区的高温和极端气候条件会使得发动机内部堵塞，进而导致发动机温度上升，效率下降，并最终增加了维护的频次。GE 航空进一步认识到，如果对发动机进行更频繁的清洁，不仅可以保持其良好的运行状态，还能延长其使用寿命。这一洞见的获得，离不开庞大数据集的有力支撑。

资料来源：参见索德军，邹迎春. GE 公司民用航空发动机发展战略 [J]. 航空发动机，2019，45（2）：85-90；王家麒. 新商业模式：卖服务和发动机租赁 [DB/OL]. https：//maimai. cn/article/. 2021-09-14.

三是定位于整体解决方案。将产品与服务整合成一套完整的解决方案，相比于客户单独购买产品、自行组装和学习使用，能够显著减少他们在搜索、议价和操作过程中的成本。这种一站式服务的便捷性，为客户带来了更大的价值提升，也为企业创造了更高的利润率。以通用电气（GE）为例，该公司为其工业合作伙伴提供了包括设备、服务和金融支持在内的综合解决方案，体现了这种价值创造的策略。微笑曲线是施振荣在《再造宏碁：开创、成长与挑战》一书中所提出的企业竞争战略。如图 3-6 所示微笑曲线分为左、中、右三段，左段为技术、专利，中段为组装、制造，右段为品牌、服务，而曲线代表的是获利，微笑曲线在中段位置为获利低位，而在左右两段位置则为获利高位，如此整个曲线看起来像是个微笑符号。微笑曲线带来的启示是，要增加企业的盈利，绝不是持续在组装、制造位置，而是往左端或右端位置迈进。

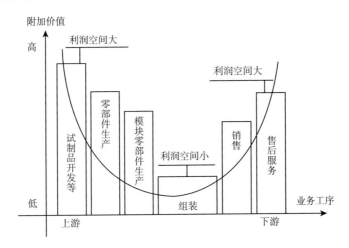

图3-6 制造业"微笑曲线"

资料来源：袁柏乔，张兴福. 管理学［M］. 上海：上海交通大学出版社，2018：85-113.

在工业时代，产业链已经形成了稳固的结构，各个环节都在稳定地发展，竞争格局难以被轻易打破。然而，随着外部环境的不断变化，我们进入了充满易变性（volatility）、不确定性（uncertainty）、复杂性（complexity）和模糊性（ambiguity）的 VUCA 时代，以及工业 4.0 时代。在这些时代背景下，数字化技术迅速发展，客户需求也由简单变得多样化。这些变化为产业链的转移提供了巨大的可能性，产业链的延伸正逐渐成为制造业企业进行战略转型和升级的关键路径。

仅仅满足于提供大规模的标准化产品，虽然看起来操作简便，但实际上却极易被其他竞争者所替代，因为这种产品的竞争力微乎其微。事实上，任何拥有一定生产能力的制造企业都能够提供几乎没有差异的产品。因此，制造企业需要努力深入了解客户的具体需求，并据此提供个性化的定制产品。为了实现这一目标，企业必须向技术和市场领域拓展，以此来增强其在产业链中的竞争力。企业需要从单纯的产品提供者转变为提供"产品＋服务"的综合服务商，从而完成从传统制造向服务型制造的战略升级。

与传统单一产品相比，"产品＋服务"的融合使得产品生命周期延长，客户满足感得到提升，同时，与一次性的产品交付相比，"产品＋服务"的显著特点是交易周期延长，生产商与客户的接触点和接触面显著增多，洞悉客户显性和隐性需求的可能性大大增加，交易机会会增多，客户黏性以及利润增长会获得极大的提升。

制造企业从产品到服务的战略升级过程中，国内涌现出了很多优秀案例和样本。其中，陕鼓集团是典型代表之一。

📖 **专栏3.9【商业模式实践】** ----------------------------------------------

### 陕鼓集团：从装备制造企业到产业系统解决方案服务商

陕西鼓风机（集团）有限公司（以下简称"陕鼓"）始建于1968年，是设计制造以透平机械为核心的大型成套装备制造企业。2001年前后，陕鼓服务领域的产值仅占总产值的12%，到2018年，服务加运营板块的收入占销售额比重高达75%，陕鼓已经由单纯的制造商转变为多元化、国际化的支柱型产业系统解决方案服务商。

在陕鼓集团，新质生产力与能源的绿色转型相互推动、相互作用，形成新的增长引擎。通过构建全球市场、研发、金融、产业增值链四大创新体系，陕鼓积极推动前沿科技成果在全球范围内的转化与应用，从而助力全球各领域用户实现绿色低碳高质量发展。多年来，陕鼓能量回收及输出的总功率达25GW，相当于三峡工程发电量的111%，每年可节约标煤约6100万吨，每年减排二氧化碳约1.6亿吨，为社会经济绿色生态发展注入强大动力。面对能源行业的深刻变革与国家提出的"双碳"目标，陕鼓将世界一流的储能技术和能源互联岛技术相结合，推出低碳节约智慧的EISS4.0方案，形成了符合新发展理念的先进生产力形态，有力地激发了新能源领域的创新动能。

陕鼓在实施服务化战略过程中，采取了如下战略举措。

1. 提供专业化维修服务。透平机械因其技术含量高，在生产制造领域扮演着关键角色。一旦出现故障，就需要立即进行专业维修，而这种维修工作相当复杂，通常需要由专业人员来执行。针对这一需求，陕鼓特别成立了一支专业的维修团队，旨在为客户提供高水平的设备维护服务，并对客户的老旧设备进行现代化改造和性能提升。这种做法不仅减少了客户自行雇佣维修人员的费用，而且通过提供专业的维修服务，满足了客户的需求，提升了客户的满意度。因此，陕鼓在市场上的份额也由此实现显著增长。

2. 提供备品备件管理服务。透平设备中包含一些价值昂贵的关键组件。为了确保生产线的持续运转，客户通常会购买并储备一定量的备件以应对紧急情况，这无疑会造成资金的占用。为了缓解客户的这一经济压力，陕鼓推出了备品备件管理服务。通过这项服务，客户无需预先购买备件，而是可以在需要时向陕鼓租用。这种模式不仅帮助客户解决了资金和库存管理的问题，同时也为陕鼓开辟了新的盈利途径。陕鼓的盈利模式从单纯的产品销售转变为包括出租备品备件在内的多元化收入，从而实现了从一次性销售收入向持续性租金收入的转变，拓宽了盈利渠道。

3. 提供设备远程诊断服务。陕鼓开发并推出了一套旋转机械设备的远程在线监测和故障诊断系统。这套系统在每台设备上都配备了监测与诊断设备，能够对设备实现全天候的实时监控。一旦监测到设备运行中出现异常，陕鼓能够迅速通过远程网络进行故障排查和维修工作，显著提升了服务的响应速度和效率。

4. 提供工程成套承包服务。大型设备的安装是一项复杂的工程，它对制造企业的工厂设施和基础建设有着严格的标准。为了提升客户在设备安装方面的效率，陕鼓开始向客户提供全面的工程配套服务。这包括从工厂的规划、设计、选址到建设，再到设备的安装和调试，陕鼓提供一站式的总包服务。这种服务模式不仅满足了客户的需求，同时也为陕鼓带来了经济效益的提升。

陕鼓通过深入理解并洞察客户的需求，逐步扩展了其服务业务的多样性，以适应客户多层次多样化的需求。在此过程中，陕鼓特别重视构建和维护其与供应商、客户等紧密相连的价值网络，通过多种方法来积聚资源。为此，陕鼓创建了一个由全球56家相关配套企业组成的联盟，即"陕鼓成套技术暨设备协作网"。陕鼓专注于其核心业务，如产品开发和市场拓展，同时将非核心业务外包给专业的服务提供商，以此构建了一个互利的价值网络，也就是一个生态系统。通过采取一系列的战略措施，陕鼓已经逐步从单纯的产品制造企业转型为提供系统解决方案的服务企业，最终发展成为一个布局产业生态的商业实体。

资料来源：参见陶恒. 创新制造智能运维以能源动力讲好中国故事——专访陕鼓集团党委书记、董事长李宏安［J］. 中国新闻发布（实务版），2024，（5）：21 - 24.

四是定位于盈利模式。之所以会出现这类定位模式，原因在于主体企业[①]认为自身拥有足够强大的供应链管理能力，进而通过连锁加盟等形式加以输出。此时的产品在本质上是主体企业向加盟商提供的一种盈利模式。典型例子是盒马鲜生，阿里巴巴通过在上海等地的小规模试点，初步验证该模式具有赚钱能力，然后在全国推广，吸引加盟商提供约5000平方米的卖场，阿里则输出供应链管理，帮助加盟商导入流量等，实现利润分成。在该模式下，连锁品牌为加盟商提供全方位的服务，从店面选址、装潢、人才培养到靶向引流、推广运营等，可谓面面俱到，其目的是通过促进加盟商赚钱来实现自身的盈利。以快餐连锁品牌麦当劳为例，它向加盟商提供全面的业务支持，包括品牌使用权、经营策略、供应链管理以及市场营销等，帮助加盟商快速启动并盈利。

在这个模式下，由于主体企业和加盟商的利益高度捆绑，其协同作用非常明显。因此，除了生鲜超市和餐饮业等常见的连锁经营模式之外，近十年来，商业地产以及饮水机、咖啡机等诸多领域都涌现过类似的模式。比如，茶百道的商业模式实践。值得注意的是，在实践中，主体企业常常把这种商业模式描述得很完美，听得加盟商心潮澎湃，迫不及待当场掏钱投资；但有时候由于主体企业拥有的资源能力不够强大，往往使加盟商的后续行销（商铺为出租，饮水机、咖啡机为销售）不及预期，难以保障持续盈利，导致这类模式在实质上演变成主体企业变相兜售滞销设备的一种方式，有些甚至沦为"庞氏骗局"。

① 本书将商业模式生态系统中作为核心研究对象的企业称为"主体企业"，这一点与周宏骐（2024）"主导企业"的称谓以及魏炜和朱武祥（2009）"焦点企业"的称谓略有不同。类似地，有学者如贺志刚（2002）将处于供应链主导地位的企业称为"链主企业"。

📖 **专栏3.10【商业模式实践】**·································································

## 茶百道拟赴港上市：99%为加盟店，年营收42亿元

公开信息显示，2008年，茶百道的首家店铺在成都开设。从那时起，通过特许经营的模式，该品牌已经扩展到超过7117家店铺，其中特许加盟店占据了99%以上的份额，其主要的收入来源是向这些加盟店提供原料和设备。根据其招股说明书，截至2020年、2021年、2022年、2023年第一季度以及2023年8月8日，茶百道分别拥有2240家、5070家、6352家、6588家和7111家特许加盟店，这些加盟店的数量在每个时间点上都占到了茶百道总店铺数的99.0%以上。此外，截至2020年、2021年、2022年、2023年第一季度以及2023年8月8日，茶百道分别运营着2家、7家、9家、9家和6家直营店。

在2023年的前三个月，其收入约为12.46亿元。在同期，茶百道的利润约为2.85亿元。2022年，茶百道的门店总零售额约为133亿元，其2020~2022年的年复合增长率达到了139.7%。根据招股书中弗若斯特沙利文的报告，茶百道在中国前十大新式茶饮企业中，以最高的零售销售额年复合增长率成为增长最快的品牌，按2022年零售额计，茶百道在中国新式茶饮店市场中排名第三，市场份额达到6.6%。茶百道的门店收入主要来源于向加盟商提供原料和设备。根据茶百道公布的数据，从2020年至2022年以及2023年第一季度，其向加盟店销售乳制品、茶叶及门店设备等的收入占比分别为94.5%、94.6%、95%和95.1%。

分析人士指出，茶百道广泛的加盟网络对其品牌管理和质量控制提出了更高的要求，这将是其未来发展中需要面对的挑战之一。头豹研究院的研究报告指出，现制茶饮行业的增长促进了茶饮供应链企业的兴起，这些企业因受到资本市场的关注而获得了融资。随着更多的供应链企业力争上市，他们希望通过融资来获得先发优势。在资本的推动下，这些企业将扩大生产能力、增加研发投资，并引入数字化建设，从而加速上游供应链市场的整合。信达证券的研究报告则显示，在2023~2028年，茶饮行业预计将迎来扩张的机遇期，相关企业将进入新一轮的规模扩张阶段，各品牌纷纷采用加盟模式。在一、二线城市的门店逐渐饱和的情况下，企业需要通过加盟模式向下沉市场拓展，以寻找新的增长点。在面向下沉市场的过程中，品牌仍需保持其"大店"的初心。

资料来源：参见贺阳. 茶百道拟赴港上市：99%为加盟店，年营收42亿元［N］. 中国商报，2023-08-16.

### （三）产权定位策略（产权维度）

产权（property right）是经济所有制关系的法律表现形式。根据法律原理，产权是指合法财产的所有权，这种所有权表现为对财产的占有、使用、收益和处分四大权能。在市场经济条件下，产权的属性主要表现在三个方面：经济实体性、可分离性、产权

流动的独立性。产权的功能包括：激励、约束、资源配置和协调功能。以法权形式体现所有制关系的科学合理的产权制度，是用来巩固和规范商品经济中的财产关系，约束人的经济行为，维护商品经济秩序，保证商品经济顺利运行的法权工具。

魏炜和朱武祥（2009）认为，产权的划分和重新组合是商业模式创新和定位的重要策略。产权可以分解成不同的级别或要素，这些要素既可以单独运作，也能够整合成不同的权益集合，进而分配给各类利益相关者。通过这种方法，可以将某些权利分配给一个利益方，而其他权利则分配给另一个利益方。不同的产权配置方式将激发不同的商业潜力，进而衍生出丰富多彩的商业模式。

产权分割的逻辑在于，将相同的权益分配给不同的利益方会导致不同的经济效应和成本。某些利益方特别擅长利用特定的权利，能够通过这种方式产生更大的经济价值；而其他利益方可能对特定权利有更高的认可，将权利分配给他们有助于减少交易成本。在产权分割和重新分配的过程中，不可避免地会产生一些交易成本。只有当这种新的权利分配所带来的经济利益超过这些成本时，产权的重新组合才是经济上有利的。最优权利配置是使交易价值和交易成本的差值（价值空间）最大，尽管这意味着在某些情况下，可能要把某些权利配置给只能发挥次优长处的利益相关者。传统的产品销售模式，是一次性全部转移产品的占有、使用、收益和处分四大权能；而创新商业模式则会将产权分割，把每项权利分配给能够创造更大交易价值或者降低交易成本的利益相关者，从而实现商业模式价值最大化。

## 专栏3.11【商业模式实践】

### 民航客机发动机市场的租赁模式

除了出售发动机之外，民航客机的发动机制造商们，还会提供维修和数据监测服务。民航客机第三个新的商业模式，就是发动机租赁。在购买飞机的时候，可以不买发动机，直接租几个按小时收费的发动机，如果出现问题可以直接更换。这样可以省去维修和库存的成本。不过，这个市场还很小，大多数航空公司依然会购买备用发动机，放在仓库里折旧，没有做到共享。

资料来源：参见许晓泓．飞机租赁业挺进更广阔的市场［N/OL］．www.caacnews.cn，2014 - 11 - 18.

民航发动机的案例是从产权的角度进行商业模式定位设计的典型实践，时至今日，很多行业开始尝试采用这种产权分割的方式进行交易，并且取得较好的效果。比如，在汽车轮胎市场上，有的品牌针对某些大型客户，采用提供解决方案，保留轮胎的所有权，而按公里数收取轮胎使用费的模式。

《牛津法律大辞典》对产权持有"所有权"解释说，产权"亦称财产所有权，是指存在于任何客体之中或之上的完全权利，它包括占有权、使用权、出借权、转让权、用尽权、消费权和其他与财产相关的权利"。不同的切割会带来不一样的商业模式创新。

例如，快餐连锁行业中，加盟商通常自行租赁店铺经营，而品牌总部提供必要的支持。然而，这种模式可能削弱品牌对加盟店的控制，增加违约风险。快餐连锁品牌B公司采取了一种新的策略：B公司首先租赁物业所有者的店铺，然后转租给加盟商，加盟商直接向物业所有者支付租金。从法律角度来看，租赁合同以B公司名义签订，这降低了加盟商违约的风险。鉴于快餐业务的成功很大程度上取决于地理位置，加盟商违约意味着可能需要重新寻找合适的店铺位置，这增加了经营风险。在这种模式下，店铺所有权归物业所有者，经营权归加盟商，而租赁权则由B公司掌握。通过这种产权的细分和重新配置，B公司有效降低了交易风险，加强了对加盟商的控制。

产权的划分既可以在价值链的垂直方向上进行，也可以在水平方向上进行切割。在金融行业中，收益权的水平分割尤为普遍。例如，对于一个共同投资的项目，银行可能会获得优先偿还的固定利息，战略投资者可能会获得按比例分配的收益，而股权投资者则可能获得项目利润的剩余部分。通过这样的产权配置，每个资金方都能根据自己的交易价值、成本和风险偏好找到最优的投资定位，这为金融市场的丰富性和活跃性奠定了基础。

除了上述三种常见的定位策略之外，实践中，还可以从交易维度进行商业模式定位，其核心在于理解交易过程中的关键要素如何影响企业创造和获取价值的方式。

从交易维度进行商业模式定位，又可以从两个视角去做细分，第一个视角是将不同的交易频率与价值进行组合，会形成四种不同的商业模式。一是高频低价模式，其策略要点是"渠道渗透率＋供应链优化"，如可口可乐自动售货机网络；二是低频高价模式，其策略要点是客户生命周期管理，如特斯拉超级充电站生态；三是高频高附加值模式，其策略要点是"订阅制＋交叉销售"，如亚马逊Prime会员体系；四是低频长尾模式，其策略要点是"平台聚合＋智能匹配"，如爱彼迎全球房源整合。值得注意的是，成功的商业模式定位需在交易效率（成本/速度）与交易深度（价值挖掘）之间取得平衡。拼多多通过"反向定制＋社交裂变"重构人货场匹配效率，同时保持低客单价下的盈利空间，正是交易维度定位创新的典范。这给其他企业带来的启示是，应根据自身资源禀赋，选择3~4个交易要素进行突破性重构。

第二个视角是根据交易方式划分为线上主导模式、线下主导模式和融合模式。这三种模式的本质差异是，线上交易追求数据密度，线下交易依赖空间密度，融合模式需要构建行为密度。不同模式对应的企业资源禀赋不同，其中，线上主导模式对应"高数字化能力＋低线下资产"，如电商解决方案的领军者Shopify赋能DTC品牌；线下主导模式对应"高实体网络密度＋弱技术基因"，如山姆会员店通过严选SKU来优化线下体验；融合模式对应"强中台系统＋全渠道运营团队"，如丝芙兰美容顾问

（BA）通过企业微信维护客户。这三种商业模式未来可能的演化方向在于：一是线上反哺线下，如元宇宙商店 Nike. SWOOSH 虚拟鞋驱动实体销售；二是线下数字孪生，如饿了么"未来餐厅"通过 3D 建模优化出餐动线；三是融合升维竞争，如 Apple Vision Pro 重构"空间计算零售"。实践中，一是要看透线上线下协同的底层逻辑，其本质是制造二次触点，如优衣库"线上下单门店自提"提升 15% 连带购买率。二是要避免能力迁移陷阱，如完美日记从线上 DTC 转线下失利，暴露其供应链与门店运营能力割裂（DTC 模式是完美日记为人称道的终极武器。所谓 DTC 模式，就是直接对接客户，例如消费者在完美日记首次购物会收到附带的红包卡，引导客户关注完美日记公众号和个人客服"小完子"，进而加入折扣微信群。此时，微信群就是完美日记运营自己私域流量的地方，通过直接互动，加强与消费者之间的连接和互动，从而提高复购率）。最后，从战略视角带给企业的启示在于，企业应构建"交易模式组合地图"——核心业务选主导模式，如奢侈品坚守线下；增量业务尝试融合模式，如汽车新势力；创新业务则布局纯线上，如数字藏品。关键是要避免"伪融合"，盒马最初强制 App 支付引发中老年客群流失即是教训。

## 第三节　常见商业模式：复利模式、连锁模式、反向操作模式

从第三章开始，每章的最后一节将介绍三种常见的商业模式，全书共涵盖九种模式。这些模式分别是：复利模式、连锁模式、反向操作模式、行业标准模式、互联网模式、重新定位模式、长尾模式、平台模式和开放模式。这些内容依次分布在第三、第四、第五章中。

### 一、复利模式：滚雪球效应

【思考】复利模式成功的关键是什么？该模式有何利弊？为什么？

查理·芒格说，"复利模式是地球上最重要的模式"。而沃伦·巴菲特则认为，"人生就像滚雪球，重要的是要找到一道长长的山坡，山坡上有厚厚的积雪"。1956 年沃伦·巴菲特（Warren Buffett）以 100 美元起家，13 年后他的身价为 2500 万美元。到 2004 年中，他的个人财富增加到 429 亿美元，名下的伯克希尔·哈萨韦（Berkshire Hathaway）公司的股票卖到 92900 美元一股。巴菲特财富的获得靠的就是"滚雪球效应"（或称复利模式）。

巴菲特的商业模式引爆点包括：滚雪球效应 ∧ 利用保险公司进行融资 ∧ 价值投资方法。

### （一）滚雪球效应

复利模式的公式为：业绩 $= a(1+b\%)^n$

其中，$a$、$b$、$n$ 是三个引爆点，$a$ 是投资基数，$b\%$ 是投资报酬率，$n$ 是投资时间长度（年数）。

$a$ 的融资来源是伯克希尔·哈萨韦的保险公司（2004 年达到 38 家），它们是生金蛋的老母鸡。$b\%$ 是投资报酬率，通常不低于两位数。实际上，巴菲特的投资回报率是 24.7%。这主要依靠的是巴菲特的投资智慧和判断力，即巴菲特的价值投资法。$n$ 即每年启动 1~2 个投资机会。

巴菲特精心打造的以"零成本"保险资金为核心的产融价值链为：保险业务的浮存金为股票投资提供了零成本资金，而股票投资的收益又转化为实业投资的资本金，实业投资的利润成为保险业务扩张的流动性后盾（见图 3-7）。

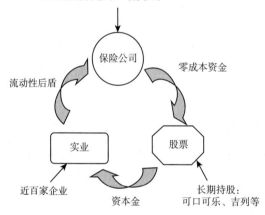

**图 3-7 以"零成本"保险资金为核心的产融价值链**

资料来源：杜丽红. 产业巴菲特"无成本"保险资金支撑的产融价值链［J］. 新财富，2007（12）：102-106.

### （二）利用保险公司进行融资

巴菲特（1987）曾说："我们的主业是保险"。1967 年 3 月，伯克希尔·哈萨韦以 860 万美元买进两家保险公司，一家是"全国保险公司"；另一家是"全国海上与火灾保险公司"。到了 2004 年，伯克希尔·哈萨韦已拥有 38 家保险公司，包括两家规模最大的保险公司：政府员工保险公司（GEICO）和通用再保险公司。伯克希尔·哈萨韦集团公司其实就是一家控股公司，除了 38 家保险公司，它还拥有报社、出版社、公共事业、糖果公司、冰淇淋/汉堡包连锁店、家具行、宝石店、油漆公司、吸尘器实业、制服制造、鞋厂和内衣厂等近百家企业。伯克希尔·哈萨韦逐步累积起惊人的现金储备，到 2003 年达到 442 亿美元，到 2024 年 5 月，现金储备攀升至创纪录的 1889.9 亿美元。

### （三）价值投资法："你付出的是价格，得到的是价值"

巴菲特的投资法兼顾了对企业与管理的品质理解，以及对价格和价值的数量认识。巴菲特认为，趋势不存在，唯一可靠的就是企业的基本面。企业的核心产品、营收、获利、经营团队的能力与品德、处理现金的能力等，只有每项都通过，他才考虑买进。也就是说，当一家经营良好的公司股价低于其"内含价值"时，要果断采取行动。巴菲特不止一次谈道，投资股票真地很简单，就是找到由德才兼备者经营的好公司，而当时的股价又低于内含价值。

### （四）巴菲特价值投资法的缺陷

巴菲特的价值投资法虽然被广泛认为是有效的投资策略，但它也有一些缺陷，主要包括：（1）时间窗口狭小。它需要市场出现大幅度低估的情况，这种机会在成熟市场中可能几年才出现一次。（2）不提供分析方法。这限制了其在多样化市场环境下的适用性。（3）只适合购买内在价值容易确定的资产。对于那些未来现金流不可预测的行业不太适用。（4）公司估值的不确定性。由于信息难以全面整合和估值难以准确计算，这可能导致深度套牢。（5）缺乏明确的止损机制。因其过于强调价值回归和长期持有，在面对小概率大后果的"黑天鹅"事件时，一些价值投资者可能会损失惨重。

巴菲特在 1974～1984 年期间，大量收集美国廉价股票，然后搭乘美国最后一班"繁荣号顺风车"。随着美国的超级大牛市于 1982 年起步、科技经济起飞，其投资表现自然出色。2007 年 10 月美股大牛市结束后，巴菲特损失惨重。他持有的富国银行股票，股价由 2008 年 9 月底的 37.53 美元跌至 2009 年 2 月中旬的 15.87 美元，蒸发掉 57 亿美元市值；他持有的美国运通股票由 35.43 美元跌至 16 美元；可口可乐股票由 52.88 美元回落到 42.2 美元，等等。2008 年，伯克希尔·哈萨韦公司全年盈利倒退 62.2%，不足 50 亿美元，为 34 年来最差成绩。2009 年，巴菲特在致股东的一封公开信中说："我至少犯了一个大错和数个小错，但也造成了伤害……当市场需要我重新审视自己的投资决策并迅速采取行动的时候，我还在啃自己的拇指。"[①]

## 二、连锁模式：细胞分裂效应

【思考】连锁模式成功的关键是什么？该模式有何利弊？为什么？

---

① 沃伦·E. 巴菲特. 巴菲特致股东的信 [M]. 杨天南，译. 北京：机械工业出版社，2021：137.

### （一）从小故事"恐怖的莲花"到细胞分裂效应

故事讲的是有一个探险家在一块沼泽地里发现一朵盛开的莲花，第二年他再去的时候，发现一朵莲花变成了两朵。过了几年之后，他重返该地时，发现莲花开满了半块沼泽地。探险家被那美丽的景色所吸引，流连忘返。但是，过了几年以后他再去看的时候，哪里还有什么莲花，沼泽都干涸了，只剩下一片枯枝残蕊。莲花的生长速度是成倍增加的，当莲花布满沼泽的时候，沼泽养育莲花的养分和水分也被消耗殆尽。这就是细胞分裂效应的威力所在。如今，一些国家的老牌公司正陷于停滞甚至倒退中，原因就是多年来从精耕到深耕，它们已经把市场需求消耗殆尽了。

细胞分裂效应（也称"病毒传播效应"）：数量累计 $= 2^n$，一旦达到一个临界点，就会疯狂增长下去，如表 3-3 所示。连锁模式所采用的基本原理就是"细胞分裂效应"，即从地域上快速扩散连锁店，充分占领市场，同时达成规模效益。

表 3-3　　　　　　　　　　　细胞分裂效应

| 第几代 | 累计数量/个 | 备注 |
|---|---|---|
| 第 1 代 | 1 | |
| 第 2 代 | 2 | |
| 第 3 代 | 4 | |
| 第 4 代 | 8 | |
| 第 5 代 | 16 | |
| 第 6 代 | 32 | |
| 第 7 代 | 64 | |
| 第 8 代 | 128 | |
| 第 9 代 | 256 | |
| 第 10 代 | 512 | 临界点 |

连锁模式造就了诸多经典案例，包括星巴克、可口可乐、麦当劳等著名企业。其中，星巴克的商业模式引爆点包括：第三空间（客户偏好）∧优质咖啡∧直营连锁∧口碑效应∧新产品开发∧员工认股权∧供应链垂直整合；可口可乐的商业模式引爆点包括：经典口味∧品牌效应（碳酸饮料世界第一品牌，与麦当劳并列为美国的象征）∧浓缩液制造商（相当于快餐店的"中央厨房"）∧装瓶商（相当于快餐业的"加盟连锁店"）。

### （二）麦当劳的商业模式

1930 年，麦当劳（McDonald）兄弟在美国小镇圣伯纳丁诺开了一家可驾车进入的汽车餐厅，餐厅外列队等候的人群太让人震撼了。前来推销奶昔设备的业务员克罗克看到了自己的未来，从此走向快餐业，并成为名副其实的"麦当劳之父"。麦当劳的商业模式引爆点（见图3-8）：客户偏好（QSCV）∧标准化（制程、店面形象、经营方式）∧加盟连锁（单店加盟，而非区域加盟）∧房地产（选址、购买房地产、转租给加盟商）。

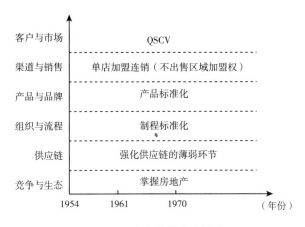

**图3-8　麦当劳的商业模式**

资料来源：参见谭智佳，魏炜，朱武祥. 商业模式升级与持续发展：麦当劳案例［J］. 管理评论，2016，28（2）：219-229.

1. 麦当劳的价值主张。麦当劳的价值主张是：品质（quality）、服务（service）、卫生（cleanliness）、价值（value）。麦当劳兄弟把效率带进了餐饮业，他们的店里只提供九项餐点，包括汉堡包、薯条、奶昔和派。店里只有几个座位，以纸和塑胶餐具替代玻璃与陶瓷。麦当劳兄弟设计了简单的汉堡包装配线，顾客点的餐在60秒内便可完成。此外，价格非常便宜：汉堡包15美分，薯条10美分。

2. 标准化。克罗克认为要建立连锁店，就必须为松散的餐饮业制定纪律，也就是把标准化作业变成容易复制的程序。克罗克效法福特，把同样严格的作业用在做汉堡包上。他给牛肉饼定下明确规格：脂肪含量19%以下，重量1.6盎司，直径3.875英寸，洋葱0.25盎司。20世纪50年代晚期，克罗克甚至在芝加哥郊区设立实验室，研究如何炸出完美的薯条。克罗克以严格的标准作业生产汉堡包、薯条和奶昔，彻底改变了美国餐饮业。他发明了一套精细的营业和配销制度，以确保顾客在任何一家麦当劳买到的薯条都完全一样。如此一致，使得麦当劳成为美式快餐的代名词。

3. 加盟连锁。1954年，克罗克与麦当劳兄弟达成代理连锁的协议，正式获得了为麦当劳餐厅发展连锁店的权利。1955年3月22日，麦当劳公司正式挂牌成立。由于克罗克与麦当劳兄弟在经营理念上的冲突，经协商，克罗克以270万美元的"天价"买下了麦当劳连锁的商标权和契约权。在1960年已开业的220多家麦当劳连锁店的营业额为3780万美元，麦当劳兄弟从中获取的权利费仅为18万美元，而公司这一年的利润仅为 7 万美元，并且还背负着沉重的债务负担——公司的债务是本身资产的 22 倍。克罗克不出售区域加盟权，因为那将使购买者有权决定特定区域的店面数目。到 1965 年底，麦当劳在全美 44 个州拥有共 710 家门店，营业额 1.71 亿美元。快速扩张加上大量广告，使麦当劳在 20 世纪 70 年代初，成为美国最大的快餐连锁企业，"金色拱门"也成为易于辨认的美国文化标志。1972 年，麦当劳的连锁店规模超过 2200 家，营业额达到 10 亿美元。到 2021 年底，麦当劳在全球 119 个国家拥有约 35000 家连锁店。根据 21 世纪经济报道，2024 年 2 月 5 日，麦当劳发布财报：2023 年，麦当劳营收 254.94 亿美元，同比增长 10%；净利润为 84.69 亿美元，同比增长 37%。其中，中国市场是一个主要的增长引擎。麦当劳在中国开设的前 1000 家门店用了 18 年，而第二个 1000 家门店只用了 5 年。2023 年全年，麦当劳全球销售额增长 9.0%，中国所在国际特许市场部门增长最快。截至 2023 年 12 月 31 日，麦当劳中国有 5903 家门店，全年新增门店数量为 925 家，完成了新增 900 家的年度目标，这一开店速度创造了历史新高。而中国市场的新增门店数量，贡献了麦当劳国际特许市场部门 67% 的新店份额。

4. 麦当劳的房地产生意。从 1954 年起，克罗克以 950 美元的低价授权给加盟店，自己保留加盟店总营业收入的 14‰，5‰ 则归麦当劳兄弟所有。因为低加盟费助长快速扩张，1960 年时，全美已有 200 家麦当劳连锁店。克罗克建立了响亮的品牌，但利润却有限。1956 年，克罗克成立加盟房地产公司（Franchise Realty Corporation），搜寻有住宅、学校及教堂的郊区，作为"金色拱门"的理想地点。麦当劳租地或买地的成本低廉。不久，房地产的运作成为麦当劳重要收入来源。1985 年，当麦当劳的土地资产超过西尔斯公司，达到 41 亿 6000 万美元时，纽约证券交易所把麦当劳列入道琼斯工业指数。该指数是美国最重要的经济指标，是根据全美前三十大工业公司普通股票的价格及获利率的变动而编制的股票平均指数。

5. 强化供应链的薄弱环节。20 世纪 60 年代，麦当劳想提供给顾客的价值由于供应商不稳定的表现而未能实现。例如，在土豆产业中，储存标准的缺乏和分散供应等。麦当劳为此花费了很多年，引导供应商适应麦当劳的优先需求。

**（三）宏碁电脑的商业模式**

宏碁（Acer）由施振荣领衔创立于 1976 年，1982 年推出"小教授二号"家用计算机，因为价格低廉、设计独特，在国际上得到普遍认可。1986 年宏碁领先 IBM 推出 32 位个人计算机。1988 年，宏碁电脑股票上市。连续多年的成功，带来规模的不断扩张，导致宏碁体制僵化。1991 年年底宏碁发生历史上最大幅度的亏损，亏损金额达新台币 6.07 亿元。这时，施振荣启动恢复成长的宏碁再造工程，并逐步过渡到"快餐店模式"。宏碁的商业模式引爆点：快餐店模式 ∧ 主从架构 ∧ 速度制胜（见图 3 - 9）。

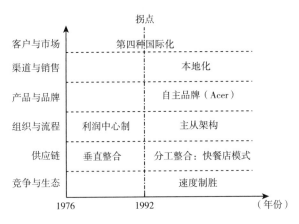

**图 3 - 9　施振荣的商业模式**

资料来源：廖金廷. 探索中国配套代工企业的未来之路——金威达加工厂的案例研究［D］. 厦门：厦门大学，2011.

1. 快餐店模式。宏碁电脑的快餐店模式，就是将原来在中国台湾生产的"系统"（整机），转变为在中国台湾生产"组件"，卖给海外事业单位，在市场当地组装，提供市场刚出炉、技术最新的计算机，加快新产品推出与库存周转的速度。宏碁在 28 个国家和地区设置了 34 个装配基地，随时视客户的需要弹性装配交货，如此可应对市场变化。1992 年，中国台湾成为宏碁的"中央厨房"，负责生产主机板、外壳装置、监视器等组件，而各地区事业单位变成组装"新鲜计算"机的"快餐店"，独树一格的"快餐店模式"开始成型。其他地区的装配基地则扮演了三大角色：第一，其他地区的装配基地是宏碁在当地的分公司，当地股东可以占到大于 50% 的股份；第二，其他地区的装配基地是宏碁在当地的组装厂，关键部件由台湾供应，其他就地采购；第三，其他地区的装配基地是宏碁在当地的代理商，通过本地化，打开当地市场。快餐店模式开始运作之后，宏碁的库存周转速度加快了一倍，这不仅降低了经营风险，而且为新产品上市创造了有利条件。

2. 主从架构。主从架构是让各单位自主决策、自担风险，这样能够分散并降低总部的风险。在这个管理架构中，各事业单位既是独立决策运作的"主"，又互相支持，作为其他事业的"从"。例如，宏碁电脑独立发展与制造监视器是"主"的角色，其产品供应全球，地区性事业单位是最专业、最有效率的"从"，同时也具备了经济规模。主从架构的游戏规则包括：策略性事业单位销货给地区性事业单位，价格不能高于市场公开价格，如果是自有品牌产品，必定要通过地区性事业单位营销；地区性事业单位必须提出营收的 2% ~5% 作为自有品牌产品的广告费用，策略性事业单位也必须提取产值的 5‰作为品牌推广发展基金。如果事业单位的股东大会决议退出主从架构，任何时候都可以，当然从此之后它也无法享用宏碁的技术与品牌资源。

3. 自主品牌。1987 年，宏碁把品牌从 Multitech 更换为 Acer。Acer 在拉丁文中是"积极、有活力"的意思，简洁有力。据美国评估公司分析，1994 年 Acer 的品牌价值已达 1.8 亿美元。

4. 营销国际化。自 1992 年起，宏碁国际化走出的第一步是建立各国的总代理体系，即找到既熟悉当地市场又懂技术的合作伙伴，双方各负担一半的广告经费，开始着手品牌的宣传，让中国台湾以制造为导向的战略性事业单位（SBU），领航其他以营销为导向的地区性事业单位（RBU）。

5. 速度制胜。在速度与成本两项因素中，前者比后者更重要。因为速度本身就是成本，速度快可以降低成本，产品周转快、库存少，加速资金周转的效率，但是降低成本却不见得可以加快速度。

## 三、反向操作模式

【思考】反向操作模式成功的关键是什么？该模式有何利弊？为什么？

反向操作模式的典型案例是戴尔商业模式。1984 年迈克尔·戴尔（Michael Del）创建了戴尔公司，到 1998 年 5 月为止，戴尔的股价在 20 世纪 90 年代上涨了 269 倍，涨幅远高于英特尔、微软、可口可乐、迪士尼和思科。戴尔并不是靠独特的技术能力获得如此惊人的成长和获利。事实上，在计算机产业链中，戴尔可谓受到双重挤压：上游有英特尔和微软两大强势供应商，下游有理性的消费者，可以在诸多计算机公司中任意挑选功能和造型十分类似的个人计算机产品。戴尔的直接竞争对手则有 IBM、惠普、康柏等，以及亚洲和北美洲数不清的、低成本经营的计算机企业。从客观条件来看，戴尔在计算机行业中毫无竞争优势可言。戴尔的成功在于卓越的供应链设计，并佐以精确有效的供应链管理。

戴尔的商业模式（"用客户的钱做生意"）引爆点如图 3 - 10 所示：客户定制∧接单生产∧零件外包∧直销模式∧企业数字化。

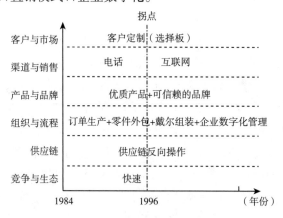

图 3 - 10　戴尔公司的商业模式

资料来源：解宝苗. 广义价值链视角的企业商业模式创新研究——以戴尔公司为例［D］. 兰州：兰州财经大学，2010.

1. 客户定制：选择板。戴尔建立了在线配置器，它是一个专门设计客户所需计算机的数字系统，也是世界上首批出现的选择板之一。该配置器允许客户设计自己真正需要的计算机，将客户的需求与产品的特点精准地结合起来。客户不再像以前那样，只能被迫接受厂家提供的产品。

2. 接单生产：改变价值链的方向。戴尔不是先把计算机生产出来，然后再将其推销出去，而是先将计算机推销出去，然后再根据客户的要求将它们生产出来。客户付款给戴尔购买产品，戴尔付款给供应商购买零件，从而使通常的应付账款和应收账款之间的关系颠倒过来。这种逆向的先进流动催生了负流动资本，使戴尔能够得以迅速地进行技术升级和财务基础设施改造（见图3-11）。

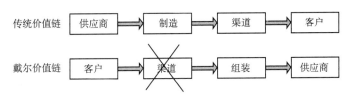

**图3-11 戴尔价值链**

资料来源：刘璐，楚蕾. 戴尔价值链管理体系分析［J］. 现代商贸工业，2018，39（5）：52-54.

3. 零件外包。戴尔能取得成功，最大的功臣是中国台湾的计算机零件供应商——华硕（Asus）。华硕一开始提供设计简单、可靠的电路板给戴尔，而且价格比戴尔自己生产的成本更低，接下来为戴尔供应主机板，再接下来为戴尔组装计算机。

4. 直销模式。1992年6月，全球个人计算机第三大企业康柏电脑公司宣布降价30%~40%，低价计算机时代来临。戴尔的"直销模式"（the Direct Model）使它在超微利时代的个人计算机领域中拔得头筹，拥有世界第一的市占率。

5. 企业数字化。1996年是企业数字化的分水岭，戴尔通过Dell. com网站销售计算机。戴尔为客户提供"选择板"开启定制化服务，以此衍生出接单生产模式，彻底改变了价值链的方向，从而使戴尔的运营效率提升10~20倍。

戴尔依照客户定制装配个人计算机及工作站，通过网络（DELL. com）或电话接受订单；几乎在确认订单的同时，就开始组装系统，并以同样迅捷的速度运送出去，整体流程不超过24小时（从客户订货到计算机离开生产线等待发送，只需6小时）。公司没有库存的成品，也不借助经销商或零售店，而是把产品直接从工厂运送到客户手中。比较而言，戴尔的库存周转率是每年12次，而采用零售渠道的企业是6次。1995~1999年，戴尔的利润率从7%增加到11%，市值与销售额的比率由1∶1增加到7∶1。2013年，戴尔公司的年营收约为600亿美元，2024年的年营收约为884亿美元。

基于本书原创的商业模式六职能模型，我们选取"拼多多电商模式"案例进行应用分析，从第二章开始，每章末尾均采用专栏形式加以展开。该案例分析贯穿于第二章至第七章，依次对应商业模式六大职能模块：环境分析→模式定位→资源整合→价值创造→价值获取→创新重构。

## 专栏 3.12【商业模式六职能模型应用分析之二】 ·······································

### 拼多多电商模式
#### ——后发平台企业的颠覆式创新

1. 可怕的"增长怪兽"，迅速成长为头部电商（见本书第二章末）。

2. 三大电商巨头 2024 年第一季度财报对比（见本书第二章末）。

3. 借助本书提出的商业模式六职能模型，我们对其颠覆式创新进行简要分析（本章增加对应的模式定位分析），如表 3－4 所示。

表 3－4　基于商业模式六职能模型的拼多多探索期、追赶期、颠覆期商业模式分析

| 主要过程 | 维度要素 | 重要概念 | 部分典型援引 |
|---|---|---|---|
| | 拼多多探索期商业模式分析（2015 年 4 月～2015 年 8 月） | | |
| | 价值维度：定位利基市场 | 下沉市场 | 随着智能手机的普及和4G网络信号的大面积覆盖，超过 90% 的人都在使用手机，其中有一半以上的用户位于下沉市场 |
| | 交易维度：定位线上交易 | 社交拼团 | 顾客通过 App 拼团下单完成交易 |
| | 拼多多追赶期商业模式分析（2015 年 9 月～2019 年 5 月） | | |
| 模式定位 | 价值维度：进入利基市场 | 利基市场需求 | 低价、去品牌化产品<br>差异化的冷门尾部商品，如一些小众的农资、五金用品等 |
| | 交易维度：推进线上交易 | 游戏基因 | 推出助力享免单、砍价免费拿、一分抽好礼、帮帮免费团、天天领现金等好玩的流量裂变方式 |
| | 拼多多颠覆期商业模式分析（2019 年 6 月至今） | | |
| | 价值维度：进入主流市场 | 品牌化 | 启动"百亿补贴"，吸引高线城市的用户<br>联合美的、立白、珀莱雅等国产品牌，推出"多多新国潮" |
| | 交易维度：推进线上交易 | 游戏基因 | 继续推出助力享免单、砍价免费拿、一分抽好礼、帮帮免费团、天天领现金等好玩的流量裂变方式 |
| | 创始人总结 | "Disney + Costco" | 黄峥将拼多多的定位总结为"Disney + Costco"，前者是各种小游戏，后者是"百亿补贴"+"仅退款"组合，维护了其"线上 Costco"的形象，百亿补贴用低价、正品保证、假一赔十提高了商品生态的上限，仅退款维护了消费者权益的下限 |

———— 【本章小结】 ————

1. 商业模式定位是商业模式中的重要概念，魏炜和朱武祥将之定义为"满足利益相关者需求的方式"，本书定义为"企业锚定利益相关者进行需求创造和需求满足的动态过程"。商业模式定位与企业战略定位、营销定位之间关系密切。企业的价值主张可以来自战略定位、营销定位、商业模式定位三者中的任何一个，而实践中三者往往是融为一体的。三种价值主张中，战略定位着眼于业务和产品，营销定位着眼于细分市场的客户需求，商业模式定位则着眼于满足客户需求的方式。三者价值主张不同，回答的问题也不相同。战略定位回答"做什么"，解决发展方向问题；营销定位回答"为谁做"，解决发展对象问题；商业模式定位回答"如何做"，解决发展方式问题。

2. 如何进行商业模式定位，需要考虑的因素很多，尤其是要注意把握以下三个方面的内容，即市场分析与研究、确定价值主张、选择定位策略。首先进行市场分析与研究。包括目标客户群体分析、竞争对手分析、市场趋势与需求识别。其中，目标客户群体分析是市场研究的核心部分，它帮助企业了解其潜在和现有客户的特征、需求和行为模式。其次确定价值主张。需要注意价值创造的途径、价值传递的方式、价值捕获的策略。最后选择定位策略。包括价值定位策略、产品定位策略、产权定位策略。

———— 【复习思考题】 ————

1. 如何理解定位在战略管理与市场营销中的作用与内涵？
2. 如何理解定位与品牌差异化的关联？
3. 如何理解商业模式定位的概念及其与战略定位和营销定位的异同？
4. 如何理解商业模式定位概念的新发展？
5. 如何理解商业模式定位的关键要素？
6. 市场分析与研究的内容与方式有哪些？
7. 确定价值主张的内涵与价值捕获的策略有哪些？
8. 如何在价值定位策略、产品定位策略、产权定位策略之间进行理性选择？

———— 【做中学模式】 ————

1. 选择一家你身边的企业，分析其商业模式定位及战略定位和营销定位的异同。
2. 选择一家你身边的企业，分析其如何确定价值主张以及运用了何种价值捕获的策略。

3. 选择二至三家你身边的企业，考察其商业模式定位应用了价值定位策略、产品定位策略、产权定位策略中的哪一种或哪几种，并对比分析这二至三家企业的策略选择和运用效果有何异同。

——————【章末案例】——————

### 廉价航空模式，铸就盈利传奇
#### ——从西南航空到春秋航空

"廉价航空"模式并非源自航空业不发达的地区，而是起源于美国的西南航空公司，该公司成立于1971年，后在欧洲得到进一步发展，并在21世纪被亚洲国家广泛模仿。目前，廉价航空在全球航空市场中的份额约为30%，在欧美市场，廉价航空公司已经占据了2~4小时航线80%的份额，形成了所谓的"3+2"市场格局，即廉价航空公司占据三席，传统航空公司占两席。在印度尼西亚、印度、马来西亚和菲律宾等国家，廉价航空已经占据了近半数的市场份额。近十年来，廉价航空在中国也取得了显著发展。所谓的"廉价"，是在航空公司分拆客舱部分服务和乘客让渡部分出行体验的基础上，航空公司实施精益管理后的结果。

以春秋航空为例，其提供的价廉物美的服务经常被消费者亲切地称为"空中绿皮车"，尤其受到学生、退休人士以及注重成本的自由行旅客的欢迎。与传统航空相比，廉价航空在剔除了大部分非必要的服务后，通常能够提供比传统航空公司便宜20%以上的票价。此外，国内廉价航空公司还会不定期推出极具吸引力的机票促销活动，如春秋航空的"9元机票"和"99元秒杀"等。而在国外，廉价航空已成为许多人出行的常规选择。对于没有紧急出行需求或对航空服务要求不高的旅客来说，廉价航空大大降低了他们的出行成本，并激发了新的出行需求。

1. 西南航空的商业模式。

（1）西南航空概况。在美国，一些著名的低成本航空公司包括西南航空、精神航空、太阳国航空、边疆航空、忠实航空和捷蓝航空，其中以西南航空的规模为最。西南航空（Southwest Airlines）由赫布·凯莱赫（Herb Kelleher）创立，1967年在得克萨斯州达拉斯市成立，最初名为Air Southwest。1971年，公司正式更名为西南航空，并启动了其商业航班服务，初始机队由3架波音737-200飞机组成，提供连接达拉斯、休斯敦和圣安东尼奥这三个得克萨斯州主要城市的航线。自那以后，西南航空凭借其创新的商业模式和客户服务，成为美国乃至全球低成本航空领域的领头羊。西南航空发展里程碑如表3-5所示。

截至2020年1月，西南航空每天提供超过4000个航班，连接11个国家的102个城市，并拥有745架飞机的强大机队。在旅客运输量方面，西南航空位居全球航空公司之首。自2000年以来，西南航空的旅客运输量实现了显著增长，从7300万人次上升至 2019 年的 1.63 亿人次。2000～2019 年，年均复合增长率达到了 8.36%。1990～2020 年西南航空的运营规模如表 3-6 所示。

表 3-5　　　　　　　　　　西南航空发展里程碑

| 年份 | 发展里程碑 |
|------|-----------|
| 1967 | 西南航空成立 |
| 1971 | 首次开通航线，提供得克萨斯州内 3 个城市（达拉斯、休斯敦和圣安东尼奥）之间的短途航空客运服务 |
| 1973 | 首次盈利，并持续至 2019 年 |
| 1977 | 于纽交所上市，股票代码为 LUV. N |
| 1979 | 开通第一条跨州航线（达拉斯—新奥尔良），走出得克萨斯州，走向全国 |
| 1989 | 营业收入首次突破 10 亿美元 |
| 1990 | 机队数量首次突破 100 架 |
| 2011 | 收购低成本航空公司穿越航空公司（Air Tran） |
| 2014 | 开通前往巴哈马、牙买加、阿鲁巴等国家的航线，成为国际性航空公司 |

表 3-6　　　　　　　　　1990～2020 年西南航空的运营规模

| 项目 | 1990 年 | 2000 年 | 2010 年 | 2020 年 1 月 |
|------|---------|---------|---------|-------------|
| 每日航班个数 | >960 | >2500 | >3200 | >4000 |
| 通航城市个数 | 33 | 58 | 69 | 102 |
| 通航州个数 | 14 | 29 | 35 | 40 |
| 通航国家个数 | 1 | 1 | 1 | 11 |
| 飞机数量（架） | 106 | 344 | 548 | 745 |

2019 年，西南航空的运输能力显著提升，公司的收入客英里达到了 1313 亿人英里，而可用座英里更是高达 1573 亿人英里。这一数据相较于公司成立之初，分别增长了 700 多倍和 500 多倍，反映出西南航空在航空运输领域的巨大扩张和成功。

如图 3-12 所示，西南航空自成立以来，其营业收入实现了从 1971 年的 213 万美元到 2019 年 224 亿美元的巨大飞跃，年复合增长率 21%。在这段发展历程中，公司仅在 2001 年和 2002 年因互联网泡沫破裂和"9·11"事件，以及 2009 年的全球金融危机期间遭遇了负增长。在其余 45 年里，每年都保持了正向增长。

在美国航空业管制政策放宽后，西南航空利用其低成本运营模式在激烈的市场竞争中占据优势，不仅成功争夺了存量旅客，还吸引了大量新客户。相较于整个航空业实现了快速增长，特别是在 1979～1983 年，其营业收入的增长速度比行业平均水平高出大约 20～50 个百分点。

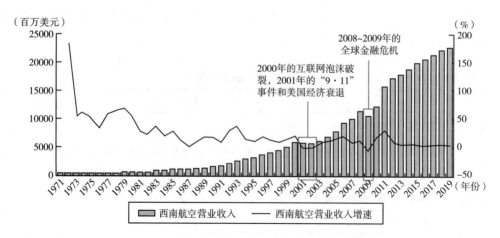

**图 3 – 12　1971～2019 年西南航空营业收入及增速**

（2）西南航空业务分析。

①短程直飞模式。1978 年美国航空业管制解除后，许多航空公司开始构建轴辐式（hub-and-spoke）飞行网络，专注于长距离航线，通过枢纽机场连接客流量较小的城市。这种模式下，旅客通常需要在枢纽机场转机，以完成他们的旅程。然而，西南航空在获得跨州运营许可后，并没有追随这一传统模式，而是坚持其点对点的运营策略，提供城市间的直飞服务。西南航空的运营模式以短程直飞、高频率航班和低廉票价为特点，主要服务于中小企业的商务旅客以及对价格较为敏感的旅游和探亲旅客。这种模式在国际上通常用于 600～800 英里以下的距离，被定义为短途航线。到 2019 年，西南航空大约 77% 的乘客选择的是直达航班，720 个城市之间实现了直飞；其平均航距为 748 英里，比传统航空公司如美联航短将近 50%。与轴辐式网络相比，点对点网络降低了管理的复杂性和成本，同时减少了旅客转机的等待时间，提高了飞机的运行效率。这种直接且高效的运营方式，使西南航空在航空市场中占据了独特的竞争优势。

②避开航空枢纽，选择二线机场。在轴辐式航线网络中，航空公司往往选择枢纽机场作为运营基地。然而，西南航空却另辟蹊径，避开这些较为拥挤的枢纽机场，转而选择地理位置更靠近市区的二线机场作为其运营基地，例如达拉斯的勒夫机场、休斯敦的霍比机场和芝加哥的米德韦机场。这种策略使得西南航空能够在这些二线机场安排更加频繁的航班。以 1994 年为例，当时美联航和美国航空公司在达拉斯和休斯敦之间的航班每天仅有 15 班，而西南航空在同一航线上每天却能提供 38～41 班航班，显著高于对手。此外，二线机场的起降成本也普遍低于枢纽机场，这为西南航空节约了大量成本。据估计，西南航空在这些基地机场的单位登机乘客成本比邻近的枢纽机场低 20%～44%。同时，西南航空在这些二线机场还享有时刻垄断优势，进一步提高航班的返航效率。

③降本增效的运营模式。

第一，飞机种类单一，降低运维成本。与美国的传统三大航空公司相比，西南航空机队结构单一，而三大航空拥有的飞机系列多达数十种。西南航空只使用一种型号的飞机，即波音737系列客机。单一机型的优点有：只需要就一种飞机的飞行员、乘务员、机械师和维修师等进行培训，降低培训费用；单一机型减少零件储备，便于调换飞机、调整机组人员等，提高运营效率；同一种机型的飞机可以降低采购成本。

第二，单一舱位设置，降低单位座位成本。西南航空为全经济舱设计，不设头等舱和商务舱；同时由于不提供机上膳食，而是提供花生米和其他小吃，不需要餐车，可腾出空间多设座位，因此同款机型下，西南航空比美联航和美国航空多7%～13%的座位，更多数量的座位可以降低单位座位的成本，为公司降低票价提供保障。

第三，其他降本增效的举措。通过官网直销机票，降低代理销售费用；不打印机票，仅提供可重复利用登机牌，降低打印设备投资及耗材成本；机舱没有指定座位，先到先坐，促使旅客尽快登机，减少停留时间，提高效率；以零食代替正餐，降低餐食和加热设备成本，减少机舱打扫时间，提高返航效率。

2. 春秋航空对标西南航空所存在的差异点。主要包括以下四个方面：基本情况、政府管制、机场设置和客运市场结构。

（1）基本情况。如表3-7所示，春秋航空与西南航空的基本情况对比包括以下三方面：基本信息，航线网络和机场选择，机队设置和舱位设置。

表3-7    春秋航空与西南航空基本情况对比

| 方面 | 项目 | 春秋航空<br>Spring Airlines Co，Ltd. | 西南航空<br>Southwest Airlines Co. |
|---|---|---|---|
| 基本信息 | 代码 | 601021. SH | LUV. N |
| | 成立时间 | 2004 | 1967 |
| | 上市日期 | 2019/1/22 | 1981/6/3 |
| | 总部 | 上海 | 得克萨斯州达拉斯市 |
| 航线网络和机场选择 | 航线网络 | 点对点为主，86%为直飞航班；平均航距1218千米；国际航线收入占比32% | 点对点为主，77%为直飞航班，平均航距1204千米；国际航线收入占比3% |
| | 机场选择 | 以上海两场为出发点或目的地的航线起降架次占总起降架次约46.7%，其他基地机场以三、四线城市为主，没有北京两场出发或到达的航线 | 以靠近市区的机场或二线机场作为基地，出发航班分布平均，巴尔的摩、芝加哥和丹佛的机场航班均为200多次/天 |
| 机队设置和舱位设置 | 机队设置 | 单一机型 A320 系列 | 单一机型 B737 |
| | 舱位设置 | 单一舱位（不设公务舱和头等舱）；座椅密度极高（A320neo机型设置186个座位，两舱布局为165个） | 单一舱位（不设公务舱和头等舱）；座椅密度极高（B737-800机型设置175个座位，两舱布局为164个） |
| | 更新机队结构 | 引进更省油的 A320neo | 引进更省油的 B737MAX8 |

（2）政府管制。美国1978年开始的航空业放松管制针对的主要为航线和运价，而在中国，这两项要素仍受到民航局监管。除此之外，中国航空公司的飞机购买和租赁也需获得中国民航局和国家发改委的批准，航空公司的飞机引进速度也受到一定程度的制约。西南航空迅速发展是在美国放开航空管制的背景下，而我国航空当前时刻管控主要集中在一、二线城市，但目前总量收缩的政策对春秋航空影响有限。

我国航空业的航线放开程度有限。其中，涉及北京、上海、广州机场之间及其连接部分国内繁忙机场的客运航线采取核准制，目前共49条。国内航线审批相关政策如表3-8所示。

**表3-8** **国内航线审批相关政策**

| 年份 | 政策名称 | 简介 |
|---|---|---|
| 2006 | 《国内航线经营许可规定》 | 取消了企业基地审批，扩大了经营范围，下放了区内航线管理权限，按登记和核准分类实施航线管理 |
| 2010 | 《关于进一步改革国内航线经营许可和航班及管理的办法》 | 涉及北京、上海（虹桥及浦东）和广州三大城市航线经营许可和航班及四个机场的航线经营许可和航班为核准/登记管理；其他航线和货运航线经营许可和航班均为登记管理 |
| 2018 | 《中国民航国内航线航班评审规则》 | 涉及北京、上海、广州机场之间及其连接部分国内繁忙机场的49条航线实施核准制，其他航线实施登记制 |
| | | 有条件放开"北上广"大三角之间的3条核准航线准入。修订前，"北上广"大三角之间航线限制新增承运人。修订后，未进入承运人可在满足通达性和运行品质要求的基础上申请新进入，以更好地促进市场有序竞争 |

中国航空公司的运价也受到政府监管。尽管2004年以来，我国航空运价逐步放开，越来越多的航线实现市场定价，但在价格上浮方面和调价的航线个数上依旧受到限制。对低成本航空公司而言，如果整体票价提升，则有利于拉开与全服务航空公司的票价差距，凸显价格优势，形成差异化竞争。截至2019年底，我国国内有4568条航线。根据2019年发布的《关于印发实行市场调节价的国内航线目录的通知》，我国目前仅有1328条航线实行市场调节价。

（3）机场设置。在欧美等发达国家，大型城市普遍建设有多个机场，这为低成本航空公司开辟次要机场间的航线提供了机会，从而实现收入增长。然而，中国一、二线城市大多只拥有一个主要机场，这限制了低成本航空公司的发展机会。例如，春秋航空的基地在上海，其在浦东和虹桥两大机场的航线占总航线的近一半，这迫使春秋航空不得不与传统的三大航空公司在航线时刻上进行竞争（值得一提的是华夏航空的经营模式在机场布局方面与美国廉价航空有异曲同工之妙）。

此外，中国的机场收费标准体系中，一类机场的起降费、旅客服务费、安检费等通常低于二类机场和三类机场。据2019年北京首都国际机场的收费标准公示，国际及港澳航班的旅客服务费为 70 元/人，而内地航班的旅客服务费为 34 元/人。目前，中国共有一类 1 级机场 3 个，一类 2 级机场 3 个，二类机场 20 个，其余为三类机场。春秋航空的其他基地机场主要位于三、四线城市，如果不考虑补贴，其起降费用等实际上有所增加。

（4）客运市场结构。美国的客运市场呈现二元结构特征，公路和民航是主要的交通出行方式。与美国不同，中国的客运市场主要由高铁、普铁、公路和民航组成。其中高铁对航空产生的竞争压力较大，自 2008 年 8 月 1 日我国第一条高铁"京津城际铁路"投入运营以来，其客运量不断提升，截至 2018 年 12 月底，累积达到 205430 万人次。

高铁乘客的平均出行距离为 380 千米，随着高铁覆盖范围逐步扩大，对 800 千米以下的中短途航空出行形成了直接竞争关系，分流了一部分航空需求，而在 800 千米及以上距离的中长途出行中，航空客运逐渐显现出优势。

资料来源：参见国盛证券. 从美国西南航空看春秋航空的成长空间［R］. 2020 – 07 – 16.

**讨论题：**

1. 阅读上述材料，提炼总结西南航空和春秋航空各自的目标市场、价值主张和差异化竞争，并思考两家航空公司取得成功的关键因素各是什么。

2. 结合近三年的宏观环境变化，分析西南航空和春秋航空的外部环境有何异同。

3. 结合各自国情，分析西南航空和春秋航空的商业模式与其战略是如何协同配合的。

4. 如果上述两家航空公司继续沿着目前的道路前进，你认为他们可能会遇到哪些障碍？为什么？

# 第四章　资源整合

如果只用一句话讲商业模式，那就是——资源能力组合变现的逻辑。经营者本质上是反熵增①的资源整合者。因为，企业缺的，世界都有，创造也许很慢，整合可以很快。作为价值创造的前置条件，资源整合能够快速将分散的资源和能力集中起来，形成协同效应。

——袁柏乔

## 【本章目标】

1. 了解经济资源的含义。
2. 学会分析并利用企业各种属性的经济资源。
3. 掌握资源整合的定义和内容。
4. 理解资源整合的原则。
5. 能够识别并汲取企业的关键资源，学会对关键资源进行整合。
6. 熟悉企业资源整合的相关理论。

## 【主要概念】

经济资源，价值链定位，资源整合，关键资源

## 【主要思维】

系统思维，创新思维，法治思维，底线思维

## 【导入案例】

第四次零售革命已经悄然到来，与百货商店、连锁商店和超级市场前三次零售革

---

① 熵：热力学中表征系统混乱度的物理量，由德国物理学家鲁道夫·克劳修斯（Rudolf Julius Emanuel Clausius）于 1865 年提出。商业隐喻：无效能耗（如资源闲置）。

熵增：孤立系统熵值永远增加（热力学第二定律）。商业表现：效率持续衰减（如大企业病）。

反熵增：开放系统通过能量输入降低熵值。商业实践：资源整合、信息透明（如区块链赋能）、机制创新，这正是现代企业对抗"组织衰老"的核心逻辑。

命截然不同，它主要围绕智能商业化展开，并且将会是颠覆性的，其特征是"无界"和"精准"。无界，是从"N→1"到"1→∞"。过去的互联网时代是中心化的（N→1）：N 多个网民上同一个网页，网页就成了流量的中心。未来会走到 1→∞ 的时代，也就是一个人会面对无数多的屏幕、无数多的场景、无数多的入口。流量中心会变得不重要，真正重要的是以客户为中心。对零售来说，未来一定是无界的——无处不在、无时不在。当购物的入口变得极为分散、多变时，固守单一平台的零售商会非常脆弱。精准，是从"大众市场（everything economy）"到"人人市场（everyone economy）"。过去的零售和生产活动是以品类和市场为单位进行管理的，瞄准的是大众市场，提供的是批量商品，难以满足每个人独特的需求。未来的感知技术将会赋予我们洞察每个消费者个性化需要的能力，并且我们可以通过连接外部资源灵活地实现个性化需求，还可以通过智能算法使互动和交付更高效。这就是说，未来的零售一定会越来越精准，否则无法达成"成本、效率、体验"，最终会被淘汰。

无界，代表的是宽度；精准，代表的是深度。在这幅未来的零售图景里，零售企业如何兼顾拓宽和加深？说到底，只有创新的技术应用才能不断突破零售生产率边界，实现体验和成本效率的同时升级（见图 4-1）。体验的升级不仅是"便捷"，更是对消费者需求的理解（比你懂你）、连接（随处随想）和实现（所见即得），最终消费者可以随时、随处地满足随心的需求。

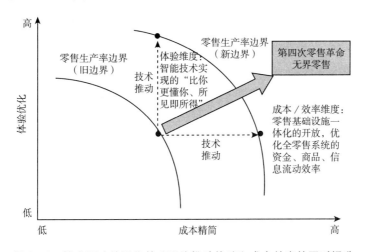

**图 4-1 技术驱动的零售基础设施推动体验和成本效率的同时提升**

2016 年，京东到家与达达合并为达达集团。2017 年，刘强东提出无界零售概念。2021 年，京东携手达达发布即时零售品牌"小时购"。用户在京东 App 上购买带有"小时购"标识的商品，将直接从周边 3~5 千米的合作门店发货，一小时送达。2024 年 3 月份，京东零售宣布"内容生态、开放生态、即时零售"为 2024 年三大必赢之战。5 月份，京东进一步加强和达达集团的合作，将即时零售业务全面升级为"京东秒送"，整合了原京东小时达、京东到家等业务，以全新的品牌形象和更高效的配送服务，为消费者提供"好物立享""最快9分钟送达"等购物体验。京东公开数据显示，京东秒送服务已经覆盖全国2300余个县区市，合作门店超50万家，覆盖全品类商品。

作为京东的重要股东，腾讯的核心能力和关键资源是什么？一是流量，二是资本。腾讯认为，电商并不只是买卖商品，更是对后端供应链的整合和消费行为数据的采集与积累。为了顺应新零售的发展趋势，腾讯和京东走到一起，结合二者各自的核心能力，以腾讯的社交、内容体系和京东的交易体系为依托，为品牌商打造线上线下一体化、服务深度定制化、场景交易高融合的零售解决方案。该方案最大的亮点就是基于消费者在京东上的交易习惯、腾讯对用户社交行为特征的深度洞察和品牌商的线下购物数据为消费者定制高水平的营销活动与服务。通过无界零售方案，可以解决销售数据无法融合、场景无法贯通和交易无法同步三大难题。无界零售将帮助每个品牌商真正解决购物场景即时化、碎片化所带来的信息孤岛化问题，吸引相同爱好、标签相似的消费者根据兴趣非常方便地通过网络聚集在一起形成社区，从内容创造、设计参与、决策参谋、体验分享到品牌传播每个环节，都能够与喜爱的品牌深入地互动，与品牌一起创造价值。

资料来源：参见崔之瑜. 第四次零售革命：开启无界零售时代［J］. 互联网经济，2017（7）：42－47.

【思考】京东和腾讯为何要进行资源整合？它们各自是如何进行资源整合的？企业在商业模式创新过程中，应该如何整合内部资源和外部资源？

在商业世界中，资源整合是构建和优化商业模式的关键策略。它涉及将企业内外部的各种资源（包括资金、技术、人才、信息和市场渠道）进行有效整合，以创造更大的商业价值和竞争优势。随着市场竞争的加剧和全球化的深入发展，资源整合已成为企业获取持续竞争优势的重要手段。

本章将深入探讨资源整合的概念、策略和实践，分析其在不同商业模式中的应用，并讨论如何通过资源整合来提升企业的创新能力和市场响应速度。我们将通过一些成功的行业案例来展示资源整合的力量，这些案例不仅证明了资源整合的有效性，也揭示了其在实现企业战略目标中的核心作用。然而，资源整合并非没有挑战。企业在整合过程中可能会遇到资源配置的冲突、跨文化管理的难题以及合作方之间的利益协调等问题。本章也将探讨这些挑战，并提供解决这些问题的策略和方法。

# 第一节　经济资源、关键资源及其整合

## 一、经济资源的定义和特征

【思考】资源与经济资源有何区别？经济资源具有哪些特征，如何分类？

### （一）经济资源的定义

资源是指在一定时期内，一国或某一地区内所拥有的物力、财力、人力、信息等各种物质要素的总称。这些资源具有可利用性和有限性等特点，是经济发展、社会进步和人类生存的基础。资源的配置和利用效率对一个国家或地区的可持续发展至关重要。所谓经济资源，是指用于生产商品和服务以满足人类需求的有限要素。经济资源是稀缺的，因此需要有效配置以实现效用最大化。微观地看，企业的竞争优势在很大程度上取决于其拥有的企业资源。关于企业资源的概念和分类及其影响，见本章第二节和第二章第三节。

### （二）经济资源的特征

经济资源必须具备有用性、可配置性和稀缺性，有用性是资源成为经济资源的基础条件，可配置性是其成为经济资源的必要条件，而稀缺性则是其成为经济资源的前提条件。

第一，有用性，即必须是为生产所需要的资源，必须对经济生活具有使用价值。第二，可配置性，即经济资源具备能够在不同的用途、生产领域或经济主体之间进行分配和调整的特性。第三，稀缺性，即必须是稀缺资源，意指相对于人类的无限欲望而言，其存量是稀缺的，并非取之不竭。关于资源的稀缺性问题，一直以来都是经济学家热议的话题之一。基于资源禀赋论，新古典经济学派倾向于认为资源的多寡取决于资源的禀赋，并进一步认为资源的"有与无"以及"多与少"是导致国际分工的基本原因，而张维迎（2023）的最新研究表明，资源是内生于技术的，不是什么给定的"禀赋"，这个重要发现让我们眼前一亮，因为它给商业模式设计带来更大的想象空间。

📑 **专栏4.1【名家观点】** ----------------------------------------------

#### 张维迎：资源是内生于技术的，不是什么给定的"禀赋"

新古典经济学家假定资源是给定的、外生的；并进一步认为，是资源"禀赋"决定了一个国家的比较优势。但人类过去 200 多年的发展证明，资源不是先天给定的，而是内生的。什么是资源，什么不是资源，依赖于你有什么样的技术；而你有什么样的技术，依赖于企业家的创新。彼得·德鲁克说，创新活动能赋予资源以新的能力，进而创造财富。事实上，创新活动本身就是创造资源（彼得·德鲁克，2021）。

比如，石油现在被认为是最重要的资源，因为它为我们提供了能源。但是在十九世纪中期之前，石油并不是什么资源，而是被视为一种废物。人们在打水井或者盐井时经常碰到原油，它是一种令人尴尬的副产品，可能污染水和盐，这就带来了一个很大的麻烦，需要人们花大量的劳动去处理。原油是一种黑色的粘稠液体，与煤炭不同，在自然状态下实际上没有什么用途。为了使用石油，提炼是必须的。后来人们发现石油可以燃烧，蒸馏后从中提炼出石蜡（煤油），满足了日益增长的照明需求，这样石油就变成了资源。但在提炼煤油之后，剩下的副产品是汽油和重油，这些东西又成了需要处理的垃圾。汽油容易挥发，燃点很低，容易燃爆，非常可怕。后来人类发明了汽车，发现汽油可以做内燃机的燃料，汽油才成了资源。重油也曾经令人尴尬，但逐步变成了燃料油（发电）。再后来随着提炼技术的进步，发展出了石油化学产业，从石油中提炼出三百多种化工材料。这样石油就成为现代经济的主要资源，不仅给我们提供了能源，也给我们提供了原材料。

资料来源：参见张维迎. 资源是内生于技术的，不是什么给定的"禀赋"［J/OL］. 辛庄课堂，2023－8－12.

## 二、经济资源的基本分类

迄今为止，经济资源依据其存在形态可以分为五类：第一类是自然资源，包括土地资源、水资源、矿产资源、生物资源等。第二类是人力资源，包括劳动力资源以及在此基础上跃迁形成的管理与技术资源。第三类是资本资源，包括实物资本、金融资本、知识资本、社会资本、数字资本和绿色资本。第四类是企业家才能，意指整合资源、锐意创新并承担风险的能力。企业家才能极具稀缺性，其作用在于优化资源配置，创造新商业模式并落地执行。第五类是信息资源，包括结构化数据、非结构化数据和时序数据等基础数据，分析报告、知识图谱等加工信息，以及数据交易品、信息使用权等衍生资产。

在经济生活中，五类经济资源之间的联系十分紧密。第一，自然资源作为经济系统的初始禀赋，是其他经济资源形成的物质基础，但并非永恒前提，人类通过技术创新和制度设计，已多次突破"资源诅咒"。未来，随着核聚变、量子计算等突破，经济资源的生成可能完全重构。真正的"瓶颈"不是自然资源的有无，而是人类能否持续创新。第二，人力资源是经济资源的"活性载体"与"价值放大器"，其作用远远超出传统生产要素的被动属性，而是通过知识、技能和创造力赋予其他资源动态增值的能力。第三，资本资源是经济资源的"效率引擎"与"时间桥梁"，它通过跨期配置与技术嵌入，将静态资源转化为动态生产力，并从根本上突破人类生产的自然限制。第四，企业家才能是经济学中最为特殊且不可替代的要素，它在经济资源中的作用远远超出简单的"组织者"角色，而是经济系统动态发展的核心驱动力，熊彼特称其为"创造性破坏"的引擎。第五，信息资源是自然资源、人力资源、资本资源和企业家才能相互联系的纽带，同时它也可以以其他各种资源为其载体而存在和传输。今天，信息资源已成为数字经济时代的核心生产要素，堪称数字经济的"新石油"。

实践中，经济资源本身是不会自动创造价值的，只有通过优化配置，让这些资源发挥协同效应，才能使企业成为具备竞争力的市场主体。因此，资源整合成为必然选择。

## 三、经济资源的属性分类

【思考】从价值链理论出发，经济资源具有哪些属性？不同的属性分别能够创造什么价值？

在商业模式学领域，我们从价值链理论出发，认为企业可以通过以下五种属性来整合和优化其经济资源：价值链定位属性、业务模式属性、关键资源能力属性、现金流属性、盈利资源属性。尽管经济资源的不同属性可为企业带来不同类别的价值，但最终目的都是帮助企业实现盈利。

### （一）价值链定位属性

价值链定位属性指企业在价值链中的位置和角色，包括其在供应链、生产、分销和销售等环节的定位。企业需要确信自身在整个产业链中处于重要环节，以及如何通过这些环节来提升价值。

价值链定位是企业战略的核心，它决定了企业如何利用其资源来实现盈利。这是一种对传统经营模式的挑战，要求企业创新其盈利模式，以获得市场先机。成功的价值链定位能够让企业在行业中占据领先地位，甚至引领整个行业的发展。

价值链定位直接影响企业的盈利模式。它决定了企业是通过建立强大的品牌影响力来获取高利润，还是通过大规模生产来实现成本效益；是通过创新设计来增加产品的附加值，还是通过优化生产流程来降低成本；是通过控制产品的生产环节来保证质量，还是通过强化分销网络来扩大市场覆盖。不同的定位策略会导致企业在市场上的表现截然不同。

正确的价值链定位对企业的成功至关重要。即使是在相同的行业中，不同的价值链定位也能导致企业业绩的巨大差异。例如，在服装制造业，一些企业可能选择专注于设计和品牌建设，而将生产外包给成本较低的地区，从而实现资源整合和优化，获得显著的经济效益。实践中，美邦服饰就通过虚拟经营，把企业的价值创造放在研发、营销环节，而外包低附加值的生产制造环节，利用了广州地区质优价廉的劳动力资源贴牌生产，通过资源整合，取得良好的经营效果。这种策略不仅提升了企业自身的竞争力，也可能推动整个行业的创新和进步。

### （二）业务模式属性

业务模式属性涉及企业在运作过程中各种价值创造过程的先后次序，也可以看作是企业运作的业务流程。这通常包括企业的产品或服务提供方式、客户关系管理、渠道策略和收入来源。对企业进行业务流程再造，也是对企业资源进行整合的一种创造性方式。企业在运营过程中，由于技术变革、学习曲线的改变，导致现有的业务流程已经变得低效，对企业进行业务流程重整就十分必要。而有时业务流程再造不仅通过改变流程的次序改变了运营模式，甚至量变引起质变改变了其商业模式，带来商业模式创新。

以物流企业为例，客户企业的产品营销模式由分销改为直销，则物流企业的职能就可能要包括提供更快捷的多批次、小批量的发货组织，更多的售前装配（或配货装箱）和售后安装（或维修和技术咨询）等支持，更多的物流单证的管理，以及反向物流管理等增值服务。如果客户企业同时使用多家第三方物流企业（3PL）的服务，则3PL之间的协调运作就显得尤为重要。当客户的市场边界已经扩大到全球范围的时候，物流企业的管理服务就必须国际化。

### （三）关键资源能力属性

关键资源能力属性指企业拥有的核心能力和关键资源，如专利技术、专业人才、品牌声誉、财务资源等。这些资源和能力是企业在市场中获得竞争优势的基础。

支撑一个企业的运营需要很多资源，有些资源是必不可少的但并不为企业直接带来利润，比如对于制造业而言，其人力资源部门可能会存在，但却不能给企业带来直接利润，其关键资源在于销售部门和产品研发部门。因此，辨认出企业运营中的关键资源，能够帮助企业抓住经营的本质，有助于企业进行有目的的资源整合，优化关键资源的配置，提高企业经营业绩。例如，首创把土地资源作为自己的核心资源加以利用，同时结合企业领导人影响力、融资能力等资源，有效地发挥各个资源之间的合力，打造首创地产的品牌，占据了市场的优势。他们把各种资源整合带来的品牌效应，应用在企业扩张上，取得了不错的战绩。SOHO中国则利用企业自身独特的文化资源优势，把它融入开发的各个环节，让SOHO中国资源充分发挥魅力，在取得业绩的同时，创造了一种新的文化现象。在这里，我们看到，企业以自身核心资源为依托，整合利用其他资源，带来了品牌影响，同时也创造了新的资源价值；反过来，品牌资源又可以为企业服务，带来更多的资源供企业利用，这也是资源整合的作用体现。

### （四）现金流属性

现金流属性是企业财务管理中的核心要素，它涉及资金的流入、流出、投资和融资等多个方面。有效的现金流管理对于确保企业的日常运营和支持其长期发展战略至关重要。

在并购活动中，现金流属性尤为突出。有时，并购的资产可能不会立即增加企业的盈利能力，但它们能够为母公司带来稳定的现金流入，这成为资源整合的重要动力。例如，某些业务可能在规模和利润上并不显著，但它们能够产生正向现金流，为企业带来短期的资金缓冲，从而在一定程度上缓解资金压力。

上述情况表明，现金流属性不仅是衡量企业财务健康的关键指标，也是企业在资源整合和战略规划中必须考虑的重要因素。通过优化现金流管理，企业能够更好地应对市场波动，把握发展机遇，实现稳健增长。

### （五）盈利资源属性

盈利资源属性是指那些能够显著提升企业盈利能力的资源特质。这些属性包括但不限于定价策略、成本控制、收入来源等关键要素。它们共同构成了企业的盈利模式，是企业实现经济效益和持续增长的基础。有效的盈利资源不仅能够为企业带来超越传统模式的利润，还能促进企业的长期可持续发展。在这一过程中，企业需要创造性地构建竞争壁垒，以提高市场进入难度，从而保护自身的盈利模式不受竞争对手的侵蚀。这种盈利资源属性的独到之处在于，它超越了传统的盈利模式，通过创新和差异化，为企业在激烈的市场竞争中提供更为坚实的立足点。

值得注意的是，低毛利率的盈利模式未必产生的净利润就低，因为费用结构可以很低，风险结构可以非常优化，商业银行就是典型的例子。商业银行的存贷差毛利率只有2%左右（以后的趋势是进一步降低），但当商业银行积累到超大规模以后，其费用平均分摊下来之后可以忽略不计，利润依然巨大。这就使得商业银行虽然只有低毛利率，但净利润还是非常可观。同时，低净利率盈利模式赚取的利润未必就低，因为周转速度可以很快，那样就有很好的财务杠杆，苏宁电器就是典型的例子。如果一个企业毛利率50%，一年只能周转2次的话，只有100个点的毛利润；另外一个企业毛利率30%，但一年能周转10次，它就有300个点的毛利润，后者的利润比前者更好。

此外，低净利率的盈利模式还可能带来很多附加价值，麦当劳就是典型例子。表面上看，快餐业务是其主营业务，实际上房地产增值才是它的主要盈利来源。类似的案例还有雅戈尔，当众多的同行对雅戈尔在全国各大中心城市开设1000平方米以上旗舰店的盈利能力产生怀疑的时候，雅戈尔已经悄然突破了传统服装店依靠零售营业获取收入的盈利模式，因为其有相当的收入来源于房地产。雅戈尔的自营专卖店中，有109家是在大中城市中心地段购买房产建立的，随着房地产的升值，这部分资产价值已经由当初的15亿元升值为25亿元。这一模式与麦当劳模式有异曲同工之妙。

## 四、资源整合的定义

**【思考】** 资源整合是静态的定义还是动态的定义？你如何理解资源整合？

在战略思维层面，资源整合是系统论的思维方式，通过组织和协调，把企业内部彼此相关但却彼此分离的职能，以及企业外部既参与共同的使命又拥有独立经济利益的合作伙伴整合成一个为客户服务的系统，取得 1 + 1 大于 2 的效果。在战术选择层面，资源整合是优化配置的决策，根据企业的发展战略和市场需求对有关的资源进行重新配置，以凸显企业的核心能力，并寻求资源配置与客户需求的最佳结合点。

可见，资源整合是指通过系统性的规划、协调与优化，将分散的、多元化的资源（包括有形资源如资金、设备、技术，以及无形资源如数据、知识、品牌、关系等）进行识别、筛选、重组与配置，使其相互协同、互补或融合，从而突破单一资源的局限性，实现整体效能的最大化，并服务于特定目标或战略需求的过程。

简言之，资源整合是将有限资源转化为无限可能的战略能力，本质是从"资源占有"转向"资源激活"的价值重构过程。

资源整合的目的是增强企业的整体竞争力，通过合理配置资源，使企业在市场中获得并保持竞争优势。这一战略与企业的核心能力战略紧密相关，但各有侧重：资源整合更侧重于资源的有效配置和能力的提升，而核心能力战略则更关注维持和发展企业的独特优势。

## 五、资源整合的原则

【思考】资源整合的原则有哪些？哪个原则最重要？为什么？

### （一）客户价值最大化原则

客户价值最大化原则是商业模式成功的关键。一个商业模式的可持续性与其能否实现客户价值的最大化密切相关。如果一个商业模式不能满足客户的需求和期望，即使短期内能够获得利润，这种成功也是短暂和偶然的，缺乏长期发展的潜力。相反，一个能够持续提供并增加客户价值的商业模式，即便在初期可能面临盈利挑战，最终也将因其对客户的吸引力而实现盈利。因此，将客户价值最大化作为资源整合的首要原则，是确保商业模式实现盈利和长期成功的基础。企业应该致力于理解并满足客户的深层次需求，通过不断的创新和服务改进，提升客户体验。

### （二）持续盈利原则

持续盈利原则是衡量企业资源整合成功与否的关键外在标准。在进行资源整合时，能否实现盈利以及如何实现盈利自然成为核心考量因素。这一原则强调的是盈利的持续性和稳定性，而非短期的、偶然的收益。"持续盈利"不仅仅是指企业能够实现盈利，更重要的是这种盈利能力能够随着时间的推进而持续发展，具备长期的增长潜力。这意味着企业在资源整合过程中，不仅要关注当前的收益，还要考虑如何通过创新、效率提升和市场拓展等手段，确保盈利能力的长期可持续性。因此，企业在制定和执行资源整合策略时，应将持续盈利作为基本目标，确保每一步决策和行动都能够为企业带来长期的经济利益。

### （三）创新原则

创新原则是企业资源整合成功的关键因素之一。它不仅仅局限于技术领域的突破，更包括对企业运营各个环节的深入改造、模式重组和创新思维的导入。这种创新可能表现为对特定环节的优化，或是对现有商业模式的彻底颠覆。商业模式的创新是企业经营全过程的持续活动，它涉及资源开发、研发模式、生产制造、营销策略、市场流通等多个方面。每个环节的创新都有可能孕育出成功的商业模式，为企业带来新的增长点和竞争优势。因此，企业在资源整合过程中，应将创新作为核心驱动力，鼓励在各个层面和环节探索新的方法和途径，尤其要重视双元性创新的重要价值。

### （四）管理高效原则

管理高效原则是确保企业高效运作的关键。根据现代管理学理论，企业要想实现高效率的运营，首先，必须明确其愿景、使命和核心价值观。它们是企业生存和发展的内在动力，为员工提供方向感和归属感，同时也是企业决策和行为的指导原则。其次，企业需要建立一套科学的组织结构和运营管理系统。这不仅涉及组织架构的设计，以确保各个部门和团队之间的协同工作，还包括运营管理流程的优化，以提高效率和响应速度。高效的组织结构和运营管理系统能够解决企业在协同工作、资源配置和决策执行中的效率问题，同时通过明确的约束和激励机制，确保企业目标的实现。因此，企业在追求管理高效的过程中，应重视愿景、使命和核心价值观的塑造，同时不断优化组织结构和运营管理系统，以实现组织内部的协同高效运作。

## 六、资源整合的内容

【思考】资源整合的内容是什么？资源整合的方向是由外而内还是由内而外？这两种方向有什么区别？

在现代社会，企业之间的相互联系和依赖性日益增强，单靠企业内部资源已难以满足发展需求。资源整合是企业获取市场竞争优势的关键战略之一。它不仅包括对企业内部资源的整合，也涉及将外部资源纳入企业运营体系的过程。企业在进行资源整合时，需要综合考虑内外部资源的互补性和协同效应，制定全面的资源整合策略。这不仅能够提升企业的市场竞争力，还能够为企业的可持续发展提供坚实的基础。

### （一）内部资源整合

企业的内部资源整合在含义上与企业的核心能力有很强的相关性，它一般就是围绕企业的核心能力而对企业内部资源进行调整和重组。不过，企业内部资源整合又有自己的特殊性。

内部资源整合在与核心能力相区别的基础上可以划分为企业资源的相邻扩展、企业资源的领域跨越和企业资源的重组三个内容。企业资源的相邻扩展是指企业发展到一定规模后，根据原有核心产业的发展需求，完全依据本企业的资源优势进入与核心产业相关的行业。例如，软件公司由系统软件进军管理软件领域，各生产厂家则向相关服务业发展等。企业资源的领域跨越是企业发展具有相当规模后，进入新的、陌生的行业领域。微软公司转向网络产业，TCL 公司进入手机产业都是典型的例子。企业资源的重组则是对企业原有资源基于新的现实而重新调整结构顺序，对原有资源进行整合。在这一方面，资源重组与企业的核心能力战略有相当大的重叠性。

企业的内部资源整合是以企业的核心能力为前提的，但由于它更侧重于对新的行业领域的选择，以及对企业原有资源的整体调整，所以在企业的资源整合这一部分中对这一点作进一步的阐述是很有必要的。然而，随着企业的发展，仅仅依靠整合企业内部的资源是远远不够的，还需要企业更多地整合、利用外部资源。

### （二）外部资源整合

企业的外部资源整合是企业将内部资源与外部资源有机联系起来加以整合，从而使企业资源配置更为合理。外部资源整合包括两个方面：吸纳外部资源，并将之转化为内部资源；与别的企业共同利用双方的相关资源。前者主要是企业的并购，后者表现为企业间的联盟。

企业并购主要包括企业的合并和兼并两个方面。由于企业融资是企业为了吸纳外部资本使之变为企业运营资源，而转让企业自身的部分权益交由投资人享有，所以本书也将企业融资纳入企业并购的范畴之中。企业并购是指一种商业行为及该行为所导致的如下状态：企业合并和企业兼并（Mergers and Acquisitions，M&A）。前者是指两个以上的企业在股权或资产发生交易后形成了新的企业，原来的企业都消失了；而后者是指两个以上的交易企业中有一家存留下来成为新企业的主体，其余企业不复存在。企业融资在当今社会主要是以企业通过上市发行股票、债券的形式进行，是企业为了进一步发展而以公司部分权益作为获取资金这种现代经济的重要资源而采取的战略选择。

企业联盟是企业之间为了共享资源、节约成本、提高效率，在市场竞争中处于优势地位而对联盟各方的相关资源进行整合的战略行为。企业联盟主要包括：市场联盟，即对联盟各方进行市场整合，使各方的产品或服务能形成合力，共同在市场竞争中处于优势；技术信息联盟，是指联盟各方在技术研究共享、信息资源互通等方面达成联合，形成各方共同的竞争优势。关系链是一种隐形的企业联盟形态，是各企业之间由于在市场活动中形成一定的利益关系，从而在市场竞争中结成的利益关系链，处在关系链上的各企业自发地形成一种合力，在市场竞争中为大家共同的利益而采取一致的行动，为关系链中的企业争取竞争优势。

实践中，原始设备制造业（original equipment manufacturing，OEM）模式即是企业联盟的典型例子之一。所谓 OEM 模式，即自己提供设计生产流程，掌握核心技术，将生产任务交给厂商去做。这也就是人们常说的"代工生产"。

📖 专栏4.2【商业模式实践】·········································································

### 苹果：OEM 模式，有效弥补自身短板

苹果公司的产品在全球市场中很受欢迎。尽管相对于市场中的同类型产品其价格偏高，但却能够以高品质、高性能吸引一大批粉丝。苹果的成功，不仅是因为其外形美观，系统安全流畅，更得益于其独有的生产模式。苹果公司的产品基本上都不是自己生产的，而是代工厂生产的。这就是苹果公司的 OEM 模式。

其一，苹果公司的产品生产流程是怎样的？第一阶段，产品研发。苹果公司的每件产品，其设计都凭借设计师们的意愿和思路进行。公司在决定启动某个新产品项目时，就会专门成立一个产品研发项目团队，大家被封闭起来，专心进行产品研究。第二阶段，产品审核。在产品成功研发之后，苹果公司对研发出来的产品进行审核，并保证所有项目在进行关键决策时，必须在两周时间内完成。第三阶段，产品生产。苹果公司会将产品生产采用 OEM 模式，即生产任务交给代工厂来完成。苹果公司会派一名项目经理和一名全球供应链经理，负责生产流程的监督。第四阶段，产品迭代。在一批产品完工之后，苹果公司的设计师会对产品进行改良，进入下一个苹果产品的研发当中，如此循环下去。自从 iPhone 第一代手机诞生之后，生产制造一直都交给以富士康为主，和硕、纬创、立讯为辅的代工厂来完成。

富士康为苹果的第一大代工厂，主要负责苹果的来料加工装配、生产工艺流程研发与手机组装任务。和硕为苹果的第二大代工厂，专门负责帮助苹果组装 iPhone 和 iPad。纬创为苹果的第三大代工厂，负责苹果产品的组装工作。立讯精密是苹果公司供应链中最重要的参与者，目前是苹果 Air Pods 的主力供应商，为苹果提供连接器、声学震动马达等零部件，并且还为苹果的 Apple Watch 提供代工服务。

其二，苹果为什么自己不去生产产品，而是让其他代工厂去完成这项工作？一是降低成本。在整个产业链当中，生产环节需要投入大量成本，如机器设备购买费用、生产场地租赁费用、水电费、人工费、仓储租赁费用等，这些都是巨大的开支，苹果公司将这些工作交给代工厂来完成，显然为自身节省了很多成本。二是提升产品工艺。正所谓："专业的人，做专业的事。"苹果公司虽然擅长工艺设计和品牌运营，但对于产品生产却很不擅长。富士康是全球最大的电子产品生产商，无论其生产技术，还是员工的工作熟练程度、经验丰富程度，还是设备的先进程度，都是一流的。苹果公司本身对产品追求高标准，将生产交给富士康去做是最好的选择，能使产品达到出色的品质。三是实现产

品的持续创新。苹果公司本身的优势在于产品的研发与设计，将产品生产交给更加擅长的公司去做，弥补了苹果公司的短板。此外，除了可以降低成本、提升产品工艺之外，还可以将节省下来的时间和精力，用于其他方面的研发，实现产品的持续创新。四是有效监测市场。苹果公司采用 OEM 模式，也可以用于监测产品进入市场的情况。苹果公司在把产品推向市场后，就可以通过市场反应，作出快速决策。如果市场反应良好，就可以持续推出自己的产品，甚至做产品的迭代与更新；如果市场反应平淡，苹果公司可以快速终止该产品项目的 OEM 模式合作，重新打造全新产品，寻求新出路。

苹果公司自身掌握产品核心技术，根据自身生产动向，向代工厂提出产品制造要求，这使得苹果公司的产品研发与制造优势，共同构成了其产品的整体竞争优势。

资料来源：参见苹果扶持立讯精密做 iPhone 代工，制衡富士康［J］. 办公自动化，2020，25（14）：13－14.

# 七、关键资源的整合

【思考】什么是关键资源？如何进行关键资源的整合？

## （一）什么是关键资源

广义的资源包含能力（见第二章第三节）。所谓关键资源，是指让商业模式运转所需要的相对重要的资源和能力。这些资源和能力意味着企业内各种资源能力的相对重要性，不同商业模式所需的关键资源能力各不相同（魏炜和朱武祥，2009）。若企业能够有效整合这些资源，就能够在市场中获得超出平均水平的收益，若企业在市场竞争中缺乏这类资源，就会导致竞争失利甚至难以维持正常的运行。比较而言，关键资源这一概念是在商业模式领域里涉及微观层面的操作性概念，而前文所述的经济资源概念则更偏向于宏观层面。所谓关键资源的整合，就是关键资源的识别与汲取，意指从种类繁多的资源中，识别企业需要的关键资源，并把该资源吸收到企业现有的模式中，为企业创造新价值的过程。

关键资源的识别与汲取是建立在企业对目标市场和行业发展趋势准确判断的基础之上的。只有在明确的企业发展战略的指引下，才可以从种类繁多的资源中识别出企业需要的资源，汲取有利于创造企业价值的资源，当然这个过程也需要企业经营经验的积累。企业的发展战略是资源识别的出发点，也是企业进行资源识别与选择的依据。

## （二）关键资源的整合

经过梳理，支撑企业商业模式的关键资源共有九种，包括市场资源、客户资源、渠道资源、技术资源、人力资源、信息资源、资本资源、流程资源、供应链资源。企业通过调度这九种关键资源构成的资源集来完成正常的经营过程和实现价值创造。

1. 市场资源及其整合。

（1）市场资源是企业资源整合最为重要的内容之一，它包括企业所控制或拥有的与市场密切相关的各种资源要素。这些要素主要涵盖有利的经营许可权、品牌、销售渠道、顾客忠诚度，以及其他能给企业带来竞争优势的合同关系等，市场资源的整合涉及以上所述的全部要素。

（2）市场资源的种类可以细分为关系资源、杠杆资源、社会资源、历史文化资源以及其他市场资源。关系资源主要指企业与顾客、政府、社区、金融机构等建立的良好关系，其中顾客忠诚度是企业经营中一项重要的竞争优势。杠杆资源虽不归企业所有，但可通过 OEM 生产、特许经营等方式被企业利用，类似于物理学中的杠杆原理。社会资源则指社会中可供企业利用的，能给企业带来优势或帮助的事件或人物，例如名人效应。历史文化资源包括历史名人、故事和文化传说等，它们可以被企业发掘和运用，形成独特的竞争优势。除此之外，其他市场资源指那些可以为企业带来支持、帮助和利益的各种物质或精神形态的要素。

（3）市场资源整合的要点如下：其一，企业需要深入理解市场，灵活调整市场策略，强化品牌建设，同时优化资源配置，提升运营效率，并加强团队协作与沟通。通过这些措施，企业可以更好地利用市场资源，实现效益最大化和效率最优化。其二，市场资源的管理和优化也需要企业进行持续的创新和改进。例如，采用数字化制造和工业 4.0 的技术，可以进一步提高资源使用的效率，使企业在市场中保持竞争优势。其三，企业还需要关注市场环境的快速变化，合理分配有限的内部资源，并提升数据驱动的决策能力。

2. 客户资源及其整合。

（1）客户资源是企业宝贵的外部资源，包括现有客户和潜在客户的信息、满意度和忠诚度等。有效利用客户资源对企业至关重要。例如，凡客诚品的服装网络销售业务，首先从经典标准款的男装切入，把自己的目标客户群精准定位于"懒男人"，跑通商业模式后，直到第三年才开始逐步切入女装领域，而通常的服装企业往往首先把女性顾客作为自己的目标客户群。

（2）客户资源整合包括：数据集中化管理，提高工作效率和信息准确性；客户细分，更好地理解客户需求，提升满意度；客户生命周期管理，提供针对性服务；记录客户互动和分析满意度，优化服务和体验。

（3）整合的关键在于：收集客户数据，提供个性化服务，增强客户体验和忠诚度；利用 CRM 系统进行数据管理、细分、生命周期管理，提高员工效率，实现精准营销；数据分析帮助洞察客户行为，进行客户细分，评估忠诚度和营销效果；应用人工智能和大数据分析，提供个性化服务，满足客户需求。

3. 渠道资源及其整合。

（1）渠道资源是企业销售产品或服务的途径和合作伙伴，如分销商、代理商、零售商和电商平台。整合渠道资源有助于扩大市场覆盖、提高销售效率和降低成本。例如，医药产品由于其产品性质的不同，有的适合进入 OTC（over the counter）渠道（非处方药），有的需要进入临床渠道（处方药），因此中间代理商是其重点考虑的因素，与大经销商合作无疑将拥有更多的机会。

（2）渠道资源整合要点：进行市场和消费者需求分析，明确目标市场特点，规划渠道策略；建立多元化渠道网络，包括线上和线下，直销、经销和代理等，以降低风险、提高市场覆盖和销售效率；精选信誉良好、经验丰富的合作伙伴，建立稳固合作关系；定期培训渠道成员，提供产品知识和销售技巧培训，以及市场和广告宣传支持；建立有效的信息共享机制，使渠道各方实时掌握市场动态和产品变化；进行渠道绩效评估与持续优化，建立评估体系，定期评估并优化渠道成员表现；利用大数据和人工智能技术，实时跟踪分析渠道效果，及时调整策略，最大化渠道效能。

## 专栏4.3【商业模式实践】

### 白马驰骋，重新定义专业市场"新渠道"

广州白马服装市场是广州地区开业最早、配套最完善、管理最规范、交易量最大的中高档服装专业市场，带动了整个广州服装行业及广州服装专业市场的发展与繁荣。白马市场自1993年开业至今，创造了25载长盛不衰的商界佳话。25年间，白马的一次次华丽转型是行业借鉴学习的重要模板，是推动专业市场由传统商业地产向现代综合服务运营商转变的风向标，拥有极大的全国影响力和号召力。近年来，中国服装业风光与困顿交织，白马市场紧抓专业市场作为服装行业重要流通平台链接全产业链上下游的优势，再次以"渠道"为突破口，一手深耕，一手开拓，多管齐下创造"新渠道"。

1. 坚持"走出去、引进来"打造金字渠道招牌。10年间，白马市场在我国纺织服装流通领域开拓性地创办市场采购节，将全国乃至全球的采购商"引进来"；同时引导商户"走出去"开展全国巡展，积极深入下游市场推广品牌，拓展新渠道。"走出去、引进来"是白马市场渠道拓展的金字招牌。此外，白马市场积极响应广东省委、省政府提出的"广货北上""广货西行"的号召，实施"上半年走出去，下半年引进来"的营销策略。自2010年以来，白马团队带领数百家白马商户"走出去"开展全国巡展，与中原、北部及西部地区龙头市场合作举办供需对接会，在全国多个二级市场集散地推广品牌，为商户创造渠道下沉商机；自2007年以来白马连续举办了11届采购节，以节兴市。

2. 拓展线上渠道实现互动发展。实体商业与电子商务之间从冲突到融合，走过了近10年的发展历程。白马市场前瞻性地把握了线上线下融合的大趋势，将线上渠道作为线下渠道的补充，打造线上线下互动发展的新渠道。"白马服装网"现已确立了集

"实体市场 + 电子商务"的 O2O 电子商务综合服务平台的战略定位；白马网上展厅（一期）全面建成，目前，市场内有 1000 家商户上网展示，网站日均 IP 流量突破 1 万，日均 PV 流量超过 10 万，累计流量达 6000 万人次；白马微信实现订阅号、服务号双号运行，粉丝数突破 50 万；白马根据专业市场特点成功开发了"阿发"系统协助进行店铺管理和采购商会员管理，"阿发"是一个移动批发店铺管理工具，商户通过"阿发"可以快速搭建移动店铺、拥有强大的批发功能模块，并与微信公众号完美连接，同时通过快速收银、线下开单、分销及订货会等功能提升商户经营管理效率；"手机白马"是一个中高端一手货源 B2B 交易平台，通过白马优质货源的线上集中展示，为采购商提供一站式线上采购服务。白马市场内 40% 用户使用"阿发"并入驻"手机白马"，App 注册量超过 2 万户，年累计交易额超过 5000 万元。

十余年来，"渠道为王"还是"产品为王"曾一度成为我国纺织服装专业市场行业争论的焦点，而新时代下的新市场，正在重新定义"渠道"二字。正如广州白马服装市场总经理张劲所说："新时代下的专业市场重新定义'渠道'的核心有三点：一是重新定义'批零结合'，二是重新定义'线上线下结合'，三是重新定义'内外贸结合'，以这三点为抓手，不断进行渠道的拓展和创新。"

资料来源：参见白马驰骋，重新定义专业市场"新渠道"记广州白马服装市场转型升级的实践与收获［J］．纺织服装周刊，2018（26）：18－19．

4. 技术资源及其整合。

（1）技术资源是企业在技术发展和创新过程中的关键要素，它不仅包括技术知识、人才、设备、资金等实体要素，还包括企业创新精神等虚拟要素。技术资源整合涉及对不同来源、不同层次的技术资源进行识别、选择、汲取、配置、激活和有机融合。这一过程能够使企业的技术资源具有更强的柔性、条理性、系统性和价值性，并可能创造出新的资源。有效的技术资源整合可以提高企业的运营效率、降低风险、增强创新能力，并实现协同发展。

（2）技术资源整合要点：采取多种策略如战略联盟、内部资源整合、外部资源整合、并购与收购、资产剥离与重组、创新合作模式、建立资源共享平台、优化供应链管理、人才培养与引进以及技术创新与研发；不断调整和优化技术资源的利用及管理过程。

5. 人力资源及其整合。

（1）人力资源是企业中员工的知识、技能和创造力的总和，对企业至关重要。整合人力资源意味着调整组织管理，使员工目标与组织目标一致，优化人力资源配置，提升组织绩效。这有助于发挥员工潜能，和谐劳资关系，促进企业创新和效率。

（2）人力资源整合要点：树立以人为本的管理理念，强化数据驱动的人才管理和灵活的组织结构；实施员工赋能，推行绩效管理与激励机制，建立积极的企业文化；

提高人力资源配置效率，确保"人尽其才"；支持企业成长的人力资源策略，包括规划、招聘、培训、参与、减少流动、反馈倾听、绩效管理、创新培养和健康提升；在企业并购等商业模式创新中，人力资源整合是成功的关键，需平稳过渡，积极沟通，考虑业务战略和文化塑造，建立合作基础和氛围。

6. 信息资源及其整合。

（1）信息资源包括分散在不同地方的各类信息，如市场需求、竞争、销售等。整合这些信息资源，即将它们有序地连接成一个整体，有助于满足多元化需求，提供有效信息，支持企业竞争优势和宏观经济运行。

（2）信息资源整合要点：遵循共建共享、节约经费、分工协作原则，打破系统界限，形成统一服务体系；整合不同载体和类型的信息资源，提供一站式服务，实现资源共享，提高服务能力；实施有效的信息资源管理策略，包括资产高效管理、保护和利用，确保资源合理配置和高效利用；防范整合过程中的风险，如环境、管理、财务、技术、人员协调和流程再造风险，通过建立风险管理组织、落实责任、学习先进方法和加强技术控制等措施。

7. 资本资源及其整合。

（1）资本资源包括实物资本、金融资本等。企业通过有效整合和配置资本资源，可以实现资本的优化使用，提高产出率。

（2）资本资源整合要点：优化融资和投资结构，提高资本效率，可通过行政手段或市场机制（如证券市场）进行；企业资本运营战略应考虑时机、态势、前景预测及内外部环境分析，以合理配置资源和协调业务；通过兼并、收购、租赁等方式整合资源，形成互补效应和协同效应，提升企业价值。典型例子是，私募行业的"平台化"运作和资源整合正在成为一种重要的发展趋势。

8. 流程资源及其整合。

（1）流程资源指企业内部的活动和操作方式，它们将输入转化为客户创造价值的输出。流程资源的整合是对现有的运营流程进行根本性的反思和彻底的再设计，以便迅速提高企业运营流程的绩效水平。流程资源的作用在于它能够固化企业员工的知识经验并推广，建立以客户需求为导向的端到端的管理机制，以及提高企业运营管理效率。

（2）流程资源整合要点：内容涉及梳理现有流程、诊断问题、优化和建立保障体系；流程优化通过显性化隐性流程、明确职责、诊断问题、简化和自动化活动来提升效率；持续改进流程是关键，需要企业不断评估和调整，确保流程最优化。

9. 供应链资源及其整合。

（1）供应链资源包括供应链各环节的有形和无形资源，如原材料、设备、物流、信息和技术。整合这些资源旨在优化配置，提升供应链效率和效果。例如，某企业通过全球化供应链整合，为客户提供定制服务，实现供应链管理与企业战略的结合，并发挥协同效应。

（2）供应链资源整合要点：整合类型包括内部整合（如跨部门协同、流程标准化）和外部整合（如与供应商和客户建立合作伙伴关系）；关键内容涉及原材料供应、生产制造、产品分销、物流、信息流、资金流和组织管理的整合；信息整合是基础，通过共享信息和知识，协调内部和外部业务流程，实现有效管理；信息共享减少不确定性和风险，提高透明度和协同效率。

# 第二节　企业资源整合相关理论

## 一、企业资源理论

【思考】从战略管理看，资源的重要性是什么？你认为资源获取的几大途径有何差异？

企业资源理论的提出是在经济学和战略管理领域对企业竞争优势获取途径的研究中引申出来的。早在企业资源理论正式形成之前，其核心思想已被经济学家张伯伦（Chamberlin，1933）和罗宾逊（Robinson，1933）提出，他们认为企业的独特资产和能力是产生不完全竞争和超额利润的关键。

彭罗斯（Penrose，1959）在其影响深远的经典著作《企业成长理论》中进一步发展了这些观点，提出企业是资源的集合，资源的异质性导致企业间的差异，这种差异与企业绩效相关。她强调了企业资源对绩效的影响，并指出资源的异质性是竞争优势可持续的原因。因为企业之间存在着资源的差异，效仿者的认知、时间、经济劣势就会形成资源的位势障碍。而且，通常来说，企业资源的异质性将长期存在，从而使得竞争优势呈现可持续性。

企业资源理论的提出将竞争优势分析的焦点从产品市场转移到企业内部资源配置，强调了识别、开发、培育和保护优势资源是战略管理的重要内容。这一理论认识到企业资源在价值创造中的关键作用，提升了对企业内部资源配置重要性的认识。

### （一）基于资源基础观的企业资源整合理论

企业资源指所有潜在或实际影响价值创造的事项，包括企业控制的资源和外部资源。狭义上，企业资源包括资产、能力、组织过程、特质、信息和知识等，是企业用以创造并实施战略的基础。

不同学者对资源的分类有所不同。黄群慧（2003）将资源分为物质资本资源、人力资本资源和组织资本资源；同期，也有学者将其分为有形资源、无形资源和人力资源。饶扬德（2006）从竞争优势的角度将资源分为传统资源（如自然资源、物质资源和人力资源）和新资源（如知识、信息和教育），后者是持续竞争优势的源泉。

资源基础论认为，企业是独特资源和能力的结合体，这形成竞争战略的基础。杰伊·巴尼（Jay Bamey, 1991）认为，企业的竞争优势源于战略相关资源，这些资源应具备四个特性：有价值、稀少、难以模仿和不可替代。巴尼在 2001 年对这一框架进行了修订，合并了"难以模仿"和"不可替代"，并加入了"组织问题"。

企业战略管理的核心原则是通过资源积累与配置，赋予资源异质性和独特性，以获得持续竞争优势。核心资源是企业的专长和知识，企业能力需发展到一定水平，才能形成独特的战略资源，保持竞争优势。资源基础论关注企业内部资源和能力的异质性与成长，构建了企业能力理论的逻辑发展阶段。

**（二）资源获取的途径**

1. 资源获取主体分析。资源的获取主要是指企业通过某种方式获取所必需的、必要的以及关键的资源，这也是企业内部与外部相结合的资源整合的创造性过程。分析资源获取过程中的网络演化，首要问题是要理解资源获取中的主体。根据资源获取方式的不同将企业的主体分为两种类型：第一种类型的企业主体通过使用支付全额费用的方式来获取资源；第二种类型的企业主体通过运用社会关系方式来获取资源，并且付出的代价尽可能最小。根据资源获取过程中行为主体的类别差异，把企业主体分为两个层面：个体层面与组织层面。其中个体层面指的是通过企业与其他个人或组织中的个体之间所建立的非正式联系，组织层面指的是通过企业与其他关联组织之间所建立的正式联系。

2. 资源获取途径分析。资源获取的途径主要有三类，即购买、联盟、并购，此外，网络方式也正在成为资源获取的重要途径。

（1）资源购买是指通过市场交易购买所需要的资源。目前，能够从市场上购买到的资源包括物质资源、人力资源、财务资源（如资金）和无形资源（如技术、品牌）。

（2）资源联盟指的是与其他企业或组织共同开发资源。使用这种方式是因为企业无法独立完成开发并且无法在市场上购买。通过这种方式，企业可以获得自己所欠缺的显性或隐性资源，但形成资源联盟是有前提的，联盟的企业在资源、能力等方面需要互补并且存在共同目标，双方在联盟前要进行磋商，保证联盟对双方都是有益的。从资源获取的成本和便捷性出发，资源联盟是一种非常有效的资源获取方式。ODM 模式是资源联盟的一种创新形式。

📖 **专栏4.4【商业模式实践】**

**网易严选：ODM 模式，优化供应链各环节**

网易严选是网易旗下一款覆盖居家生活、服饰鞋包、个护清洁、母婴亲子、运动户外、严选全球等一共八大品类的生活方式品牌。其理念是"以严谨的态度，为中国消费者甄选天下好物"。网易严选自 2016 年上线以来，成功入选"2019 十大热搜电商平台"，荣获 2021 年新消费品牌力榜单"美好居住家品牌力"奖等。为何能在短时间内迅速崛起呢？是如何发展起来的呢？答案就在于其特有的 ODM 模式。ODM（Original Design Manufacturer）模式意为"原始设计制造商"，是指某制造商设计出某个产品后，很可能会被另外一些企业看中，然后要求制造商配上这些企业的品牌名称进行生产，有时会要求工厂对商品进行部分微调。其中，承接产品制造的厂商，被称为 ODM 厂商。其生产出来的产品，被称为 ODM 产品。简单来说，OEM 模式是由品牌方提供产品设计，ODM 模式是由生产商自主进行产品设计。

其一，网易严选 ODM 模式的运行结构是什么？网易严选是国内首家基于 ODM 模式的电商平台，并且负责所有产品的采购、品控、物流、销售、售后等一整套流程服务。所以，网易严选的 ODM 模式具体来看，就是制造商—严选平台—消费者。首先，网易严选在与品牌、商家合作的过程中，参与产品的功能、外形、体验等全方位的设计和定制。其次，为消费者提供与一线品牌相同品质和设计的产品。最后，砍掉了品牌溢价和中间商差价，直接对接消费者，有效保证了价格优势。以网易严选所销售的母婴产品为例，网易严选会先从供应商那里获取当季还未被品牌商买断的样品，让团队进行试用。然后将反馈意见提交给制造商，制造商再根据试穿意见作出部分调整。在调整合格后，该产品就可以进行生产，并在网易严选平台上售卖。

其二，网易严选 ODM 模式的优势有哪些？一是有效保证产品品质。线上购物可以随时随地买到自己需要的产品，对于消费者而言，省去了去商超购物的时间。但对于产品的品质却无从得知。买到好的产品，自然心情愉悦；买到差的产品，就会带来差的消费体验。淘宝、京东平台上的商品多且杂，商品品质无法得到保证，导致用户很难买到自己所期望品质的商品。网易严选则通过 ODM 模式，有效避开了淘宝和京东经营模式的弊端，保证了平台销售产品的品质，极大地提高了消费者的购买欲望，以及复购率。这也是越来越多人使用网易严选的原因。二是让消费者没有后顾之忧。消费者在线购买商品，除了产品品质与价格之外，最担心的就是售后服务问题。毕竟网上交易与线下交易不同，消费者对品牌和商家的信任度有限。这就需要一个权威机构出面全权负责仲裁和信任背书。网易严选上所有的商品都是经过自己设计和精挑细选的产品，极大地减少消费者在消费过程中遇到问题找不到地方维权的顾虑。三是灵活感知市场，提升运作效率。网易严选背靠网易这棵"大树"，可以充分借助网易的大数据优势，提升自身业务更迭速度，并能灵活感知市场变化情况。此外，网易大数据还对网易严选的产品设计、产品理念的构成起到一定的帮助作用，使得网易严选能够更好地把控与制造业合作的每一个环节，所以网易严选才能形成独有的品牌风格，进一步提升整个供应链的运作效率。四是为供货商解决快速建立品牌、打开销路问题。消费者往往喜欢选择自己听说过的、知名品牌的产品，认为这样的产品品质有保证。很多中小供货商虽然品质不错，但酒香也怕巷子深，一时间难以在市场中建立品牌，更难以快速打开销路。网易严选与之合作，相当于免费为其快速建立品牌，打开销路。

网易严选没有走传统电商巨头的老路，而是另辟蹊径，选择了 ODM 模式，走出了属于自己的一条路，也正是因此赢得了广大消费者的青睐，迎来了发展新机遇。

资料来源：参见郝天琪，马自庄，杨泽厚，等. 消费升级下的 ODM 模式品质电商——以网易严选为例［J］. 经贸实践，2018（12）：62 – 63.

（3）资源并购是通过收购股权或者资产来获取资源，这种方式把企业的外部资源变成了内部资源。不过，资源并购也是有前提的，即双方的资源要具有高关联度，尤其是在知识等新资源上。

（4）资源获取的网络方式主要是指主体企业通过网络关系的组合从外部环境中获取资源。企业在资源获取的过程中所采用的方式与企业发展阶段、资源需求类别等因素密切相关，网络关系作为长期契约可以克服新创企业在资金获取上的弱势地位，对于风险承担和经济资源转移意义重大。企业通过网络联系不仅能够获取大量的资源，而且能够将资源整合成库，在其需要的时候便可以迅速调动，节省时间与精力，丰富企业的知识和资源体系，还能够优化绩效。企业的网络关系代表企业获取生存和成长资金的关键渠道，通过网络方式获取资源也是一种相对低成本、高效率的获取方式。

# 二、关系资本六大学说

【思考】关系资本六大学说，你最倾向于运用哪一种？为什么？

资本，简而言之，就是能够带来增值的价值。关系资本（relationship capital）可以被定义为企业与利益相关者为实现其目标而建立、维持和发展关系并对此进行投资而形成的资本。目前关系资本有六种代表性观点，分别是：资源说、关系说、价值说、能力说、契约规则说和结构说。

## （一）资源说

资源说认为，关系资本是现实或潜在资源的集合体，这些资源与关系网络有关，与该群体中的成员身份有关，只有具备成员资格的人才具备资源的获取机会。关系资本嵌入关系网络中，是在有目的的行动中可以获得或动用的一种资源，是参与者可以经由网络成员或关系结构来取得利益的一种能力，关系资本以个人关系的信任、友好、承诺为基础。企业可以通过战略联盟而拥有独特的伙伴关系资源，并使其成为自己的关系资本，借以获取关系性租金。对于关系网络中的联盟成员来说，关系资本是一种专有的独特性关系资源，能够为企业带来无法复制和模仿的竞争优势，是创造关系性租金的核心。

资源学派赋予关系资本如下特征：（1）异质性。资源学派认为企业可持续竞争优势来自其有价值的、稀缺的、难以模仿和不可替代的异质资源，企业间的合作关系具有异质性（如长期合作与短期合作的差异就很大），因而所获取资源也具有异质性特征，能够作为一种关系性租金为企业创造竞争优势。（2）排他性。只有具备合作资格的成员，才有获取这种资源的机会。（3）情感性。信任、友谊、价值观认同对关系质量和关系资源具有重大影响。（4）获利性。良好的关系资源能为企业带来持续的关系性租金。但同时又认为，关系网络中尽管存在着诸多资源，然而并非所有资源都能给企业创造关系性租金。因为任何资源的获取和转换都需要与其匹配的独特能力，只有那些符合企业发展目标，能为企业带来关系收益，同时企业又具有转化能力的关系资源才是可利用的、有价值的关系资源。

### （二）关系说

关系说把企业所拥有的各种能为企业带来价值收益的关系定义为关系资本。艾德文·松（Edvin-sson，1997）将其定义为组织间的外部关系，包括客户、供应商、合作伙伴等。这些关系不仅包括与外部主体的联系，还涵盖组织内部网络成员之间的关系，且文化资本也被视为关系资本的一部分。关系资本强调的是长期、基于信任和忠诚的合作关系，它超越了一次性交易，依赖于网络中各方的合作。基于关系说的关系资本特点包括：合作关系的网络是其存在的条件，网络是其载体；它能够通过交换带来剩余价值，这种价值不仅是经济上的，也包括社会属性的价值；关系资本涉及的是长期导向的关系，具有重复交易的特征；交往规则对关系有重要影响，包括预期、评价和行为；基于信任的长期关系可以无须第三方担保进行交易。

关系资本的价值在于通过有意识的关系运作产生价值回报，它需要双方的认可与认同。关系资本不是单方面的，而是双方对关系的共同认可。只有具备实力、能力和资格的关系才能创造关系价值。

### （三）价值说

价值说将关系资本视为企业通过合作关系获得的附加价值，这种价值可以是有形的也可以是无形的。关系资本是企业通过与客户、员工、供应商、股东、政府和盟友等利益相关者建立的互动关系而增值的价值。基于价值说的关系资本特点包括：客户资本、雇员资本，以及与价值网络中其他利益相关者的关系；企业与利益相关者为实现目标而建立、维持和发展的关系，是有价值的资产；企业与内外部对象长期交往、合作的互利行为的结果，是无形资本；企业为建立和发展关系资本投入的资源构成其成本；企业通过关系资本获得的收益主要是通过资源交换获得的竞争优势。

关系资本的核心在于其价值创造能力，它依赖于合作方的价值感知和体验。关系资本的价值不仅取决于行为人自身的价值，还取决于合作方对其价值的认同和评价。长期而言，关系资本的价值体现在其持续的价值创造能力和合作方的评价。关系资本具有专属性和稀缺性，可以被企业所控制，并能够为企业带来价值增值。

### （四）能力说

能力说认为，关系资源本身并不直接创造价值，而是通过企业的能力体系实现资源的价值转换。这些能力包括构建关系、探索机会、整合资源、创新价值和规避风险等。网络中的资源获取能力被认定为关系资本，其定义是"个体利用其在关系网络或更广泛的社会中的成员资格获取稀缺资源的能力"。关系资本在这一观点下被视为：个体利用其在社会网络中的地位获取稀缺资源的能力；企业与商界成员通过增强人力和结构资本激发财富创造潜力的能力；企业与顾客、合作伙伴、员工等关系中蕴含的创造财富的潜力和能力；企业通过关系资本获得其他主体资产的进入权，并共享资源。

关系资本的价值体现在：通过良好的关系网络快速获得资源；通过内外部人际关系的开发、利用与管理，挖掘资源潜力，推动企业发展。

关系资本的转换所需的能力体系有内部层面和外部层面两方面。内部层面包括：资格、资信、资源与资本，机会把握与资源整合，价值创造与创新能力。外部层面包括：机会探寻，网络资源获取，关系协同生产，网络福利贡献和人际关系协调。这些能力体系使企业能够在网络中搜寻信息、评价与利用，协调、调配与组合创新网络资源，协同合作，以及对网络关系合作者的价值创造能力进行评价，影响关系行为和合作模式选择。

关系资本的实现依赖于企业合作者之间的非正式人际关系，如信任、忠诚与承诺，这些对正式关系合作有直接影响。如果说关系是一种纽带，网络是一个背景，资源是一个基础，那么，关系能力则是催动关系资源转换为关系资本的转换器，是企业获取关系性租金，构建可持续竞争优势的具体实现路径。运用能力说理论去解码华硕 OBM 模式案例，会得出什么结论？

### 专栏4.5【商业模式实践】

#### 华硕：OBM 模式，打造自有品牌翻身做主

谈及研发和制造，除了 OEM 模式、ODM 模式，还有 OBM 模式。华硕作为全球第一大主板生产商、全球第三大显卡生产商、全球领先的3C 解决方案供应商，采取的商业模式，就是 OBM 模式。OBM（Original Brand Manufacture）模式意为"原始品牌制造商"，是指代工厂经营自有品牌，或者可以理解为生产商自行创立产品品牌，并实现生产、销售一体化。虽然 OBM 模式与 OEM 模式、ODM 模式相比，需要构建完善的销售渠道，费用很大，也需要花费很多精力去经营，但却能使代工厂打造自有品牌翻身做主，因此也有不少代工厂会采用 OBM 模式，将自己做优做强做久。

其一，华硕为什么要从 OEM 模式转型为 OBM 模式？华硕自成立开始，就一直坚持品牌与代工厂（OEM 模式）两条腿走路的发展战略。随着华硕的不断成长和进步，华硕不得不面临自有品牌的壮大造成代工业务缩减的局面。由于华硕的产品线非常长，涵盖了手机、主板、显卡、笔记本电脑等诸多方面，这就导致两种情况：第一，产品线过长，使得华硕尾大不掉；第二，几乎所有的自有产品都与代工企业生产的产品有冲突。所以，华硕将自有产品建设与代工厂分开。但华硕的"分家"策略是，进一步扩大"分家"计划，将手机、游戏机、笔记本电脑、显卡、主板等代工业务，全部交给新成立的两家公司——"和硕""永硕"来打理；原有的品牌产品部分则留下来自己经营。由此，华硕从最初的 OEM 模式，转型为 OBM 模式。

其二，OBM 模式带给华硕什么样的竞争优势？华硕的生存和发展的过程，是一个由 OEM 模式向 OBM 模式转型的过程。那么，OBM 模式究竟能给华硕带来什么样的竞争优势呢？

一是解决发展困境。对于华硕而言，其代工客户同时也是品牌的竞争者，所以代工客户也是华硕自有品牌业务的最大排挤对象。在鱼与熊掌不可兼得的困境下，华硕将自己的事业体进行切割，将代工业务交给新公司来完成，自己则独立做品牌业务，使得品牌与代工两者之间不会再有利益冲突。二是自有产品获得更好的资源配置。华硕从 OEM 模式向 OBM 模式的转变，使得华硕能够将全部精力用于推出自有品牌产品。此外，华硕从产品设计、研发、策划、生产、销售等各个环节都靠自身完成，而不是假手于人，将对原材料与产品生产进行对接与整合，有效实现了供应链的资源配置。三是产品直面消费者，拉近用户距离。在华硕全面转向 OBM 模式的时候，也就意味着华硕的品牌产品能够直面消费者，为消费者提供更好的产品、更好的服务。这些让消费者对华硕获得认同感，拉近了消费者与品牌之间的距离。四是有机会在市场环境中占主导地位。作为代工厂，永远处于产业链的下游，在市场中很难有话语权，更难以形成自己的市场地位。但建立自有品牌之后，一切则大不相同。无论是产品生产，还是经营理念，都发生了巨大的转变，更重要的是，构建自有品牌，主导权和话语权都掌握在自己手中，有利于自身在激烈的市场环境中占据主导地位。

OBM 模式的出现，源于产业需求的变化，也是很多代工厂的一种发展机遇。事实证明，越来越多像华硕这样的品牌，其成功崛起，离不开 OBM 模式。

资料来源：参见张逸群. 国际代工企业：从 OEM 到 ODM、OBM［D］. 上海：华东师范大学，2010.

### （五）契约规则说

契约规则说将关系资本视为在交易中形成的人与人之间的联系，这种联系由契约连接。契约是规定交易过程中权利义务的制度安排，包括契约谈判、承诺、执行、监督和违约惩罚等。关系契约与规则是关系资本构建和运行的制度保障，影响合作模式、行为选择和合作质量。显性和隐性关系契约和规则的存在保障了关系交易的顺利进行，促进了关系资本的价值转化。

从契约与规则角度，关系资本呈现如下特征：（1）规则化特征。美国当代著名契约法学家麦克尼尔（Macneil，1980）认为，关系资本是指特定的社会过程和社会规则，因交换双方的关系而存在，且影响着参与者的行为，使得不需要第三方的干涉就能保证交易的顺利进行。（2）文化性特征。关系资本是在共同遵守的行为准则和情感背景下培养和沉淀的，影响关系质量评价和合作行为模式选择，信任是其基础。戴维斯和辛格（Dyer and Singh，1998）提出了以"关系"为基本视角的连接合作战略与竞争优势的企业观，认为关系资本是关系型合作的基础，被各种言明的或未言明的假设、信任和计划所支持。（3）治理特征。关系契约基于长期交往积累的关系资本，形成惩罚与激励机制，影响交易质量。（4）动态变化与互惠互利特征。关系资本形成是动态过程，需要成员频繁作用和投入，互惠互利是基本原则。

关系规则化过程形成的规则分为显性规则和隐性规则：显性规则通过制度规则、行为规范和利益分享机制控制、协调和激励；隐性规则协调双方活动，促进目标偏好趋同，提升价值共享。

### （六）结构说

关系结构学派认为，人们的一切经济行为都镶嵌在人际关系网络中，交易行为在社会互动中进行。纳哈比和戈沙尔（Nahapiet and Ghoshal，1998）在对社会资本的研究中，把社会资本分为结构性、关系性和认知性三个维度。结构性社会资本是指企业在关系网络中的结构特性，主要指社会网络的联结数量与联结规模、联结密度等，这些因素会影响企业网络关系性租金的获得。乌兹（Uzzi，1999）将企业理论与社会网络理论结合起来，以嵌入性思想为基本出发点，认为企业间的社会纽带通过独特的机会而影响着企业的经济行为。关系性社会资本是指通过创造关系或由关系手段获得的资产，它强调个体或群体之间的情感联系、互相认可和支持，以及通过这些关系能够获得的资源和支持。认知性社会资本则是指提供不同主体间共同理解表达、解释与意义系统的那些资源，如语言、符号和文化习惯。在组织内部，其内涵还包括默会知识、语言的通用程度，价值观的相似程度等，它有助于促进群体沟通和协作，形成共同的目标和愿景。

关系嵌入性强调企业间联系的紧密度对信息的获取质量的影响，而结构性嵌入不是关注企业直接地获取优质信息的联结关系，而是强调关系联系节点在网络中的结构对信息价值的影响。从结构来说，企业在网络中所处的位置对企业信息、资源、创新机会和关系资本的收益率的获取具有直接的影响。处于网络中心度高的企业关系联结比较多，关系场域大，结构洞比较富集，信息搜集优势也比较明显。因此，更容易获取异质信息和资源，获得较高知识转移价值溢出和创新机会。邱鹏远（2013）认为网络中处于核心位置的节点具有较大的人际关系影响力，这样的企业通常会通过这种较大的人际关系影响力优化资源配置，协调资源平衡性。正如本杰明·戈梅斯－卡塞雷斯（Benjamin Gomes-Casseres，2017）在《重混战略：融合内外部资源共创新价值》一书中所言，"你在网络中的什么样的位置决定着你获得什么样的收益"。

综上所述，关系资本是一个复杂的概念，它涵盖了主体企业与其利益相关者之间的互动关系及其所产生的价值。这种资本不仅包括企业内部的资源和能力，还包括企业在网络中的位置、文化和制度的嵌入，以及非正式人际关系的培育。关系资本的构建是一个动态过程，涉及企业与合作伙伴之间的互动、合作和信任建立。

对于中小企业而言，关系资本的构建和利用至关重要。在信息化和全球化的背景下，中小企业的成长越来越依赖于产业合作网络和价值共享。通过与其他组织的合作，中小企业可以获取资源、知识和市场机会，从而实现快速成长。此外，关系资本还有助于中小企业在复杂多变的市场环境中保持竞争力，通过合作网络获取信息和资源，提升自身的创新能力和市场影响力。

关系资本的研究对于中小企业的成长具有重要的理论和现实意义。它不仅有助于企业理解如何在网络化环境中构建和利用关系资本，还有助于企业识别和捕捉成长机会，通过合作网络实现知识的内化和转移，增强竞争优势。同时，关系资本的研究也反映了中国企业在网络化成长中的特定路径和机制，体现了中国传统文化对企业成长的影响。

在中国特定的文化背景下，关系资本的构建和运用具有独特的特点。中国企业在网络化成长过程中，往往依赖于血缘、友缘、地缘等非正式人际关系的信任和支持。随着企业的成长，它们会利用这些关系人脉，通过趣缘、业缘、信缘等非正式和正式的关系，实现纵向一体化和横向一体化发展，以及跨行业、跨区域的多元化发展。需要注意的是，受中国儒家文化的影响，中国式的基于人际社会关系的网络化发展模式与西方基于关系契约的网络化发展模式有着不同的特征、内涵和行为方式。中国的"差序格局"不同于西方的"团体格局"，是数千年文化积淀的企业根植的土壤，其中孕育的关系资本，其构建机制及路径有着鲜明的"差序"特色。

# 第三节　常见商业模式：行业标准模式、互联网模式、重新定位模式

从第三章开始，每章的最后一节将介绍三种常见的商业模式，全书共涵盖九种模式。这些模式分别是：复利模式、连锁模式、反向操作模式、行业标准模式、互联网模式、重新定位模式、长尾模式、平台模式和开放模式。这些内容依次分布在第三、第四、第五章中。

## 一、行业标准模式：微软、苹果

**【思考】** 行业标准模式成功的关键是什么？该模式有何利弊？为什么？

### （一）微软的商业模式：行业标准

微软真正的核心能力在于其通过控制操作系统，间接控制了各种应用程序。如图 4-2 所示，微软的商业模式包括：成为计算机操作系统的行业标准∧多边平台效应∧边际成本为零∧产品进化∧拿来主义。以上五方面的内容描述了微软计算机操作系统成为行业标准的几个关键因素：它是一个多边平台，具有零边际成本和产品进化能力，同时能够快速吸收和整合他人的创新成果。

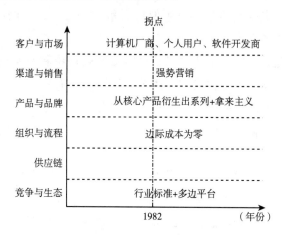

**图 4-2 微软的商业模式**

资料来源：艾学蛟. 微软商业模式之痛［J］. 经营管理者，2014（5）：21.

标准不是静态的规定，而是一个生龙活虎、天天成长的"有机物种"：它是一个开放的平台，以喜闻乐见的方式被广泛采用（多边平台效应）。标准是与时俱进的动态演化：它能快速地接纳和吸收他人或其他公司的最新创意和发明（拿来主义），紧跟客户偏好的变化和商业环境的变迁，促使自己不断升级和完善，在超越自我中更上一层楼（从核心技术衍生出升级换代的系列产品）。标准让平台上的各方利益均沾，达成共赢和多赢的局面。

微软公司作为计算机行业标准的制定和推行者，在其发展和进化的每一个阶段，都呈现出以上特点。在这里需要说明的是，微软之所以能够利用"行业标准"取得盈利，是因为它把行业标准作为一种商业模式来运作，而非仅仅把行业标准当成一项技术或产品。微软的创新是战略和商业模式的创新，而不是技术的创新。实际上，微软从未发明任何一种关键技术，而是借用他人的发明融入自己的商业模式中，这是微软制胜的法宝。实践中，拥有行业标准却没能盈利的案例比比皆是。例如，IBM 在 1981

年建立了个人计算机的模块化结构，却在 1991～1993 年亏损 160 亿美元。在家用录像机领域，松下的 VHS 格式击败了索尼的 Betamax 格式，但是松下并没有因为拥有标准而得到明显的长期利益。贺氏公司（Hayes）建立起调制解调器的标准通信协议，却被"与贺氏兼容"者低价击倒，最终在 1994 年陷入财务困境，不得不努力避免被他人收购。这些教训告诉人们，标准只有从技术应用上升到战略和商业模式的层面，才可能取得制高点。我们看见，为了推行行业标准，微软不遗余力，如借势借力、强势营销、虚张声势、后发制人、拿来主义等，左右逢源而又游刃有余。微软自创立以来，先后四次设定行业标准：第一标准，让所有的计算机采用 BASIC 语言；第二标准，赢得操作系统（MS-DOS）；第三标准，Windows 争霸战；第四标准，网页浏览器。

**（二）苹果的商业模式：再创辉煌**

苹果公司的商业模式（见图 4-3）：投其所好（让消费者尽情下载自己喜欢的歌曲）∧精品策略∧多边平台效应∧外包。

**图 4-3　苹果公司的商业模式**

资料来源：任慧. 苹果公司商业模式创新案例研究［D］. 武汉：华中科技大学，2015.

1. 精品策略。苹果公司由史蒂夫·沃兹尼亚克（Steve Wozniak）和史蒂夫·乔布斯（Steve Jobs）于 1976 年在加利福尼亚州创立，愿景是创造发明为人服务的好用的计算机，而不是反过来。1977 年推出的 Apple Ⅱ 和后来的麦金塔计算机使苹果和乔布斯声名鹊起。1985 年，乔布斯因性格冲突离开苹果，后创立 NeXT 公司。苹果后来收购 NeXT，乔布斯回归并重新掌舵。他回归后，苹果推出了 iMac、iPod、iTunes、iPhone 和 iPad 等创新产品，技术与财务上均取得巨大成功。到 2007 年，苹果市值与 IBM 相当，显示了十年间的显著增长。苹果的精品推出历程如下：2001年，推出 iPod 数字音乐播放器；2003 年，推出 iTunes 音乐商店；2007 年，发布 iPhone 智能手机；2008 年，上线 App Store；2010 年，推出 iPad 平板电脑；2015 年，推出 Apple Watch。

2. 多边平台效应与外包策略。iPod 既是一个产品也是一个平台，它有效连接了消费者、音乐网站、制造商、内容提供者等。苹果公司从摩托罗拉或其他公司购买芯片，放进富士康制造的 iPod，再聘请研发人员撰写 iTune 程序，然后提供数码音乐（由发行者和音乐人制作）给顾客，成功为顾客创造了独特且美妙的音乐体验。

## 二、互联网模式：网络效应

【思考】互联网模式成功的关键是什么？该模式有何利弊？为什么？

Facebook 的商业模式（见图 4 - 4）：实名制∧网络效应∧平台战略。

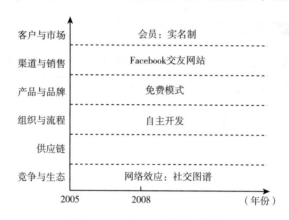

**图 4 - 4 Facebook 的商业模式**

资料来源：赵讷敏. 简析 Facebook 的商业模式［J］. 中国电子商务，2014（14）：196 - 197.

### （一）实名制

对于 Facebook 来说，保护使用真名与真实身份的文化很重要。Facebook 网站的设立基于一个激进的假设：现代生活必然趋向透明化。所以，该网站要求用户必须使用真名。这使它从一开始就与绝大多数其他网站有所差异，使它成为一种独特的国际现象。Facebook 的创始人扎克伯格（Mark Zuckerberg）和其核心团队同仁相信，公开、坦率地承认自己的身份，并且在所有朋友面前展现一致的行为，将有助于创造更健康的社会。在一个更坦诚且透明的世界，人们要对自己的行动后果负责，且更可能展现负责任的行为。扎克伯格（2018）认为："用户不应该老是担心自己展现了真实的自我。"在 Facebook 上，真实身份验证的方式之一，其实是由你的线上朋友为你提供保证。

### （二）网络效应

Facebook 的核心价值是朋友之间的连接，扎克伯格称之为"社交图谱"。以数学概念来说，就是一堆节点与连线，节点代表个人，连线代表友谊。每一个节点所拥有连线的平均数量，称为"邓巴数值"。根据数十年来的人类学研究，以及探究过去1000年的文明，邓巴数值被定为150。例如，MySpace会员的平均朋友数（邓巴数值）约为180人。这就如同，Facebook的每一个会员都拥有自己的一张"蜘蛛网"，无数"蜘蛛网"相互串联，就能铺天盖地、笼罩全球。它的威力在于，从某一个节点发出的"震动"（信息）会借助"社交图谱"，迅速传遍全世界。这种现象一般也称为"病毒传播效应"。Facebook的用户增长如表4-1所示。

表4-1           Facebook的用户增长

| 时间 | 用户数量 |
|---|---|
| 2005年9月20日 | 正式改名为Facebook |
| 2006年 | 1200万人 |
| 2007年 | 5800万人 |
| 2008年 | 3亿人 |
| 2009年 | 5.5亿人 |
| 2010年 | 13亿人 |

注：在180个国家和地区，每天有大约100万人加入Facebook成为新用户。
资料来源：赵讷敏. 简析Facebook的商业模式［J］. 中国电子商务，2014（14）：196-197.

### （三）平台战略

Facebook于2006年8月踏出变成平台的第一步，仅仅6个月，就有25万个应用软件开发者注册，推出了25000套应用软件。推出平台之举，让外界严肃看待Facebook，这是过去从未见过的情况。随着越来越多软件公司加入这个平台，Facebook公司平台战略快速演进，推出"Facebook Connect"服务，让其他网站可以取得Facebook用户的信息及其朋友网络，且把用户在其他网站上的活动信息传回用户朋友的"动态消息"栏里。Facebook公司鼓励事业伙伴以这种方式使用Facebook。截至目前，已有超过100万个网站这么做，其中包括全球半数最大的网站。

## 三、重新定位模式：从顾客到非顾客

【思考】重新定位模式成功的关键是什么？该模式有何利弊？为什么？
本案例来自张雯（2021）在2011年为某著名钻石品牌所做的一个咨询案，本章称该企业为A公司。A公司销售钻石的商业模式（见图4-5）：重新定位模式=产品重新定位∧客户重新定位。

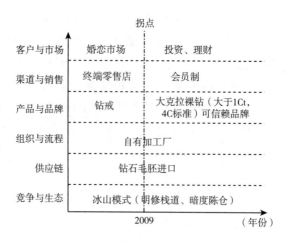

图 4 - 5　A 公司销售钻石的商业模式

### （一）产品重新定位：从结婚钻戒到大克拉裸钻

1. 钻石是适合投资用途的硬通货。钻石具备五大投资属性（见表 4 - 2），且钻石的 4C 标准十分明确（见表 4 - 3）。适合投资的三大类钻石：3Ct 左右，10Ct 级别，彩色钻石（黄钻、粉钻、蓝钻）。

表 4 - 2　　　　　　　　　　钻石具备五大投资属性

| 属性 | 特点 |
|---|---|
| 硬通货 | 钻石具备物以稀为贵的升值趋势 |
| 抗通货膨胀 | 钻石具有较强的抗通货膨胀能力，以及不易受政治、经济动荡的影响 |
| 价格上升 | 钻石的供应基本被戴比尔斯（DeBeers）公司垄断，价格波动、投资风险相对较小 |
| 标准化 | 钻石品质具有国际 4C 标准，易于鉴别，不易造假。钻石国际报价单是一个全世界通用的价格标准 |
| 国际化 | 钻石极易携带，出境不受限制 |

表 4 - 3　　　　　　　　　　钻石投资的 4C 标准

| 标准 | 内容 |
|---|---|
| 克拉重量（Carat Weight） | 通常大于 1Ct 的裸钻较具投资价值。如今，克拉钻受到国际公认，已成为国家金库中的重要储备 |
| 净度（Clarity） | 投资钻石一定要购买 VS 级以上的钻石，否则就很难指望它保值、增值 |
| 色泽（Colour） | 从投资角度，最好购买 D 级钻石。级别越低的钻石，投资、收藏价值就越小 |
| 切工（Cut） | 购买钻石投资，就一定要挑选切工工艺优良的钻石购买，如 3EX 级别。切工的好坏对钻石的价格影响极大，不同的切工，有时候钻石价值相差达到 40%。比如一颗 1Ct 颜色、净度、切工都很好的钻石和 1Ct 色泽、净度、切工稍差的钻石相比，价格差有 70% ~80%，价格差别可能有好几万元，甚至更多 |

注：裸钻或者彩钻，具备双重证书，即 NGTC 证书和 GIA 证书。

2. 钻石资产具有一定的流动性。在欧美国家的银行里，钻石可以抵押贷款，但只针对 1Ct 以上拥有证书的大钻石。这也是中国各银行未来可能推出的业务之一。例如，招商银行的私人银行业务已经率先推出钻石投资平台，投资者可以通过该平台的全球搜钻系统搜索到自己想要的克拉级以上、任意 4C 级的裸钻，还可以通过"消费易"以贷款方式进行购买。投资者也可以通过平台将自己购买的钻石上传网络议价卖出。可见，大克拉优质钻石是一个海量的细分市场。对于钻石市场来说，拥有 80% 财富的这个少数人群正是一个最大的细分市场，它的消费容量是惊人的。这个细分市场的消费特点是：浓缩、隐蔽和转移财产的需求，保值和投资的需求等。

### （二）客户重新定位：从婚嫁市场到投资理财市场

1. 大克拉钻石具有浓缩、隐蔽和转移财产的功能。香奈儿创始人曾经有一个夸张的说法："钻石以最小的体积，凝聚了最大的价值。"民国时期，一些军阀官僚、富绅豪门等购买钻石锁入箱中，以规避风险。比如，1945～1949 年，北京珠宝市场进口的钻石量就比较大。

2. 钻石投资已经蔚然成风。据中国珠宝首饰协会的统计数据，2010 年 5 月到 2011 年 5 月，2～5Ct 钻石的销量同比增长 40%。据深圳戴维尼钻石网购中心调查，在重量级钻石投资客中，企业家占 15%，各界明星占 15%，IT 精英、银行从业人员、证券从业人员占 30%（见表 4－4）。

表 4－4　　　　　　　　　　　做钻石投资的群体

| 投资者细分 | 细分特征 |
| --- | --- |
| "炒钻团" | 中国大陆：股市震荡、楼市低迷，江浙的"炒股客""炒房团"，纷纷转为"炒钻团"。自 2010 年 4 月以来，一些资金陆续从楼市撤离，转入钻石等新投资领域，甚至出现了"炒钻团"（《中国企业报》，2011 年 3 月 22 日） |
| 白领小资 | 为了保持财产不缩水，有投资眼光的白领小资们也瞄准了风险小、稳步升值的钻石投资<br>● 据某网店称，从 2010 年年底开始，高于 10 万元的裸钻订单数量大幅增加<br>● 某香港品牌珠宝店销售员：1Ct 以上的裸钻，现在每天基本都能卖出一颗（《北京晚报》，2011 年 4 月 17 日） |
| 银行理财 | 钻石已跻身主流投资理财市场，成为时下投资者的首选 |
| 企业家 | 占 15% |
| IT 精英等 | IT 精英、银行从业人员、证券从业人员占 30% |
| 各界明星 | 占 15% |

根据胡润研究院的调查统计分析，可以设计出一个"冰山模式"作为钻石厂商的战略指导。所谓"冰山模式"，即海平面以上的冰山为结婚钻戒市场，是竞争激烈的

红海，利润已经十分微薄；海平面以下的冰山为大克拉裸钻市场，是利润丰厚的蓝海（见图4-6）。企业战略的主旨在于明修栈道，暗度陈仓。意即首先在结婚钻戒这个"红海"市场中大力推行让利促销活动，以打响品牌为目的；然后借助品牌热度，在大克拉裸钻这个蓝海市场中去淘金。

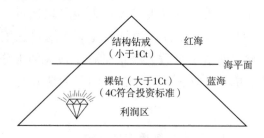

**图4-6 冰山模式**

资料来源：参见张雯. 基于钻石模型的商业模式创新外部需求因素分析 [J]. 冶金经济与管理，2021（3）：32-34.

基于本书原创的商业模式六职能模型，我们选取"拼多多电商模式"案例进行应用分析，从第二章开始，每章末尾均采用专栏形式加以展开。该案例分析贯穿于第二章至第七章，依次对应商业模式六大职能模块：环境分析→模式定位→资源整合→价值创造→价值获取→创新重构。

## 专栏4.6【商业模式六职能模型应用分析之三】

### 拼多多电商模式
#### ——后发平台企业的颠覆式创新

一、可怕的"增长怪兽"，迅速成长为头部电商（见本书第二章末）

二、三大电商巨头2024年第一季度财报对比（见本书第二章末）

三、作为后发平台企业的拼多多何以实现逆袭突围？借助本书提出的商业模式六职能模型，我们对其颠覆式创新进行简要分析（本章增加对应的资源整合分析），如表4-5所示。

**表4-5 基于商业模式六职能模型的拼多多探索期、追赶期、颠覆期商业模式分析**

| 主要过程 | 维度要素 | 重要概念 | 部分典型援引 |
|---|---|---|---|
| 资源整合 | 拼多多探索期商业模式分析（2015年4月~2015年8月） | | |
| | 资源整合 | 整合供应链 | 对水果行业进行结构性调整，采用产地直销模式，缩减供应环节，降低损耗，提高供应链效率，惠及消费者吃上优质优价的水果 |

续表

| 主要过程 | 维度要素 | 重要概念 | 部分典型援引 |
|---|---|---|---|
| 资源整合 | 拼多多追赶期商业模式分析（2015 年 9 月 ~ 2019 年 5 月） | | |
| | 资源配置 | 重构价值链 | 将长周期零散需求汇聚为短周期批量需求，提升供应链效率，让价值回归劳动者和创造者，提升其在价值链上的地位和分配比例 |
| | 拼多多颠覆期商业模式分析（2019 年 6 月至今） | | |
| | 资源配置 | 升级价值链（协同创新 + 数字化转型升级） | 设立"百亿农研专项"，打造特色优势品类<br>与高校、研究中心等合作，建设"智慧农业协同创新中心"<br>农业："农地云拼"、互联网 + 精准助农<br>制造业：为新国货、新国潮品牌提供全链路的数字化服务，推动品牌在生产、技术、数据和管理等层面实现数字化升级 |

─────── 【本章小结】 ───────

1. 经济资源是指用于生产商品和服务以满足人类需求的有限要素。经济资源依据其存在形态可以分为五类：自然资源、人力资源、资本资源、企业家才能和信息资源。

2. 经济资源的属性分类包括价值链定位属性、业务模式属性、关键资源能力属性、现金流属性、盈利模式属性。

3. 资源整合应该遵循客户价值最大化原则、持续盈利原则、创新原则、组织管理高效原则。

4. 资源整合既包括内部资源整合也包括外部资源整合。

5. 关键资源的整合涉及市场资源、客户资源、渠道资源、技术资源、人力资源、信息资源、流程资源、资本资源和供应链资源。

6. 企业资源相关理论主要有企业资源理论、资源说、关系说、价值说、能力说、契约规则说、结构说等。

─────── 【复习思考题】 ───────

1. 企业为何要对各种资源进行整合，资源整合有何现实意义？

2. 从价值链视角，我们可以对企业的经济资源属性进行怎样的分类？如何挖掘这些资源属性的价值？

3. 在对企业内外部资源进行整合的过程中我们应该注意遵循什么原则？

4. 关键资源的整合涉及哪些内容？

5. 对企业资源进行整合后，可能的结果是什么？

6. 在进行企业资源整合时，为什么需要相关理论支撑？涉及哪些理论？

─────── 【做中学模式】 ───────

1. 选择一家你身边的企业，尝试着运用资源整合的相关理论对该企业内部资源进行整合，分析整合后可能的经营成果。

2. 选择一家你身边的企业，尝试着运用资源整合的相关理论对该企业外部资源进行整合，分析整合后可能的经营成果。

3. 选择一家你身边的企业，尝试着帮助该企业获取新资源，推动资源整合，并分析新资源可能为该企业贡献的效益大小。

─────── 【章末案例】 ───────

### 价值共创如何影响创新型企业的即兴能力？
#### ——基于资源依赖理论的圣泉集团案例研究

本研究以济南圣泉集团股份有限公司（以下简称"圣泉集团"）为单案例研究对象，从资源依赖理论出发，基于结构依赖和过程依赖双重视角解析创新型企业的价值共创过程促使即兴能力反应，构建"资源—结构—能力"的理论分析框架。

**（一）圣泉集团的创新三阶段分析**

1. 渐进型创新阶段——价值共创活动促使资源拼凑（见表 4-6）。圣泉集团前身是将要倒闭的刁镇糠醛厂，董事长唐一林接管企业后意识到用玉米芯半纤维素生产糠醛，具有广泛的工业用途；而企业要得到市场认可，需向下游产品攻关升级产品，走系列化的创新深加工之路。出于以上考虑，圣泉集团奠定了走绿色价值创新之路的战略思路，开始了与小小玉米芯打交道的日子。首先，此阶段重点解决的问题是原材料供应，通过学生的勤工俭学、个体商户等解决原材料收购难的问题。其次，基于客户的需求，实现产品、市场延伸，寻求外部资源，通过共享专利研发技术，升级产品，降低价值创造活动成本，利用糠醛研发出国际先进的 86-A 型呋喃树脂，实现自动化、机械化的大生产。圣泉集团识别了此阶段的价值共创主体，获得或共享关键价值资源，弥补自身资源约束。

在渐进型创新阶段，圣泉集团与价值主体进行资源内生性互补、关联，实现价值创造、创新，打破资源约束（见图 4-7）。其中，通过与客户 1 进行互动式资源配置，基于价值共享机制、精益化流程机制进行价值共创活动；与供应商 1 进行互动式资源配置，基于利益分配机制、文化共建机制进行价值共创活动；与合作企业 1 进行互动式资源配置，基于合资机制进行资源均衡配置的价值共创活动。尽管资源约束引起的权力非均衡性导致创新型企业价值获取方面未占优势，但集团内部交易资源交换机制能进行资源均衡性配置，打破资源约束，实现价值共创，促进产品升级和市场延伸的即兴能力反应。

表4-6　　　　　渐进型创新阶段价值共创活动机制、资源拼凑等关系例证

| 主张价值 | 打破资源依赖：交易资源交换 | | | | 依赖类型 | 即兴能力 |
|---|---|---|---|---|---|---|
| 调研资料 | 价值主体 | 可获资源 | 共创机制 | 典型证据 | | 开发式 |
| 市场需求合法性 改革开放，处处是商机，以玉米芯半纤维素生产出来的工业产品是非常有前途的，具有广泛的工业用途 | 客户1 | 产品需求、市场位置等 | 互动<br>• 价值共享<br>• 精益流程 | 几经周折，济南一机床同意使用酚醛树脂，并浇筑成功；沈阳一机床找工程师，最后终于得到了工厂的认可，逐渐打开了济南、沈阳、上海等城市铸造行业的市场 | 结构依赖 | 资源拼凑<br>• 产品升级<br>• 市场延伸 |
| | 供应商1 | 植物秸秆等原材料 | 互动<br>• 利益分配<br>• 文化共建 | 通过学生的勤工俭学解决原材料收购难的问题；基于产能，原材料需求大，集结村里200多有条件个体户，去村里挨户收购玉米芯，贷款100万元进行原材料收购 | 结构依赖 | 资源拼凑<br>• 产品升级<br>• 市场延伸 |
| | 合作企业1 | 产品技术、市场等 | 互动<br>• 合资 | 积极拓展资源与英国HMC矿物及化学品有限公司合资建立济南圣泉海沃斯化工有限公司 | 结构依赖 | 资源拼凑<br>• 产品升级<br>• 市场延伸 |

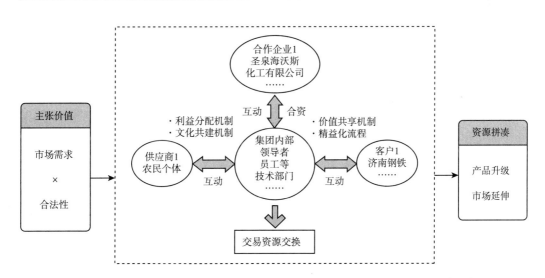

图4-7　渐进型创新阶段创新型企业价值共创活动促使即兴能力的资源拼凑路径

2. 适度型创新阶段——价值共创活动促使资源拼凑和资源搜索并举（见表4-7）。在此阶段，企业出于以下考虑：首先，创新让其发展之路越走越宽，赶上铸造行业大

力推广树脂砂技术改造，圣泉集团抓住机会进入发展的快车道。发展越快，互补关联资源已不能满足需求，简单的资源拼凑不能解决问题，需要拓展更多资源，识别更多价值共创主体。其次，需要拓宽思路，探索更多稀缺资源，大胆"走出去"学习新技术、新工艺，寻求更多科研、非营利机构的支持，促进不同层次合作。基于以上操作，呋喃树脂产销量猛增，使集团成为世界最大的呋喃树脂生产基地之一。圣泉集团基于自身价值创新需求，再次识别了此阶段的价值共创主体，获得并适当探索关键价值资源，弥补自身资源约束。

表 4-7　　　　　　　适度型创新阶段价值共创活动机制、资源拼凑等关系例证

| 主张价值 | | 打破资源依赖：资源交易/整合 | | | 依赖类型 | 即兴能力 |
|---|---|---|---|---|---|---|
| 调研资料 | 价值主体 | 可获资源 | 共创机制 | 典型证据 | | 开发式/探索式 |
| 需求创新制度资源 关系到国家航天事业发展，中华民族的飞天梦想，研发一直依赖进口的酚醛空心微球，为神舟系列飞船生产返回舱的保温衣 | 客户2 | 产品新特性、新技术需求等 | 互动<br>• 价值创造<br>• 资源优化 | 做了一系列方案：超低加入冷芯盒树脂给冷芯盒树脂向无机黏结剂过度提供了折中解决方案；全新的集成过滤节专利产品和过滤技术 | 结构依赖 | 资源拼凑<br>• 产品升级<br>• 市场延伸 |
| | 研发伙伴1 | 实验室、技术知识、人才等 | 合作<br>• 技术共享<br>• R&D | 发现黑龙江大学用秸秆制备石墨烯，和对方洽谈技术转让和合作，并迅速组建自己的试验团队 | 结构依赖 | 资源拼凑<br>• 产品升级<br>• 市场延伸 |
| | 其他机构1 | 制度、企业声誉形象等 | 制度<br>• 价值共享<br>• 资源协调 | 在中丹企业家座谈会上同丹麦诺维信公司签署酶制剂供应协议 | 过程依赖 | 资源搜索<br>• 技术创新<br>• 市场拓展 |

处于适度型创新阶段的圣泉集团拥有原有生态系统价值主体资源，又必须识别新的价值主体探索稀缺资源：一方面配置现有资源，如唐一林董事长率团到美国一家非糠醛生产企业参观并组织技术人员进行技术攻关，立足于国内和集团的实际情况，经历多次试验失败后终获成功，并实现了糠醛废水的零排放，这项新技术解决了糠醛废水处理这一世界性难题，新技术成功转让运用到国内其他糠醛生产企业。另一方面整合外部稀缺资源，圣泉集团收到中科院的邀请函，在一没有经验，二没有技术可以借鉴，三没有现成设备技术的条件下，加班加点跟中科院博士前后超千余次做实验、讨论，顺利批量生产酚醛空心微球。基于多渠道资源共享和整合，圣泉集团被认定为国家级企业技术中心，多维度资源的非冗余性配置，形成了圣泉集团价值创新的规模经济和协同效应（见图 4-8）。

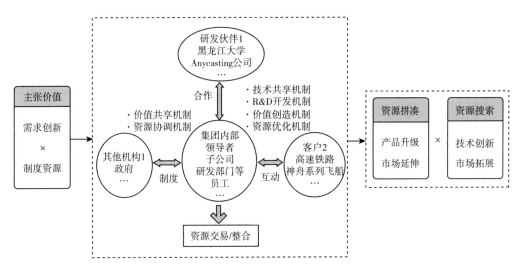

**图 4 - 8　适度型创新阶段创新型企业价值共创活动促使即兴能力的资源拼凑和资源搜索路径**

在适度型创新阶段，圣泉集团与价值共创主体进行资源内生性互补、关联和外生性稀缺资源交易，打破资源约束，实现价值共创。其中，通过与客户 2 进行互动式资源配置和资源整合，基于价值创造机制、资源优化机制进行价值共创活动；与研发伙伴 1 进行合作式资源配置和资源整合，基于技术共享机制、R&D 研发机制进行价值共创活动；与其他机构 1 进行制度式资源配置和资源整合，基于价值共享机制、资源协调机制进行价值共创活动。

3. 根本型创新阶段——价值共创活动促使资源搜索（见表 4 - 8）。首先，圣泉集团生物质研究院基于秸秆综合利用方面的技术积累，研发出溶剂法绿色生产工艺技术，生产出高值化产品。企业已经跳出资源拼凑实现价值创新，需要探索更多资源，识别新的价值共创主体，突破资源约束，占有资源权力优势。其次，此创新阶段的企业需要升级产业格局，创新商业模式设计，这些价值主张的实现需要探索更多稀缺、不可替代资源。协同创新带动了产业的创新和转型升级，尤其是健康服务业，圣泉集团在纺织领域如导电纤维、纳米材料及智能化服装等领域的研发创新实现重大突破。总裁唐地源曾说："未来很难规划，我们需要做的就是不断研发，将新材料供应给社会，与客户共同创造出无限的可能性。"圣泉集团基于自身价值创新和模式创新需求，重新识别和完善价值共创主体，搜索关键价值创新资源进行有效整合，弥补稀缺、不可替代资源约束。

处于根本型创新阶段的圣泉集团拥有原有生态系统价值主体优势资源，但要打破外在资源非均衡性，实现资源有效整合，必须识别新的价值主体搜索稀缺、不可替代资源：圣泉集团铸造材料不断创新为企业服务的方式，近距离对接客户需求，并在欧洲设立研发中心，推进国际化步伐的扎实迈进。2020 年研发口罩在线驻极增效处理技术有效解决部分熔喷布静电吸附性能不足的问题，大幅提高口罩的防护性能。多渠道稀缺资源整合，使圣泉集团拥有较高的资源权力优势，多维度不可替代性资源有效配置，形成了其价值创新、协同优化能力（见图4-9）。

表4-8　　　根本型创新阶段价值共创活动机制、资源拼凑等关系例证

| 主张价值 | | 打破资源依赖：资源整合/优化创新 | | | 依赖类型 | 即兴能力 |
|---|---|---|---|---|---|---|
| 调研资料 | 价值主体 | 可获资源 | 共创机制 | 典型证据 | | 探索式 |
| 产业升级模式创新 | 为铸造行业转型发展提供力所能及的解决方案是圣泉集团转型升级的基本方向，通过转方式调结构，科技创新推动企业发展才能最终使企业走出去，有更好的发展道路。 | 客户3 | 新市场、新产品、全面解决方案等 | 互动<br>● 价值创新 | 开启"OAO双网运营新模式"，该平台采用线上网店+线下体验店相结合的商业模式，秉承"奇妙体验，健康之旅"的理念，打造了工厂、经营者、消费者多方共赢的平台 | 过程依赖 | 资源搜索<br>● 研发创新<br>● 市场创新 |
| | | 供应商2 | 植物秸秆等原材料、渠道优势等 | 互动<br>● 资源优化 | 集团上项目速度发展较快，一年60~70个，对供应商加入审核的环节，通过每年一次的审批、试用、合作和评估流程进行供应商筛选 | 过程依赖 | 资源搜索<br>● 研发创新<br>● 市场创新 |
| | | 合作企业2 | 专利、技术共享、成本资源优势等 | 互动<br>● 资源共享 | 与英国卡博森斯有限公司成立合资公司，致力于糖类、核苷类高级医药中间体的研发、生产和销售 | 过程依赖 | 资源搜索<br>● 研发创新<br>● 市场创新 |
| | | 研发机构2 | 知识研发、更新、海外知识获取 | 合作<br>● 研发创新 | 与牛津大学、莫斯科国立大学、拉脱维亚有机化学研究所、中国科学院、复旦大学、北京理工大学等多所院校科研人员合作，研发出一百余种高级医药中间体及原料药 | 过程依赖 | 资源搜索<br>● 研发创新<br>● 市场创新 |
| | | 其他机构2 | 海外认可、标准制定、品牌等 | 制度<br>● 资源获取 | 石墨烯内暖纤维荣获2016年意大利国家科技创新大奖；入选首批国家级绿色工厂 | 过程依赖 | 资源搜索<br>● 研发创新<br>● 市场创新 |

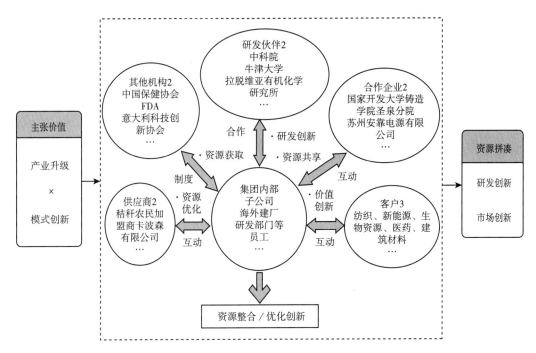

**图 4 - 9　根本型创新阶段创新型企业价值共创活动促使即兴能力的资源搜索路径**

在根本型创新阶段,圣泉集团与价值共创主体进行外生性稀缺资源交易,通过均衡性资源整合,实现价值创新、产业升级,资源优化并突破外部资源依赖。其中,通过与客户3进行互动式资源整合,基于价值创新机制进行价值共创活动;与合作企业2进行互动式资源整合,基于资源共享机制进行价值共创活动;与研发伙伴2进行合作式资源整合,基于研发创新机制进行价值共创活动;与其他机构2进行制度式资源整合,基于资源获取机制进行价值共创活动;与供应商2进行互动式资源整合,基于资源优化机制进行价值共创活动。

**(二) 研究结论与讨论**

不确定性环境下创新型企业在与环境进行创新资源"争夺"过程中如何实现价值共创并实现价值创新,进而促使即兴能力的反应——构建和提升? 本研究通过归纳、探索性案例研究构建了创新型企业价值共创过程促使即兴能力反应的理论框架:在渐进型创新阶段,创新型企业价值共创过程促使即兴能力的反应主要通过识别价值共创主体,交易资源交换的价值共创机制打破资源的结构依赖实现;在适度型创新阶段,主要通过识别价值共创主体,资源交易和资源整合的价值共创机制打破资源的结构依赖、过程依赖实现;在根本型创新阶段,主要通过识别价值共创主体,资源整合和优化创新的价值共创机制打破资源的过程依赖实现。

资料来源:参见王琳,陈志军. 价值共创如何影响创新型企业的即兴能力? ——基于资源依赖理论的案例研究 [J]. 管理世界,2020,36 (11):96 – 110,131.

**讨论题：**

1. 圣泉集团在不同阶段的关键资源分别是什么？这家公司在不同阶段整合资源的过程中是如何展开协同合作的？

2. 结合本章开头列举的"主要思维"，讨论一下圣泉集团在不同阶段整合资源的过程中可能运用了哪些主要思维？你如何理解这些思维？

3. 你认为圣泉集团后续开展商业模式创新应该如何进一步整合资源？

# 第五章　价值创造

护城河的本质是持续创造深度差异化。价值创造需要突破知识边界，向未知领域发起创造性探索。通过解构现有价值网络并重组要素，将商业模式进化为具备抗模仿能力的"生态生命体"。真正的差异化不在于静态壁垒，而在于动态构建价值网络的认知速度与重组能力。

——袁柏乔

## 【本章目标】

1. 理解价值创造的定义、内涵、过程与作用。
2. 理解价值创造与竞争优势的关系。
3. 掌握价值网络的组成要素。
4. 掌握构建价值网络的策略。
5. 了解价值网络与供应链管理的关系。
6. 了解价值评估与度量的重要性。
7. 理解价值评估与度量的方法与指标。
8. 了解价值评估与度量在商业模式决策中的应用。
9. 了解技术进步对价值创造的影响。
10. 了解面向未来的价值创造战略。

## 【主要概念】

价值创造，价值网络，价值评估，交易价值

## 【主要思维】

战略思维，历史思维，系统思维，创新思维

## 【导入案例】

什么是格力模式？格力模式是格力以缔造全球先进工业集团、成就格力百年世界品牌为愿景，坚定改变掌控未来、奋斗永无止境的信念，坚守专注主义，倡导三公三讲，遵循八严方针，以掌握核心科技、锻造完美质量为双轮驱动，通过独特的营销模式传递和提升价值，坚持自主育人、自主创新、自主生产，使命驱动价值创造，让世界爱上中国造的经营之道。格力的成功之道可以阐释为5大基因组合，包括理念（持先进的理念引领发展）、制度（以科学的制度严格要求）、队伍（让优秀的队伍通力合作）、创新（用持续的创新赢得优势）和组织（建卓越的组织支撑发展），以及格力在企业经营管理实践中探索和创建的20项管理原则和58种方法。由此，格力的管理模式可以表述为5大基因组合、20项管理原则和源方法、准则、机制、技术四大类共58种方法，简称为"5258"法则。

理念是人们对客观世界理性化的想法和向往。在格力的建设和发展中，理念凝聚着格力人的精神向往、价值追求和集体智慧，引领了格力的发展方向、决定着格力人为人处世的基本思维方式。格力的发展理念包括四个方面，限于篇幅，本文仅简介格力第一原则："使命驱动，创造价值"。

董明珠认为只有勇于承担社会责任，使命驱动，才能创造价值、塑造品牌，基业长青。格力以"弘扬工业精神，追求完美质量，提供专业服务，创造舒适环境"为使命并将其转化为具体的行动。"好空调、格力造"——为消费者提供优质可靠的产品；"格力掌握核心科技"——打破国外产品的市场垄断和国外企业的技术封锁，为消费者生产价廉物美、性能卓越的产品；"让天空更蓝，大地更绿"——承担社会责任，研发和生产出节能环保的产品，保护我们的绿色家园；"格力让世界爱上中国造"——带动行业发展，提升中国品牌的美誉度和知名度。格力这四个耳熟能详的广告语，向社会昭告他们的坚定信念和雄心壮志，也在宣告他们对消费者、对社会、对国家的责任和担当。

资料来源：参见张振刚. 格力模式：使命驱动价值创造的经营之道［J］. 清华管理评论，2019（zl）：135 – 144.

【思考】从理念层面看，格力电器是如何通过使命驱动实现价值创造的？

《光电帝国》一书写就了影响人类工业文明进程的电力三巨头（爱迪生、特斯拉、威斯汀豪斯）之间的商战传奇。书中讲到爱迪生的直流电与特斯拉的交流电之争。众所周知，最终交流电获胜。不过，如果追溯到当时的历史场景去看，那时候的交流电是非常危险的"洪水猛兽"，为了证明这一点，爱迪生还拿交流电电死过一头大象，以此告诫人们交流电是不能"为人类所用"的。何况，当时的爱迪生财力雄厚，直流电的电网设备在小摩根的支持下已经全面铺开。但是，为什么直流电在对阵如此危险的交流电中却败下阵来？我想，很多读者和我一样瞬间生出疑惑：难道安全性不是最重要的吗？

其实不然，如果我们用美国管理大师克莱顿·克里斯坦森（Clayton Christensen）所著《创新者的窘境》一书中的"价值网络"这个概念来理解就会"豁然开朗"。直流电虽然安全，但是也有不可克服的缺点——传输距离很短，要想真正投入应用，必须得不停地修建很多很多的电站，那样一来不仅成本高昂而且有些地方难以落地。交流电虽然危险，但是传输距离很长。如此一来，它就更适合构建起一个让更多人、更多组织、更多资源协同起来的一个价值网络。在这一巨大优势面前，安全问题就变成了一个可以想办法克服的小问题。为此，该书还列举案例加以说明，那时在美国北部有一个大瀑布，非常适合建立大型水电站，只不过距离大瀑布最近的水牛城也超过 30 千米，其他城市就更远。这个时候交流电的传输距离优势就派上用场了，它能把更多的资源协同起来建立更大的价值网络。

企业的价值创造原理，与电力领域的价值创造机制同理。因此，本章基于客户价值导向的视角，阐述价值创造的基本概念，讨论其在商业模式中的作用，分析价值创造与竞争优势的关系，解析价值网络的组成要素，讨论构建价值网络的策略，分析价值网络与供应链管理的关系，讨论如何开展价值评估与度量，以及价值创造的未来趋势，以助力商业模式决策。

# 第一节　价值创造概述

## 一、价值创造的定义与内涵

【思考】什么是价值创造？其内涵有哪些？

价值创造是商业模式学的核心概念，描述了企业如何通过其产品、服务或体验为客户提供价值，并在此过程中实现自身的价值增长。孙新波等（2021）研究了价值创造的发展及演化，发现价值创造研究源于学者对企业价值及其管理问题的关注，认为它是指企业旨在满足目标客户需要的生产、供应等一系列业务活动及其成本结构。价值创造最早提出于财务管理领域，研究集中在企业财务资本对价值创造的作用，认为资本投入的回报超过其本身就是所谓的价值创造（Modiglian and Miller，1959）。20 世纪 80 年代后，价值创造研究上升到战略层面，开始关注企业的非财务因素对价值创造的影响。一方面，围绕迈克尔·波特提出的价值链概念解释企业通过设计、生产、销售、发送等向用户交付产品或服务的生产经营活动来创造价值，获取企业竞争优势（Porter，1985）；另一方面，学者们开始探讨企业通过独特的战略性资源（Wernerfelt，1984）、能力、知识（Grant，1996）等创造价值，揭示了企业价值创造的来源。进入 21 世纪以来，营销学者们逐渐关注行为主体在价值创造中的角色和作用，意识到顾客作为潜在资源和共同生产者可以参与到企业的生产服务活动中，提出了价值共创的概念（Vargo and Lusch，2008）。价值共创是企业获取竞争优势的一种新的价值创造方式，它突破了企业主导的传统价值创造观点，强调以用户为中心，各价值创造主体通过资源整合和服务交换的互动共同创造价值（Vargo and Lusch，2016）。

### （一）什么是价值创造

价值创造是企业通过创新和资源优化配置，提供满足或超越客户需求的产品或服务，从而实现企业与客户之间价值的共同增长。尽管学术界对价值创造的研究视角和侧重点不同，但总体而言价值创造普遍涵盖四个方面：一是价值创造的来源，即企业利用何种资源、要素开展价值创造活动。二是价值创造的参与主体，即谁参与价值创造，包括顾客、消费者、企业及生态系统中的利益相关者。三是价值创造的过程，即企业领导者如何改变自身认知调整企业战略、业务运营、产品和流程的转型、商业模式和组织架构，利用资源和能力等创造价值的过程（Vial，2019；孙新波等，2019）。四是价值创造的目标结果，包括满足目标客户需求、实现企业自身价值主张、获取利润和实现价值增值等。

### （二）价值创造的内涵

除上述内容之外，价值创造的内涵还包括：（1）产品与服务。提供高质量的产品与服务是价值创造的基础，它们是满足客户需求的直接体现。（2）客户需求满足。价值创造的逻辑起点是对客户需求的深入理解，包括直接需求和潜在需求。（3）客户体验。提供卓越的客户体验，增强客户满意度和忠诚度，是价值创造的重要组成部分。（4）资源优化。有效的资源配置和利用，包括物质资源、财务资源和人力资源，以最大化价值创造的效率和效果。（5）价值网络。在现代商业环境中，价值创造往往是通过与供应商、分销商、合作伙伴以及最终用户等多方利益相关者共同构建的价值网络实现的。（6）价值评估。对价值创造的成效进行评估，确保企业资源投入与产出之间的正向关联。

价值创造不仅是企业单方面的活动，它还涉及与客户及合作伙伴的互动，是一个动态的、持续的过程。企业需要不断地通过市场研究、客户反馈和内部创新来调整和优化其价值创造的策略和方法。

## 二、价值创造的过程与作用

【思考】数字经济和人工智能时代的价值创造过程有什么新特点？价值创造有何作用？为什么？

### （一）价值创造的过程

价值创造的过程是企业通过其商业活动为客户提供价值并实现自身价值增长的

连续性活动。这个过程通常包括以下几个关键阶段：（1）需求识别。理解市场需求和客户的具体需求，进行市场调研，识别潜在的市场机会（见本书第二章"环境分析"）。（2）价值设计。基于客户需求，设计产品或服务的价值主张。确定产品或服务的独特卖点（见本书第三章"模式定位"）。（3）资源配置。确定实现价值主张所需的资源，包括人力、资金、技术和时间，优化资源配置以提高效率（见本书第四章"资源整合"）。（4）产品开发。根据价值主张开发产品或服务，进行原型设计、测试和迭代（见本章"价值创造"）。（5）价值评估。评估产品或服务是否满足客户预期并创造了价值，收集客户反馈，进行价值验证（见本章"价值创造"）。（6）价值交付。通过有效的渠道将产品或服务交付给客户，确保交付过程的效率和可靠性（见本书第六章"价值分配"）。

在整个价值创造过程中，企业需要不断地进行内部和外部的沟通与协作，确保所有相关方都对价值创造的目标和过程有清晰的认识。此外，企业还需要建立起有效的监测和评估机制，以确保价值创造活动能够持续地为企业带来竞争优势和市场成功。

值得一提的是，随着数字经济的到来，吕铁等（2021）认为，在数字经济时代，价值创造和价值获取的过程展现出全新的特点，企业在适应这些变化时更加注重数字技术如何增强价值实现的能力。依据对价值创造和数字经济的研究，整个价值生成过程可以主要分为三个阶段：交互、创造和获取。有效的交互有助于建立所有参与者之间的价值共识，包括用户向企业表达他们的价值需求，企业向用户展示产品的实际使用价值，上游企业向其员工和管理层展示应用软件和设备的使用价值，以及企业与跨行业参与者进行清晰交流等。通过这样的有效交互，企业可以进行创造活动，包括构建和调整其价值主张、商业模式和运营模式，使用数字应用软件和设备跨越技术和应用原理的障碍，以更高效的方式生产并创造价值，以及通过跨界合作扩展价值创造的机会和空间。最终，企业通过一系列商业操作来实现价值的获取。

交互、创造和获取三者之间关系密切，其中创造是核心环节，而交互和获取则是不可或缺的基础环节。在数字经济时代，创造活动的基础不仅包括一般要素，更重要的是信息和知识，这些往往可以通过交互获得。尽管获取活动在流程顺序上跟在创造之后，但它也是创造活动的重要基础。对未来获取价值的预期以及对自己价值获取能力的信心，是激发创造行为的重要动力。在分析数字技术如何促进制造业高质量发展的作用机制时，应当基于这三个主要环节，探讨数字技术如何应对每个环节中的新特征和新问题，并寻找相应的解决策略。

### （二）价值创造的作用

价值创造在商业活动中扮演着至关重要的角色，其作用可以从多个维度进行理解：

（1）满足客户需求。价值创造的核心在于提供能够满足客户需求的产品或服务，这有助于企业建立和维护客户关系，提高客户满意度和忠诚度。（2）增强竞争优势。通过独特的价值创造，企业可以区别于竞争对手，提升企业的品牌形象，形成自身的核心能力，吸引更多的客户和合作伙伴，从而在市场中占据有利位置。（3）促进创新。价值创造往往需要企业进行产品和服务的创新，这促进了技术进步和商业模式的革新，为企业带来新的增长点。通过持续的价值创造，企业能够灵活应对市场变化和客户需求的演进，保持其业务的相关性和持续性。（4）实现盈利。有效的价值创造能够提高产品或服务的附加值，使企业能够以更高的价格销售其产品或服务，从而实现更高的利润。（5）激发员工潜能。价值创造的过程需要员工的积极参与和创新思维，这有助于激发员工的潜能，提高其工作效率和效益。（6）促进经济增长。企业通过价值创造助力社会财富的增长，推动经济发展和就业机会的增加。

价值创造是企业成功的基石，它不仅影响着企业的短期业绩，更关乎企业的长期生存和发展。因此，企业需要不断地探索和实践新的价值创造方法，以适应不断变化的市场环境。

## 三、价值创造与竞争优势的关系

【思考】为什么说竞争优势是影响企业价值创造能力与投资价值的关键因素？在数字经济和人工智能时代，如何运用协同学原理塑造可持续的竞争优势？

价值创造与竞争优势之间存在着密切的联系。首先，价值创造是竞争优势的基础。企业通过有效的价值创造活动来满足客户需求，提供独特的产品或服务，从而在市场中建立竞争优势。有学者认为，只有在激烈的市场竞争中获得优势的企业才有能力为股东创造更多的价值，竞争优势是影响企业价值创造能力与投资价值的关键因素。目前学术界对企业竞争优势来源和投资价值分析方法分别作了很多研究，但还没有将两者结合起来的理论（赵熠，2006）。其次，竞争优势促进价值创造。拥有竞争优势的企业能够更有效地吸引和留住客户，这为企业提供了持续进行价值创造的机会。再次，价值创造与竞争优势相互促进，形成正向循环。企业通过不断地创新和改进，增强其价值创造能力，进而巩固和扩大其市场竞争优势。最后，二者通过战略层面进行整合。企业的战略决策需要围绕如何通过价值创造来构建和维持竞争优势，这涉及对企业资源、能力和市场定位的综合考量。

可见，价值创造是企业获得和维持竞争优势的关键，而竞争优势又为企业提供了更好的价值创造平台，两者相辅相成，共同推动企业的发展和成功。企业需要在战略、管理、创新等多个层面进行努力，以实现持续的价值创造和竞争优势的构建。

特别地，在数字经济和人工智能时代推动企业价值创造和培育竞争优势，形成二者相互促进的正向循环过程中，要特别注意以下几点：一是数字化转型下的新机遇。

在数字化转型的背景下，企业利用新技术如人工智能、云计算等，可以更高效地进行价值创造，这为获得和维持竞争优势提供了新途径。二是价值网络和生态系统的作用。现代商业环境中，企业不再是单独的价值创造者，而是通过与供应商、合作伙伴和客户共同构建的价值网络和生态系统来进行价值创造，这种合作模式可以增强企业的竞争优势。三是要着眼长期视角。从长期来看，持续的价值创造是企业保持竞争优势的关键。企业需要不断地进行自我革新和市场适应，以实现持续的价值创造。四是注重风险管理。在价值创造过程中，企业必须考虑和管理相关的风险因素，确保价值创造活动能够持续有效地支持竞争优势的构建和维持。五是关注绩效提升。价值创造的成效直接影响企业的财务和非财务绩效，进而影响企业的市场地位和竞争能力。六是立足创新驱动。创新是推动价值创造和获得竞争优势的关键因素，企业需要不断地在产品、服务、商业模式等方面进行创新。

# 第二节　价值网络构建

## 一、价值网络的定义、特点及组成要素

【思考】什么是价值网络？其特点如何？其组成要素有哪些？

### （一）价值网络的定义和特点

价值网络（value network）是一个商业和经济学概念，指的是一组相互依存的组织和个体，它们共同参与创造价值的过程，并通过这一过程满足市场需求和客户期望。价值网络中的每个成员都在特定的环节贡献自己的资源、技能或服务，从而形成一种协同效应，使得整个网络能够创造出比单个组织独立运营更大的价值。这个概念强调了在现代商业环境中，企业不仅仅是独立运作的实体，而是作为更广泛网络的一部分，与供应商、分销商、客户以及其他合作伙伴共同创造价值。

价值网络的主要特点如下：一是互联性。网络中的每个成员都与其他成员相连，形成复杂的互动关系。二是协作性。成员之间通过合作来提高效率，创造新的价值。三是灵活性。价值网络能够适应市场变化，快速响应新的挑战和机遇。四是创新性。通过跨组织的合作，价值网络能够促进新产品和服务的开发。五是客户导向。价值网络的运作以客户的需求为中心，致力于提供更好的客户体验。六是共同目标。尽管每个成员可能有其自己的目标，但他们共同致力于满足或创造客户需求和市场需求。七是信息共享。网络成员之间共享信息和知识，以促进创新和改进。

价值网络可以应用于各种行业，包括制造业、服务业、技术行业等。它是一种战略工具，帮助企业在竞争激烈的市场中获得优势。通过构建和维护有效的价值网络，

企业可以提高其竞争力，增加市场份额，并最终实现可持续的增长。诺基亚和苹果此消彼长的发展对比就非常典型。众所周知，苹果公司的第一代产品在用户体验方面并未超越当时的市场领导者诺基亚。然而，苹果公司通过构建其独特的价值网络，引领了行业的变革，最终在市场上取得了领先地位。这一案例表明，商业价值的评估不能仅仅局限于产品本身的表现。同样的道理也适用于软件行业。即便有人开发出了一个超越微软操作系统的新产品，想要在市场上取得成功也并非易事。这是因为，一个成功的软件平台需要一个完善的生态系统，包括开发者和用户的广泛参与，以及在此基础上形成的价值网络。若缺乏这一网络的支持，即便是技术上更优越的产品，也难以避免商业失败的命运。

可见，在评估一个商业项目或产品的潜力时，必须考虑到其背后的价值网络和生态系统，以及其对市场的影响力和吸引力。产品本身的质量固然重要，但在整个商业环境中，构建和维护一个健康、活跃的价值网络同样不可或缺。

### （二）价值网络的组成要素

在商业模式设计中，价值网络的组成通常包括以下几个关键要素。

1. 顾客价值。在价值网络的运作中，顾客价值是其核心追求。企业通过深入洞察并有效满足顾客的需求，激发整个价值网络的活力，以此达到顾客价值的最大化。价值网络本质上是一个由需求驱动的系统，正是顾客的需求触发了整个价值网络的运作（顾客价值的实现决定了价值网络中各组织成员核心能力的构建）。产品和服务的设计始终围绕顾客的需求展开，合作伙伴的选择也是基于满足这些需求的考量。因此，顾客需求的性质、价值实现的方法和内容，决定了价值网络中各企业核心能力如何组合和协同。在这种模式下，顾客需求是推动价值网络运作的原动力，它影响着企业如何配置其核心能力，以及如何选择合作伙伴，共同为顾客提供价值。通过这种方式，价值网络能够灵活地响应市场变化，不断优化产品和服务，以满足顾客的期望和需求。

2. 互动关系。在现代商业环境中，企业不是孤立的岛屿，而是通过与供应商、顾客、竞争对手和互补伙伴的多维互动，构建了一个有机的价值创造网络。这些互动关系不仅包括交易，还涵盖了信息交流、知识共享和战略协同，共同推动了卓越的顾客价值创造。第一，互动关系的重要性：企业与各方的互动构成了价值创造的核心网络，影响着价值创造的效率和效果；高质量的互动是推动价值创造和实现的关键。第二，价值网络的共赢理念：企业间的互动超越了零和博弈，基于共赢的理念进行紧密合作；通过稳固的协同合作关系，企业能够互补核心能力，共同承担风险和成本，共享市场机会和顾客忠诚度。第三，价值网络的价值源泉：关系资产——建立和维护良好的企业间关系，形成宝贵的关系资产；资源和能力的互补——通过协同合作，企业能够利用各自的优势资源和能力，实现更高效的价值创造；有效的治理机制——确保价值网络中的合作顺畅，促进成员企业之间的协同合作。第四，行动指导：企业应积极寻求和建立互补的合作关系，以增强自身的市场竞争力；重视关系资产的积累，通过持续的互动和沟通，加深与各方的联系；探索和实施有效的治理机制，以优化价值网络的运作和协同效率。

3. 核心能力。企业之间的合作关系建立在各自的核心能力之上，这种能力也是价值网络存在和运作的基石。价值网络的整体价值创造能力，受到其成员企业核心能力的影响和制约。当来自不同专业领域的核心能力越是关键和互补，就越有可能通过协同作用创造出卓越的顾客价值。

4. 价值活动。在价值网络中，企业通过一系列关键的价值活动来实现价值创造和增强与客户的联系。这些活动主要包括：客户选择——企业需要精准地识别和选择目标客户群体，了解他们的需求和偏好，以便提供更加贴合的服务和产品；产品提供——基于客户的需求，企业设计和生产高质量的产品，确保产品的性能、质量和创新性能够满足甚至超越客户的期望；售后服务——提供卓越的售后服务是建立长期客户关系的关键，这包括及时响应客户的反馈、解决客户的问题、提供必要的支持和维护服务等；相关活动——除了上述核心活动外，还包括市场调研、品牌建设、供应链管理等，这些活动共同构成了企业与客户互动的完整价值链。通过这些相互关联的价值活动，企业不仅能够为客户创造和提供价值，还能够与客户建立起紧密的联系，从而在激烈的市场竞争中获得优势。

5. 信息技术。与常规的供应链模式相比，价值网络的一个显著特征是其协作性极高。信息技术在价值网络中扮演着至关重要的角色，它像一座桥梁，连接着网络中的各个成员，加强了他们之间的沟通与协作。这使得企业能够迅速捕捉市场的需求变化，并作出敏捷的反应，实现高效率和低成本运营。

6. 战略控制。战略控制是价值网络设计中的一个重要组成部分，它的作用是保证企业的利润并维持顾客忠诚度，同时也是阻隔竞争对手的一种方法。比如：建立品牌忠诚度——通过提供高质量的产品和卓越的客户服务，培养顾客的品牌忠诚度，使他们更倾向于重复购买。专利和知识产权保护——利用专利、商标和版权等法律手段保护企业的创新成果，防止竞争对手复制或模仿。成本领先战略——通过规模经济、流程优化和成本控制，实现成本领先，使得竞争对手难以通过价格竞争获得优势。差异化战略——提供独特的产品或服务，建立独特的品牌形象，使企业在市场中具有不可替代性。市场细分——专注于特定的市场细分，为目标客户提供定制化的解决方案，减少与广泛市场上的竞争对手的直接竞争。建立进入壁垒——通过控制关键资源、建立复杂的供应链关系或形成强大的分销网络，提高新进入者的市场进入成本。战略联盟和合作伙伴关系——与供应商、分销商或其他企业建立联盟，共同应对竞争对手的威胁。通过这些战略控制手段，企业可以在一定程度上阻隔竞争对手，保护自身的市场份额和利润。然而，需要注意的是，这些手段需要根据企业的具体情况和市场环境灵活运用，并且要遵守相关法律法规，避免不正当竞争行为。

这些要素共同构成了价值网络的基础，并在商业模式设计中发挥着重要作用。通过优化这些要素，企业可以更有效地参与到价值创造和价值获取的过程中，从而提升其商业模式的竞争力和市场绩效。实践中，价值网络的要素正在伴随环境变化而变化，不同的要素组合，带来不一样的价值网络和价值创造。为此，经营者要有敏锐的洞察力，与时俱进，作出调整。

### 📖 专栏5.1【名家观点】

#### 王赛，范家琛：价值网络迁移
##### ——行业变局背后的底层逻辑

2024年3月28日，小米正式发布小米SU7汽车，24小时大定数量超8万台，此举被视为小米业务战略格局改变的重要节点。而同为智能硬件制造商的苹果则于2024年2月28日终止了已推进十年之久的造车项目。孰对孰错？谁的战略更符合未来？近期科特勒咨询中国区给两家日化企业做咨询，看到它们之间惊人的差异。第一家企业成立60年，2022年挂牌上市，年销售额12亿元；另一家企业刚成立3年，年销售额接近10亿元。它们的不同在于，前者构建的价值网络的核心点在于传统广告+渠道，而后者精准抓住不同平台的流量红利，以内容裂变的方式加上抖音的算法渠道，不断实现指数级扩展。而站在一个更高的维度看，前者一直固守渠道和媒体，处于"价值流出阶段"，后者布局内容+算法，处于"价值流入阶段"。

资料来源：参见王赛，范家琛. 价值网络迁移：行业变局背后的底层逻辑［J］. 商业评论，2024（7）：74-89.

## 二、构建价值网络的策略

【思考】如何构建价值网络？面对处于不同发展阶段的企业，你认为什么策略更加有效？

在商业模式设计中，构建价值网络的策略指的是企业为了实现更高效的价值创造和价值获取，通过建立和优化内外部利益相关者（如供应商、分销商、客户以及其他合作伙伴）之间的关系网络所采取的方法。这些策略可以通过不同的方式实施，具体包括以下内容。

### （一）价值域规划

价值域规划通过战略性地界定价值网络的边界与规则，明确各参与者的角色、权责与互动框架，构建有序协同的生态基础。该策略聚焦于"谁在哪儿玩"，强调从

"零和博弈"向"共生契约"转型，以奠定价值网络的结构性根基与可持续协作秩序。

1. 定义生态边界。一是行业聚焦：筛选高增长潜力赛道，剥离非核心业务。二是参与者分层：识别核心伙伴（技术/资源互补者）、次级合作方（能力补充者）及边缘参与者（潜在颠覆者）。如金田铜业将业务边界从"铜加工"重新定义为"新能源材料配套"，成功吸引特斯拉、比亚迪等头部客户，实现 PE 倍数从 9 到 16 的跃升，市值增长超 300 亿元。

2. 制定治理规则。一是技术标准：统一数据接口与交互协议（如 API 开放规范）。二是价值分配机制：设计贡献度量化模型（如数据共享权重、利润分成比例）。三是信任体系：引入区块链存证或第三方认证。如浙江省国土空间信息模型（TIM）制定低空经济数据共享标准，组织所有接入方采用北斗网格编码，实现 50 余类设施数据的跨部门互联。

3. 确立角色分工。一是核心平台方：提供基础设施与规则框架（如云服务、开发工具包）。二是模块提供者：专注细分能力输出（如特定技术组件）。三是整合服务商：形成多模块组合交付解决方案。如屈臣氏在 O + O 生态中将自身定位为"渠道 + 媒体 + 私域"三合一枢纽，品牌商专注产品研发，物流伙伴负责履约，形成分层协作网络。

价值域规划的本质是"筑巢引凤"。规划并非静态切割，而是通过边界、规则、角色的动态适配，构建"利他性"生态地基。成功的规划需把握三重平衡：开放与控制的平衡（如浙江省 TIM 既开放空域数据，又通过设置电子围栏保障安全）、刚性与弹性的平衡（如金田铜业对技术标准严格，但对合作模式灵活）、利己与利他的平衡（如屈臣氏以渠道价值换取品牌商数据共享），唯有将规划转化为"共同进化"的契约，方能从"零和博弈场"进阶为"价值共生体"。

### （二）价值流重组

价值流重组是企业突破传统线性价值链约束，通过解构资源孤岛、重塑价值流动路径，实现网络化协同的核心策略。该策略聚焦"如何高效玩"，强调从静态"链式传递"向动态"网状融通"转型，以提升系统韧性和响应敏捷性。

1. 解构与连接：打破资源孤岛。一是跨职能整合：将分散的研发、生产、供应链等资源接入共享平台，形成端到端的多职能团队。如卡特彼勒（Caterpillar）围绕客户需求重构价值流，将工程、制造、财务等职能嵌入同一流程，订单直接由价值流团队处理而非客户服务部门，缩短决策链条。二是动态资源池。如某欧洲企业将 100 多名开发人员从"组件团队"重组为 8 个跨职能产品团队，每个团队独立负责从需求分析到交付的全流程，消除部门间等待浪费。

2. 动态配置：实时匹配供需。一是弹性调度机制：利用数字化平台实现资源按需调用。如某保险公司的理赔流程重组，通过删除冗余的 12 层审批环节，将理赔周期压缩 70%，实现案件自动分配至最近空闲节点。二是闭环反馈系统。如某法院在某公司破产重整中，采用"法院 + 政府 + 债权人 + 管理人"四位一体模式，实时监控产能与债务匹配，动态调整偿债方案，使普通债权人受偿率从 0 提升至 14.6%。

3. 闭环优化：数据驱动的持续迭代。一是价值流图谱分析。如丰田通过识别"七大浪费"（库存、过度加工等），在加州工厂重新规划单元生产布局，将操作员每日步行距离从 6 英里降至趋近于零。二是动态定价与激励。如某法院在某地产公司预重整中，依据销售数据动态调整房源定价策略，结合共益债融资 12 亿元，加速资金回笼，推动 11 个烂尾楼盘复工。

价值流重组的本质是"破界共生"。重组绝非简单流程优化，而是通过打破组织边界、重构资源网络，将企业从"机械控制体"转化为"有机生命体"。成功的重组需同步解决三层次问题：技术层（数字化平台连接）、制度层（动态规则设计）、文化层（跨职能共识），最终实现从"链式管控"到"生态化调度"的跃迁。

### （三）价值源拓展

价值源拓展是企业突破传统价值边界，通过挖掘边缘需求、融合跨界要素、孵化新兴价值组合，实现价值网络动态进化的核心策略。该策略聚焦"未来玩什么"，强调从"内部迭代"向"跨界生长"转型，以构建持续创新的价值增长极。

1. 边缘扫描：发现潜在价值增长点。一是技术监测：追踪新兴技术（如基因编辑、区块链）在传统产业的应用潜力。二是需求洞察：识别小众市场与长尾场景（如健康焦虑催生的功能性食品）。典型案例是重庆市畜牧科学院通过监测生物医药技术趋势，发现 SPF 荣昌猪的骨骼结构可转化为骨修复材料，将猪肉价值提升 40 倍。

2. 跨界杂交：重构价值要素组合。一是学科融合，如农业 + 医疗（猪骨变骨修复材料）、生态 + 金融（VEP 核算贷款）。二是产业重组，如制造业 + 文化（金属拼图潮玩）、农业 + 数字（区块链溯源）。典型案例是新华网"溯源中国"平台融合传媒公信力、区块链技术、供应链服务，使巨鹿金银花实现从"数据上链"到"信用贷款"，再到"产业溢价"的跨界闭环，溢价率达 25%。

3. 实验孵化：快速验证价值组合。一是沙盒机制：建立低成本试错场景（如开放实验室、共创基金）。二是敏捷迭代：小步快跑验证市场反馈（如崇明香酥芋脱毒苗快速扩产——崇明农业科创联盟设立组培室，通过脱毒技术试产香酥芋，单产提升 30%，3 年内推动 4 个品种获得市场认定）。

价值源拓展的本质是"无界共生"。拓展绝非简单的业务延伸，而是通过打破认知边界、重组要素基因，将企业从"价值捕获者"转化为"生态进化者"。成功的拓展需构建三种能力：感知力（如崇明蔬菜站深入菜场发现退化种源）、重构力（如 SPF 猪骨保留三维孔隙结构的生物仿生设计）、孵化力（如丹凤县设立 VEP 专项贷款打通资源变资产路径）。当企业将边缘需求视为创新沃土、跨界技术视为重组工具、实验机制视为进化引擎，便能从"红海竞争"跃入"无界蓝海"——那里没有传统行业的桎梏，只有生生不息的价值新大陆。

上述案例展示了企业如何通过创新思维和策略，发现并利用未充分利用的资源或能力，以创造新的价值和增长机会。在商业模式设计中，可以运用相关工具放大价值空间。

## 📖 专栏5.2【名家观点】 ·······························

### 运用广角镜、多棱镜、聚焦镜放大商业模式价值空间

主体企业（魏炜、李飞和朱武祥称之为焦点企业）只有在发现和解决所在商业生态系统核心痛点，在创造生态系统的价值和改进效率空间的基础上，才能设计出真正有效的商业模式。这个思考范围被称为商业模式空间。基于商业模式空间的业务系统设计与构建是商业模式学的重点，而构建业务系统的维度则可以被形象地称为"三镜一器"，即广角镜、多棱镜、聚焦镜和加速器。

广角镜维度指从现有利益相关者着手，发现客户的客户、供应商的供应商、利益相关者的利益相关者，从而站在整个商业生态系统甚至不同生态系统的角度，拓宽价值发现的空间和视野。多棱镜维度指发现并利用商业生态系统中沉睡的资源能力。通过多棱镜，对利益相关者的资源能力进行分解，并在商业生态系统下进行重构，往往是商业模式创新的有效手段。例如，近年来在健身会员卡推广领域和红酒分销领域广为流行的把消费者转变成消费商的经营模式，可能实现裂变式传播，快速扩大业务范围。聚焦镜维度指在每个利益相关者的愿景目标、业务规模、风险承担能力各有不同，发展速度也不同步的前提下，不断设计不同利益相关者的角色和交易结构，从而改进商业生态系统的效率。典型案例是戴尔电脑开创的电脑直销模式，证明了不单纯依靠先进技术也可以取得成功。

加速器维度指可以同时打破这个商业生态系统价值空间天花板和效率瓶颈、帮助生态系统加速成长、助力商业生态系统的复制与扩张，典型的加速器是金融工具，金融工具将资产类资源的潜力释放并重新配置，降低了系统性风险。

资料来源：参见魏炜，李飞，朱武祥. 商业模式学原理［M］. 北京：北京大学出版社，2020：108-115.

### （四）供需网协同

供需网协同意指将线性供应链重构为多向联通的动态供需网络，通过全局调度实现资源弹性适配，降低系统脆性。通过优化供应链，企业可以降低成本、提高响应速度和服务质量。例如，戴尔公司通过直销模式优化其供应链，实现了按需生产和快速响应市场变化。

专栏5.3【商业模式实践】 ·······················································

## 戴尔公司通过直销模式优化供应链管理

戴尔的模式习惯被称为直销，在美国一般称为"直接商业模式"（direct business model）。戴尔公司经过多年实践，提炼形成黄金三原则（见图5-1），通过其直销模式显著优化了供应链管理，这一战略不仅降低了成本，还提高了对市场变化的响应速度和服务质量。

**图5-1 戴尔黄金三原则**

戴尔直销模式优化供应链的关键点：一是直接联系客户。戴尔公司建立了与客户直接联系的渠道，允许客户通过网站或电话直接向公司下订单，这样戴尔可以根据客户的具体需求来生产计算机。二是按单生产。戴尔的供应链管理特色是"按单生产"，这意味着公司在收到客户订单后才开始组装产品，从而减少了库存成本和过剩风险。三是消除中间商。直销模式消除了传统的分销商和零售商环节，从而减少了不必要的成本和时间，使得戴尔能够以更具竞争力的价格提供定制化的产品和服务。四是虚拟整合。戴尔采用了"虚拟整合"策略，专注于自己最擅长的领域，如品牌管理、设计和最终组装，而将其他环节如零件制造外包给行业中的领先供应商。五是供应商合作。戴尔与供应商建立了紧密的合作关系，要求供应商在其工厂附近建立仓库，以便快速响应订单需求，从而实现库存的有效管理。六是库存管理。戴尔的库存管理非常高效，其零件库存不到2小时，从接到订单到组装出货仅需4小时，这种快速的库存周转极大降低了库存成本。七是产品技术标准化。戴尔采用标准化生产模式，其产品多是标准化的成熟产品，这样能够确保客户获得行业内最新技术和成本效益最高的解决方案。八是信息代替存货。戴尔通过优化供应链流程和加强与供应商的协作，实现了"以信息代替存货"的目标，显著降低了库存周期，从传统的30~40天降至4~5天，减少了库存和物料成本。

通过这些策略，戴尔公司不仅优化了供应链，还成功实现了成本控制、提高了市场响应速度，并提供了符合客户需求的定制化服务。戴尔的直销模式成为供应链管理的一个经典案例，展示了如何通过供应链创新来提升企业竞争力。

资料来源：参见刘龙静. 戴尔：激发无限，才能"机"发无限 [J]. 商学院，2013 (5)：50 – 51.

### （五）战略级耦合

战略级耦合意指通过与关键参与者建立深度互嵌的共生关系，超越传统契约合作，实现能力与价值的双向增强。通过与其他企业建立战略联盟，企业可以共享资源、技术和市场信息，从而增强整个价值网络的竞争力。例如，航空公司之间形成的航空联盟，通过共享航班和积分系统，提升了整个航空业的价值网络。再如，汽车行业的平台共享战略联盟。在汽车行业，随着电动车（EV）和自动驾驶技术的发展，许多汽车制造商开始建立战略联盟来共享研发成果和生产平台，以降低成本并加速创新。

### 专栏5.4【商业模式实践】

#### 丰田汽车与斯巴鲁的战略联盟

丰田，作为全球领先的汽车制造商之一，与斯巴鲁建立了战略联盟。这两家公司合作开发了一个共享的汽车平台，专门用于生产电动车。这个平台被称为 e-TNGA（electric-TNGA），是丰田新型全球架构（TNGA）的电动版本。

战略联盟的价值创造点在于：一是技术和知识共享。丰田拥有强大的混合动力和电动车技术，而斯巴鲁在四驱系统和轻量级设计上有其独特的技术。通过合作，两家公司可以结合各自的技术优势，开发出性能更优的电动车。二是降低研发和生产成本。共享平台意味着研发成本可以在合作伙伴之间分摊，同时，规模化生产也能够降低单位产品的成本。三是加速产品上市时间。通过共同开发，两家公司能够更快地将新产品推向市场，满足消费者对电动车不断增长的需求。四是市场和品牌协同。丰田的品牌影响力和斯巴鲁在运动汽车领域的品牌形象可以相互借力，吸引更广泛的消费者群体。五是应对环保法规。面对全球越来越严格的排放法规，合作开发电动车有助于两家公司更好地遵守法规，减少潜在的法律和经济风险。六是竞争优势增强。共享平台和技术创新使得联盟企业在电动车市场中更具竞争力，能够对抗其他电动车制造商。

通过战略联盟，丰田和斯巴鲁不仅提升了自身的竞争力，也推动了整个汽车行业向电动化、智能化转型，增强了整个价值网络的竞争力。

资料来源：参见李洪力. 混动技术"两强"并立，越来越多车企着手研发"插混"车型 [J]. 证券市场周刊，2024 (22)：51 – 52.

总之，价值网络构建的终极逻辑是以"域"定框架（规划边界），以"流"提效能（重组资源），以"源"促进化（拓展前沿），以"网"强韧性（协同供需），以"耦"筑根基（耦合伙伴），通过五维共振，让主体企业从孤立节点蜕变为生态引擎，在动态平衡中捕获裂变式价值。值得一提的是，价值网络的构建如同编织星光——每个策略只是经纬，经营者的战略眼光才是牵引光轨的引力场。

## 三、价值网络与供应链管理

【思考】价值网络与供应链管理有何异同？如何处理好二者关系？

价值网络指的是企业与其合作伙伴、供应商、客户等利益相关者之间形成的网络，它们共同创造价值并实现价值的交换。供应链管理则涉及从原材料采购到产品制造、分销和最终交付给消费者的整个流程的管理。表面上看，二者是两个独立存在的系统。实际上，在商业模式设计中，价值网络与供应链管理（SCM）是紧密相连的两个概念。近年来，已有学者将供应链管理纳入价值网络中进行研究，见本章末尾案例。

### （一）二者的关系

二者的关系可以从四个方面考察：一是价值创造。价值网络与供应链管理都关注价值的创造。供应链管理通过优化流程和降低成本来增加价值，而价值网络则通过合作伙伴间的协同作用来创造新的价值。二是利益相关者。供应链管理通常关注内部流程和直接的供应链伙伴，而价值网络则更广泛地包括了所有可能影响或被企业影响的各方，包括间接的合作伙伴和市场。三是战略协同。供应链战略需要与企业的商业战略相匹配，而价值网络则是商业战略的一部分，它决定了企业如何与其合作伙伴共同实现战略目标。四是创新与适应性。价值网络的构建有助于企业在快速变化的市场中保持创新和适应性，而供应链管理则需要灵活地响应这些变化，以维持竞争力。

### （二）如何处理好二者的关系

一是整合视角。将供应链管理视为价值网络的一部分，确保供应链的每个环节都能支持和增强整个价值网络的效能。二是协同合作。鼓励供应链上的所有参与者进行合作，以实现共同的目标和提升整个网络的竞争力。三是战略规划。在设计商业模式时，将供应链战略作为整体商业战略的一部分，确保二者之间的一致性和协同效应。四是技术应用。利用先进的技术，如人工智能、大数据分析等，来提高供应链的透明度和效率，同时加强价值网络中的信息共享和决策支持。五是客户导向。保持对客户需求的敏感性，确保供应链管理能够快速响应市场变化，同时价值网络能够提供定制化解决方案。六是持续优化。不断审视和优化供应链流程，以适应价值网络中的新机遇和挑战。通过上述方法，企业可以更好地处理价值网络与供应链管理之间的关系，实现商业模式的创新和持续增长。

# 第三节　价值评估与度量

## 一、价值评估与度量的重要性

【思考】什么是价值评估与度量？其作用何在？

在商业模式决策中，价值评估与度量是指对企业所提供的产品、服务或整体商业模式为客户、企业本身，以及所有利益相关者创造的价值进行量化和评价的过程。这涉及对价值创造、交付和捕获机制的理解和分析，以确保企业的活动能够带来预期的经济和非经济利益。

价值评估与度量的重要性有以下几点：（1）决策支持。通过对价值的评估与度量，企业能够更好地理解其商业模式的有效性，从而为战略决策提供数据支持。（2）资源分配。只有明确了不同业务活动的价值贡献，企业才可以更合理地分配资源，优化投资和运营效率。（3）风险管理。价值评估有助于识别商业模式中的潜在风险，使企业能够采取预防措施，减少损失。（4）创新驱动。价值评估可以揭示现有商业模式中的不足，激发创新思维，推动新产品和服务的开发。（5）绩效管理。价值度量可以作为衡量企业绩效的关键指标，帮助管理层跟踪业务进展和员工绩效。（6）客户洞察。通过评估客户从产品或服务中获得的价值，企业可以更好地理解客户需求，提升客户满意度和忠诚度。（7）合作联盟。在与合作伙伴或投资者的谈判中，价值评估提供了一个共同的语言和衡量标准，有助于建立互信和达成共识。（8）竞争优势。了解如何为客户创造独特的价值，可以帮助企业构建或维持其市场竞争优势。

## 二、价值评估与度量的方法与指标

【思考】价值评估与度量的方法与指标有哪些？你认为哪些方法与指标能够更加简便地评估与度量商业模式的价值？

在商业模式决策实践中，价值评估与度量可以通过多种方式进行，包括但不限于财务分析、客户满意度调查、市场调研、成本效益分析等。重要的是要确保评估与度量的方法与企业的商业模式、战略目标和核心能力相匹配，并且能够提供清晰、可操作的见解。基于此，有学者把商业模式画布理论作为重要工具，通过九要素（客户细分、价值主张、渠道通路、客户关系、收入来源、核心资源能力、关键业务、重要合作和成本结构）去描述、评估和改变商业模式。常见的价值评估与度量的方法与指标如下。

### （一）交易价值、交易成本和交易风险

根据魏炜、李飞和朱武祥（2020）的观点，一个好的商业模式应当提升交易价值、减少交易成本和降低交易风险。交易价值涉及主体企业与所有利益相关者在交易中的总价值。交易成本包括信息搜寻、交易洽谈、协议达成和交易完成等过程中的费用。交易风险则是指交易过程中可能遇到的不确定性和潜在损失。

魏炜、李飞和朱武祥提出的"三把标尺"理论强调了商业模式设计中的三个关键要素：交易价值、交易成本和交易风险。这一理论认为，为了实现盈利，利益相关者必须构建一个综合考虑这三个要素的交易结构。这三个要素共同构成了评估商业模式有效性的三个基本维度，它们决定了商业模式设计的核心原则：增加交易价值、降低交易成本和减少交易风险。这种全面的结构分析是理解交易结构核心的关键，它简化了我们对商业模式的评估、创新和设计过程。

一个成功的商业模式应当能够为主体企业及其所有利益相关者带来最大化的企业价值。企业价值在这里指的是通过商业模式为所有参与方创造的总体价值。换句话说，一个好的商业模式应当在提升交易价值、减少交易成本和降低交易风险的基础上，实现对所有参与者价值的最大化。这样的商业模式设计能够确保所有利益相关者在交易结构中获得共赢的结果。其计算公式为：

$$企业价值 = 交易价值 - 交易成本 = 价值空间 \qquad (5-1)$$

其中，交易价值是指主体企业与包括客户在内的所有利益相关者，在进行交易时的交易价值之和。交易成本涵盖了主体企业与其客户以及其他所有利益相关者在交易过程中所产生的总成本。这包括但不限于在寻找交易伙伴、进行交易协商、签订协议、完成交易以及监督交易履行和处理违约情况时所产生的各种费用。值得注意的是，这里提到的成本并不包括产品生产成本或提供服务的成本。

企业价值可以从两个层面来理解：首先是商业模式整体价值，它指的是主体企业以及所有相关利益方的企业价值之和；其次是主体企业价值，这是指作为商业模式研究对象的单一企业的价值。主体企业价值是商业模式整体价值的一个组成部分，而整体价值则进一步包括了所有参与该商业模式的客户和其他合作伙伴的价值总和。

### （二）商业模式效率

商业模式效率定义为"价值空间/交易价值"，用来衡量同一商业模式对不同产品或客户的放大作用。不同的商业模式存在效率差异，如果把"价值空间/交易价值"定义为商业模式效率，则式（5-1）变换为：

$$价值空间 = 交易价值 \times 商业模式效率[1] \qquad (5-2)$$

从式（5-2）可以看出，同一商业模式对不同产品、客户等有一个同等比例的放大作用，其乘数因子就是商业模式效率。例如，同样是连锁加盟模式，应用于家电销售、水果销售，其商业模式效率是类似的。因此，可以用商业模式效率来区分不同类型的商业模式。

商业模式的衡量标准通常是对同一市场（包括客户和产品）而言的，不同的商业模式具备差异化的效率。此时，应选择效率更高的商业模式。例如，三家家居连锁卖场模式——红星美凯龙、宜家、居泰隆，就是同一市场下三种不同的商业模式。对不同的市场（包括客户和产品）而言，同样的商业模式由于效率基本等同，具有相似的放大作用，企业应该尝试把该商业模式应用在能产生更大企业价值的产品和市场。例如，同一个创新的农业商业模式，应用于经济作物比稻田就更有经济价值。不同市场（战略定位）的差异，可以用交换价值表示，不同商业模式的差异，可以用商业模式效率表示。因此，战略和商业模式结合的价值可以表示为：

$$商业模式与战略结合的价值 = 交易价值 \times 商业模式效率 = 价值空间[2] \quad (5-3)$$

对不同的企业而言，其所具备和所能调动的资源是有限的，因此，企业所能涉足的市场（包括客户和产品）和商业模式将是一个有限可选集，从中找到市场空间和商业模式效率共同作用最大的组合，实现价值空间最大化，将是最优的选择。价值空间来自价值创造（交易价值的最大化）与价值耗散（交易成本的最小化）两种情况。

**（三）价值创造与价值耗散**

价值创造关注市场空间的扩大，而价值耗散则关注减少交易成本中的耗散。价值创造在商业领域中通常指的是一种商业模式相较于传统商业实践，能够显著扩展市场范围，包括客户基础和产品种类。其核心目标在于开辟新的市场空间，也就是通俗所说的扩大市场份额。在商业模式的效能上，高效的价值创造体现为更高的交易价值，即在交易过程中能够为所有参与方带来更多的价值。

而价值耗散则是指在一定的市场范围内，由于种种原因，有一部分价值并没有有效地分配给核心企业或其商业生态中的合作伙伴。这通常意味着在交易过程中产生了较高的成本，导致创造的价值中有相当一部分被消耗掉。因此，在商业模式的效率上，如果存在高价值耗散，这通常意味着参与各方面临较高的交易成本，这些成本抵消了一部分原本可以创造的价值。

由此，按照价值创造和价值耗散的高低不同组合，可以把商业模式分为四大类

---

①② 魏炜，李飞，朱武祥. 商业模式学原理［M］. 北京：北京大学出版社，2020：42.

（见图 5 - 2）：高创造，高耗散；高创造，低耗散；低创造，高耗散；低创造，低耗散。显然，"高创造，低耗散"能获得最大的价值空间，是最好的商业模式。在这种商业模式下，企业及其利益相关者创造了巨大的交易价值，而且，交易成本的耗散又能够较好地控制。企业及其利益相关者至少在中短期能够获得较好的发展。

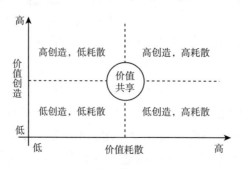

**图 5 - 2　商业模式的四种类型**

资料来源：魏炜，李飞，朱武祥. 商业模式学原理［M］. 北京：北京大学出版社，2020：44.

"高创造，低耗散"的商业模式虽然看似理想，但这并不意味着它就是主体企业（即商业模式受到研究关注和分析的企业）的最佳选择。实际上，即使是垄断型的主体企业，也可以在短期内达到高价值创造和低价值耗散的状态。然而，这种模式的长期效应可能会对生态系统中的其他利益相关者造成负面影响，因为它牺牲了他们的价值创造和增加了他们的价值耗散。

长期来看，垄断地位的企业通过排他性的资源控制和不公平的竞争手段，可能会抑制创新，损害整个商业生态系统的健康发展。在资源和价值的分配上，垄断不仅可能导致资源分配不均，还可能破坏生态系统中各方的平衡和可持续性。

可见，即使短期内实现了"高创造，低耗散"，垄断型的商业模式也未必是主体企业长期发展的最佳路径。相反，通过合作、共享和赋能，构建一个多方共赢的商业生态系统，可能更有利于实现长期的稳定增长和创新。

正因为如此，魏炜、李飞和朱武祥（2020）才一致认为，为了保持企业长期的商业生态和谐，必须加上一个价值评判规则："价值共享"，也就是说，商业模式创新带来的价值增加，应在利益相关者之间实现共享。故而一个好的商业模式的衡量标准是："高价值创造，低价值耗散，价值共享"。

### （四）资本回报率

资本回报率（ROIC）用来衡量企业使用投资资本产生回报的能力。以雪球网为代表的投资界认为，资本回报率是一个重要的商业模式量化指标。高投资回报率表明企业能够以较低的投资额实现较高的收益，即实现了"低投入，高回报"的经营效果。ROIC这一指标相较于资产回报率（ROA）更能深入反映企业经营活动的本质，因为它不受财务杠杆等因素的影响。为了实现良好的财务健康和盈利能力，企业的 ROIC 应当超过其加权平均资本成本（WACC）。经验上，如果一家企业能够连续五年或更长时间保持15%以上的ROIC，则通常被认为是一家表现卓越的企业。这样的高ROIC往往意味着企业拥有一定的竞争优势，这种优势可能体现在其产品的定价权或对分销渠道的控制力上。在资产较轻的行业中，如白酒行业的贵州茅台和调味品行业的海天味业，企业的ROIC往往较高。

ROIC衡量的是企业使用其实际投资资本所获得的回报，它不考虑这些资本的来源。相较于ROA和股本回报率（ROE），ROIC提供了一个更为全面和准确的盈利能力衡量工具。它排除了企业融资结构差异对盈利评估的干扰，更能反映企业的真实经营成果。因此，ROIC常被视为评估企业运营效率和盈利能力的最佳指标。与ROE相比，ROIC的优势在于它忽略了企业资本结构对盈利表现的影响，从而更准确地衡量了企业的经营效益。

值得注意的是，较高的股本回报率并不总能代表企业价值的增长。实际上，只有当ROIC超过WACC时，企业的价值增长才得以实现。通过关注ROIC，投资者可以更准确地衡量企业核心业务的盈利能力。任何资本投资的回报率至少应高于大约8%的社会资本平均回报率，否则该投资不具备商业可行性。

当ROIC超过WACC，即ROIC－WACC为正值时，这表明企业正在创造价值，市场应对其给予正面评价。如果ROIC低于WACC，即ROIC－WACC为负值时，市场不应给予正面评价，甚至可能给予负面评价。ROIC需要与企业的WACC相比较，WACC反映了股东投资和债务资金的加权成本。只有当企业的ROIC等于或超过WACC时，企业才被认为处于价值创造状态，其利润和业绩增长才具有实际意义。在这种情况下，增加资源投入以促进企业增长是合理的。相反，如果企业的ROIC持续低于WACC，其利润和业绩增长将不会增加企业价值。因此，管理层需要仔细考虑是否应继续投资和发展该业务。如果企业的ROIC较低，它可能缺乏内部现金流，且其增长可能会消耗大量资本。在这种情况下，企业的商业模式可能存在问题，需要进行调整或重构。

另外，资本回报率也对应着企业的盈利性现金创造能力，资本回报率高，意味着企业能够创造更多的现金流，体现出更高的价值创造能力。

$$ROIC = 税后净营业利润/投资资本 = NOPAT/资本成本$$
$$= (净利润 + 财务费用)/(净资产 + 有息负债)$$
$$= 税后净营业利润/平均投入资本[(期初 + 期末)/期数] > WACC \quad (5-4)$$

其中，NOPAT税后净营业利润＝销售额－营运费用－税收＝营业利润×（1－所得税率）。资本成本：正向计算＝股东权益＋计息负债＋应付未付股利＋股东无息贷款；反向计算＝总资产－过剩现金－无息流动负债。

ROIC这一财务指标的计算包括四个核心要素：一是基于营业利润或税息折旧及摊

销前利润（EBITDA），而非归属于母公司股东的净收益。二是计算中需要对这些营业利润或 EBITDA 进行税收调整。三是投资资本的计算采用的是账面价值而非市场价格。四是存在时间差异，即投资资本是基于期初和期末的均值，而营业利润或 EBITDA 则是取当期数值。

以腾讯为例，如果其在 2023 年 6 月前的 12 个月内的 ROIC 为 10.05%，低于其 WACC 的 11.91%，这表明该公司近期的资本效率较低，其获得的投资回报未能覆盖其资本成本。这种情况可能与美元走强导致的美债成本上升有关。不过，需要注意的是，短期的财务波动并不直接反映长期的经营状况。

### （五）度量指标体系

设计度量指标体系，执行价值度量，做好工具落地，以"降本、提质、增效"的业务价值为聚焦点。陆兴海等（2022）提出运维价值度量体系建设的方法论，包括总体框架、五大价值维度、全栈全生命周期覆盖、指标体系建设方法、价值度量的实施方法等。其中，总体框架有 10 个要点：（1）以终为始，从质量、成本、安全、效率、效益五个维度体现运维价值。（2）业务价值驱动，在业务目标和运维成果之间建立联系。（3）为了满足当前的价值评估需求，并考虑到未来评估的需要，应建立一个有层次、逻辑清晰的运维价值度量指标体系。（4）运维价值的量化是关键，目标是尽可能地以经济价值的形式展现出来。即使是质量和效率以及安全这些维度的非财务指标，也可以用货币化指标来表达，即将它们转化为具体的"金额"。（5）数据治理是价值度量能够发挥作用的基石，必须建立一个良好的数据治理体系。（6）运维价值度量应涵盖整个运维的全生命周期和全栈。（7）工具的应用对于实现运维价值度量体系至关重要。（8）运维价值的传递需要根据受众和对象的不同进行差异化处理。（9）度量成果的应用是让价值度量发挥价值的关键。（10）强调建立和运营价值管理体系的重要性。

### （六）商业评估咨询

商业评估涉及对企业所持有的业务、资产和负债进行一个客观公正的价值评估。在这一过程中，商业评估师会综合考虑多种因素，包括宏观经济趋势、特定行业状况、企业经营模式以及其财务状况等，以选择合适的评估技术来确定企业的公正市场价值。商业评估在多种商业情境中扮演着重要角色，它帮助企业在进行战略规划和商业决策时提供支持，如企业融资或结构调整等。通过商业评估，管理层可以更深入地了解企业的价值和业务发展的潜力。在企业发展的各个阶段，管理层也应当考虑运用商业评估工具，以满足不同的需求。商业评估方法包括收益法、市场法、资产法，它们有助于企业作出更加明智的商业决策。

1. 收益法，即通过估测资产未来预期收益的现值来判断资产价值的评估方法。在商业评估中，收益法的基本方法为贴现现金流量法。贴现现金流量法通过估算企业拥有权的未来预期经济利益并折算成现值，从而估算企业价值。未来现金流量则按投资于类似业务风险及危机相应的市场回报率进行贴现。适用于商铺价值模型设计的评估如图 5-3 所示。

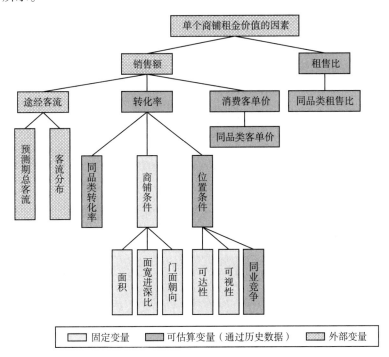

**图 5-3 单个商铺租金价值的因素**

资料来源：商铺价值评估模型设计：新零售商业模式的"数字化"工具 [DB/OL]. www.woshipm.com, 2023-03-23.

实践中，需要尽可能找出影响商铺租金收益的所有变量，并通过不同的方法计算所有变量的具体值（见图 5-4）。租金的核心作用在于获取流量，其中，通过客流量这一"外部变量"来作为一个动态的参数，用于选择适当的基准期进行租金的计算。转化率、顾客的平均消费金额以及租售比这些是可以根据历史数据进行估算的变量。除此之外，还有一些固定变量，它们构成了资源管理的基础参数。在资源管理的在线化阶段，可以根据实际的物理工作条件来设定相应的配置系数，从而获得这些固定变量的值。

2. 市场法。在商业评估中，市场法通过比较主体资产及已于市场上出售的同类可比资产，并对主体资产及同类可比资产之间的差异作出适当调整，从而分析主体资产的价值。具体而言，市场法通常包括可比公司法及可比交易法两种评估方法。

3. 资产法。在商业评估实践中，资产法的运用是基于对类似资产当前市场价值的考量，来评估如果重新创建或更新被评估资产至全新状态所需的成本。在这一估算过程中，必须将资产的当前状况、使用痕迹、年龄、损耗以及由于实体、功能或经济原

**1** 输入待评估商铺信息

| 项目 | 商铺编号 | 评估品类 |
|---|---|---|
| 输入方法 | 人工输入 | 人工输入 |
| 举例 | 如：T23D83 | 如：中式快餐 |

**2** 选择评估基准期 输入客流数数据

| 项目 | 客流分布基准期 | 品类消费偏好基准期 | 预测期所在区域客流 | 基准区域 |
|---|---|---|---|---|
| 输入方法 | 人工输入 | 人工输入 | 人工输入 | 系统填写/人工输入 |
| 举例 | 2022年7月~2022年9月 | 2022年10月 | 80万人次 | A区 |

**3** 系统计算

| A 途径月均出港客流 | B 客流调整系数 | C 同品类平均转化率 | D 同品类消费单价 | E 面积系数 | F 利用率系数 | G 可达性系数 | H 开口面朝向系数 | I 可视性系数 | J 租售比 | K 同品类竞争系数 |
|---|---|---|---|---|---|---|---|---|---|---|
| 系统计算 | 系统计算 | 系统计算 | 系统计算 | 系统计算 | 系统填写 | 系统填写 | 系统填写 | 系统填写 | 系统计算 | 人工输入 |
| **万人次 | 评估预测期月均客流/客流分布基准期历史数据 | 同品类消费笔数/客流数量/同品类商铺数 | 同品类销售额/同品类消费笔数 | 该商铺面积（不含独立制作间）/同品类在营商铺平均面积 | 1.面宽/进深比 1/2 1.0  2.面宽/进深比 1/2面宽/进深比 *2 | 1.在客流主动线上 1.0  2.不在客流主动线主动线0.5 | 1.商铺开口面正对客流主动线1.2  2.商铺开口面侧对客流主动线1.0  3.商铺主开口面背对客流主动线0.5 | 1.客流动线可见1.0  2.客流动线不可见0.1 | 同品类在营商铺租售比 | 1.该商铺所在动线前有同品类在营商铺0.7  2.该商铺所在动线前无同品类在营商铺1.3  3.该商铺边有同品类在营商铺0.8  4.自定义 |

**4** 输出评估结果    $A*B*C*D*E*F*G*H*I*G*K/T23D83$商铺面积=T23D83商铺租金坪效

图5-4 商铺价值评估智能决策模块（收益法）操作步骤及计算逻辑

资料来源：商铺价值评估模型设计：新零售商业模式的"数字化"工具 [DB/OL]. www.woshipm.com, 2023-03-23.

因导致的过时等因素考虑在内，从而计算出累积折旧的影响。此外，还需根据资产过往和目前的维护政策，以及任何改造升级的记录来适当调整估算结果。通常，当收益法和市场法均不适宜使用时，资产法便会被采纳作为评估方法。

这些方法和指标有助于企业从不同角度评估其商业模式的表现，从而作出更加明智的商业决策。在实际应用中，企业可能需要根据自身的具体情况和目标，选择合适的评估方法和指标。

## 三、价值评估与度量在商业模式决策中的应用

【思考】价值评估与度量在商业模式决策中的应用场景有哪些？你认为哪些应用场景可以更加直观地体现价值评估与度量的应用？

价值评估与度量在商业模式决策中的应用非常广泛，它们可以帮助企业从不同角度量化其商业活动的效果，从而作出更加科学和精准的决策。以下是一些具体的应用场景。

### （一）企业价值评估

通过经济增加值（EVA）模型等财务指标，企业可以衡量在经营过程中创造的经济效益和价值。这有助于企业管理层了解企业的真实价值，并与市场价值进行比较，以作出更合理的战略规划。

例如，吴超冉（2022）以晨鸣纸业为例，通过对晨鸣纸业2017～2021年财务报表数据的分析，利用EVA模型计算晨鸣纸业2017～2021年的EVA值，并根据计算的历史EVA值预测企业未来的EVA，最后得出企业在2021年的企业价值，这样能够为企业未来的发展提供一定的方向，企业的投资决策参与者也能根据这些数据来调整企业目前的投资方向。不过，洛瓦塔和洛斯蒂根（Lovata and Lostigan，2020）则指出EVA模型的适用范围，认为对规模成熟、有一定市场占有率的企业更加适合运用EVA进行估值，而对于初创企业以及亏损企业不建议采用EVA进行衡量。

### （二）研发效能度量

在研发领域，通过度量研发效能，企业能够了解研发团队的工作效率和效果，进而优化研发流程和资源分配，这有助于企业商业模式决策。

对于大中型企业，如果想落地研发效能度量，可以遵循以下步骤：第一步，构建自己的度量体系；第二步，选择适合企业现状的度量方法；第三步，分析内部实际使用场景；第四步，定制适合自己的工具进行支撑。上述步骤中，第一步最为基础，包括度量平台建设和度量指标定义。其中，度量平台建设架构如图5-5所示。

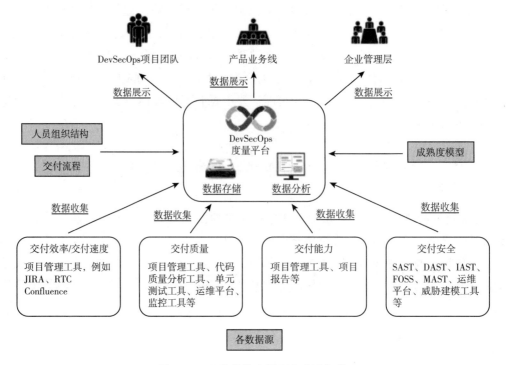

**图 5 - 5　研发效能度量平台建设架构**

资料来源：周纪海. 研发效能度量平台建设以及落地实践［C］//2021 DAMS 中国数据智能管理峰会论文集. 2021：1 - 28.

### （三）商业智能应用

商业数据智能工具可以帮助企业提高决策效率和正确性，通过分析商业数据智能在不同决策层次的应用价值，企业可以更好地理解市场动态和内部运营状况。艾瑞咨询（2022）将商业数据智能工具划分为三个层次——局部数字化、全局可视化、分析智能化，并将商业数据智能赋能决策的层次结构划分为三个层次——基层业务、中层管理、企业战略。商业模式决策属于战略决策，处于商业数据智能赋能决策的最高层次。

### （四）投资决策辅助

投资者和企业经营者可以通过价值评估来识别具有可持续竞争力和投资价值的互联网企业。这有助于他们作出更明智的投资选择。

补充说明一下，使用 EVA 方法对互联网行业进行估值，具有多重益处。它不仅为学术研究者提供了研究参考，还对互联网企业的评估提供了决策支持，这对政府机构、企业管理层以及社会投资者都是有益的。首先，它为国家政府提供了宏观调控的参考。通过对互联网企业进行估值，政府能够更有效地监管高科技行业，利用经济和金融政策来引导市场经济发展和行业进步，以此确保资本市场的稳定与有序。其次，它为企业提供了经济活动的衡量标准。在成长阶段，互联网企业经常进行大规模并购和扩张等经济活动，EVA 方法能够为管理层提供决策所需的重要信息。最后，它为社会公民的投资决策提供了参考信息。由于互联网企业属于新兴领域，普通公民可能对这些高科技企业的了解不足，对它们的发展趋势、行业动态和盈利预测能力有限。因此，EVA 方法可以为公民提供必要的投资信息，帮助他们作出更明智的投资选择。

### （五）产品和服务优化

通过量化产品体验，企业可以发现用户体验的不足之处，并据此优化产品设计和服务流程。诚然，这项工作非常重要但又极具挑战。

一位阿里云产品体验设计师曾经感叹，"作为一个体验设计师，我们会面临很多问题：复杂的产品需求、纠缠的技术逻辑、难以决策的设计方案、难以计量的设计价值。而对于面对横跨 IaaS、PaaS、SaaS 几百款产品的阿里云设计师，问题更具挑战性，但也更具备机会。我们面临着庞大的产品体系，也就意味着充足的实践空间；我们面对着复杂的设计问题，也就意味着全面的经验沉淀。因此，如何在支撑业务的同时创造机会，让设计在行业中释放出更大的能量和价值，就成为了我们的使命。"他们意识到，对于一个复杂的产品系统，体验设计师不应仅是体验的微观设计者，也应是体验的宏观管理者。但"体验"是一个过于宽泛和宏大的概念，因此他们只专注于其中和设计师最紧密也最攸关的部分：产品的使用体验，即用户在产品使用场景中完成期望目标时所产生的体验。这是用户和产品直接接触的部分，也是最有感触的部分。优设网文章"如何量化产品体验？来看阿里出品的度量模型"分享了阿里云设计中心建立的阿里云产品使用体验度量系统——UES。

除了上述应用之外，价值评估与度量还可应用于管理决策参考和商业模式创新。对于前者，企业可以利用度量标准，如完成时间、质量、成本和客户满意度等，来跟踪项目进展和及时发现潜在问题。对于后者，通过分析客户价值和企业价值的关系，帮助企业发现新的商业模式或收入来源。总之，通过这些应用，企业可以更全面地理解其商业活动的影响，优化资源配置，提高决策质量，最终推动企业的可持续发展。

# 第四节　价值创造的未来趋势

## 一、技术进步对价值创造的影响

【思考】技术进步对价值创造有何影响？请举例说明。

在商业模式设计与实施中，技术进步对价值创造的影响是多方面的，可以从以下几个角度进行分析。

### （一）创新催化

技术进步可以作为商业模式创新的催化剂，通过引入新技术来创造独特的价值主张，满足或创造新的市场需求。

吴晓波等（2013）对商业模式创新的前因问题进行研究梳理与展望，认为商业模式创新是一个内外兼修的过程，八个因素可以成为导致商业模式创新的前因：管理认知、资源能力、组织活动、盈利模式、技术创新、情境因素、市场机会和价值网络共同影响着企业的商业模式创新。每个前因变量都会驱动或者制约企业的商业模式创新。在内外部驱动因素的共同作用下，企业认识到商业模式创新的需要，主动进行资源配置和结构调整，从而获取商业模式创新所必备的资源要素，实现前摄式的商业模式创新。同时，内外部的制约因素会制约企业商业模式原型的发展，倒逼企业进行商业模式创新。企业不断地与制约因素碰撞、反馈和互动，从而调整自身的结构，并最终形成创新的商业模式。

技术创新与商业模式创新到底存在怎样的互动关系？吴晓波等（2013）认为：首先，技术创新是商业模式创新的催化剂（Teece，2010）。创新技术的出现不仅催生了将技术商业化的需求，而且也开拓了满足消费者未被觉察需求的市场潜力。尽管商业模式的创新不一定依赖于全新的技术（Mezger，2014），但新技术的出现往往能够激发商业模式的创新（Khanagha，Volberda et al.，2014；Velu，2015）。在产业成熟期、利润率下降或与强大外部合作伙伴建立联盟时，新技术可能会对行业的主导设计或企业的商业模式构成挑战，这同样解释了为何一项出色的技术可能不会立即被市场接受（Sabatier，Craig-Kennard et al.，2012）。从企业内部角度来看，企业的技术创新能力是支持商业模式创新及其发展的关键（吴晓波等，2013）。

其次，技术范式的转变对商业模式创新具有重要影响（Øiestad and Bugge，2014）。技术创新和商业模式创新两者之间存在一种互相促进的动态关系：一方面，技术创新不仅提出了将技术引入市场的需求，还为满足消费者的潜在需求提供了机会（Kley et al.，2011），并且技术的特性本身也会对随后的商业模式创新及其成本结构产生影响；另一方面，新技术的市场化需要有合适的商业模式作为支撑（Johnson et al.，2010），否则技术创新可能不会为企业带来预期的经济效益，因此商业模式的创新同样会激励企业继续开发新技术。基于上述观点，本书认为技术创新与商业模式创新之间存在一种相互促进的协同关系。

### （二）效率提升

技术的应用可以提高企业运营效率、降低成本，通过自动化和智能化提升生产和服务的效率，从而促进商业模式的价值创造。

研究表明，数字技术在推动制造业向高质量发展转型中扮演着关键角色，其核心逻辑可概括为四个阶段：连接、挖掘、优化与管控、增效。这些阶段分别对应着改变价值创造的方法、提升价值创造的效率、扩大价值创造的范围，以及强化价值获取的能力。具体来说，数字技术允许用户在研发、生产等多个价值创造环节中以多种方式参与其中，从而转变企业创造经济价值的传统方式；通过数据驱动的逻辑，数字技术加强了企业对生产和运营流程的控制，从而提升了价值创造的效率；新一代的信息技术促进了信息在产业链中的整合与流通，推动了企业间的专业分工，构建了价值网络，从而扩展了价值创造的平台；数字技术模糊了产业界限，催生了跨界等新型商业模式，增强了企业捕获价值的能力。

吕铁等（2021）认为，数字经济时代改变了传统的商业模式，给实体经济带来了巨大冲击，颠覆了制造业往日的生存状态，营造出更加残酷的竞争环境，逼迫制造业进行转型升级。与此同时，信息通信技术、物联网技术等数字技术的出现，对赋能制造业高质量发展也发挥着重要作用。从价值创造和价值获取视角来看，在数字经济时代下，一些传统的价值创造方式和价值获取途径已经难以契合新的市场环境，传统制造业企业面临价值创造能力下降和价值获取难度上升两个主要挑战，如何提高制造业企业的价值创造能力和价值获取效率成为制造业高质量发展的关键。为了实现数字技术对中国制造业高质量发展的赋能（见图 5-6），短期内需要着重于中小企业的信息化建设以及数字化转型的初步升级；中期目标是建立以工业互联网平台为核心的服务体系，以满足多样化的需求；长期目标则是全面提升数字化赋能的智能化水平，同时持续关注数字基础设施、网络和安全体系的建设与完善。为达成这些目标，需要政府在多个方面提供政策上的支持和引导，包括设立专门的数字技术发展基金、完善知识产权的保护和服务体系，以及构建高校和科研机构成果向市场转化的有效机制。

### （三）市场拓展

技术进步有助于企业拓展市场边界，通过互联网和移动技术等手段触及更广泛的客户群体，增加市场空间和企业价值。魏炜、王子阳、朱武祥就曾提出"硬科技更需要创新商业模式"的观点。他们在 2016 年访问博世集团总部，探讨商业模式创新。博世集团 CEO 强调，尽管公司在产品和技术创新上领先，商业模式创新仍需加强。随着科创板的推出，市场热议科技创新与商业模式创新的关系，出现了一些将两者对立的观点，如认为科创板鼓励资本从商业模式创新转向科技创新，或主要关注硬科技企业。然而，魏炜、王子阳、朱武祥研究发现，纳斯达克上市的硬科技企业往往具有创新的商业模式。他们认为，硬科技企业在商业化和变现过程中面临的挑战更需要创新的商业模式来解决。这表明，商业模式创新不仅未走到尽头，而且对硬科技企业至关重要，与技术创新相辅相成。根据上述研究，与一般技术相比，硬科技在以下三个层面上对商业模式创新的需求更为迫切。

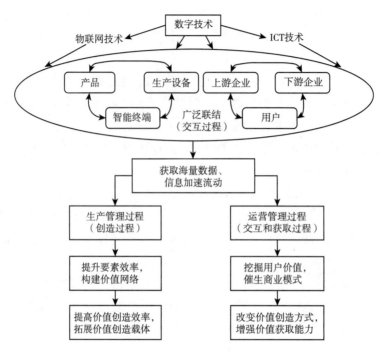

**图 5 – 6  数字技术赋能制造业的基本逻辑和作用机制**

资料来源：吕铁，李载驰．数字技术赋能制造业高质量发展——基于价值创造和价值获取的视角［J］．学术月刊，2021，53（4）：56－65，80．

在"从 0 到 1"的初始阶段，由于硬科技通常需要巨大的投资且面临较高的失败风险，硬科技企业必须谨慎选择其技术的应用场景，并构建起一个生态系统。这就意味着硬科技企业"绝对需要"采用创新的商业模式。在"从 1 到 N"的成长阶段，为了在与现有技术及其生态系统的竞争中实现差异化并脱颖而出，硬科技企业"非常需要"通过商业模式的创新来实现这一点。最终，在成功颠覆了现有的生态系统之后，为了更有效地实现硬科技的商业价值并进行大规模的变现，硬科技企业"应该拥有"创新的商业模式。

**（四）用户体验改善**

技术可以改善用户体验，如通过数据分析来个性化定制产品和服务，增强用户满意度和忠诚度，从而为企业创造更大的价值。

吕铁等（2021）认为，价值创造模式发生深刻变化是数字经济时代价值创造和价值获取的新特征之一。在数字经济背景下，商品市场变得极为多样化，消费互联网的兴起为用户提供了广泛的比较和选择的机会。用户在对产品有了充分的了解之后，可以更加自主地作出选择，而且用户的转换成本显著降低，使得他们在与企业的互动中由被动接受者转变为主动参与者。尽管消费者的选择范围不断扩大，企业的利润空间却面临着缩减的压力。基于大量商业案例的分析，普拉哈拉德和拉马斯瓦米（Prahalad and Ramaswamy，2004）提出，价值创造的方式正在发生转变，从企业单方面的能力驱动转向企业与消费者之间的互动合作，即共同创造价值。企业需要更加重视与消费者之间的紧密联系。普拉哈拉德和拉马斯瓦米进一步的研究强调了用户主导的价值创造逻辑，主张企业应该利用用户的资源来共同创造价值，企业与用户的共同参与构成了价值创造的核心。古维尔和普里姆（Gourville and Priem，2007）也认同，产品和服务给消费者带来的体验和思考是价值创造的关键来源。

对企业而言，与用户之间的关系已经超越了单纯的产品提供和利润获取，转变成了一种通过互动合作来实现更高质量、更高效率的价值创造的伙伴关系。用户获得高质量的产品，而企业则能够获得更高的利润。在这种情境下，企业不能只依赖工业经济时代的传统生产方式来提升价值创造，而必须将用户的需求和使用反馈纳入创新研发、战略规划和运营管理中，将用户作为价值创造过程中的一个关键要素。在工业经济时代，企业与用户之间存在众多信息障碍，获取信息非常困难，导致用户需求等信息未能被充分挖掘和应用，大量潜在价值因此而流失。然而，数字技术的进步打破了这些信息障碍，降低了获取信息的难度和成本，使得精确捕捉用户需求和体验成为可能。

### （五）生态系统构建

技术进步支持构建更加复杂的商业生态系统，通过合作伙伴和平台策略共同创造价值，实现资源共享和价值最大化。

魏炜、王子阳、朱武祥（2019）在"硬科技更需要创新商业模式"一文中就曾设问，何为"有必要"创新商业模式？研究发现，硬科技在实现成熟并建立自己的生态系统之后，随着其不断进步，不可避免地会与现有的生态系统发生直接的竞争。由于硬科技具有高投入和快速迭代的特性，其生态系统必须进入主流市场，以获得足够的价值空间来支持其成长。在这个过程中，现有的生态系统往往会对新兴的生态系统产生抵触，这种情形可以称之为"对抗与颠覆"阶段。这一阶段通常会导致旧有生态系统及其内部的旧利益相关者退出，同时新的参与者加入，以及交易结构的变革。在这个阶段，硬科技企业"非常需要"从生态系统的角度出发，进行商业模式创新。根据利益相关者在生态系统中的位置，企业可以采取两种商业模式创新的策略：对于旧生态系统中的利益相关者，由于他们是既得利益者，通常不愿改变现状，企业应该通过创新的模式来"转变"他们；而对于那些处于新生态系统中的利益相关者，他们可能没有足够的能力直接与旧有生态系统竞争，企业应该通过商业模式创新来"赋予"他们力量。

YouTube 是利用流媒体技术颠覆传统媒体行业的一个经典案例，内容创作者成为上述两个生态系统争夺的焦点。为了更好地服务现有创作者并吸引新的创作者，YouTube 采用了谷歌开发的 Content ID 系统，建构了一种创新的商业模式，有效解决了用户生成内容（UGC）的版权侵权问题。具体来说，版权所有者将原创内容上传至 YouTube 后，Content ID 会基于此创建一个内容"指纹"。当发现可能的侵权内容时，版权所有者可以选择禁止播放、分享由此产生的广告收益，或者查看内容的观看数据。这样，YouTube 不仅减少了侵权行为，还帮助版权所有者实现了版权资产的变现以及收集用户反馈等多种功能。硬科技企业在颠覆了既有技术生态之后，"应该"通过商业模式创新来构建竞争壁垒，以应对来自其他硬科技企业的竞争。本书作者观察发现，微信视频号对原创作品也具有与 Content ID 系统高度相似的保护功能，在此不再赘述。

### （六）国际化与本地化

对于进行国际化经营的企业，技术进步可以帮助它们克服外来者劣势，通过商业模式创新来适应不同市场的特定需求和文化差异。吴晓波等（2013）认为，商业模式创新前因的情境因素仍需要进一步深入探讨，尤其是在特定情境或者特定市场中。随着越来越多的企业进行国际化经营，发达国家企业进入新兴国家和发展中国家、与后发国家企业进入发达国家是两个截然不同的过程。企业如何通过商业模式创新来缓解在当地的外来者劣势、新创者劣势、获取合法性等问题还需要进一步探讨。商业模式创新与企业国际化之间的关系研究对于国际化企业来说具有重要意义。

总之，技术进步在商业模式设计与实施中起着至关重要的作用，它不仅能够直接推动价值创造，还能够通过影响企业的运营模式、市场策略和客户关系等方面间接提升价值创造能力。企业需要密切关注技术发展趋势，将其作为商业模式创新的重要考量因素，以实现持续的价值增长。

## 二、面向未来的价值创造战略

【思考】什么是面向未来的价值创造战略？其关键影响因素有哪些？
在商业模式设计中，面向未来的价值创造战略需要考虑以下几个关键因素。

### （一）用户相关性主导的品牌建设、创新和营销

企业必须准确清晰地定位其目标客户群体，了解客户的"痛点"，并提供相应的解决方案。麦肯锡分析（2024）表明，大众市场品牌建设和产品创新的角度悄然发生改变。数字媒体和无处不在的数字化信息正在潜移默化地改变消费者认知品牌的方式。在后疫情时代，消费者的价格和价值敏感度不断提升。放眼全球市场，消费者的消费观也在发生变化。比如，年轻消费者会偏好于他们认为与众不同且真实的品牌；纵观不同年龄段的消费者，约有一半将对饮食和生活方式的关注放在首位，如减少肉类消

费等，他们会偏好于顺应自我需求的品牌。在此背景下，许多品牌积极响应市场需求，顺势创新，以抓住应运而生的蓝海机遇。

### （二）新型销售渠道的重要性

随着电商平台的增长和疫情的影响，线上销售渠道变得尤为重要。企业应利用数字化手段增强与消费者的关联。众所周知，全球经济进入低速增长新时代，中国也在从过去高速增长转向高质量增长阶段。随着中国经济增长逻辑改变，企业经营也需要新的制胜法则，若仍因循旧道，无异于刻舟求剑。企业如何在经济新篇章下与时俱进、制胜未来？麦肯锡分析（2024）认为，企业必须积极推进五大转变。其中之一即是从过去依靠爆款产品、赢者通吃转变到采取精细化、科学化的经营。在新时代制胜法则中，细节决定成败，企业需要精细挖掘各细分客群的独特价值主张，对细分客群进行更加精准的覆盖。在运营管理上，追求精益管理，从"跑冒滴漏"的表象不断用精益方法消除各类损失。

麦肯锡分析（2024）表明，新型销售渠道的重要性不断凸显。在过去 5 年中，电商平台实现了超过 17% 的增长，贡献了全球 150 强零售商业务增长的 65%。在疫情防控期间，电商平台零售业务的销售额激增，其中，亚马逊的零售业务在美国市场同比增长 45%，在英国市场同比增长 80%。与此同时，折扣店销售也在继续稳步增长，尤其是在欧洲和一些发展中市场，这也进一步导致传统零售商的业务遭受蚕食。

### （三）深度改革而非小步改良

未来十年，部分行业（比如医疗科技行业）需要注重深度改革，采取转型战略，如推动创新、运营和战略转型，以此驱动盈利快速增长。

麦肯锡分析（2024）认为，医疗科技行业应重估改良型创新策略。颠覆型创新技术备受瞩目，而改良型创新在回应用户反馈和现有产品优化上仍至关重要。但是最近，改良型创新在公司的创新管线中占比过大，给患者带来的利益相对有限。在对业务组合进行分析时，业界管理人员仍认为改良型创新是维持市场份额的重要手段，但遭到了医生的质疑和采购方的价格压力。受此影响，自 2012 年以来，市场中增长缓慢的品类翻了一番。随着采购方的标准趋严，企业也必须在资源配置上体现创新。针对成熟产品，企业应将数字化解决方案和服务作为新的价值来源进行评估。如果成熟产品的价值再提升困难较大，领导者需要考虑重新分配资源。面向未来，企业在给改良型创新配备资源时应更加谨慎，并思考是否应该调整优化缺乏尖端创新的业务。

### （四）敏捷组织和卓越领导力

企业应践行敏捷组织理念，提高响应速度和对外界变化的适应能力，CEO 在此过程中扮演关键角色，需要设定组织方向、经营董事会、强化组织协调。因为，企业转型的一系列举措最终都要落实到人的层面。

麦肯锡中国区资深董事合伙人周宁人提出，企业为了顺利实现转型，应当采纳敏捷组织的管理理念，对整个运营模式进行重塑，以提升对市场变化的响应速度和适应能力，确保企业能够真正以客户为中心进行运作。因此，作为企业领导者的首席执行官（CEO），需要承担以下六项关键职责：确定组织的战略方向、管理董事会、加强组织内的协调、激励领导团队、提升个人工作成效以及与各方利益相关者建立联系。杰出的 CEO 之所以能在其职位上表现出色，是因为他们对这些职责有着独到的思考方式和相应的行动策略。

在战略规划方面，卓越的 CEO 会为企业设定宏伟的愿景和大胆的策略，并确保有足够的资源来支持这些战略，从而提高企业在竞争中获胜的可能性。同时，这些 CEO 意识到高层管理团队合作的重要性，他们会努力营造一个团结协作的高管团队环境，构建一个高效的团队来共同实现企业目标。在与董事会的互动中，优秀的 CEO 会建立和加强与董事会成员之间的信任，培养一个能够提供明智建议的团队，并推动讨论关键的前瞻性议题。在与外部利益相关者的关系管理上，杰出的 CEO 通常会专注于三个关键领域：明确企业的使命，把握沟通的重要时机，以及提前准备以应对潜在的危机。非常重要的是，杰出的 CEO 会明智地安排自己的工作重点，专注于那些只有他们才能完成的任务，确保能将精力投入最关键的工作上。

### （五）资本结构和优先事项的审视

企业应定期审视资本结构，确保与市场变化和战略重点保持契合，着力保持每股收益增长、长期投资者股东收益等。例如，雀巢的"价值创造"战略提出"审慎配置成本"，重点投资于业务的长期增长和发展，并提高投资者的回报率和创造共享价值。采用井然有序的资本配置方法，并搭配审慎的财务政策，希望在增长和回报之间找到平衡点并灵活出入金融市场。

### （六）面向广泛的利益相关者

企业尤其是首席财务官需要了解多种价值创造的衡量指标，包括一些难以量化的驱动因素，以满足更广泛的利益相关者的需求。

例如，雀巢（2023）发布的"价值创造"战略提出"创造共享价值：我们的经营之道"，指出："雀巢目标高远，有的放矢，融汇全球资源与本地智慧，在更广的范围内为社会和投资者创造价值。这是因为，我们认为企业应当成为一股向善的力量。正因如此，我们承诺大力推进可再生食物体系的发展，而这是一个变革。于是，我们开始踏上再生之旅，帮助恢复地球环境，改善农户生计，增强社区和消费者的经济韧性并为其提供更多福利。这一目标建立在我们的承诺之上，那就是，到 2030 年将温室气体排放量减半，到 2050 年实现温室气体净零排放。"

再如，德勤（2023）的研究也指出，中国 CFO 的战略要务之一是关注气候与可持续发展。全球监管机构和交易所对环境、社会和公司治理（ESG）信息披露的要求越来越高。美国证券交易委员会（SEC）提议从 2024 年起要求上市公司公开碳排放数据和减排计划，而中国的上海和深圳证券交易所已对某些上市公司实施了环境信息披露要求，香港联合交易所（HKEX）也发布了气候信息披露指引。

CFO 需要积极参与气候和可持续发展议题，回应投资者和其他利益相关者的需求。尽管一些企业已认识到 ESG 投资的价值，但还有企业未建立有效的沟通和管理体系。在处理气候和可持续发展问题时，企业需要认真考虑相关风险，不当处理可能引发公众舆论危机和经济损失。

### （七）持续创新和运营效率提升

企业应持续创新以实现增长，并提升运营效率，同时进行资源和资本的有序配置，包括收购和资产剥离。例如，雀巢的"价值创造"战略提出"提高运营效率"，通过有序的成本管理来推动他们的业务增长，提升企业各层面的运营效率。结合销售增长和运营效率，成功激活资源并将其投资于产品创新、品牌建设、数字化和可持续发展，同时不忘为投资者创造价值。

### （八）防范风险和应对监管

在金融强监管、严监管的趋势下，企业需要有效应对监管，并持续创造价值。这一观点可以从麦肯锡发布《中国 TOP40 银行价值创造排行榜（2023）——穿越寒冬，制胜未来新篇章》得到证明。这是麦肯锡连续第八年发布中国银行业价值创造系列报告。这份报告回顾了 2022~2023 年上半年中国银行业价值创造情况，并就银行如何创造价值提出攻守兼备的战略举措及行动建议。麦肯锡认为未来中国银行业发展将受四大趋势影响：首先，从宏观角度观察经济发展，可以看到国家经济将经历一个充满波动和挑战的恢复道路，这条道路上既有机遇也伴随着风险；其次，银行业作为国家经济循环的关键，为国内经济的迅速恢复提供了强劲动力，但同时它也承受着利润空间减少和盈利能力降低的双重挑战；再次，金融领域中的风险在四个主要方面变得尤为突出，因此，预防和解决这些风险将成为金融行业发展的一个核心议题；最后，金融行业将继续保持强有力的监管和严格的监管态势。

### （九）亚洲等新兴市场机会

麦肯锡（2024）分析表明，亚洲在全球消费品市场中的战略地位持续提升。总体而言，发展中市场将继续贡献全球消费品行业增长的 70%，与此同时在发展中市场内部，亚洲的增长将远远超过其他区域，占到未来 10 年全球个人消费增长的一半左右。本土品牌的崛起和贸易数字化将成为亚洲市场的主要增长引擎。在新兴市场，可以考虑采取品牌策略、产品创新、服务和解决方案提供、共享经济、本土化和个性化、生态系统合作、数字创新和节约型创新八大策略，捕捉商业机会。

总之，通过上述九项战略性考虑，企业可以构建一个面向未来的商业模式，以适应不断变化的市场环境和消费者需求，从而实现可持续的价值创造。

## 专栏5.5【商业模式实践】

### 打破资源束缚魔咒：新兴市场跨国企业机会识别与资源"巧"配策略选择

制度环境较弱但经济增长潜力巨大的新兴市场逐渐成为跨国企业的角斗场，在面临资源约束的情况下新兴市场跨国企业（Emerging-Market Multinational Enterprises，EMNEs）如何在激烈的竞争角逐中生存和发展？本文基于配置理论，探索在面临资源约束的情况下，EMNEs 如何在高度不确定性的新兴市场环境中识别机会，并通过资源模块的配置在竞争中以"巧"取胜。研究发现，在面临资源约束的情况下，EMNEs 对于新兴市场套利机会和创新机会保持着高度的警觉性，其机会识别路径是一种非线性行为且呈现出较大的差异性，比如，海尔在印度市场与传音在非洲市场就呈现出明显的创新机会寻求型特征；EMNEs 能够根据所识别到的机会，创造性地对可利用的资源模块进行"巧"配，以激发不同资源模块的协同效应并提供价值增值；在资源"巧"配过程中，EMNEs 通过快速响应、冲突抑制和协同放大 3 种协调机制来保障资源"巧"配的效能。

1. 案例描述。

（1）传音：非洲市场。成立于 2006 年的传音控股有限公司（以下简称"传音"），是一家专注于移动通信设备研发、制造、销售及服务的高科技企业。在公司成立之初，面对国内市场诺基亚、三星和摩托罗拉主导的竞争环境，传音选择向海外拓展。在经历了一段为印度和东南亚市场贴牌代工的阶段后，传音于 2008 年开始进入非洲市场。当时非洲市场主要由诺基亚和三星等品牌占据，当地消费者对手机有着极高的兴趣和需求。但由于中国的一些山寨手机品牌在非洲市场的不良运营和质量问题，"中国制造"在当地的形象受损，这对传音在非洲的发展构成了挑战。为了在非洲市场获得成功，传音采取了一系列策略：将目标客户定位在中低端市场，将销售网络扩展到非洲的乡村地区，并推出了 Carlcare 这一专业的售后服务品牌，建立了非洲最大的手机服务网络。在产品开发方面，传音在韩国建立了外观设计研究所，在法国设立了通信技术研究所，并在尼日利亚的拉各斯和肯尼亚的内罗毕成立了用户体验研发中心，以更好地满足非洲消费者的需求。通过精准把握非洲市场的机会，传音在不到 10 年的时间内迅速增长，到 2017 年，其在非洲的市场份额达到了 40%，超越了三星，成为非洲市场上的领导手机品牌。传音发展历程如图 5-7 所示。

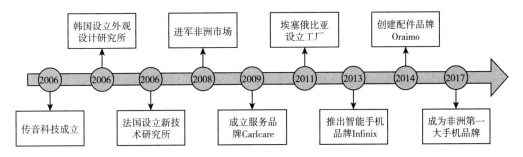

**图 5-7 传音在非洲市场发展历程**

（2）海尔：印度市场。海尔集团（以下简称"海尔"）成立于 1984 年，秉承"创牌"的国际化战略，于 2004 年在印度新德里成立了子公司。当时，印度家电市场主要被三星、LG 等日韩品牌所主导，而中国家电品牌在印度市场上较为罕见，主要是因为中国企业多以贴牌代工为主。海尔在印度市场的初步尝试中，采用"拿来主义"策略，即将国内产品直接引入印度市场，这种做法未能充分满足当地消费者的特定需求，导致海尔在与日韩品牌的竞争中处于不利位置。为了改变这一局面，海尔调整其在印度的经营策略，采取设计、制造、营销"三位一体"的本土化模式。在销售渠道方面，海尔不仅巩固了传统销售渠道，还积极拓展大型连锁和电子商务等新兴渠道。在产品开发和制造方面，海尔通过收购韩国大宇在印度的冰箱工厂，实现了与总部生产平台的对接，有效控制生产成本。同时，海尔整合了总部及美国、日本子公司的研发资源，并结合印度班加罗尔子公司的研发力量，根据印度消费者的使用习惯，推出一系列创新产品，如"不弯腰的冰箱""会唱歌的热水器""一分钟制冷的空调""零水压洗衣机"，这些产品受到印度消费者的广泛好评。海尔在印度市场的战略布局不是避免与日韩品牌正面竞争，而是针对它们的薄弱环节进行突破。通过以消费者需求为核心的品牌营销和技术研发策略，海尔成功打破日韩品牌在印度市场的垄断地位，成为印度消费者极为青睐的品牌之一。海尔发展历程如图 5-8 所示。

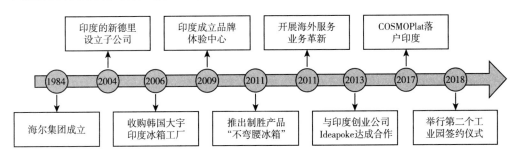

**图 5-8 海尔在印度市场发展历程**

2. 案例发现。

（1）在面临资源约束的情况下，EMNEs 在新兴市场的机会识别路径是一种非线性行为且呈现出较大的差异性，其套利机会和创新机会的识别取决于 EMNEs 在母国市场独特的资源禀赋以及对东道国市场竞争环境的评估。其中，在创新机会识别上，EMNEs 善于利用开放式的资源平台，以服务边缘客户为切入点，识别从低端市场向高端市场颠覆的创新机会。同时，通过寻求竞争对手技术提供和目标客户消费诉求的"冲突点"，并审视企业能够为东道国客户所提供的"最适合"的技术，而非"最优"技术，并以此作为资源"巧"配的准则，实现对竞争对手的技术颠覆。一是海尔的竞争对手三星、LG 等电器厂商所生产的 TM 类型冰箱尽管满足了消费者对于制冷的需求，然而冷冻功能大于冷藏功能的产品架构，却忽视了印度宗教文化素食主义的特点，使其在使用过程中消费体验较差，海尔进入印度市场后则是发现了这种"冲突点"，并以明星产品"不弯腰的冰箱"逐渐实现对竞争对手的颠覆。二是传音的竞争对手三星和诺基亚在非洲提供全球无差异性的手机产品，尽管满足了消费者对手机功能的基本要求，但却忽视了非洲消费者的个性化需求，例如，由于国际主流成像技术主要基于浅肤色人种样本开发，在深肤色人种的面部识别与色彩还原方面存在技术适配性不足，导致成像效果未达理想状态。传音进入非洲市场以后也是发现了这种"冲突点"所带来的创新机会，并以此为依托进行技术研发，推出专门针对非洲本地消费者的产品和服务。

（2）针对在新兴市场所识别到的套利机会和创新机会，ENMEs 通过四种资源"巧"配策略捕获机会，以培育独特的竞争优势。其中，创新机会寻求型的 EMNEs 主要采取定制型"巧"配策略和增值型"巧"配策略来培育竞争优势。一是定制型"巧"配策略主要针对技术实力有限的中小型 EMNEs，强调对深度顾客资产和深度创新资产的有机配置，为目标市场客户提供定制化的产品和服务。典型案例是"传音—非洲市场"，传音在非洲市场的战略布局定位于非洲本土品牌，在发现非洲中低端市场存在的创新机会后，传音将销售渠道深入到非洲乡镇，并针对中低端客户成立专门的研究团队和只服务不销售的客服中心，推动顾客资产配置上对中低端市场的深度聚焦，以此与目标客户建立强连接关系，并识别其多样化、个性化的产品需求。在此基础上，传音通过与华勤、龙旗、锐嘉科、萨基通、MKT 等一流的方案公司进行合作，形成一整套完备、高效的供应链体系，以降低手机生产成本，并整合韩国研究所的外观设计资源、法国研究所的通信技术资源、尼日利亚的拉各斯和肯尼亚的内罗毕研究所的用户体验资源，研发适合非洲客户的手机专用技术（如黑人美颜技术、多卡多待技术、防滑防脱技术等），为非洲消费者打造量身定制的手机产品，实现创新资产的深度聚焦。通过深度顾客资产和深度创新资产的配置，使传音撬动了三星、诺基亚等竞争对手在非洲市场地位，成为非洲第一大手机品牌。二是增值型"巧"配策略则针对在母国市场有一定技术积累的大型 EMNEs，通过广度顾客资产和深度创新资产的有机配置，连接多样化的客户群体，深度挖掘和利用创新资产的增值空间。增值型"巧"配策略的典型案例是"海尔—印度市场"，印度市场收入结构两极分化严重，再加上多元文化因素的影响，使印度客户对于家电产品的诉求呈多样化的特点，为了在竞争激烈的印度市场立足，在顾客资产配置上，海尔与印度当地政府、新闻媒体、医疗机构、经销商、批发商等多种类型的市场行为主体建立联系，还拓展了与现代连锁以及电商等市场行为主体的关系，通过在印度市场布局密集的关系网络，使海尔能够找到打开不同细分市场产品技术壁垒的通道，并利用创新资产的深度配置以用户需求为导向对产品技术进行快速迭代和模块化组合，为不同的客户群体提供创新性产品（如"不弯腰的冰箱""莎莉冰箱""1 小时制冷冰箱"等）。但值得注意的是，增值型"巧"配策略由于要针对高密度的顾客资产网络布局深度的创新资产，使其在新兴市场运营初期面临较大的研发成本和失败风险，必须依靠母公司给予足够的资金支持，例如，海尔 2004 年进入印度市场，一直到 2013 年才开始真正盈利。

（3）EMNEs 在资源"巧"配过程中通过快速响应、冲突抑制和协同放大 3 种协调机制来保障"巧"配策略 的效能。具体而言，快速响应机制、冲突抑制机制和协同放大机制在机会识别与资源"巧"配之间起到了关键的杠杆作用。一是快速响应机制是 EMNEs 在识别到新兴市场套利机会和创新机会后，通过采取正确定位、快速行动和快速学习等方式，快速配置可利用的资源模块，实现对套利机会和创新机会的抢占。以"传音—非洲市场"为例，在识别到新兴市场的创新机会以后，传音并没有遵循传统的渐进性的方式逐渐布局非洲市场，而是快速将销售和服务网络迅速延伸到非洲乡镇，以此捕获目标客户消费诉求的动态变化（如价格、信号、网络、摄像、服务等），并创造性地整合深圳华强北可利用和可转移的技术资源，凭借 T 系列功能机和突出的性价比迅速占领非洲市场。通过提升顾客资产和创新资产配置在面对市场机会时的反应性，使传音能够先于竞争对手抢占机会。例如，虽然相较于三星、诺基亚，传音面临着后发劣势，但凭借对非洲市场消费环境的快速响应，掌握了非洲移动互联网最大的入口。二是冲突抑制机制是针对 EMNEs 在资源"巧"配过程中，顾客资产与创新资产难以有效契合所带来的相斥反应，建立能够及时沟通和反馈的接口，实现对冲突的抑制。例如，海尔在进入印度市场初期直接转移母国的技术规范而忽视印度客户多样化、个性化需求，导致其在白电市场的发展举步维艰；为了有效抑制资源"巧"配过程中不同资源模块的冲突，海尔将"人单合一"的管理模式推广到印度市场，业务职能的交叉将企业各部门的员工与印度客户捆绑在一起，在对用户需求深度洞察的同时，实现对产品研发的有效反馈，并提供最佳的用户体验，从而有效缓解在资源"巧"配过程中出现的冲突。三是协同放大机制是 EMNEs 在资源"巧"配过程中，通过精准定位顾客资产和创新资产之间的有效协同点，放大资源模块之间的协同效应，并最终产生"1 + 1 > 2"的协同效果。

资料来源：参见许晖，单宇. 打破资源束缚的魔咒：新兴市场跨国企业机会识别与资源"巧"配策略选择［J］. 管理世界，2019，35（3）：127 – 141，168，207.

# 第五节  常见商业模式：长尾模式、平台模式和开放模式

从第三章开始，每章的最后一节将介绍三种常见的商业模式，全书共涵盖九种模式。这些模式分别是：复利模式、连锁模式、反向操作模式、行业标准模式、互联网模式、重新定位模式、长尾模式、平台模式和开放模式。这些内容依次分布在第三、第四、第五章中。

## 一、长尾模式：谷歌

【思考】长尾模式成功的关键是什么？该模式有何利弊？为什么？

长尾（the long tail）市场能够那么丰富，是因为互联网有无限的"货架空间"。它既适合大众，也适合小众；既迎合浩浩主流，也接纳无名旁支。要想拥有永无止境的货架空间，只有一个方法：货架空间的成本必须为零。而数据流通的"边际成本"几乎等于零。谷歌商业模式是长尾模式的典型案例。

2009年，谷歌才10岁，已是一家市值200亿美元的公司，获利（2008年超过40亿美元）多于美国所有航空公司和汽车公司的总和。它不只以"免费"为基调，而且开创了一种商业模式，也发明了一种全新的运算方式，把一向在桌上由计算机执行的许多功能，送入"云端"，也就是在远端的资料中心，然后通过网页浏览器存取。2009年，谷歌约有50万台服务器，散布在36个以上的资料中心，大多位于电力便宜的地方，比如美国西北部太平洋沿岸的水力发电厂附近。从历年的营收增长和利润增幅来看，谷歌是一家典型的卓越企业（见图5-9）。

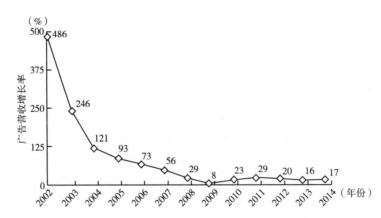

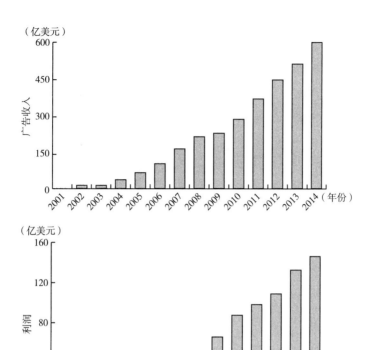

**图 5 - 9　2001 ~ 2014 年谷歌的广告营利增长和利润增长**

资料来源：张明钟. 谷歌、百度创新模式比较 [J]. 中国经济报告，2016（9）：76 - 78.

谷歌的商业模式引爆点（见图 5 - 10）：免费模式∧"70∶20∶10"方程式∧长尾模式∧平台模式∧连接经济（提供连接）。

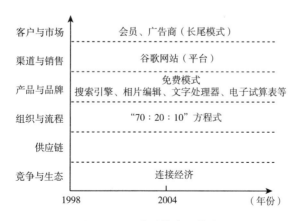

**图 5 - 10　谷歌的商业模式**

资料来源：张明钟. 谷歌、百度创新模式比较 [J]. 中国经济报告，2016（9）：76 - 78.

1. 免费模式。谷歌供应约100种产品，从相片编辑软件到文字处理器和电子试算表，琳琅满目，但它们几乎都是免费的。

2. "70∶20∶10"方程式。谷歌将70%的工程资源用于强化本业；20%用于明显与核心事业相关的延伸服务，如谷歌结账系统、谷歌影像搜索、谷歌工商名录网站以及谷歌翻译网站；另外的10%则分配到一些非核心事业的创新电子，如协助市政府建立公共Wi-Fi网络。

3. 长尾模式。谷歌作为一个最典型的"长尾"公司，其成长历程就是把广告商和出版商的"长尾"商业化的过程。数以百万计的小企业和个人，此前从未打过广告，或从没大规模地打过广告。但谷歌的AdSense把广告这一门槛降低了：广告不再高不可攀，它是自助的、价廉的、谁都可以做的。谷歌几乎所有的获利都来自线上广告收入。谷歌在2005年的广告收入高达61亿美元，比纽约时报公司和道琼斯公司加起来的广告收入还要高。谷歌目前约有一半的收入来自这些小网站，而不是搜索结果中放置的广告。数以百万计的中小企业代表了一个巨大的长尾广告市场（见图5-11）。

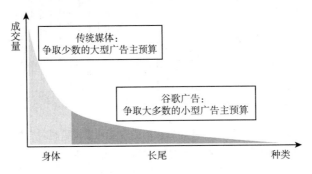

**图5-11　长尾模式**

注：长尾的力量：如果经营者把大量的小众市场尽收旗下，则右侧长尾的面积足以和左侧头部的面积匹敌。
资料来源：马中红. 百度和谷歌商业模式比较 [J]. 中国广告，2009（2）.

4. 平台模式。谷歌也从来不挡在中间，它创造平台，让人们尽情使用，甚至让使用者在谷歌平台上创造商机。谷歌了解它真正的价值不在于限制使用者能做什么，而在于协助使用者做任何他们想做的事。

5. 连接经济。以前零售业成功的关键因素，除了地点以外还是地点，现在这个关键因素变成连接，如谷歌和在谷歌上的搜索排名。

## 二、平台模式：eBay

【思考】平台模式成功的关键是什么？该模式有何利弊？为什么？

单边事业生存于线性世界，而当今是一个"双边经济"的时代。在双边经济时代，平台型企业通过连接不同用户群体创造价值，分为实体平台和虚拟平台。成功关键在于理解用户需求、消除互动障碍，并提出吸引双方的价值主张。平台型企业需考虑是否适合当前市场，并选择最佳经营模式。定价策略，如入场费和使用费，对启动和增长至关重要，需要平衡两边用户的利润贡献。

索尼通过低价销售游戏机吸引用户，主要利润来自游戏软件销售，软件出版商每贩售一套游戏，索尼可从中抽取约 8 美元。如《侠盗猎车手：圣安地列斯》销售超过 900 万套的版税，展示了平台型企业的盈利模式。

eBay 的商业模式引爆点（见图 5 - 12）：平台模式∧长尾模式。

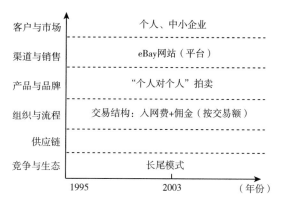

**图 5 - 12 eBay 的商业模式**

资料来源：白伟基.eBay 公司的商业模式及其发展［J］. 电信软科学研究，2006（1）：31 - 35.

皮埃尔·奥米迪亚（Pierre Omidyar）于 1995 年劳动节推出的 eBay 网站是一个"个人对个人"的拍卖网站。这一切都是从他在圣荷西（San Jose）的客厅里开始的。6 个月以后，为了弥补成本，他开始收取一小部分入网费，并对每笔交易收取一部分佣金。如今，在 eBay 上销售的商品 60% 是非收藏品，如汽车、计算机和体育设施。

1. 平台模式（见图 5 - 13）。eBay 创建了一个连接买卖双方的平台，吸引买方并促进交易。它追踪买方的购买历史，并允许买方登记感兴趣的物品类别，当相关商品上架时，eBay 会通过电子邮件通知买方。到 2006 年 10 月，eBay 的市值达 427 亿美元。

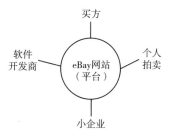

**图 5 - 13 eBay 平台模式**

资料来源：白伟基.eBay 公司的商业模式及其发展［J］. 电信软科学研究，2006（1）：31 - 35.

到 2003 年，eBay 用户数达到 6200 万人，交易项目 1.95 亿个，商品种类 1.8 万种。2001~2003 年，eBay 的营业额从 2.24 亿增至 7.48 亿美元，净收益从 1000 万增至 9100 万美元。2005 年交易额达 440 亿美元。2006 年 8 月，用户超 2 亿人。eBay 起初只连接买卖双方，2000 年开始引入开发商，推动应用程序开发，提供工具和实验室支持，到 2005 年有 21000 家开发商参与，开发了 4000 多种应用。eBay 还助力小企业开设虚拟商店，目前主力卖家为近 40 万中小商家，他们将 eBay 作为销售渠道之一。

2. 长尾模式。eBay 既是产品的长尾，也是交易者的长尾。eBay 提供从热门产品到小众和一次性商品的广泛选择。它不仅是美国领先的二手车和汽车零部件销售平台，也是体育设备和计算机产品的主要经销商。通过收购 Half. com 和 Shopping. com，eBay 扩展其业务范围，覆盖了从畅销品到稀有商品的全面市场。

eBay 是最高境界的小生意集合器。据 AC 尼尔森 2005 年的调查，72.4 万美国人将 eBay 作为主要或次要收入来源，而在英国，超过 6.8 万个小企业依赖 eBay 交易。这些商家中，至少有 1/4 的销售额来自 eBay，平均每个依赖 eBay 的企业雇用了 9 名员工，近半数企业的 eBay 销售额超过其总收入的 75%。

## 三、开放模式：红帽 Linux

【思考】开放模式成功的关键是什么？该模式有何利弊？为什么？

1998 年，在所有交货的操作系统中，Linux 的占有率由 7% 成长为 17%，而 WindowsNT 的占有率则维持 36% 不变。

红帽 Linux 的商业模式引爆点（见图 5-14）：开放源代码∧平台效应∧大客户策略。

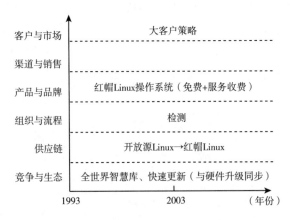

**图 5-14 红帽 Linux 的商业模式**

资料来源：缪绒. 红帽软件（北京）公司营销模式分析 [J]. 市场周刊·理论研究，2010（3）：10-71.

1. 开放源代码。红帽公司（Red Hat）成立于 1993 年，并非 Linux 操作系统的发明者。Linux 由芬兰程序员托瓦兹（Linus Torvalds）在 1991 年开发，他当时是赫尔辛基大学的一名学生。Linux 是基于 GNU 计划的自由操作系统，由自由软件倡导者斯托曼（Stallman）推广，他主张 Linux 应被称为 GNU/Linux。Linux 之所以能够自由流通并保持开放，是因为托瓦兹采用了斯托曼开发的通用公共许可证（GPL），该许可证允许用户免费下载、使用、修改并重新分发软件。这使得全球数千名程序员能够通过互联网对 Linux 进行改进和再分发，加速了程序的迭代和功能增强。Linux 有多个版本，红帽 Linux 是其中之一。红帽与核心开发团队保持紧密合作，并资助部分开发人员。红帽通过零售渠道销售其 Linux 产品，并提供培训、教育、客户支持和咨询服务，其主要利润来源于这些服务。

2. 平台效应。1991～2007 年，Linux 已经从少数爱好者的软件平台成长为在全球有超过 2900 万名使用者和超过 1 万种应用软件的软件平台。现在有许多软件开发商为 Linux 撰写软件，并销售给使用者。

3. 大客户策略。红帽公司采取大客户策略，与大型企业和机构合作，以进入主流市场。1998 年，红帽公司与英特尔、网景以及投资公司 Benchmark 和 Greylock Management 完成投资程序。IBM 决定支持 Linux 而非自行开发操作系统，并与红帽公司合作，将 Linux 整合到其产品中。IBM 在 2000 年宣布投资 10 亿美元用于 Linux 及其相关产品和服务的开发，确保与 IBM 硬件和软件平台的兼容性。大型网站如谷歌和亚马逊依赖开源软件运行。慕尼黑市议会基于对开放源代码趋势的信念，在 2003 年决定将软件切换到开源的 Linux 和 OpenOffice。巴西在全球开源技术方面领先，建立了世界上第一个使用 Linux 的 ATM 网络。英特尔通过开放源代码操作系统，能够自主改良系统以支持新技术，不再受限于操作系统供应商。这些合作和举措展示了开源软件在不同领域的广泛应用和其在技术发展中的重要作用。

基于本书原创的商业模式六职能模型，我们选取"拼多多电商模式"案例进行应用分析，从第二章开始，每章末尾均采用专栏形式加以展开。该案例分析贯穿于第二章至第七章，依次对应商业模式六大职能模块：环境分析→模式定位→资源整合→价值创造→价值获取→创新重构。

## 专栏 5.6【商业模式六职能模型应用分析之四】

### 拼多多电商模式
#### ——后发平台企业的颠覆式创新

一、可怕的"增长怪兽"，迅速成长为头部电商（见本书第二章末）

二、三大电商巨头 2024 年第一季度财报对比（见本书第二章末）

三、作为后发平台企业的拼多多何以实现逆袭突围？借助本书提出的商业模式六职能模型，我们对其颠覆式创新进行简要分析（本章增加对应的价值创造分析），如表 5 - 1 所示。

表 5 - 1　基于商业模式六职能模型的拼多多探索期、追赶期、颠覆期商业模式分析

| 主要过程 | 维度要素 | 重要概念 | 部分典型援引 |
|---|---|---|---|
| 价值创造 | 拼多多探索期商业模式分析（2015 年 4 月～2015 年 8 月） | | |
| | 价值网络 | C2B | "拼"能快速聚集消费者需求，实现大规模地多对多匹配…实现了不同品质、种类和数量的小规模农业产物的半定制批量处理 |
| | 用户价值 | 功利价值 | 通过熟人社交网络分享拼单，流量产生裂变，低成本获得前端流量 |
| | 拼多多追赶期商业模式分析（2015 年 9 月～2019 年 5 月） | | |
| | 价值网络 | C2M | 农业：农货中央处理系统前端与交易相连，中端和农产区、农户与新农人相连，后端由物流、客服、IT 系统等组成，多对多精准匹配产销，汇聚分散的需求、供给<br>制造业："拼工厂"模式，将大量产能倾斜到 2～3 款核心产品，缩减中间环节、提升规模、去品牌化，打造低价爆款 |
| | 用户价值 | 功利价值 | 通过熟人社交网络分享拼单，流量产生裂变，低成本获得前端流量 |
| | | 情感价值 | 娱乐性："多多果园""多多进宝"等小游戏及打卡活动<br>增强信任：秒退款机制；加强平台治理，清理假货，关停违规店铺 |
| | 拼多多颠覆期商业模式分析（2019 年 6 月至今） | | |
| | 价值网络 | 工厂电商 | 2020 年五一假期前后，拼多多"美好生活中国造"专区在 10 天内吸引近 4 亿人，其中 2 亿人拼单，实现近百亿销售额 |
| | 用户价值 | 功利价值 | 拼多多新增用户中有 44.2% 来自二线及以上城市，且呈持续上升趋势 |
| | | 情感价值 | 多元化消费场景：扩展品类、推出"多多买菜"，满足用户多元需求，以提升用户复购和留存 |
| | | | 履约："多多买菜"进行不超过 24 小时的物流流转履约以优化客户黏性 |
| | | 社会价值 | 直连农业生产者超 1200 万户，带动脱贫人数高达 100 万人<br>"市县长当主播、农民多卖货"的电商消费扶贫新模式 |

───── 【本章小结】 ─────

1. 价值创造是商业模式学的核心概念，它描述了企业如何通过其产品、服务或体验为客户提供价值，并在此过程中实现自身的价值增长。学者们对价值创造的研究视角和侧重点不同，但总的来说价值创造强调四个方面：价值创造的来源；参与主体；过程；目标结果。价值创造与竞争优势的关系：价值创造是竞争优势的基础；竞争优势促进价值创造；二者通过战略层面进行整合。

2. 价值网络是商业模式学中的重要概念，它描述了在特定市场中创造价值并满足客户需求的组织和个人之间的相互关系和互动。主要特点：互联性、协作性、灵活性、创新性、客户导向、共同目标、信息共享。组成要素：顾客价值、互动关系、核心能力、价值活动、信息技术、战略控制。构建策略：价值域规划、价值流重组、价值源拓展、供需网协同、战略级耦合。

3. 价值评估与度量是指对企业所提供的产品、服务或整体商业模式为客户、企业本身以及所有利益相关者创造的价值进行量化和评价的过程。常见的方法与指标：交易价值、交易成本和交易风险，商业模式效率，企业价值，价值创造与价值耗散，资本回报率，商业评估方法，度量指标体系，商业评估咨询。

4. 考察价值创造的未来趋势主要关注两个问题：一是技术进步对价值创造的影响，包括创新驱动、效率提升、市场扩展、用户体验改善等；二是面向未来的价值创造战略，需要考虑用户相关性主导的品牌建设、亚洲市场的崛起等。

——————【复习思考题】——————

1. 如何理解价值创造的来源、参与主体、过程和目标？
2. 如何理解价值创造与竞争优势的关系？
3. 价值网络的组成要素有哪些？
4. 构建价值网络的策略有哪些？
5. 如何理解价值网络与供应链管理的关系？
6. 价值评估与度量的作用是什么？
7. 价值评估与度量的方法与指标有哪些？
8. 如何理解价值评估与度量在商业模式决策中的应用？
9. 技术进步对价值创造有什么影响？
10. 制定面向未来的价值创造战略要重点关注哪些因素？新兴市场的价值创造机会有哪些？

——————【做中学模式】——————

1. 选择一家你身边的企业，分析其价值创造的来源、参与主体、过程和目标结果，并找出这些因素中对该企业价值创造与竞争优势产生重大影响的因素。

2. 选择一家你身边的企业，分析其价值网络的组成要素有哪些，并识别该企业构建价值网络的策略类型。

3. 选择一家你身边的企业，依次采用收益法、市场法、资产法对其企业价值进行分析，并对比这三种方法的运用和结论有何异同。

4. 选择一家你身边的企业，找出其价值创造可能存在的机会，并分析技术进步对其价值创造产生的影响。

——————【章末案例】——————

### 社交新零售商业模式的价值创造机制

消费是经济发展的重要引擎，事关保障和改善民生。随着我国零售市场的不断壮大，消费潜力得到有效激发。我国零售业经历了"百货商店→大型集市→购物中心→线上购物→新零售"的商业模式演化阶段。在数字技术与社交网络的推动下，社交新零售商业模式应运而生，它正重塑零售行业的未来，并对社会经济发展产生深远影响。企业纷纷拥抱这一模式，以实现转型升级和竞争优势。以瑞幸咖啡为例，它采用"无限场景"战略，强化与消费者的社交联系，并通过大数据和 AI 技术进行需求分析和智能库存管理，优化了"人、货、场"的整合。同时，拼多多、云集等电商也在积极构建社交新零售体系，利用数字化平台和社交网络优势，提升消费者体验，并加速智慧仓储、智慧物流的布局，以提高零售效率。在社交化、数字化的浪潮中，社交新零售已成为企业把握时代脉搏、赢得市场先机的关键策略。这一模式不仅推动了零售业的创新，也为经济和社会的持续发展注入了新动力。

现有研究已经对社交电商、新零售等相关概念开展了较为丰富的研究，它们与社交新零售存在共性也存在差异。对此，本文整理了社交新零售商业模式与相关概念在内涵上的比较，如表 5-2 所示。通过与相关概念的对比分析，可以对社交新零售商业模式的概念内涵有更深入的理解。

表 5-2　　　　　　　　社交新零售商业模式与相关概念的比较

| 项目 | 社交电商商业模式 | 新零售商业模式 | 社交新零售商业模式 |
|---|---|---|---|
| 定义 | 通过社交媒介进行线上社区、线上销售和线上产品服务的电子商务活动和交易 | 以消费者体验为中心的数据驱动的泛零售形态 | 以消费者为中心，充分利用社交网络与数字化技术，构建线上线下渠道融合的新生态，驱动消费者裂变式增长以及零售链条价值共创的多层次系统架构 |
| 价值主张 | 以用户为中心，利用社交媒体平台的关系网络，促进商品信息的传播，增强用户的消费体验和情感体验 | 以用户为中心，利用数字化技术促进线上、线下及物流的深度融合，提升零售效率 | 以用户为中心，利用社交活动无缝连接线上互动与线下体验，拓展零售空间，为用户创造更加多元化的消费体验 |
| 价值创造 | 主要通过在线互动、社群经营、个性化推荐、口碑传播等方式实现价值创造 | 通过线上与线下客流、订单、交易的一体化等方式来实现价值创造 | 主要通过线上及线下社交参与、场景交互与拓展、供应链利益相关者共创等方式实现价值创造 |

续表

| 项目 | 社交电商商业模式 | 新零售商业模式 | 社交新零售商业模式 |
|---|---|---|---|
| 价值传递 | 线上渠道 + 社交渠道 | 线上渠道 + 线下渠道 | 线上渠道 + 线下渠道 + 社交渠道 |
| 价值获取 | 重构消费场景，深化用户关系，实现精准营销 | 实现商品生产、流通与销售过程的改造升级，促进供应链的优化与创新 | 加强个性化的渠道建设，增强与用户的情感链接，构建起共创、共享、共生的零售生态网络 |

商业模式的核心要素就是价值创造，这是明晰商业模式如何组合各种要素以及如何开展创新的重要基础。根据新零售商业模式的价值创造机制，新零售从"人、货、场"三个核心要素来开展商业模式创新（王淑翠等，2020）。作为在新零售商业模式的基础上衍生而来的社交新零售商业模式，也可以从这三个方面对其商业模式的价值创造机制进行分析。因此，本文综合"人、货、场"的零售逻辑和学术研究，提炼出社交新零售商业模式的四大价值创造机制：全渠道布局的供应链创新、场景化商业模式的创新、社群连接的消费者关系创新以及消费者的主动价值创造。这四要素相互促进，共同构建了社交新零售的协同价值网络，推动商业模式的持续创新和市场竞争力的提升。

1. 供应链创新：全渠道社交新零售。渠道是企业与消费者互动的媒介及方式，不同类型的渠道代表着不同的产品或信息的传递方式（Saghiri et al.，2017）。全渠道颠覆了供应链管理的传统规范，实现实体、在线和移动等多渠道的集成，扩大企业与消费者互动的方式，并为消费者提供了无缝的购物体验（Davies et al.，2019）。其中，S2b2C 的全渠道模式成为社交新零售商业模式情境下开展供应链创新的有效方式。S2b2C 构建起供应商、渠道商与消费者的协同网络，如图 5 - 15 所示。一方面，供应商为渠道商提供集中采购服务；另一方面，供应商向渠道商提供 SaaS 工具、技术支持及培训等使其能更好地为消费者服务（袁海涛，2019）。传统的 B2B 或者 B2C 模式对于供应商、渠道商与消费者来说是呈割裂状态的，而 S2b2C 模式创新地将供应商与渠道商紧密联结，赋能渠道商，共同服务消费者，构建供应链协同网络，实现互利共赢。此外，S2b2C 模式能够在社交新零售商业模式中借助社交网络及与消费者的紧密联系产生更大的价值创新。社交新零售商业模式下，供应链是用户需求驱动、个性化定制、柔性生产的，因此，S2b2C 模式本质上也是 C2b2S。通过社交网络与社交互动，消费者把需求反馈给渠道商，渠道商对需求进行整理、分类，将之反馈给供应商，供应商根据需求通过柔性生产制造出消费者需要的产品，再通过渠道商传递给用户，并提供相应的服务（袁海涛，2019）。并且，在数字化的驱动下，平台库存和其他物流资产的全网络可见性与来自消费者的感知需求信号相结合，能够改善供应商的预期库存状况（Ishfaq et al.，2022）。综上所述，本文认为社交新零售商业模式的供应链创新主要体现在深化全渠道供应链，大力发展 S2b2C 模式等方面，既契合社交化、个性化的消费需求，也能够提高零售流程的速度和敏捷性，同时还降低了供应商的营销成本，从而实现各方利益的最大化。

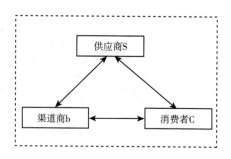

图 5 – 15　S2b2C 模式

2. 场景创新：社交新零售商业模式场景化。场景是满足消费者需求的行为场合和形态，场景要素在互联网技术的发展和消费者的多样消费体验期望中逐渐丰富（Meng et al.，2023），与社交新零售商业模式的结合也越来越深入。江积海和阮文强（2020）从消费者、产品以及运营三个层面分析得出，场景化能够为零售企业商业模式带来价值倍增。其中，消费者的场景化是指企业通过与消费者的社交互动了解其特征、偏好及场景需求，并针对不同类型的消费者来构建差异化的服务，从而能够增强消费者的忠诚度；产品场景化是指企业在产品的生产、投入与应用中加入场景元素，以增强消费者的认同；运营场景化是指企业要通过价值网的资源协同，以及以社群为沟通与交易的场景来连接消费者，从而促进价值共创。王福等（2021）认为场景化要素更高效地连接了供应链的利益相关者，并从商业模式要素的"人、货、场"出发，分析得出在价值主张场景化、价值创造主体场景化、价值创造过程场景化的交互作用下，能够实现产品功能价值、服务效用价值及场景体验价值的链式共创。通过现有研究可以看出，场景创新是以消费者为中心，从消费者期望出发实现用户场景化，然后对消费情境及载体进行场景化配置，最终优化消费者体验的价值创造情境，这也成为社交新零售商业模式价值创造的核心内容。

3. 消费者关系创新：社群连接。社交新零售商业模式下，在线社群是企业连接消费者、增强与消费者社交互动的重要手段。随着社交媒体平台的不断发展，社群经济影响力不断增强，越来越多的企业尝试通过建立在线品牌社群来聚集消费者，促进商品销售。在线品牌社群是基于品牌爱好者社会关系所构成的专业化、非地理约束的群体，社群成员都位于一个在线或虚拟环境中，围绕焦点品牌进行信息交换（Hook et al.，2017）。在品牌社群的影响下，消费者不仅能够获得商品和品牌的信息，也能够获得身份认同及符号价值，从而产生良好的社交体验及消费体验（靳代平等，2016）。因此，品牌社群成员往往有比非成员更高的品牌认同和品牌忠诚（董学兵等，2018），并乐意开展一些有益于品牌及产品发展的行为，如品牌推广、帮助产品和模式创新（苑春等，2022）。品牌社群也从局限于顾客创造体验的环节，逐步向价值共创和企业创造体验的环节推进（王满四等，2021）。这些深度和频繁的互动为企业的发展创造了价值，也体现出社交新零售商业模式的社交内涵。

4. 消费者创新行为：价值创造。社交新零售商业模式注重消费者的能动性，因此消费者不只是进行消费，同时也能够参与到企业的价值创造中，成为产品的宣传者、推广者及利益分享者（王欧飏，2020）。在社交新零售商业模式中，消费者越来越多地通过在线群体扮演组织价值生产者的角色，通过生成内容来表达对品牌的认知和评价（王淑翠等，2021）。口碑是消费者获得产品、品牌信息的重要方式之一（Keiningham et al.，2018）。在社交新零售商业模式情境下，消费者无论何时何地都可触达社交媒体，这极大地促进了电子口碑的爆发式增长，深刻影响着消费者的购买意愿和行为（张舒宁等，2021），因此，口碑在社交新零售商业模式中发挥着价值创造的作用。此外，社交新零售商业模式情境下，消费者还可以被赋予"创新者"的身份。社交新零售商业模式所构建的零售空间是基于社交化和数字化的，消费者与商家、企业的互动更加具有即时性、便利性、自主性和趣味性。在这种互动形式下，消费者会（有意或无意地）提供一些具有建设性的建议来改善服务和平台建设，并通过各种方式参与企业的商业活动。而在消费者参与企业活动的过程中，也会倾注情感和精力，使得参与感、体验感更加强烈，因而更愿意开展主动性的创新行为（刘向东等，2021），从而实现与企业的价值共创。

资料来源：参见王炳成，赵静怡，黄瑶. 社交新零售商业模式：研究框架与展望［J/OL］. 消费经济，2025-05-30.

**讨论题：**

1. 请你描述一下社交新零售商业模式的价值创造机制和价值网络，并思考以下问题：在社交新零售商业模式里，主体企业与其他伙伴（要素）之间是如何开展协同合作的。

2. 你认为在社交新零售商业模式里消费者角色有哪些变化？你如何看待这些变化？结合本章开头列举的"主要思维"，讨论一下设计社交新零售商业模式需要运用哪些主要思维？

3. 现代管理学之父彼得·德鲁克曾经说过："如果你不能很好地度量它，也就无法有效地管理它。"你如何理解这句话？商业模式中的价值创造应该如何度量？

# 第六章　价值获取

盈利模式是企业生存和发展的基石，它回答了企业如何创造收益和分配利润。一个清晰且高效的盈利模式通常由利润点（卖什么）、利润源（向谁收）、利润杠杆（如何促增值）、利润屏障（怎么守得住）构成，这一系统对于企业识别其价值获取路径至关重要。顾客需求是驱动行业竞争的第一动力，因此，盈利模式设计必须扎根于顾客需求。随着环境变化，企业要持续迭代其盈利模式，以确保长期成功。

——袁柏乔

## 【本章目标】

1. 理解盈利模式的内涵、特征。
2. 理解盈利模式设计的原则。
3. 掌握盈利模式设计的流程。
4. 理解盈利来源的结构化设计。
5. 掌握价值交换的机制设计。
6. 了解不同类型的盈利模式，并能够进行创新设计。
7. 了解盈利模式的评价标准。
8. 了解盈利模式的设计技巧。

## 【主要概念】

盈利模式，利润点，利润源，利润杠杆，利润屏障

## 【主要思维】

系统思维，创新思维，法治思维，底线思维

## 【导入案例】

罗振宇通过其每日的免费知识分享——"罗胖60秒"和"逻辑思维"音频，凭借其卓越的内容质量，在5年内吸引超过2000万用户，形成了一个庞大的知识社群。这个庞大的用户基础，如同一个丰富的知识鱼塘，孕育出众多愿意为高质量内容付费

的"鱼苗"。以得到 App 为例，其提供的近 100 门付费课程中，单是《薛兆丰的经济学课》一门，就吸引了超过 42.7 万订阅者（截至 2024 年 8 月），按每人支付 199 元计算，为罗辑思维带来的收入超过 8500 万元。在从"中国制造"向"中国创造"的转型过程中，罗振宇的逻辑思维不仅仅是在创新，更是在塑造一种全新的创造模式。这种模式以"免费＋付费"的产品策略为核心，辅以精细化的增值服务、合作伙伴网络和完善的支持体系，共同构建了一个协同高效的商业生态。

搜索引擎通过向用户提供免费的搜索服务积累了庞大的用户基础，而其主要收入来源——广告，占据了总收入的 98%，这种模式实质上是通过变现用户的注意力来实现盈利。同样，腾讯公司通过免费的即时通信工具 QQ 吸引了大量年轻用户，这个群体不仅为腾讯的长期利润增长提供了坚实的基础，也使得腾讯在推出新业务时能够迅速获得成功。无论是网络游戏、博客还是门户网站，这些服务都受到了年轻用户的热烈欢迎和使用。此外，用户对于腾讯的互联网增值服务，如虚拟道具、服装、宠物和界面皮肤等，也表现出了强烈的付费意愿。这些产品的边际成本极低，但它们为腾讯贡献了高达 60% 的收入。腾讯的盈利模式，本质上是在销售一种独特的用户体验。

【思考】有些新兴行业能够突破传统盈利模式，形成基于注意力价值的盈利模式，那么传统行业是否也能创造新的盈利模式呢？在快速变化的时代，企业应该怎样创新盈利模式以求获得长足发展？

在任何商业模式中，价值获取都是企业实现盈利和增长的关键阶段，它涉及识别、交付和捕获价值的过程。这些过程共同决定了企业的市场竞争力和财务表现。随着消费者需求的不断演变和技术创新的加速演进，企业必须重新思考如何通过其商业模式有效地获取价值。学术界普遍认为，价值获取主要通过盈利模式来实现。本章将深入探讨盈利模式的内涵与特征，分析其在不同商业模式中的应用，并讨论如何通过优化价值链来提高价值获取的效率和效果。

然而，价值获取并非易事。企业在追求价值的过程中可能会面临激烈的市场竞争、消费者需求的多变性以及成本控制的压力。本章也将探讨这些挑战，并提供相应的策略和工具，帮助企业在不断变化的市场环境中提升其价值获取能力。

# 第一节 盈利模式的内涵与特征

## 一、盈利模式的内涵

【思考】盈利模式的内涵是什么？盈利模式与商业模式有何不同？

关于什么是盈利模式，学者们从不同的角度给出了自己的观点，目前尚未形成统一的结论。很多学者把盈利模式等同于商业模式，认为盈利模式是商业模式。法瓦（Fedwa，1996）提出七种收入创造的盈利模式，提莫斯（Timmers，1998）认为盈利模式是对各类企业所能够获得的潜在利益的一种描述，是对企业收入来源的描述；雷纳和齐默尔曼（Rainer and Zimmermannx，2002）等认为盈利模式是企业为了进行价值创造、研究收入流的问题；阿富埃和图奇（Afuah and Tucci，2001）认为盈利模式是企业运作的秩序和依据，企业依据它建立，依据它使用内部的资源、超越竞争者以及向用户提供更大的价值并获取利润。部分国内学者将盈利模式与赚钱直接等同，并将价值创造和收入获取作为研究盈利模式的核心。他们不仅关注企业外部的收入来源和价值获取方式，也强调将企业的内部管理机制整合到盈利模式的分析框架中，以全面理解企业如何实现盈利。盈利模式是对企业经营要素进行价值识别和管理，在其中找到盈利机会，探求企业利润来源、生成过程和产出方式的系统方法（陈冠声，2016），具体指企业的收支来源与收支方式及其相应的结构，也就是企业如何获得收入、分配成本、赚取利润。盈利模式是在给定系统中各业务活动所有权和业务活动结构已确定的前提下，利益相关者利益分配格局中焦点企业利益的表现（魏炜和朱武祥，2009）。

综上所述，盈利模式可以从狭义和广义两个层面来理解。狭义上，它侧重于利润生成的具体策略和产品设计，例如网站通过广告、短信服务、内容付费、在线商店、咨询服务、中介业务和空间租赁等多种方式来实现收益。这些模式通常基于回答"网站如何赚钱"这一问题来定义。广义上，盈利模式则强调其在战略层面的重要性，核心在于利益的产生和运作机制。鉴于企业经常面临各种挑战，精心选择和设计盈利模式对于确保企业安全并实现预期利润至关重要。企业的存在本质上是为了获利，其资源配置、制度安排和文化建设均以利益机制为中心。盈利模式涉及收益的来源、获取方式及其去向。

总体而言，盈利模式是企业基于环境适配性和价值网络结构，通过动态计价规则与多边分配机制实现价值捕获的系统。其有效性取决于：环境扫描能力、资源整合效率、价值网络治理、创新重构弹性和伦理分配合理性。简言之，盈利模式就是企业"如何赚钱 + 如何分钱"的系统设计。如果把企业比作餐厅，那么，商业模式 = 菜系定位（做川菜还是西餐），盈利模式 = 定价套餐（198 元自助餐 vs 598 元私房菜）+ 分钱规则（厨师/服务员/外卖平台等分成）。餐厅能否持续赚钱，就看套餐是否受欢迎、顾客是否接受定价、参与者分钱是否公平。

值得强调的是，高段位经营者的厉害之处在于："他们心思缜密，比别人想得多、想得深，不但能想明白自己怎么赚钱，还能想清楚怎么让别人也赚到钱，以此确保商业共生体中所有合作方的多赢，从而维持共生体的稳定性、活力与可持续性。"[1]

---

① 周宏骐. 生意的本质 [M]. 北京：机械工业出版社，2024：265.

## 二、盈利模式的特征

【思考】盈利模式的基本特征是什么？盈利模式与商业模式有何不同？

盈利模式的基本特征包括系统性、独特性、相关性、效率性和动态性五个方面。

第一，系统性。它由多个相互关联的组成部分构成，这些部分相互支持并协同作用，形成一个有效的整体。盈利模式包含四个基本要素（见本章第二节），覆盖了企业运营的各个方面。企业要想成功实施盈利模式，还需要具备相应的资源和条件。

第二，独特性。一个有效的盈利模式通常包含创新的思想、产品或服务的独特组合，能够为客户提供额外价值或更高的性价比。模仿他人的盈利模式而不能及时适应环境变化进行优化的企业，很难在激烈的市场竞争中生存。只有那些拥有独特盈利模式的企业，才能在不断变化的市场环境中持续发展。

第三，相关性。强调盈利模式应以客户需求为核心，体现企业的核心能力。盈利模式的构建需要依托于能够为顾客创造必要价值的核心能力。满足客户需求是盈利模式设计的基础，无论是商业模式、运营模式、生产模式还是企业战略，都应从客户需求出发，以求得企业的长期生存。

第四，效率性。关注的是盈利模式中资源的利用效率。一个高效的盈利模式意味着企业能够以较低的投入获得较高的产出。这里的资源包括企业投入的所有形式，如人力、财力、物力以及时间。

第五，动态性。一成不变的盈利模式是不现实的。作为价值获取途径，今天还是盈利模式，明天就可能变成无利可图。企业要随着客户的需求和市场的变化不断找寻新的盈利模式。客户需求是根本，市场环境是条件，盈利模式的设计必须根据市场的宏观环境、微观环境、竞争状况等条件来进行。

# 第二节  盈利模式的设计

企业的盈利模式设计存在着很大的差别，有的企业基于现有模式加以改进，有的企业致力于颠覆现有的模式进行根本性重构，但无论是什么样的创新形式，企业都需要考虑一些共性的因素，同时遵循一定的规律。

## 一、盈利模式设计的原则

【思考】盈利模式设计的原则有哪些？盈利模式设计要考虑哪些因素？

在市场竞争日益激烈的今天，为了获得利润，企业必须选择一个适合自己的盈利模式，而成功的盈利模式必须能够体现企业的独特性。因此，盈利模式设计要遵循以下原则。

第一，理性原则。在设计盈利模式时，必须基于企业的实际内外部环境、资源状况和运营能力，进行客观和科学的评估。这种实事求是的态度为企业提供了坚实的决策和管理基础，确保盈利优势建立在客观理性的基础之上。因此，遵循客观规律和尊重企业的发展现状对于构建适应企业当前和未来发展的盈利模式至关重要。

第二，适应性原则。盈利模式应与企业所处的环境相匹配。这意味着需要对企业的内外部环境进行全面的系统分析，以确保盈利模式能够适应这些环境的变化。

第三，可行性原则。盈利模式必须切实可行。在设计时，必须全面评估实施后可能面临的风险和收益，基于可行性分析，通过实地调研和预测，严格按照设计程序执行。盈利模式应确保能够实现预期的盈利效果，这样的模式才能被认为是有效运行的。

第四，独特性原则。创业企业的盈利模式应该根据企业所在行业、市场环境和企业内部环境来设计，充分考虑各种因素，建立符合企业自身条件的盈利模式，不能简单地照抄照搬别人的模式。

## 二、盈利模式设计的流程

【思考】盈利模式设计的流程是什么？如何确定利润点和利润源设计的优先级？为什么？

盈利模式设计的流程包括四个步骤，也可以说是构建盈利模式的四要素。

### （一）利润点设计

利润点是指企业能够获取利润的产品或服务，这些产品或服务能够满足目标客户的需求，为企业创造价值。利润点解决的是向用户提供什么样的价值，包括通过客户一次性支付获得收入，以及满足了客户的长期价值而获得持续性的收入。一般来说，利润点可以分为四个层次（见图6-1），包括核心及基础利润点、期望利润点、附加利润点、升级利润点。

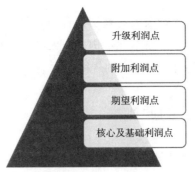

升级利润点

附加利润点

期望利润点

核心及基础利润点

图6-1　商业模式利润点设计的四个层次

在对企业的利润点进行设计的时候，除了分清楚企业的各个利润点及其层次之外，还应该首先根据顾客的需求对产品进行定位，以便产品在市场上树立自身特色，塑造品牌形象。在明确企业在产业价值链中所处的位置和企业竞争状况的基础上，确定企业应该生产什么产品或服务。对企业进行定义并确立使命和宗旨，确定近期的经营范围、提供的产品和服务、市场区域以及长远的发展预期。对盈利点的设计不仅要描绘企业近期的"我要干什么"，还要提出"我们以后想干什么"的远景目标，并以此吸引对企业至关重要的目标客户。利润点的说明不但要保证足以让客户明白能够获得的价值，而且应该适度宽泛，足以使企业有创造性的成长空间。盈利模式的创新者不应受制于狭窄的自我界定，理想的设计应该以顾客需求为基础来定义企业经营业务，并且还应该预留出业务拓展的空间。同时企业还应该区别于其他企业，只有与众不同，才有竞争力。企业要想持续获得利润，保持和培育企业利润点的差异性非常重要。例如，特斯拉能源墙（Powerwall）的差异化设计，通过"一体化＋模块化＋家居美学"三条主线，把储能产品做成了"可挂墙的家居艺术品"，在功能、容量、外观、安装四条赛道同时拉开差距，形成难以复制的用户体验护城河。

### （二）利润源设计

利润源是指企业的收入来源，即从哪些渠道获取利润。利润源解决的是收入来源有哪些，包括商品或服务的购买者和使用者群体，利润源聚焦的是企业的目标市场。比较而言，利润点是企业的核心能力，通过提供有价值的产品或服务来吸引和留住客户。而利润源则是企业实现盈利的基础，通过不同的收入来源确保企业的持续盈利。实践中，要根据企业可以提供的基于客户需求的利润点，选择合适的目标客户群体，以确保企业既能有效地为之服务又能最大限度地获取客户价值。因为对于任何企业而言，由于自身资源的有限性，要吸引所有的顾客是一件不可能实现的事情。企业对客户进行有效细分，其目的也是将企业的有限资源精准地分配到最需要的领域。

企业对客户群体进行细分的过程也是一个从大到小的选择过程。依据范围从大到小，可以把利润源划分为四个层次（见图6-2）：大众化层次、细分层次、补缺层次、个别化层次。其中，大众化层次是指所有的客户都用同一种规格的产品。一般情况下只有实力雄厚的企业才能够把市场定位于大众化这一层次。但在市场日益分裂的今天，越来越多的企业正放弃大众化，转而瞄准日趋微观的细分层次，专注于某一群体的市场建设。细分层次是介于大众化层次和个别化之间的中间群体层，这种细分能够使企业更加精准地调动资源，更准确地设计企业的市场营销组合。补缺层次是更狭窄地确定某些群体，将细分市场进行二次细分，专注于市场上那些被忽略的市场空缺，由于能够弥补市场未被满足的需要，因此，目标客户愿意付出更高的溢价。个别化层次是细分到个人的、一对一的定制营销。当企业确定好细分市场后，需要考虑客户特征和客户反应。客户特征包括人口统计、地理、心理等因素；客户反应包括客户利益、客户使用时机、客户使用率、客户忠诚度等。

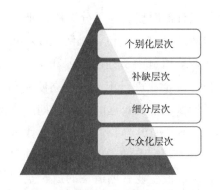

图 6 - 2　商业模式利润源设计的四个层次

### （三）利润杠杆设计

利润杠杆就是企业为客户创造价值的一系列杠杆活动。杠杆活动是企业各种资源和战略相匹配的过程，也是对一系列关系的整合。对于特定企业所面临的众多关系，主要包括企业自身、顾客、渠道、商业生态系统诸力量、产业生态系统诸力量等。由于涉及方方面面的关系，因此，利润杠杆的设计是一个复杂的活动，它包括价值链设计、渠道设计、终端客户管理、价值网络建设等内容。如何在复杂且迅速变化的市场竞争环境中发现具有高度隐蔽性的利润杠杆，如何预测哪些利润杠杆能够确立企业在市场中的竞争优势，以及将来会是何种模式组合取代现有的杠杆活动，是一个值得我们认真思考的问题。对于这个问题，企业可以通过画出如图 6 - 3 所示的行业战略蓝图来分析确定哪些利润杠杆可以给企业带来竞争优势，哪些杠杆可以增加顾客价值，而哪些又是不必要或者是无益的杠杆活动。在此基础上，企业就可以专注于那些可以给企业带来竞争优势的价值活动，摒弃或者外包那些不必要的或者是无益的利润杠杆。行业战略蓝图由所有主要参与者和不断发生的事件组成，正是这些行业参与者和市场行为决定了企业的利润杠杆模式。

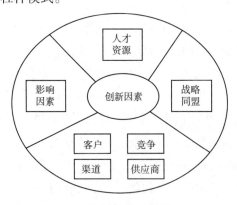

图 6 - 3　行业战略蓝图

资料来源：胡健. 企业战略差异、分析师关注与经营业绩波动性［D］. 南昌：江西财经大学，2021.

预测行业中能够把握未来发展机会的杠杆模式，需要超越现有的市场份额、现有的资本层面，以发展的眼光看待现有的各种市场环境。同时还应该认识到，利润杠杆不是凭空产生，也不是一成不变的，它会随着行业基本状况以一定的速度向特定的方向发展，若条件成熟，新的杠杆模式就会取代旧的杠杆模式成为企业活动的一部分。

### （四）利润屏障设计

利润屏障是企业为保护其利润而采用的策略选择。它能给企业带来竞争优势，使企业在行业内处于最佳定位。现有竞争对手的竞争、替代品生产者、潜在的进入者、供应商和买方这五种作用力共同决定行业竞争强度以及行业的盈利水平。利润屏障是企业核心能力的体现，是能够有效抗击五种竞争力的能力，强大的利润屏障甚至可以根据自己的意愿来影响这五种竞争力。利润屏障的设计需要企业具有持久的竞争力，不但要求其在市场中具有竞争优势，而且还要让这种竞争优势具有持久性。

一般情况下，企业的盈利屏障有四种表现，因此，其设计也可以从四个方面进行。其一，一个能给客户带来差异化产品或服务的价值品牌。品牌的力量，毋庸置疑。如果企业拥有一个成功的品牌，那么它就能拥有比较高的客户知名度、信任度和忠诚度，从而很好地把竞争者区分开来，占领客户心智，形成利润屏障。其二，一种具有锁定客户功能的业务。这种业务可以同时锁定客户和价值。而且，由独一无二的服务所提供的产品，在锁定客户的同时还会提高客户的转换成本，形成转换壁垒。例如，微信以"超级 App + 小程序矩阵"实现了从社交到交易、从 C 端到 B 端的再中心化，既锁定用户注意力，又锁定商家生态，构筑出难以复制的数字利维坦。其三，一张由供应商、合作伙伴、客户编织相对牢固的价值网络，可以产生一种战略控制力。因为利益相互关联，相对难以被轻易打破。其四，拥有新的产品或技术并率先进入市场，是一种有效的成长模式与差异化战略。比如 Intel 公司，其技术领先战略使得其在电脑芯片市场上始终处于领导地位。再如，台积电先进制程通过"稀缺产能 + 极致能效"双重护城河实现技术溢价，其定价权与毛利率得以持续提升。可以说，台积电把"纳米"卖成了"奢侈品"——越先进、越稀缺，越昂贵。

📖 **专栏6.1【商业模式实践】** ┈┈┈┈┈┈┈┈┈┈┈┈┈┈┈┈┈┈┈┈┈┈┈┈┈┈┈

### 光明乳业盈利模式分析

关于光明乳业盈利模式设计与运用的分析如表 6 - 1 所示。

表 6 – 1                                            光明乳业盈利模式分析

| 要素 | 定义 | 分析 |
|---|---|---|
| 利润点 | 利润点是指企业能够获取利润的产品或服务，体现企业核心能力 | 光明乳业匠心铸造"鲜"品质，不断推动产品多元化创新迭代，着力打造五大利润点：一是优倍浓醇4.0克蛋白高品质鲜牛奶，带来更多鲜活营养；二是莫斯利安推出蓝莓酪酪风味及黄桃风味新品；三是与英雄联盟联名，推出星之守护者爆珠酸奶；四是优倍浓醇高钙奶酪棒，特别添加光明乳业专利植物乳杆菌ST - Ⅲ；五是光明谷风系列雪糕、一品咖啡棒冰等产品，用高品质缔造凉爽美味 |
| 利润源 | 利润源是指企业的收入来源，即从哪些渠道获取利润 | 一是按产品划分为液态奶、其他乳制品、牧业产品、其他产品，2022 年分别实现营业收入 160.91 亿元、80.00 亿元、26.41 亿元、11.10 亿元，可见液态奶是其主要的利润源。二是按销售模式划分为直营销售、经销商销售、其他销售三种。其中，直营销售实现营业收入 71.70 亿元，毛利率 33.21%；经销商销售实现营业收入 205.28 亿元，毛利率 13.84%。可见直营销售和经销商销售是其主要的利润源 |
| 利润杠杆 | 企业为客户创造价值的一系列杠杆活动，反映了企业的一部分投入情况 | 公司拥有供应稳定、质量优良的原料奶基地，旗下有 4 家牧场被评定。一是打造全国农垦标杆牧场。10 家牧场通过 GAP 认证，6 家牧场通过 ISO9001 质量管理体系认证，2 家牧场通过 SQF 认证，2 家牧场通过 GGAP 认证体系认证。二是拥有乳业生物科技国家重点实验室、多项发明专利技术、先进的乳品加工工艺、技术和设备、国家驰名商标"光明""莫斯利安"等一系列较高知名度的品牌。三是拥有丰富的市场和渠道经验、先进的全程冷链保鲜系统。四是在新西兰拥有优质、稳定、可靠的生产基地，其产品远销世界各地 |
| 利润屏障 | 企业为保护其利润而采用的策略选择，并能给企业带来竞争优势，使企业在行业内处于最佳定位 | 一是历史悠久的乳业品牌。拥有悠久的奶牛饲养历史，深耕华东地区奶源布局，持续提升牧场养殖水平，成年乳牛年均单产达 11 吨，乳牛健康水平及生鲜乳质量进一步提高，下属多个牧场获评"现代奶业评价定级 S 级奶牛场"。公司致力于打造更经典、更时尚的光明品牌，产品创新迭代，赋能品牌新鲜活力。二是客户关系管理平台。公司持续推广 CRM 管理平台，不断优化，实现费用可控、精准营销的全闭环渠道管理体系，为长远发展奠定坚实基础。三是线上线下一体化渠道。公司依托全产业链优势，把握短视频和社交电商等线上新零售、新业态渠道发展机遇，推动线上线下渠道的一体化融合发展。四是稳健发展的海外业务。2022 年，海外业务盈利能力逐步提升，新西兰新莱特全年实现营业收入 69.21 亿元，实现扭亏为盈。通过多元化的产品组合和客户组合，不断为跨国客户提供优质的产品和服务 |

资料来源：参见崔会娟，刘春苗. 光明乳业盈利模式分析研究［J］. 商场现代化，2024（7）：9 – 11.

# 三、盈利来源的结构设计与分析矩阵

【思考】盈利来源的结构设计有哪些类型，其优先级如何确定？价值交换的机制设计又有哪些类型，其优先级如何确定？为什么？

盈利设计是价值网络的动力引擎,同步解决盈利来源(钱从哪来)与计价规则(如何分配)的双重命题,前者决定价值捕获半径,后者定义价值分配效率。盈利来源设计和价值交换机制设计都是盈利模式的核心内容,其中,价值交换机制设计(定价策略)不仅属于商业模式范畴,更属于营销范畴,稻盛和夫(1983)甚至认为"定价即经营"。

### (一)盈利来源的结构化设计

盈利来源的本质是价值势能差的识别——通过业务纵深扩展创造服务深度差,通过资源货币化构建能力稀缺差,通过多边闭环形成生态位差。

1. 业务纵深扩展。这一策略的本质是沿客户价值链深化服务触点,从卖产品逐步转向卖解决方案。例如西门子从卖医疗设备转向提供智慧医院运营方案(设备免费 + 服务收费)。

2. 资源能力货币化。这一策略的本质是将闲置资源转化为可交易的稀缺性标的,构建边际成本趋零的收益源。例如亚马逊 AWS 通过开放电商基础设施能力,促使算力服务收入占比超 70%。

3. 利益闭环构建。这一策略的本质是设计跨主体的多边价值交换网络,让被补贴方成为付费方的生产资料。例如,《中国好声音》的免费观众实为吸引广告主的核心生产资料,其构建的四方盈利模型为:观众(免费观看),广告主(加多宝赞助),运营商(移动彩铃分成),制作方(IP 衍生收益)。

### (二)价值交换的机制设计

价值交换机制是商业系统的博弈规则引擎,通过设计基础计价策略以定义价值度量标尺,通过设计组合计价策略以实现价值流动的帕累托改进,最终将静态交易转化为持续进化的共生契约。例如,新近出现的区块链自动分成模式就具有自动分配价值、增进各参与方信任的功能,它的原理是把既定规则写进链上代码,一旦触发条件就按比例即时清算,相当于把"事后对账"升级为"事前编程",让每一笔价值流动都自带"智能分账器",其奥妙在于实时、透明、不可篡改、零人工干预。

1. 基础计价策略。基础计价是价值交换的度量衡革命,这一策略包括四个维度,即用资格门槛筛选用户价值密度,用行为计量锚定使用价值,用时间占有锁定机会成本,用价值分成共享进化红利,这四个维度共同构建交易秩序的底层算法。相应地,基础计价策略包括资格门槛、行为计量、时间占有和价值分成四个类型,其计费逻辑与本质特征如表 6 - 2 所示。以云计算按时计费为例,其本质是一种动态定价策略,通过弹性定价把"用多少、付多少"升级为"何时用、何时付",让云成本像水电一样可伸缩、可预算、可优化。

表6-2                    基础计价策略的计费逻辑与本质特征

| 类型 | 计费逻辑 | 本质特征 | 典型案例 |
|---|---|---|---|
| 进场费 | 资格门槛 | 为选择权定价 | Costco 会员费（低价准入权） |
| 过路费 | 行为计量 | 为价值消耗定价 | 谷歌广告按点击付费、投币洗衣机 |
| 停车费 | 时间占有 | 为机会成本定价 | 云计算按时计费（数字生存权租赁） |
| 分享费 | 价值分成 | 为未来收益定价 | 加盟费、风投分成（超额收益共享） |

值得注意的是，尽管商业模式的基础计价策略会受到经济学原理的经典理论——供求规律的影响，不过，经济学开山鼻祖亚当·斯密却认为，需求增长从长期看会抑制价格。因此，盈利模式设计需要着眼长远，分阶段确定差异化价格。这就要求设计者时刻保持头脑清醒，不过，这绝非易事。

## 📖 专栏6.2【名家观点】 ----------------------------------------

### 亚当·斯密：需求增长从长期看会抑制价格

需求的增长，虽然在一开始会抬高商品的价格，但从长期来看，这一定会对价格形成抑制。首先，需求将鼓励生产，从而加剧生产者直接的竞争，而生产者为了战胜竞争对手，会想尽办法引入新的分工方式和工艺优化。而如果没有需求的增长，这些制度和技术的进步很可能不会发生。

资料来源：参见亚当·斯密. 国富论［M］. 郭大力，王亚南，译. 北京：商务印书馆，2023：112-128.

2. 组合计价策略。组合计价是价值网络的重组手术，它通过拆解传统定价单元，将离散价值点重构为动态平衡系统，在产品模块、客户群体、时空维度之间制造套利熵减，实现整体价值捕获的指数级增值。相应地，组合计价策略包括产品组合、客户组合和时空组合三个类型。其中，产品组合用互补品绑定提升迁移成本（如吉列剃须刀＋刀片模式），客户组合用群体套利激活网络效应（如微信企业认证补贴个人用户），时空组合用长尾聚合突破物理限制（如亚马逊小众书库）。组合计价策略的熵减机制和增值逻辑如表6-3所示。

表6-3                    组合计价策略的熵减机制和增值逻辑

| 类型 | 熵减机制 | 增值逻辑 | 典型案例 |
|---|---|---|---|
| 产品组合 | 绑定互补品锁定客户生命周期，消除选择摩擦 | 客户生命周期价值最大化 | 剃须刀－刀片模式（设备低价＋耗材高价）；反剃须刀－刀片模式（设备高价＋耗材低价，如 iPhone + Apple Care 延长收益周期）；两部制（进场费＋过路费，如打印机模式：设备费＋硒鼓按页计费）；解决方案捆绑（硬件＋软件＋服务打包，如 IBM 智慧城市总包方案）；货架租用（展示位租金＋销售分成，如超市收取品牌商上架费） |

续表

| 类型 | 熵减机制 | 增值逻辑 | 典型案例 |
|------|---------|---------|---------|
| 客户组合 | 价值转移支付平衡效用差 | 网络效应激活沉睡需求 | 交叉补贴（VIP 补贴免费用户，如 B 站大会员补贴 UP 主创作生态） |
| 时空组合 | 聚合碎片需求突破物理极限 | 长尾市场边际收益递增；时空错配定价 | 长尾计价（聚合 80% 低利润需求：亚马逊聚合小众图书，月费制覆盖长尾读者；TikTok 广告联盟，聚合中小商家精准投放）；分时套利（如迪士尼高峰日票价溢价 50%） |

## 四、盈利模式的创新设计

【思考】常见的盈利模式有哪些类型？盈利模式的转型升级有哪些方式？

### （一）盈利模式的常见分类

盈利模式是以利益相关者划分的收入结构和成本结构，是企业利益相关者之间的利益分配格局中企业利益的表现。盈利模式包括盈利的来源和计价的方式。同样一个产品，盈利来源有很多种。例如，纺纱机，直接让渡产品的所有权，也就是把纺纱机卖掉，这是传统的销售；只让渡产品的使用权，企业仍然保有所有权，也就是把纺纱机租出去，收取租金，这是租赁；销售产品生产出来的产品，也就是为纺纱机构建生产线，销售生产出来的纱线；作为投资工具，也就是在生产纱线的同时，把纺纱机打包卖给固定收益基金，企业得到流动资金，基金公司获得一个有固定收益的证券化资产包。计价的方式也有很多，仍然以纺纱机为例：销售时以台为计价方式；租赁时以时间为计价方式；投资时则把其整个收益分为固定收益和剩余收益两部分，以价值为计价方式。

一台复印效果更好、造价更高的复印机该如何商业化？新款复印机和老式复印机针对的是同一个需求——复印资料。按照老式复印机的定位，其满足客户需求的方式是直销复印机，其交易价值就是复印机的市场容量；如果采取另一种定位，其满足方式则变成复印机租赁、复印张数另外计费，其交易价值变成客户持续复印活动的市场容量，这里面既包括老式复印机的基础复印需求，也包括新定位所带来的额外频繁复印活动。施乐公司正是这样重新审视和主动转变了满足客户复印需求的方式，才成为伟大的企业之一。

企业的利益相关者可以是产业价值链上的合作伙伴和竞争对手。例如，研发机构、制造商、供应商（又分为零部件、元器件、组件、设备等不同层级的供应商）、渠道力量、地产资源提供者等；还可以是企业内部的员工、管理者、股东等。如何设计与这些利益相关者的交易内容与交易方式，是企业运营的第一要务。

关于盈利模式，纷繁芜杂、形形色色的说法很多，但大道至简，回到价值的本源层面就会发现，盈利模式其实很简单。在商业模式中，交易方式和盈利模式既相伴相生又相互独立，交易方式解决怎么卖的问题，盈利模式研究卖什么的问题，也就是企业生产出来的产品和服务，到底以何种价值形态销售出去。盈利模式问题之所以会产生，是因为在商业社会中，同样的产品或服务，物理属性虽然完全相同，但在交易中的价值形态却有可能大相径庭。譬如一辆汽车，既可以当作产品卖，也可以当作服务卖；既可以当作艺术品卖，也可以当作赚钱的工具卖；其背后所对应的价值形态显然是不同的，从物质商品价值（有载体的劳动价值）、直接的劳动价值、精神文化价值到资本价值，由此导致交易价格也大不相同。事实上，在商海中摸爬滚打实践出来的企业家更加具有洞察力，对此做过总结："一流的企业卖标准，二流的企业卖品牌，三流的企业卖产品"或"一流的企业卖标准，二流的企业卖专利，三流的企业卖服务，四流的企业卖产品"。将这些观点整合起来，便得到盈利模式的五大类型（见表6-4），即卖产品、卖服务、卖文化、卖投资和卖资质。

表6-4　　　　　　　　　　传统企业五大盈利模式

| 盈利模式 | 价值基础 | 说法 | 示例 |
|---|---|---|---|
| 卖资质 | 话语权价值 | 一流企业卖标准 | 标准认证费、入场费、加盟费、手机月租费、银行卡年费 |
| 卖投资 | 资本价值 | 二流企业卖专利 | 专利费、版权费、知识产权、股权、期权 |
| 卖文化 | 精神文化价值 | 三流企业卖文化 | 品牌、工业设计、文化艺术创意 |
| 卖服务 | 直接的劳动价值 | 四流企业卖服务 | 按次：过路费、手机短信<br>按量：油费、手机数据<br>按时间：停车费、手机通话时间<br>按比例：佣金、扣点<br>包干制：会员费 |
| 卖产品 | 凝结的劳动价值 | 五流企业卖产品 | 价差、利差、汇差 |

这种分类既来自对实践经验的总结，也与价值形态的历史演进趋势、商业社会的历史发展趋势相吻合。商品经济从初级阶段到中级阶段，再到高级阶段，其实正是以物质商品价值、精神文化价值和资本价值依次在社会交易总量中分别占据主导地位来划分的。

需要指出的是，曾经有学者将盈利模式归纳为入场费、过路费、加油费、停车费。这种概括，其实仅仅概括了卖服务的不同卖法，而非盈利模式的全部。譬如中国移动作为电信运营商，采用组合式盈利模式，既有各种服务的售卖，包括短信服务按次数售卖（即所谓的过路费）、数据服务按流量收费（即所谓的加油费）、通话服务按时长收费（即所谓的停车费）。但除此之外，还有卖产品（如定制手机）、卖服务（如手机移动增值业务服务提供商端口费）、卖资质（如手机月租费，打不打都要交钱）。由此可见，仅仅用过路费、加油费、停车费来说明中国移动的盈利模式是不够全面的。

此外，还需指出的是，卖服务中的包干制，与卖资质中的入场费全然不同。前者将服务打包，有限次或无限次享用；后者不包含任何服务，只是提供了进一步购买产品、服务或投资的资格。

盈利模式设计就是从企业所处价值链出发，为其产品和服务构建合适的价值交易形态，以实现更均衡的收益。之所以特别强调价值链路，是因为不能将盈利模式设计看作是单个企业的事情，如果下游不接受，上游不支持，相关方不配合，盈利模式设计得再巧也是枉然。总之，盈利模式设计的最高境界，是让所有参与者都感受到"被公平对待"甚至"占到便宜"。这是高段位经营者的智慧体现。

### （二）盈利模式的转型升级

盈利模式设计通常是与交易方式设计同步考虑的。作为内容和形式，盈利模式改变，交易方式往往也发生变化；而交易方式改变，盈利模式却有可能保持不变。盈利模式是否改变，主要是看产品或服务在交易中是否发生了价值形态转换。这种转换，一般是向上升级的。

1. 盈利模式的转型升级1：从卖产品转向卖服务。米其林是世界轮胎制造业的领导者，之前都是卖产品，也就是卖轮胎。后来，针对大型运输车队，米其林不再卖产品，改为卖服务，即为车队设计轮胎托管服务方案，并全面接管客户与轮胎相关的一切事宜，包括轮胎选型、胎压管理、定期维护和专业保养等，这些措施大大降低了客户的轮胎使用成本和燃油消耗。剩下的事情就是按照千米数每月向客户收取服务费，同时根据共享价值条款，车队节约物流成本的一半，也进了米其林的口袋。盈利模式改变不仅为米其林带来了丰厚回报，还让公司和客户建立起更加紧密的联系。许多跨国运输公司在进入一个新的市场时，都会把米其林作为其轮胎业务的首选合作伙伴。

2. 盈利模式的转型升级2：从卖产品转向卖文化。在食品安全问题频发的背景下，一家企业曾试图通过开设进口食品专卖店来满足市场需求，主营休闲食品和生活食品。然而，由于价格高昂，且缺乏价格优势，顾客的持续性购买意愿并不强。意识到单纯销售产品难以为继，这家企业决定转型升级其盈利模式，从单纯卖产品转向卖文化。受到星巴克等品牌成功的启发，企业认识到消费者购买的不只是商品本身，更是一种体验和文化。因此，该企业开始以英式维多利亚下午茶文化为卖点，将店铺改造成提供消费服务、文化体验的场所，特别是为女性顾客提供了购物后休憩和社交的空间。店内不仅提供现场享用的进口食品，还出售精心组合的下午茶套装，让顾客在店也能体验到英伦风情和优雅生活方式。通过这种转型，企业不再仅仅依赖产品的销售，而是通过提供独特的文化体验来吸引顾客，从而提高了顾客的忠诚度和购买频率，实现了盈利模式的成功升级。

3. 盈利模式的转型升级3：从卖产品转向卖投资。怎么把手机卖给孟加拉国的穷人？这一群体不光买不起手机，话费每分钟2塔卡，他们也用不起，免费给他们也不要。而且正因为经济收入水平低，对通信的需求并不高，许多家庭一个月也就只需要打几次电话而已。怎么卖？孟加拉国的伊卡柏·卡迪尔（Iqbal Quadir）与著名的穆罕默德·尤努斯（Muhammad Yunus）合作创办了格莱珉电信，将卖产品转为卖服务，彻底破解了这一难题。其做法是：招募大量的农村贫困妇女，通过格莱珉银行向她们发放小额贷款用于购买手机并成为"电话女士"。然后，格莱珉电信与电信运营商协商，以每分钟 0.4 塔卡的低廉价格，大批量购买通话时长，再以每分钟 0.6 塔卡的价格卖给这些"电话女士"，由她们将手机作为公用电话，为村里的乡亲们提供通信服务，费用是每分钟 2 塔卡，并以此来养家糊口。如今，孟加拉国已有 25 万名"电话女士"，为 1 亿农民提供公用手机服务，格莱珉电信每年的营收超过 10 亿美元。

盈利模式的转型升级，还有其他的路径和方式，在此不再一一赘述。

### （三）基于第三方的盈利模式优化

基于第三方的盈利模式优化是一种有效策略，它通过将成本转移给第三方或从第三方获取收益来改善企业的财务状况。例如，申通快递通过将快递文件袋作为广告载体，成功将部分成本转嫁给了广告主，同时为直接客户降低了费用。物业公司面对成本上升的压力，通过提供增值服务和利用员工的碎片化时间进行配送服务，从第三方获取额外收入。淘宝通过聚集大量用户流量，能够向第三方（如广告主）收取费用，同时为用户提供免费的购物平台。360 杀毒通过提供免费的杀毒服务吸引大量用户，然后通过网络广告和增值业务来实现盈利。360 通过创新盈利模式颠覆了整个行业。

实践中，需要注意以下几点：盈利模式优化是在已有的价值交易形态和盈利模式确定的前提下进行的；企业可以通过增加或减少交易主体、调整交易流程、延长应付周期、创造新的计价方式等手法来增加收入和降低成本；并非所有免费模式都是由第三方支付，有些是通过扣取收益、批零差价或交叉销售等其他方式从客户身上获得收益。

例如，被喻为"猪鬃出在猪尾上"的交叉销售盈利模式，通过低价或者免费获得客户，再从客户身上赚取其他的收益。一家市政工程公司就曾在宏观经济下行、地方财政吃紧、自身业务萎缩的情况下，借助该模式成功拓展业务。该公司经过认真分析，发现某地方政府的现金流虽然有些偏紧，但并不缺资产，其以往建成的一些项目如景区、观光码头、政府接待酒店等也因为经营体制等方面的原因，利用率不高，如果能够有效地利用，支付工程款不是问题。根据这一分析，公司确定了"猪鬃出在猪尾上"的盈利模式（见表 6-5），即 BOT：基于地方财政资金紧张的现状，垫资建设市政工程并移交给政府，换取政府其他资产的经营权和收益权，再委托给第三方专业机构运营，以其收益或现金流进行资产证券化，从而在保证企业收益的同时，实现政府财政资金的少投入或不投入。

**表 6 – 5** "猪鬃出在猪尾上"模式

| 搜寻政府资源 | | 资源变现路径 |
|---|---|---|
| 土地资源<br>景区资源<br>矿产资源<br>林业资源<br>沙河资源<br>水资源<br>码头资源<br>广告资源<br>商铺资源<br>停车场资源 | 酒店运营权<br>医院运营权<br>市政运营权<br>公共场所经营权<br>收费运营权<br>三旧改造<br>国企改制<br>税费减免<br>租赁权出让<br>合作开发 | 银行抵押贷款<br>资产包转卖转包<br>资产证券化（投资基金、信托基金、银行理财、券商、私募、众筹、VC、个人间小额借贷）<br>自运营，自开发<br>联合开发（混合制）<br>应收账款置换、冲抵<br>收购、兼并、参股、控股<br>注入上市公司 |

值得注意的是，基于第三方的盈利模式优化是在价值交易形态和盈利模式已经确定的前提下所进行的优化，因此需要谨慎进行。简言之，条件具备可以优化，没有条件不能胡来。盈利模式的具体优化方式可以参考表 6 –6 进行操作。

**表 6 – 6** 盈利模式的优化方向

| 成本承担 | 直接顾客买单 | 直接顾客 + 第三方买单 | 第三方买单 |
|---|---|---|---|
| 企业自己承担 | PM1 | PM2 | PM3 |
| 企业和第三方分担 | PM4 | PM5 | PM6 |
| 第三方承担 | PM7 | PM8 | PM9 |
| 零可变成本 | PM10 | PM11 | PM12 |

注：PM 是盈利模式（profit model）的简写。

资料来源：魏炜，李飞，朱武祥. 商业模式学原理［M］. 北京：北京大学出版社，2020：128.

总之，盈利模式聚焦的是增加收入、降低成本。方式上有各种实现手法：通过增加或减少交易主体，拉长或缩短交易流程，延长应付周期、缩短应收周期，跳出原有赛道，创造新的计价方式，等等。

# 第三节 盈利模式的实施、评价、整合管理

## 一、盈利模式的实施

【思考】盈利模式的实施要考虑哪些因素？

检验真理的唯一标准就是实践。同理，要检验一个盈利模式是否适合企业，最好的方法就是看其付诸实施之后的效果。盈利模式的实施过程实际上是一个工作细化、分配和执行的过程，因此，其主要涉及管理制度和营销策略的选择。

第一，在采购层面，企业是选择供应商临时性的合作还是和供应商建立长久的战略合作关系。第二，在生产制造方面，是选择自己制造还是外包。第三，在产品、技术开发方面，是选择自己开发还是外购。第四，在销售制度方面，是选择直销、分销还是特许加盟。如果选择直销，那么是选择网络直销还是店面直销，或者是网络直销和店面直销相结合。第五，在组织机构层面，是选择机械式组织结构还是有机式组织结构。第六，在人员聘用方面，是选择最优秀人才还是选择低成本人才，在人员晋升方面是选择内部提拔还是"空降兵"形式。第七，在激励方面，是选择工资、奖金、福利、股权还是职务晋升制度。在实际操作中，不同的盈利模式有其相适应的操作选择，企业应该结合其资源条件、企业能力、战略来选择不同的具体实施方式。

## 二、盈利模式成功与否的评价标准

【思考】盈利模式成功与否的评价标准有哪些？如何运用这些标准？

在新的盈利模式建立后，我们需要对其实施的效果进行评价，对盈利模式的合理性、价值性作出正确的判断，然后根据反馈信息对盈利模式进行调整与改进。可见，建立一个系统的评价标准体系是十分必要的。实践中，对盈利模式的评价主要是从其盈利性、创新性、成长性、抗风险能力、运营能力以及匹配性等方面展开。

### （一）盈利性标准

盈利模式是对价值活动创造过程的凝结，当然是要追逐利益的。盈利模式设计的初衷就是为了获得更多的利润。如果一个精心设计的盈利模式不能给企业带来实际上的利益，那么，它就是没有用处的空架子。但是，盈利性不单单是看短期的盈利能力，更要注重长期的效益。盈利能力可以从经营盈利能力、资产盈利能力、所有者投资盈利能力、盈利的现金保障性、盈利的安全性等方面来考察。在财务指标上主要表现为销售净利率、盈余现金保障倍数和总资产报酬率等。

### （二）创新性标准

企业的盈利模式之所以能够成功，关键就在于其与竞争对手之间明显的差异性和独特的创新性。因此，是否具有创新性是企业盈利模式评价的核心标准。企业将自身的独特能力嵌入价值链，通过整合和优化的方式构建独特的价值网络，从而形成的盈利模式是竞争者难以模仿的。如果没有创新性，那么企业的盈利模式将是难以获得盈利的，或者不会持久地获利，在激烈的竞争中也会逐渐被淘汰。所以，创新性是评价企业盈利模式是否有效的最为核心的原则。

### （三）成长性标准

成功的盈利模式不仅能够适应当前的市场环境，还能够随着环境的不断变化而调整，具有长期的成长能力。企业获得了超额利润，满足企业不断发展壮大的需求，进行资本的再投资，来扩大企业的规模和边界。所以，成长性也是衡量企业盈利模式是否有长期发展空间的一个重要指标。成长能力可以从价值链的规模和水平、品牌和声誉、核心业务的发展能力等方面来考察，一般在财务指标上则表现为企业资产规模的扩大和经营领域的增加。实践中，可以评价企业成长能力的典型财务指标包括净资产增长率和利润增长率。

### （四）抗风险能力标准

企业构建一种盈利模式必定会伴随着相应的风险，这些风险可能来源于客户对于新盈利模式的担心，可能来源于合作伙伴对于新盈利模式的顾虑，还可能来源于竞争对手对新盈利模式的激烈对抗。因此，企业在对盈利模式进行评价时，应该考虑到相关的风险因素，并把各种因素给企业带来的不利影响考虑进去。实践中，定量评价风险的指标可以采用经营杠杆系数、财务杠杆系数和综合杠杆系数。

### （五）运营能力标准

营运能力是指企业对有限资源的配置和利用能力，可以用来判断企业经营管理水平和资源利用效率，也是评价管理者业绩的重要指标，通常用资产的周转速度来衡量。企业的资产周转速度与价值链的优化整合程度紧密相关，因为它体现了企业的资产在价值链各个环节是否能顺利周转的情况，只有顺利地通过各个经营环节，才能完成一次循环。所以，运营能力的指标不仅仅反映了企业盈利模式的运作水平，还反映了价值链优化的成功与否。我们可以用存货周转率、应收账款周转率和总资产周转率三个财务指标来衡量。

### （六）匹配性标准

盈利模式要与企业的战略目标相匹配，基于企业在市场竞争中的定位来打造的盈利模式才能符合企业发展的需要；盈利模式更要与客户需求相匹配，获得顾客满意度，才能成为企业获利的源泉；盈利模式还要与企业核心能力相匹配，这样才有利于充分发挥企业的竞争优势，何况价值链整合的方法也是以核心能力的充分发挥作为前提的。所以，各个方面的匹配性也是评价盈利模式是否有效的重要标准之一。

## 三、盈利模式的整合管理

【思考】为什么要对盈利模式进行整合管理？如何进行盈利模式的整合管理？

从对盈利模式基本特征的研究中，我们知道盈利模式具有系统性、依赖性、相关性、效率性和动态性等特征。盈利模式是企业商业模式中的核心要素，但是它并不能单独脱离企业其他要素而发生作用。同时，因为环境的变化，某个盈利模式也不可能永远适合某一个企业。鉴于盈利模式的各种特征以及盈利模式在企业中的各种关联，企业还应该对盈利模式进行适当的有意识的整合和管理。

对盈利模式进行整合，是因为任何一种盈利模式都有其局限性和负面性。盈利模式是企业核心能力的体现。例如，曾几何时，借助广告而实现的盈利模式大行其道，一度让电视台的广告费用水涨船高，以至于超过企业的承受能力，进而产生负面效应。盈利模式的整合包含着两个方面的内容：一个是多种盈利模式有机共存；另一个是盈利模式的转变和创新。

### （一）多种盈利模式有机共存

事实上，多数企业都是同时运用多种盈利模式而取得成功的，在这些盈利模式当中，通常有一种盈利模式起着主导作用。不过，企业要发展壮大，单靠一种盈利模式是难以取得成功的，主要原因如下：第一，每一种盈利模式都会或多或少地存在一些难以克服的缺陷，如果不对这种缺陷进行防范的话，随着企业的发展，终究有一天会给企业带来灭顶之灾。第二，由于外部环境的变化，盈利模式必须不断地进行调整。因此，多种盈利模式相互配合，构成体系，共同支撑企业，可以弥补主要盈利模式的不足，并中和主要盈利模式的缺陷。同时，不同的盈利模式还应该和不同的产业相结合。以万科为例，其主要是以专业化盈利模式为主，同时还向着品牌模式、客户解决方案模式发展；而 Intel 公司所采用的速度模式使得其在行业内始终居于头部地位。不同类型的行业、不同类型的企业适用于不同的盈利模式。星巴克采用的区域领先模式的成功在于其具有利润方面的优势；相反，若是不具有利润优势的企业运用区域领先模式，那只会适得其反，甚至加速企业的灭亡。当然，也有一些模式是可以适用于多种行业和多数企业的，比如客户解决方案模式、速度模式、品牌模式和独特产品模式。

### （二）盈利模式的转变和创新

盈利模式也并非一成不变，不同时期的不同模式都在相互转换。加强企业盈利模式创新是企业保持生命力的唯一途径，在变幻莫测的商业竞争中，企业必须随时调整自己的盈利模式。作为企业的经营者，应该坚持以发展的眼光看待企业的盈利模式。设计得再好的盈利模式也不可能是永恒不变的，必须根据企业自身资源条件、客户需求的变化，以及市场竞争形势的演变而作出调整和变化。企业可以采取适合企业自身的途径再造盈利模式，实现盈利模式的创新。对于绝大部分处于增长中的企业，通过量的改变，对原有盈利模式进行扩展是最简便可行的创新方式。企业可以在原有盈利模式的基础上增加回报、增加客户数量、调整价格、增加产品线和服务种类等。在不断变化的市场竞争环境下，始终与环境保持高度的适应性，提高企业的盈利能力。

企业还可以根据自身独特的资源、优势和能力，在其新开发的领域建立新的盈利模式，以实现价值增长。这需要企业非常清楚自己的优势和特长，并能够选择正确的战略发展方向。企业应该敢于变革、善于转型，不断创设新的盈利模式，保持高速增长的势头。有些时候，企业在相似或相关业务领域扩张时，用现成的手法向新市场推出新产品，完全可以参照成功的盈利模式进行复制。企业可以选择一个竞争者相对较少、进入门槛较高、竞争程度相对较低的行业领域，采用成功基因复制的方法再造新的盈利点，从而实现盈利模式创新。

盈利模式的转变和创新有何作用？第一，可以清楚总结公司经营的现状，这个现状不仅是指企业本身生意好坏，还要根据价值网络总结同行、上下游以及行业的经营情况。第二，当复盘完所有的利益相关者、交易主体以及企业自身的商业模式定位，这时候就能够很清晰地预测下一步要挣哪些源头的钱，以及用更好的计价方式去挣到这些钱。

## 四、盈利模式设计方案选择

【思考】盈利模式设计方案的可选项有哪些？其中，最常见的是哪几种？

一是客户解决方案模式。为客户设计解决方案，可以建立良好的客户关系。比如，对供应商来说，这种做法在发展客户关系的初期得加大投入，而后期可能会带来大量的利润。

二是金字塔模式。在产品金字塔模式中，满足客户对于产品风格、颜色、价格等偏好是最重要的，只有正确看待客户在收入和偏好上的差别，才可以形成产品的金字塔。在塔的底部是低价位、大批量的产品，在塔的顶部是高价位、小批量的产品。例如，为拓展市场空间，同时避免在大城市与其他主要品牌正面冲突，科龙电器瞄准有待开发的农村和内陆省份，由于农村消费者购买能力有限，而且具有基本功能的产品即可满足他们的需要。为了保护科龙品牌的高档次形象，于是推出了容声经济型冰箱，这是操作简单、价格低廉的产品。对特殊的客户群作出适当的价值设计，这是科龙成功的基石。因为能够提供恰当的产品和具有竞争力的价格，科龙迅速打开了内地和农村市场，产量持续扩大。由于不同的产品有1/3使用的是普通部件，规模化生产使所有的产品成本得以降低，科龙系在低档产品上通过大批量获得利润，又在高档产品上获得更高的利润，而且还为下一步激烈的价格战预留了降价空间。

三是多种成分系统模式。在多种成分系统模式中，一个供应系统应包含若干个子系统，有的子系统占有较大比重的利润，有的几乎无利可图，这种系统模式可以应用于各种行业，比如碳酸饮料行业、旅店业、书店业。

四是配电盘模式。在某些市场，存在着许多供应商，它们与众多客户发生交易，彼此的交易成本很高，这就衍生出一种高价值的中介业务。这种业务的作用类似于配电盘，其功能是在不同的供应商与客户之间建立一个沟通渠道，从而降低买卖双方的交易成本。

五是速度模式。某些企业在创新业务的供应上具有先天优势，可以获得超额回报，但是随着效仿者的跟进，利润就会受到影响，速度模式可以反映创新者的创新能力。在速度模式中，利润来自产品或服务的独特性，超额利润将随着效仿者的进入而逐渐消失。

六是卖座大片模式。在研究和开发方面投资巨大、产品推介成本高、产品周期有限的行业，如制药公司、出版商、制片商、软件公司应侧重于卖座大片模式，即在产品开发成本相对固定之后，其制造成本趋于降低时，获得高利润的最好方式是增加产品的销售数量。

七是利润乘数模式。利润乘数模式是指从某一产品、产品形象、商标或服务重复地收获利润，对于拥有强大品牌的公司，利润乘数模式是一个强有力的盈利利器。一旦投巨资建立起一个品牌，消费者就会在一系列产品上认同这一品牌。当然，利润乘数模式的应用也有风险，因为品牌可能误用于一个对客户没有正面影响的领域。例如，迪士尼公司一直小心控制着米老鼠形象的使用，避免将其应用于可能威胁其价值的地方。因为品牌既是宝贵的资产，也是脆弱的，迪士尼公司将统一形象以不同的方式包装起来，并让小美人鱼等角色出现在电影、影视、书刊、服装、手表和主题公园专卖店，不管采用什么形式，这些角色都为迪士尼公司带来回报，在迪士尼公司，没有人像这些角色那么忙碌。

八是创业家模式。当企业创业成功并稳定发展时，规模经济开始发挥作用，企业的间接费用上升，不必要的支出增加，决策缓慢脱离客户。为了抵消这种副作用，公司会推行重组变革，将公司分成很小的利润中心，强化盈利责任，更加贴近顾客。例如，美国热电公司不断分拆出一些新的子公司，这种模式释放了一种强大的激励力量，新公司管理层持有自己公司的股权，如果业绩好，他们就可以得到巨大回报。

九是专业化利润模式。专业化厂商的盈利是万金油型厂商盈利的数倍，专业化厂商获利丰厚的原因是低成本、优良的声誉、较短的销售期、更高的现金流入。

# 第四节　常见的盈利模式

## 一、客户与市场

【思考】聚焦客户与市场的盈利模式有哪些？它们各有什么特点？
客户与市场模式包括的内容如图 6-4 所示。

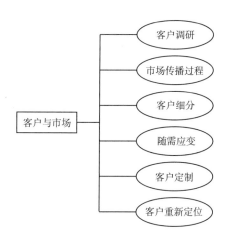

图 6 - 4　客户与市场

资料来源：王吉鹏. 创造客户与市场［J］. 销售与管理，2015（1）：14 - 15.

### （一）客户调研

客户是企业制定战略需要考量的核心要素和实现企业价值的关键因素。企业的成长对客户知识的依赖程度，就像对技术的依赖程度一样。典型的高成长公司对最具价值客户的认识，比低成长公司更为清楚。客户需要 = 基本需求 + 客户偏好。所谓"客户偏好"，即客户希望以何种特定的方式来满足自己的需要，即客户的痛点、痒点、焦灼点（客户最渴盼、最急切、最在意的是什么）。客户偏好往往会受到人们的处事作风、性格、心目中自己的形象，以及对功成名就所秉持的态度等诸多因素所左右。偏好不只是求生存的基本问题，更是心理学的问题；它不只是逻辑思考的问题，更是情感的问题。品牌经营的精髓尽在其中。

宝洁公司是客户研究的先驱，它通过派遣访问员与消费者进行非正式交流，收集反馈信息。宝洁在 2001 年进行了 4000 项消费者研究，到 2006 年增加到超过 10000 项，投入超过 2 亿美元。IBM 前 CEO 郭士纳也非常重视客户调研，他亲自与重要客户交流，并委托独立市场调查公司进行广泛的客户调查。IBM 每年访问约 10 万名客户，使用 30 种语言在 55 个国家进行调查，并将结果应用于战略和战术规划，每两周更新一次。

### （二）市场传播过程

如图 6 - 5 所示，当"猎酷一族"（先驱消费者）选出最新流行样式，开始对产品或服务产生兴趣时，口碑即从中产生。后来引起消费行家（早期采用者）的兴趣，影响层面开始慢慢扩大；消费行家又说服许多新消费者（早期大众）开始接受新产品或服务，口碑进一步传播，新产品或服务就更为人们所熟知。接着，产品被晚期大众所接受。最后，落伍者和普通民众也逐渐接受此趋势。而与此同时，该趋势也被最新出现的流行趋势所取代。

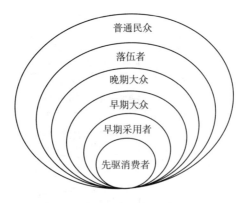

**图 6 - 5　市场传播过程**

资料来源：张莹. 农村市场口碑传播模式与机制研究［J］. 农村经济，2010（9）：95 - 99.

### （三）客户细分：长尾模式

长尾理论阐释的实际上是丰饶经济学。长尾市场能够那么丰富，是因为互联网有无限的"货架空间"。它既适合大众，也很适合小众，既迎合浩浩主流，也投合无名旁支。长尾理论揭示出人们的文化和经济重心正在加速转移，从需求曲线头部的少数大热门（主流产品和市场）转向需求曲线尾部的大量利基产品和市场。关于这条长长的尾巴，真正让人吃惊的是它可怕的规模：如果把足够多的非热门产品组合到一起，实际上就可以形成一个堪与热门市场相匹敌的大市场。78：22 法则仍然生龙活虎地存在着，但在长尾市场中，它已经失去了霸权。eBay 做的主要是长尾生意，即利基产品，如车迷收藏的经典汽车或是精心装饰过的高尔夫球杆。在图书业中，巴诺书店（Barnes & Noble）发现排在末尾的 120 万种书只占公司店内销量的 1.7%，但在网上（bn. com）的销量却占了整整 10%。

### （四）随需应变

企业"随需应变"这个概念由 IBM 的 CEO 彭明盛在 2002 年的一次客户会议上提出。随需应变企业的业务流程是由整个跨国公司、关键的合作伙伴和供应商集成在一起，快速地对客户需求作出反应，对市场机会和外部威胁作出反应。2002 年 10 月，IBM 的一项新计划以"随需应变的电子商务"（E-business on Demand）命名。它告诉人们，市场环境发生了新的变化，企业应该以新的方式运作。它将使企业体验到前所未有的灵活性、高效率和高可靠性。

### （五）客户定制

根据客户的需求，量身定做，实行个性化定制，对于企业来说已经是习以为常的事情。数字化企业已经把客户定制推向了极致。给客户一个"选择板"，将产品设计交到客户手中，让客户告诉企业，他们想要些什么。"选择板"针对目标客户进行准确的营销，是一种强大的战略工具，可以用来在本行业建立起战略优势。"选择板"将客户需求与产品特点精确地结合起来，它满足客户需求的准确度几乎达到100%。同时，数字化服务则能够促使客户主动解决他们自己的问题。例如，宝马（BMW）接受客户定制汽车，12天内可以交货，以Z3跑车为例，具有26种方向盘设计和123种仪表板模式。

### （六）客户重新定位

决策者应该经常提出这样的问题：什么样的客户最重要？什么样的客户最有价值？什么样的客户最不值得保持？什么样的客户可以带来各种各样的商机？意大利著名运动品牌Kappa在打造品牌时，对运动用品行业进行了消费需求结构的重新定位。传统的运动装宽松、透气好、款式少，但不时尚。Kappa将目标客户定位于那些宣称要运动但很少运动的人、那些想有运动感觉但不想出汗的人。Kappa发现了中国市场这个尚未被满足的消费需求，并将企业战略定位于运动、时尚、性感和品位，走出了一条运动服装时尚化的新路子，实现了5年300亿元销售额的成长奇迹。

## 二、渠道与销售

【思考】聚焦渠道与销售的盈利模式有哪些？它们各有什么特点？

渠道与销售模式包括的内容如图6-6所示。

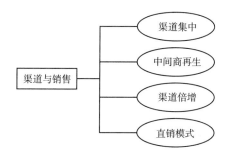

**图6-6　渠道与销售**

资料来源：孟广武. 渠道创新与销售管理［J］. 经济技术协作信息，2009（17）：9.

### （一）渠道集中

渠道集中即从数量众多的细小渠道到少量的大规模渠道。例如，法国的家乐福，美国的魏格曼超市、家得宝，中国的红星美凯龙等。渠道集中给客户带来了采购的便利、选择的多样化以及优质的服务。比如，魏格曼超市在其店内囊括了各类食品，能与多家专门化的商店媲美。很多魏格曼的客户都说，他们以往需要去大型主流超市、有机食品店、生肉店、烘焙房、蔬果店、鲜鱼市场和熟食店才能买齐所有的东西，现在只要去一趟魏格曼，就能全部搞定，同时还能享受一流的产品质量和客户服务。魏格曼的一站式服务美名传遍全美，各地客户纷纷强烈要求公司来当地开分店。

### （二）中间商再生

互联网的产生为中间商再生模式带来了巨大的商机。配电盘模式即在分销系统中创造出新的增值服务环节。例如，eBay 通过提供一个交换站式的服务平台，使卖家能够轻松进行电子拍卖，为客户提供了更好的价值实现途径、更大的便利和更低的交易成本。

嘉信理财通过一系列的企业设计创新，保持了在金融服务领域的领先地位。从折扣经纪商到独立金融服务商，再到共同基金"超市"，嘉信理财的 OneSource 系统让客户能够方便地比较和购买来自上百家基金管理公司的多种产品。固安捷公司则通过建立外部网络、内部网络以及私人网络等平台，成为解决方案提供者。这些网络平台让员工能够接触 12000 家供应商及超过 500 万种产品，通过网络与供应商沟通、估价、备货以及技术咨询等，减少了重复的作业，提升了供应链的效率，进而降低了成本。固安捷的外包服务使接受服务的公司账面成本降低了 20%，库存减少了 60%，物料管理流程的改善幅度更是高达 50% ~ 80%。

### （三）渠道倍增

渠道倍增是指将同一产品通过不同渠道以不同价格销售。购物者现在已经有多种渠道选择，而不是单一的、传统的、垄断的渠道。例如，购买服装的渠道包括超市（服装区）、服装专卖店（如海澜之家）、服装批发市场（如北京的天兰天服装尾货市场）、百货商场、互联网（如京东、淘宝网）。书籍渠道包括图书城、网上书店（如当当、金书网、亚马逊）、火车站书店、飞机场书店、旧书市场等。

### （四）直销模式

直销模式即取消多余环节，与客户建立直接联系。例如，戴尔的直销模式获得巨大的成功，并借助互联网电子商务的东风而发扬光大。1996 年，戴尔在它的电话销售中加入了在线订购，戴尔的网上订单迅速增长。到了 1999 年，戴尔已超过康柏，成为美国电脑市场领导者，单是每天线上的计算机产品营业额就达 3000 万美元。思科近一半的销量也是通过互联网直销实现的。

## 三、产品与品牌

【思考】聚焦产品与品牌的盈利模式有哪些？它们各有什么特点？

产品与品牌模式包括的内容如图 6 - 7 所示。

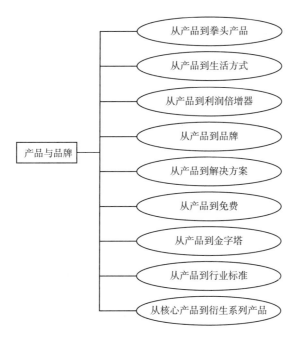

**图 6 - 7　产品与品牌**

资料来源：孙德良. 市场和产品与品牌定位的区别及联系 [J]. 现代企业，2010 (5)：55 - 56.

### （一）从产品到拳头产品

在许多行业里，企业都是从制造多个普通产品转到集中力量开发几个拳头产品。拳头产品是超越产品生命周期的长寿产品，它能为企业带来稳定的利润，保证企业的现金流不至于断裂。

开发拳头产品最好的范例来自制药工业。默克公司在 20 世纪 70 年代开始建立它的拳头产品模式。1981 年 Vasotec（一种降血压药物）投放市场首先引入了这种新机制。在其后的 10 年里，默克公司连续推出了 15 个拳头产品，多于其他 5 个制药企业的总和。联合利华旗下有不少知名品牌是经久不衰的畅销产品，如立顿红茶（Lipton）、多芬香皂（Dove）、和路雪雪糕（Wall's）、乐鲜酱料（Ragu）、鸟眼冷冻食品（Birds Eye）、舒儿香体剂（Sure）、熊宝贝洗衣精（Snuggle）、迷恋香水（Obsession）、布利斯冰淇淋（Breyers）、丝华芙洗发水（Suave）、凡士林保养油（Vaseline）、皓清牙膏（Close-Up）等。

### （二）从产品到生活方式

无印良品是日本的一个杂货品牌，它提出了一种不依赖品牌和包装的生活方式，这种"反品牌"理念强调的是"因为合理，所以便宜"。无印良品通过减少浪费，提供不低于品牌产品的质量，同时价格却比品牌产品便宜三成。它将"便宜"和"高质量"结合在一起，迎合了追求商品实质价值的消费文化。无印良品的核心是"不加修饰的生活美学"，它舍弃华丽装饰、回归简单朴素、展现商品的原生态面目。例如，使用未经漂白的纸张制作文具，或者用整条鲑鱼制作罐头，激活材料原有的特性，创造出具有高度感性的商品。无印良品的店铺形象也体现了这种生活方式。1993～1999年，无印良品的利润和销售额每年都保持两位数的增长。

再如，芭比娃娃之所以受到小女孩的喜爱，是因为她们将芭比娃娃视为自己长大后希望成为的形象：身材曼妙、衣着华丽、时尚耀眼。每个小女孩都可以通过芭比娃娃投射出自己的性格和梦想。

### （三）从产品到利润倍增器

该模式是指从单一产品获取最大利润，到重复多次利用这个产品盈利（重复盈利）。例如，迪士尼的卡通人物可用于影片、玩具、图书、衣服等。迪士尼影片背后都有跨品牌经营的庞大宣传活动支持，传媒的介绍与预告片使观众在新片上映前充满各种期待，首映也每每成为新闻界焦点。诸如玩具、书籍、杂志、唱片、服饰、贴身饰物、录影带、速食店搭售玩具等隶属于其他市场的商品也都随之热卖，为迪士尼带来丰厚的收入。第一家迪士尼专卖店于1987年正式开业，全球各地的数百家分店也接连成立。

### （四）从产品到品牌

从产品到品牌的模式，是指企业通过塑造无形的品牌承诺来获取品牌溢价。品牌不仅仅是产品的功能和性能，它还传递价值、态度、感受和意识，这些无形的附加值对消费者来说非常重要。品牌溢价的例子有很多，比如，芭比娃娃不仅是玩具，还代表了一种文化和梦想；耐克销售的是一种运动精神，而不仅仅是运动鞋和服装；路易威登（LV）代表奢华和时尚，消费者购买的是品牌带来的社会地位象征；宝马代表的是驾驶的乐趣和德国制造的精密工艺。品牌的成功在于它能够在消费者心中形成特定的印象，这种印象可能包括产品功能、包装、价格、服务等因素。品牌竞争很大程度上是附加值的竞争，正如张瑞敏所说："什么是名牌？别人卖不出去，我能卖出去；别人卖得少，我卖得多；别人卖得便宜，我卖得贵。"①

品牌决定偏好以及价格。20世纪90年代初，从位于加利福尼亚弗里蒙特地区的通用汽车和丰田合资工厂——新联合汽车制造公司（NUMMI）装配线上开下来两辆汽车：它们由同一组工人用同样的工艺制造，在每一个方面都是相同的。唯一的差别是品牌名——一个是通用汽车，另一个是丰田汽车。结果，丰田品牌的汽车要比通用品牌贵400美元，而且卖得很快。当尼古拉斯·哈耶克试销斯沃琪手表时，他发现，面对完全一样的手表，消费者为"瑞士制造"的手表付出的价格要比其他地区制造的手表多出20美元。

---

① 张瑞敏. 品牌的真谛：人的价值最大化 [DB/OL]. China National Brand，2023 - 05 - 16.

但是，品牌的威力不可滥用。"品牌国际"的创办人约翰·墨菲（John Murphy）指出："每年在美国问世的 16000 种新产品中，有 95% 都是既有品牌的延伸。"[①] 并且，大部分延伸品牌往往以失败而告终。

### （五）从产品到解决方案

将产品、服务和融资捆绑在一起的营销方案为客户带来更多价值，而不仅仅是提供产品。例如，GE、IBM、HP、居泰隆等。思科不把自己看成是制造路由器和交换器的公司，而是努力把自己看成是一个计算机网络解决方案的提供商，驱动这种变化的力量是计算机网络日益增加的复杂性和风险性。随着这些网络的复杂化和对企业要求的增加，客户急于从一个渠道购买所有的网络产品和服务，如果这种渠道更经济的话。

为客户提供解决方案（见图 6-8），需要深入了解客户的内部价值链和客户系统经济学。客户的内部价值链，即客户购买产品后，就会花时间、精力和金钱去弄明白如何安装、使用、维修和保养，以及如何储存，甚至到最后如何丢弃，如何与其他产品发生联系，或者成为某种复杂过程的一部分。借由了解客户的价值链与总体经验，企业就能够更准确地评估为客户创造的价值，并且增进那些价值的机会。

**图 6-8　总体解决方案**

客户系统经济学包括：为购买产品与服务所支付的货币；产品的使用费用、存储费用和处置费用；购买时所花费的时间，为熟悉使用方法花费的时间；整个过程中必须承受和付出的困扰。简言之，客户系统经济学包括客户购买与使用这种产品与服务所支付的金钱、时间和困扰。客户经济系统的构成如图 6-9 所示。

**图 6-9　客户经济系统**

资料来源：张书逢. 客户系统经济学的应用与研究 [D]. 天津：南开大学，2010.

---

① Qaiser Janjua. Brand Extensions: what works and what Doesn't [J]. Journal of Business & Economics, 2009 (1).

### （六）从产品到免费

"免费"在 20 世纪是一种营销策略，而在 21 世纪，随着数字化和互联网的发展，它成为一种经济模式，即"比特经济"。在数字化时代，一旦产品转为数字形式，其成本和价格往往趋向于零，因为数字产品的复制和分发成本极低。一种商品的科技成分越高，价格会越便宜。这改变了传统的商业模式，使得免费成为一种可行的营销和经济策略。所有的免费形式，其实是同一事物的变形，经济学家把这些称为"交叉补贴"。例如，手机和游戏机通过低价销售硬件，然后通过服务或软件销售获利；在办公室免费提供咖啡机，但通过销售咖啡豆获利；网站采用"5% 守则"，即 5% 的用户付费支持其他 95% 的免费用户；Craigslist 通过提供免费分类广告，影响了传统报纸广告的收入；火狐浏览器通过谷歌的广告收入分成来支持其开发，与微软的 IE 浏览器竞争。

### （七）从产品到金字塔

当市场上的客户及其收入有明显的层次性差异时，就可以采用产品金字塔模式。在金字塔高端部分提供利润，低端部分作为防火墙，以建立战略控制，阻止竞争。例如，尼古拉斯·哈耶克在金字塔底部建立起一道防火墙品牌斯沃琪（Swatch），它的威力在于给金字塔顶端各层一个保护，在这些顶端层次，公司用雷达（RADO）、浪琴（LONGINES）和宝珀（BLANCPAIN）等品牌获得了超额利润。再如，美泰公司构筑了一个价格范围很大的产品金字塔，低端的芭比娃娃价格低，适宜于大众，目的是排除竞争；高端的芭比娃娃定价在 200 美元或更高，卖给收藏者，目的是带来高边际利润。

### （八）从产品到行业标准

将自己的产品生产方式或技术参数提升为行业标准，企业便拥有定价权和话语权，标准是影响整个行业发展的关键。为了形成一种创造标准的推动力，借助"外力"是必要的。苹果公司的产品多次因为技术完美、易上手而成为标准，但是乔布斯希望通过拥有所有的关键要素（硬件 + 软件）来占有标准。这种有缺陷的商业模式限制了其他市场参与者帮助苹果公司建立标准的能力。一些专家已经用"Wintelco"体系来说明微软、英特尔和思科三巨头俨然成为事实上的行业标准，分别代表计算机软件、硬件、网络三大标准。

### （九）从核心产品到衍生系列产品

以一个"种子产品"作为基因，衍生出一个序列的产品。例如，微软从 BASIC 到

Windows，到 Office，再到 Windows NT。微软在 1975～1980 年，利用 BASIC 程序建立起自己的战略地位。之后，微软以 BASIC 为核心种子，从中衍生出 DOS 系统，从 DOS 发展出 Windows，从 Windows 发展到一整套办公室应用软件 MS Office，最后发展到 Windows NT（企业应用软件），如图 6－10 所示。

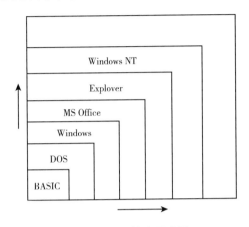

**图 6－10　微软产品发展**

资料来源：阿瑟，余淼. 数字战争：苹果、谷歌与微软的商业较量［M］. 北京：中信出版社，2013.

## 四、组织与流程

【思考】聚焦组织与流程的盈利模式有哪些？它们各有什么特点？

组织是由人员、流程与设备构成的错综体系。组织与流程模式包括的内容如图 6－11 所示。

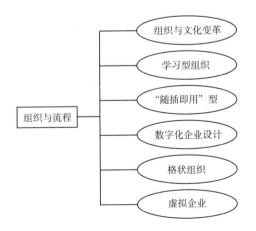

**图 6－11　组织与流程**

资料来源：汪兰海. A 公司工作岗位分析与设计问题及对策研究［D］. 成都：西南财经大学，2021.

### （一）组织与文化变革

GE 的"合力促进"计划通过消除官僚作风，激发员工潜能，推动了组织和文化变革，并显著提升了生产力。这项计划仿照英格兰的镇民会议，在 GE 全球各地的营运点举行，为期 2~3 天。每次会议上，30~100 名员工聚集一堂，并从外部邀请一位引导员，共同讨论如何用更好的方法做事情，以及如何消除妨碍他们工作的官僚作风和障碍。会议一开始，主管会到场，说明举办合力促进会议的用意，并承诺对会议中提出的建议，75% 要立即答复是或否，其余的 25% 则要在 30 天内处理。随后，主管离场，让会场自由讨论，直到会议结束时才回来，兑现他的承诺。几年中，GE 举办了成千上万次这样的会议，直到它们成为办公室生活的一部分。正如杰克·韦尔奇所言，"合力促进"计划帮助 GE 创建了一种文化，在这种文化里，每个人都能发挥自己的作用，每个人的想法都受到重视；在这种文化里，企业经理人是在"领导"而不是"控制"公司。他们提供的是教练式的指导，而不是牧师般的说教，因而最终取得了更好的绩效。

### （二）学习型组织

丰田模式由丰田喜一郎和大野耐一创立，以"杜绝浪费"为核心，包括批量生产、准时制生产（JIT）和完全销售。JIT 通过"下道工序向上道工序领取工件"的方式，实现按需生产，减少库存和浪费。流程卡确保了工件的精确供应。该模式强调流程改善和人员培养，通过持续的小规模改进促进组织创新。它追求长期发展，合理配置资源，消除非增值活动，提高企业的市场适应能力和经济效益。丰田模式通过改变思维方式优化流程，简化了信息管理，通过 PDCA 循环提高执行力，实现高效运营。

### （三）"随插即用"型

利丰的组织模式通过将公司划分为 300 多个小型事业部，每个事业部独立服务 1~2 个客户，实现了"随插即用"的灵活性。这些事业部的负责人被称为"小约翰·韦恩"，象征着高度自治和抵御市场威胁的能力。这种模式允许大企业拥有小公司的敏捷性，每个事业部像一家创业型小公司，拥有 20~50 名员工，年营业额在 2000 万~7000 万美元，利润可达 300 万美元。利丰有 170 个这样的单位。利丰的成功依赖于其作业支援系统，以及对"小约翰·韦恩"采用的浮动薪资制度，其中 70% 的薪资与绩效挂钩，30% 为固定薪资，激励高阶主管追求卓越绩效。

### （四）数字化企业设计

数字化企业设计在 1996 年迈入了新纪元，企业如思科、施瓦布和戴尔开始通过互联网销售产品，标志着企业运营模式的重大转变。这种设计不仅提升了 IT 技术的应用，更关注解决企业面临的实质性问题，实现生产率的显著提高，并重新定义了管理方式、客户关系和价值链。

数字化企业通过管理信息（比特）而非有形资产（原子），大幅提升效率，降低成本，缩短周转时间，减少失误，并改进了服务。互联网的出现使消费者成为市场的主导者，而"选择板"技术允许客户定制产品，实现精准营销。这种模式使企业能够根据实时信息进行经营，提高了客户满意度。

此外，数字化企业改变了供应链的方向，先销售后生产，减少了信息和价值损失。以 Cemex 水泥公司为例，通过建立卫星通信系统和运筹系统，实现了供应链的动态同步化。Cemex 的系统允许供应商、经销商和客户查询订单状况，并且直到交货前一刻均可改变订单内容，体现了数字化企业设计在供应链管理上的创新。

### （五）格状组织

戈尔公司自1958 年成立以来，以其创新的"格状组织"结构著称，这种结构强化了企业与市场的互动，使其能够迅速适应变化。公司没有传统层级，员工超过 8000人，遍布全球 45 个工厂。戈尔的核心是自我管理的团队，目标是盈利和享受工作。格状结构促进了直接沟通，信息在组织内部自由流动，不受层级限制。员工没有固定职称，但约 10% 的员工能成为基于同事认可的"领导者"，其影响力基于工作表现和团队协调能力。这种模式鼓励员工相互服务，促进了合作和创新。

### （六）虚拟企业

虚拟企业的特点在于通过技术和管理创新，实现高效的资源配置和运营效率，而无须拥有全部的实体资产。VISA 公司是一个典型的虚拟企业，2002 年实现了 1.5 万亿美元的交易额，其中一半以上来自信用卡业务。尽管 VISA 公司仅雇用 1300 名员工，却能为 500 余万个商家和 22000 家银行提供服务。VISA2023 财年 Q3 的营收为 81.23亿美元，同比增长 12%，Visa 卡总支付额达到 3.17 万亿美元，同比增长 9%。公司CFO 普拉布（Prabhu）指出，消费者在各市场都保持了弹性。VISA 通过一个精心设计的平台管理其庞大的交易网络，这个平台基于基础技术和标准化，为零售交易生态系统提供高效的价值创造和共享框架。

## 五、供应链规划

【思考】聚焦价值链与供应链的盈利模式有哪些？它们各有什么特点？

今天，利润和生产力比以前更为频繁、迅速地沿着产业价值链移动。企业要想持续盈利，必须研究利润与价值在供应链上的移动趋势，以作为下一步制定战略的依据。供应链规划模式包括的内容如图 6 - 12 所示。

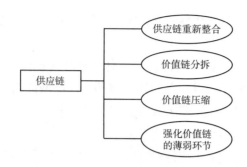

图 6 – 12　供应链规划

资料来源：刘建香. 供应链规划与设计［M］. 北京：科学出版社，2022：12 – 45.

### （一）供应链重新整合

供应链重新整合是企业扩展其业务至价值链上下游以增加利润的策略。通过整合供应商、企业和客户，企业可以更全面地规划和控制成本。

通用汽车的创始人威廉·杜兰特通过并购小型汽车制造商和零配件厂商，创建了大型汽车公司，并在 1920 年买下费雪车身公司，控制了 70% 的汽车零配件生产。事实上，此后30 年里，与其他竞争者（福特和克莱斯勒）相较，通用汽车一直享有 30% 的成本优势。这种整合为通用汽车带来了成本和速度上的优势，使其在汽车制造领域占据领先地位。

ZARA 自 1975 年起，作为一个服装品牌和零售连锁店，以其高效的全程供应链管理著称。ZARA 独立控制设计、采购、生产、配送和销售等环节，从设计到全球专卖店仅需 15 天（见图 6 – 13）。其前导时间通常为 12 天，远短于行业平均的 6 ~ 9 个月。通过团队合作和面对面沟通，ZARA 能够快速决策，迅速解决设计、生产和材料供应问题。ZARA 的门店遍布全球高端街区，如纽约第五大道、东京银座等，全球门店超过 800 家。品牌实行"快速、少量、多款"策略，与时尚同步，快速推出新款式，每周更新商品两次，成功占领中高端市场 35% 的份额，成为世界 100 强品牌之一。

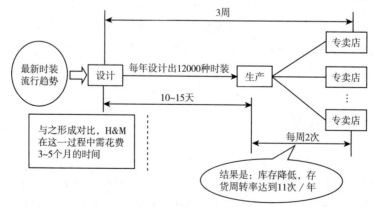

图 6 – 13　ZARA 的供应链管理

资料来源：赵昱秀. 浅析 ZARA 服装企业的供应链管理模式［J］. 商情，2017（33）：122.

## （二）价值链分拆

价值链分拆是企业专注于其最具竞争力的业务环节，并将其他环节外包给专业供应商的策略。过去，企业追求垂直一体化，但后来认识到不可能在所有环节都保持竞争力。因此，像英特尔、微软和纽克钢铁等"价值链专家"出现，它们专注于价值链中的战略控制点。耐克是价值链分拆的典型例子，它将生产外包，专注于营销和设计，同时控制关键技术和品牌形象。1996 年，波音公司也转向价值链分拆，外包了设计和制造等环节，与供应商建立了长期的战略伙伴关系，共同分担风险和成本，从而保持了对飞机设计与装配的控制，同时提高了盈利能力。

## （三）价值链压缩

利润流向那些控制钳形攻势的公司，而那些被挤在中间的企业发现自己被围困在有限的利润区内或快速下降的利润区内。IBM 没有想到或者不愿承认，位于计算机行业加工过程中间的装配业已经日薄西山，利润都转向上游的零件制造商（如英特尔和微软），以及下游的计算机销售商（如戴尔）。曾经是计算机产业第二大企业的 DEC 也犯下同样的错误，被康柏并购。而康柏作为计算机组装厂商也于 2001 年被惠普并购。戴尔由于其"直销模式"而盈利颇丰。

## （四）强化价值链的薄弱环节

有时价值链上下游企业的欠佳表现会限制链主企业提高对客户的增值和创造本身价值增长的能力，因而强化价值链上的薄弱环节成为当务之急。链主企业主动改善那些阻碍企业创造价值的、业绩较差的上下游企业，如麦当劳、丰田。20 世纪 60 年代，麦当劳想通过稳定的高品质创建它的连锁品牌，如薯条。但由于美国农场主的原因，致使加工过程影响了食品的质量，这是麦当劳的薄弱环节。麦当劳花费很多年去教导它的供应商如何适应麦当劳的要求和优先需求，其中包括对供应商的培训、咨询和标准化。

# 六、竞争与生态

【思考】聚焦竞争与生态的盈利模式有哪些？它们各有什么特点？

良性的竞争者就像是好老师一般，能提高企业的眼界并磨炼企业的技能；一般的竞争者是个麻烦；而差劲的竞争者则是每个企业的噩梦。这已经是企业家的共识。除了独占之外，还有专利权、版权、商标的保护、商业秘密、高压控制经销商等方法，让竞争者的产品上不了商店货架。竞争与生态模式包括的内容如图 6 - 14 所示。

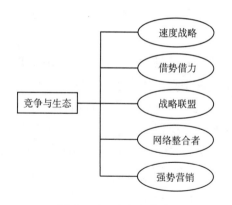

**图 6 - 14　竞争与生态**

资料来源：曹利军，沈大维．竞争战略：企业竞争的生态环境与生态策略 ［J］．科技与管理，2005 (3)：1 - 3.

### （一）速度战略

根据竞争对手缺乏迅速推出新产品的能力这一弱点，卡西欧采取了加速并且缩短产品生命周期的战略。在科技发展迅速、产品生命周期很短的产业中，先发制人的优势确实很重要。不过要采取先发制人的战略，企业必须有出色的产品、快速学习的能力和敢于承担风险的勇气。

### （二）借势借力

先看康师傅如何借力。康师傅巧妙地利用竞争品牌做好的、已经被消费者熟知并接受的台阶，顺其势而跟进，借其力而跃上一个台阶，不仅顺理成章，而且能达到四两拨千斤的效果。让竞争对手做自己的开路先锋，为企业培育市场，将竞争对手的成果为己所用。2001 年，统一"鲜橙多"如旋风般席卷市场，抢先占领市场，在饮料行业的同质化竞争中脱颖而出。当时"鲜橙多"的广告语为"多喝多漂亮"。为什么漂亮？就是因为含有维生素。于是，康师傅直接以"每日 C"进行诉求，更加直接，更加有效。

再看微软的"技术跟进战略"。很多技术最早并不是微软发明的，如视窗、鼠标、浏览器。Mosaic 浏览器催生了网景公司，网景公司催生了互联网热潮。但后来由于微软的跟进，网景公司一步步丧失领地。原本在互联网方面远远领先于微软的网景公司，反而只能跟着后来居上的微软的游戏规则前行。

### （三）战略联盟

战略联盟是指企业之间在生产、市场、资金或技术上的合作，以增强竞争力和市场份额。通过联盟，企业可以共享资源、技术，避免重复投资，并享受规模经济。在全球化的背景下，价值不仅来自企业间的竞争，还来自合作和整合。20 世纪 80 年代，面对日本低成本竞争对手的挑战，美国半导体行业利润大幅下降。为应对这一挑战，美国国防部牵头成立了一个联合研究小组，即美国半导体制造科学技术联合体。14 家半导体生产商和美国政府各投资 1 亿美元，共同研发技术，分享成果。这个联盟的研究中心位于得克萨斯州奥斯汀市，其研究成果帮助美国半导体行业恢复竞争力，推动了芯片技术的发展。在接下来的 10 年中，这种合作对行业的复兴起到关键作用。

### （四）网络整合者

网络整合者通过聚焦、管理和创造价值，在全球化的供应链中发挥作用。网络整合者不仅关注成本和效率，还设计最佳流程，确保产品以合理的价格、适当的时间送达正确的地点。企业现在可以将供应链的不同阶段分散到全球执行，自身则扮演协调的角色。例如，波音 777 飞机的组装涉及 17 个国家、900 多家供应商和 300 万个零件。利丰公司也是网络整合者的典型例子，它拥有超过 8300 家供应商，服务于 40 多个国家和地区的 70 个办事处。利丰为供应商网络提供了超过 200 万个就业机会，而其员工数量不到这个数目的 0.5%。这种高效的架构使得利丰每位员工的销售额达到约 100 万美元，股东权益报酬率超过 38%。

### （五）强势营销

在 20 世纪七八十年代的计算机芯片大战中，虽然摩托罗拉的技术并不逊于英特尔，但英特尔依靠打造"Intel Inside"品牌的策略，最终获得全胜。业内许多人士也认为摩托罗拉主要是输在市场营销上。英特尔 8086 微处理器相对于摩托罗拉 68000 型处于劣势，而且摩托罗拉在设计采纳上已经赢得了竞争优势，并已说服客户将摩托罗拉 68000 型设计到它们的产品线中。英特尔于 1979 年 12 月 4 日开始"运营击溃"行动，100 多名团队成员，横跨全球，在 1 年内为英特尔赢得 2000 个设计采纳订单。

## 七、知识与创新

【思考】聚焦知识与创新的盈利模式有哪些？它们各有什么特点？

思维模式会限制个人和组织的发展，所以改变思维模式有助于开创新的契机。例如，当罗杰·班尼斯特（Roger Bannister）在 1954 年证明可以在 4 分钟内完成 1 英里短跑后，有 16 位短跑运动员在接下来的 3 年中陆续缔造了这个一度被认为是难以超越的纪录。这种结果并非归因于人类体能的突破，而是思维的突破。

每一家公司都应该检视自己的创新指数。这个指数用代表推出不到 3 年的新产品占总销售量的比例来表示。没有一家公司是创新指数为零但却可以存活的。传统产业的创新指数若低于 20%，将会经营得非常辛苦。而流行服饰业起码要 100% 的创新指数才能成功。这充分证明：不创新就消失。

知识与创新模式包括的内容如图 6 - 15 所示。

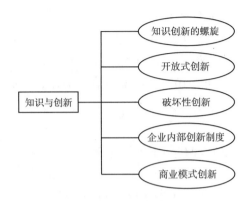

图 6 - 15　知识与创新

资料来源：杨灿明．知识与创新［J］．新文科教育研究，2022（3）：5 - 15，141.

**（一）知识创新的螺旋**

　　知识有两种形式：外显知识和内隐知识（见表 6 - 7）。外显知识可用文字、数字和图片来表达，也易借具体的资料、科学公式、标准化的程序或普遍的原则来沟通和分享，包括一切以档案、手册、报告、地图、程序、图片、影像等方式所呈现的知识。内隐知识极为个人化且难以形式化，因此不易沟通或与他人分享，如主观的洞察力、直觉和预感等均属这一类。但是，如果高度个人化的洞察力或是灵感不能转换成能与众人分享的外显知识，便对企业毫无价值可言。企业的知识就是在"由内隐到外显再到内隐"的转换过程中创造出来的。

表 6 - 7　　　　　　　　　　　　　知识的两种形式

| 内隐知识（主观的） | 外显知识（客观的） |
| --- | --- |
| 经验的知识（实质的） | 理性的知识（思维的） |
| 同步的知识（此时此地） | 连续的知识（非此时此地） |
| 类比的知识（实务） | 数码的知识（理论） |

资料来源：杨灿明．知识与创新［J］．新文科教育研究，2022（3）：5 - 15，141.

　　野中郁次郎和竹内弘高提出四种内隐知识和外显知识互动所产生的知识转换模式如表 6 - 8 所示。共同化（socialization）、外化（externalization）、结合（combination）和内化（internalization）是整个知识创造过程的动力，与个人的经验息息相关。内涵如下：（1）共同化：由内隐到内隐。学徒通过观察、模仿和练习来学习大师的技艺，而非通过语言。（2）外化：由内隐到外显。外化是将内隐知识明白表达为外显知识的过程。在这个微妙的知识创造过程当中，内隐知识通过隐喻、类比、观念、假设或模式表达出来。（3）结合：由外显到外显。结合是将观念加以系统化而形成知识体系的过程。（4）内化：将外显知识转化为内隐知识的过程。

**表 6 - 8**　　　　　　　　　　　　　　**知识转换的四种形式**

|  | 内隐知识 | 外显知识 |
|---|---|---|
| 内隐知识 | 共同化 | 外化 |
| 外显知识 | 内化 | 结合 |

资料来源：杨灿明．知识与创新［J］．新文科教育研究，2022（3）：5 - 15，141.

共同化的目的是分享内隐知识。除非分享的知识能够外化，否则它很难为组织整体所利用。而单纯结合互不相关的外显信息也无法扩大一个组织的既有知识基础，但是当内隐和外显知识发生互动时，创新就发生了。企业知识创造是内隐和外显知识持续互动的结果。

个人的内隐知识是企业知识创造的基础。企业必须动员个人层次所创造和积累的内隐知识，让其经由以上四种转换模式在企业内部加以扩大，成为较高的层面。这个现象为"知识螺旋"（见图 6 - 16）。企业知识的创造就是一个螺旋过程，由个人的层面开始，逐渐上升并扩大活动范围，最后超越部门、单位和整个企业的界限。

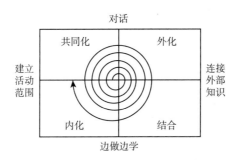

**图 6 - 16　知识螺旋**

资料来源：杨灿明．知识与创新［J］．新文科教育研究，2022（3）：5 - 15，141.

## （二）开放式创新

开放式创新是一种战略方法，它不仅包括内部的创新活动，还积极寻求外部的输入，如理念、技术和专业知识。这种动态框架通过利用多样化的网络资源，认识到创新的想法既可以来自内部也可以来自外部，从而加速了创新过程。其内涵强调协作、外部输入、知识共享、内外双向创新、敏捷迭代和生态系统发展。例如，意诺新（InnoCentive）是礼来制药公司创立的电子商务平台，聚集全球科学家和研究人员解决科学难题。企业通过该平台利用全球智慧，而无须聘请全职员工。解决方案提供者可获得现金奖励，3 年内发放的奖金超过 100 万美元。以 Linux 为例，由林纳斯·托瓦兹于 1991 年创建的操作系统，通过"通用公共许可协议"免费开放，促进了技术共享和社区贡献。开放源代码模式已扩展到企业应用程序，如 CRM 和 ERP 系统，为企业提供经济实惠的解决方案。宝洁发现其大量专利未被充分利用，于是推出"连接与发展"策略，旨在从外部获取 50% 的新产品和新服务创意。通过 InnoCentive 网站，全球科学家可帮助宝洁解决问题并赢取奖金。这不仅增加了创新来源，也强化了宝洁内部研发团队的能力，推动了企业的成长和创新。

### （三）破坏性创新

破坏性创新是一个重要的商业概念，由克莱顿·克里斯坦森提出。他认为创新包括两种类型：维持性创新和破坏性创新。前者通常涉及向现有高端客户提供性能更好、价格更高的产品。相反，后者则通过提供更简单、更便宜、更便利的产品来吸引新客户或低端市场，尽管这些产品的利润率可能较低，但它们往往能够颠覆市场，使新进入者获得竞争优势。例如，佳能公司就是通过破坏性创新策略成功挑战行业领导者的一个例子。他们通过推出价格适中的桌上型复印机，颠覆了施乐在大型复印机市场的主导地位。同样，个人计算机的发展也代表了破坏性创新，它取代了传统的大型计算机和文字处理机。技术进步在地震勘探领域也展现了破坏性创新的力量。随着三维空间显影技术的发展，勘探成本大幅下降，从 1980 年的 800 万美元降至 2002 年的 5 万美元，极大地提高了效率。按需印刷（POD）技术改变了图书出版业的经济模式。它消除了最低印量的限制、库存压力和退书成本，使得出版更加经济和灵活。米其林公司通过发明子午线轮胎，提供了比传统轮胎更耐用、更安全、更节能的产品，最终这种轮胎成为行业标准，并使米其林在轮胎市场中占据了主导地位。英特尔虽然在微处理器领域处于领先地位，但也面临着破坏性创新的威胁，比如生物芯片计算机和分子计算机的潜在挑战。舒立兹公司通过改变酿酒成分和工艺，缩短了生产时间，一度在市场中取得了优势。海藻糖的商业化是另一个破坏性创新的例子。日本林原公司开发出一种从淀粉类作物中大量生产海藻糖的技术，大幅降低了成本，使其广泛应用于食品行业。

### （四）企业内部创新制度

企业内部创新制度是推动公司持续发展的关键因素，其中 3M 和 IBM 的实践尤为突出。例如，3M 公司鼓励员工创新，允许技术人员将至多 15% 的工作时间用于个人感兴趣的项目，即便这些项目可能与公司的直接利益无关。这种做法激发了员工的创造力，促进了新产品的开发。当一个有潜力的想法出现时，3M 会组建一个跨部门团队来培育这个想法，并保护它免受公司内部过于严苛的审查。这种机制使得 3M 每年能够推出 200 多种新产品，并且 30% 的年销售额来自近 4 年内研发的产品。IBM 通过举办"创新果酱"活动，邀请了包括客户、顾问和员工家属在内的超过 10 万人参与在线头脑风暴，共同探讨交通、保健、环境、金融和商业等领域的未来构想。IBM 提供了丰富的视频、虚拟旅程和科技背景资料来激发参与者的创意。这种活动虽然不是完全开放源代码的战略制定方式，但它使 IBM 能够接触到公司内部难以产生的多样化观点，为传统的战略规划过程带来新的活力。这两个案例展示了企业如何通过创新的内部制度来激发员工的创造力和协作精神，从而推动企业的长期成功和市场领导地位。

### （五）商业模式创新

苹果 iPod 自 2001 年推出以来，在短短两年半的时间里，赢得了数码音乐市场 50% 的江山。苹果公司将芯片（向摩托罗拉或其他公司购买）放进 iPod（富士康制造），再聘请研发人员撰写 iTunes 程序，然后提供数码音乐（由发行者和音乐人制作）给客户，为客户创造了独特且非常成功的音乐体验。它不仅改变了音乐和消费电子产业，也让苹果公司重获新生。

基于本书原创的商业模式六职能模型，我们选取"拼多多电商模式"案例进行应用分析，从第二章开始，每章末尾均采用专栏形式加以展开。该案例分析贯穿于第二章至第七章，依次对应商业模式六大职能模块：环境分析→模式定位→资源整合→价值创造→价值获取→创新重构。

📑 **专栏 6.3【商业模式六职能模型应用分析之五】**----------------

一、可怕的"增长怪兽"，迅速成长为头部电商（见本书第二章末）

二、三大电商巨头 2024 年第一季度财报对比（见本书第二章末）

三、作为后发平台企业的拼多多何以实现逆袭突围？借助本书提出的商业模式六职能模型，我们对其颠覆式创新进行简要分析（本章增加对应的价值获取分析），如表 6 - 9 所示。

表 6 - 9　基于商业模式六职能模型的拼多多探索期、追赶期、颠覆期商业模式分析

| 主要过程 | 维度要素 | 重要概念 | 部分典型援引 |
|---|---|---|---|
| 价值获取 | 拼多多探索期商业模式分析（2015 年 4 月～2015 年 8 月） | | |
| | 定价机制 | 让利型价值分配 | 商家：免费入驻，高流量提升品牌的曝光度，实现需求匹配<br>微信：收取交易 0.6% 的手续费，让利微信，作为获客成本获得新用户<br>消费者：降低搜索成本，提供高性价比商品 |
| | 竞争模式 | 捆绑互补资源 | 依赖微信高流量和完善的支付功能，以低成本实现社交裂变和产品交易 |
| | 拼多多追赶期商业模式分析（2015 年 9 月～2019 年 5 月） | | |
| | 定价机制 | 低佣金型价值分配 | 去掉部分特殊类目，目前天猫抽佣比例为 0.5%～5%，京东则集中在 2%～10% 浮动。拼多多向商家统一收取 0.6% 的基础技术服务费 |
| | 竞争模式 | 错位竞争 | 用户定位三、四线城市，避开和阿里、京东的用户竞争，实现用户下沉 |
| | | 降低依赖性 | App 只需要和陌生人拼单就能享受拼单价，逐渐将用户从微信里引导至自己的 App 上，摆脱对微信的依赖 |

续表

| 主要过程 | 维度要素 | 重要概念 | 部分典型援引 |
|---|---|---|---|
| 价值获取 | 拼多多颠覆期商业模式分析（2019年6月至今） | | |
| | 定价机制 | 差异化补贴 | 为优质商家或品牌产品提供更大力度的补贴额度，以满足高端用户需求 |
| | 竞争模式 | 构建技术壁垒 | 扶持1000家优质工厂品牌；设立"百亿农研专项"，打造特色优势品类，形成长期竞争壁垒 |
| | | 降低依赖性 | App只需要和陌生人拼单就能享受拼单价，继续将用户从微信里引导至自己的App上，摆脱对微信的依赖 |

─────── 【本章小结】 ───────

1. 盈利模式的特征包括系统性、独特性、相关性、效率性、动态性；盈利模式设计应遵循理性、适应性、可行性、独特性等原则，以及采用利润点、利润源、利润杠杆和利润屏障设计等流程。

2. 盈利来源的结构化设计，包括业务纵深扩展、资源能力货币化和利益闭环构建三个方面。

3. 价值交换的机制设计，包括基础计价策略和组合计价策略。

4. 盈利模式的创新设计涵盖了卖资质盈利模式、卖投资盈利模式、卖文化盈利模式、卖服务盈利模式和卖产品盈利模式。

5. 盈利模式的实施涉及采购、生产制造、产品和技术开发、销售、组织机制、人员聘用和激励等环节。

6. 盈利模式成功与否的评价标准有盈利性标准、创新性标准、成长性标准、抗风险能力标准、运营能力标准和匹配性标准。

7. 盈利模式的整合管理包括多种盈利模式的共存和盈利模式的转变和创新。

8. 盈利模式设计的方案选择包括客户解决方案模式、金字塔模式、多种成分系统模式、配电盘模式、速度模式、卖座大片模式、利润乘数模式、创业家模式和专业化利润模式。

9. 常见的盈利模式有客户与市场模式、渠道与销售模式、产品与品牌模式、组织与流程模式、供应链规划模式、竞争与生态模式和知识与创新模式。

─────── 【复习思考题】 ───────

1. 不同的企业可能运用不同的盈利模式，这些盈利模式一般具有什么样的共同特征？

2. 在市场竞争日益激烈的今天，企业盈利模式设计应该遵循什么原则和采用什么流程？

3. 企业盈利来源的结构化设计和价值交换的机制设计，各有哪些类型？

4. 盈利模式的创新设计包括哪些？请分别举例说明其创新点在哪里？

5. 在新的盈利模式建立后，应该如何评估企业的盈利模式是否成功？有哪些判断标准？

6. 企业应该如何设计盈利模式？有什么技巧值得借鉴？

7. 企业常见的盈利模式有哪些？请举例说明每种模式的特点并区别不同之处？

─────【做中学模式】─────

1. 选择一家你身边的企业，对其盈利模式进行分析，看看这种盈利模式的优缺点分别是什么。

2. 以小组为单位，结合盈利模式创新设计的原则和流程对这家企业的盈利模式进行创新设计。

3. 对各个小组所创新设计的盈利模式实施评估，看看大家设计的盈利模式是否能够成功。

4. 以小组为单位对创新设计的盈利模式提出优化建议并完善方案。

─────【章末案例】─────

**互联网短视频商业模式如何实现价值捕获？——抖音和快手的双案例研究**

随着移动互联网、人工智能和大数据等现代数字技术的广泛传播，互联网短视频迅速崛起，逐渐取代了传统的图文形式，成为数字经济时代满足用户碎片化娱乐需求的新形式和趋势。这一领域的兴起吸引了众多互联网巨头的注意。例如，腾讯在 2018 年重新启动了"微视"，并在 2020 年 1 月通过微信推出了"视频号"，以扩大其在短视频领域的布局。这一举措旨在连接朋友圈、公众号等多个平台，探索新的商业模式和盈利模式。

本文以抖音和快手为研究案例（见表 6 - 10），按照"价值主张→价值创造→价值捕获"的商业模式维度进行划分和逻辑梳理（见图 6 - 17），总结和比较互联网短视频商业模式的关键要素及其理论框架。同时，结合理论基础和实际案例，阐述在不同理论框架下，互联网短视频商业模式是如何实现价值捕获的。

表 6 – 10　　　　　　　　　　　抖音和快手的基本信息

| 项目 | 抖音 | 快手 |
|---|---|---|
| 成立时间 | 2016 年 9 月 | 2011 年 3 月 |
| 创始人 | 张一鸣 | 程一笑、宿华 |
| 所属公司 | 北京字节跳动科技有限公司 | 北京快手科技有限公司 |

| 项目 | 抖音 | 快手 |
|---|---|---|
| 广告标语 | "记录美好生活"（最初为"让崇拜从这里开始"） | "记录世界、记录你""拥抱每一种生活" |
| 平台定位 | "帮助大众用户表达自我、记录美好生活的短视频分享平台"（最初为"专注年轻人的音乐短视频社区"） | "记录、表达和分享大家生活的平台，发现真实有趣的世界" |
| 盈利模式 | 广告营收占比约80% | 直播营收占比约60% |
| 特征指标 | 头部创作者主要包括明星（33%）和网红（24%）；赞评比42：1；用户黏性（DAU/MAU）49% | 头部创作者主要包括"草根"（44%）和网红（38%）；赞评比13.05：1；用户黏性（DAU/MAU）58% |

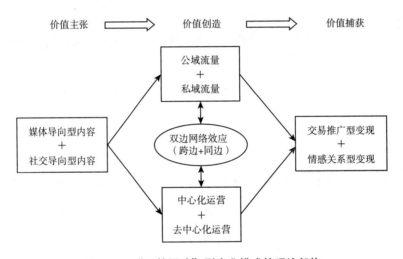

**图 6-17 "双轮驱动"型商业模式的理论架构**

通过对案例的深入分析和对比，本文揭示了抖音平台上"内容为王"商业模式及其价值创造机制的显著特征。在价值捕获（变现）环节，抖音的公域流量主导和中心化运营策略赋予了平台对流量资源的绝对控制权和分配权。其主要的变现手段依赖于广告和流量购买，具体包括信息流广告和电商导流。信息流广告通过在视频流中嵌入精心设计的短视频广告，如"假如你有两千万"等挑战话题，吸引用户注意；电商导流则通过在短视频中设置购物车按钮，引导用户购买推荐商品，或通过网红在个人主页分享社交媒体账号，吸引用户添加后进行微商变现。相关研究数据显示，广告收入占抖音总收入的80%左右。

同样地，本文也发现快手平台的"社交至上"商业模式及其价值创造机制同样显著。在价值捕获方面，快手的私域流量主导和去中心化运营策略促进了创作者与粉丝之间的情感联系和信任，增强了用户黏性。直播成为快手最主要的变现途径，包括直播打赏和直播带货。直播打赏允许粉丝在直播间与主播实时互动，并通过打赏或送礼物的方式表达支持，快手则从中抽取一定比例的收入并代缴税款；直播带货则是主播在直播间推荐商品，基于与粉丝的情感互动和信任关系促成交易，快手从中获得交易佣金。调研数据显示，直播收入占快手总收入的60%左右。

此外，本文还观察到"内容为王"和"社交至上"两种商业模式并非完全独立，而是在互联网流量红利减少和市场竞争加剧的背景下，通过整合互补的方式相互融合，形成了"双轮驱动"的商业模式。在这种模式下，企业同时提供媒体导向和社交导向的内容价值主张，通过中心化运营吸引公域流量，同时利用去中心化运营留存私域流量，旨在最大化价值创造。这种模式促进了交易推广和情感关系两种变现方式的结合，实现了价值的最大化捕获。其背后的理论基础是跨边网络效应和同边网络效应的叠加，即"双边网络效应"。

在探讨价值捕获（变现）策略方面，2019年之前，抖音主要依靠广告收入，而快手则主要通过直播打赏来获取收益。然而，随着时间的推移，抖音开始加强其直播功能，以构建内容驱动的社交营销模式，旨在不牺牲用户体验的基础上，探索和尝试流量变现的新途径。与此同时，快手为了减轻对直播收入的依赖，优化其收入结构，推出了包括快手广告和快手商业开放平台在内的"快手营销平台"。此外，快手还通过"用户体验量化体系"在商业化和用户体验之间寻求平衡，以此构建一个全面的商业生态系统，加速其流量变现的步伐。

综上所述，本文进一步归纳并比较了"内容为王"型、"社交至上"型和"双轮驱动"型商业模式的价值创造机制，如表6-11所示。通过对抖音和快手的案例分析，本文在一定程度上揭示了互联网短视频商业模式的理论架构和价值创造机制的内在逻辑，形成了如图6-18所示的理论模型。

表6-11　　　　　互联网短视频商业模式价值创造实现机理的归纳及对比

| 互联网短视频商业模式类型 | 网络效应类型 | 价值主张 | 价值创造 | | 价值捕获 | 典型案例 |
| --- | --- | --- | --- | --- | --- | --- |
| | | 内容 | 流量 | 运营 | 变现 | |
| "内容为王"型商业模式 | 跨边网络效应 | 媒体导向型内容 | 公域流量 | 中心化运营 | 交易推广型变现 | 抖音 |
| "社交至上"型商业模式 | 同边网络效应 | 社交导向型内容 | 私域流量 | 去中心化运营 | 情感关系型变现 | 快手 |
| "双轮驱动"型商业模式 | 双边网络效应 | 媒体导向型内容＋社交导向型内容 | 公域流量＋私域流量 | 中心化运营＋去中心化运营 | 交易推广型变现＋情感关系型变现 | 抖音、快手的发展趋势 |

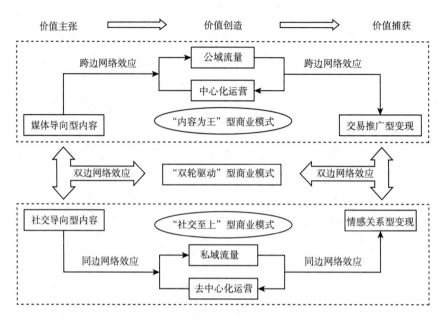

**图 6 - 18  互联网短视频商业模式价值创造实现机理的理论模型**

首先，遵循"价值主张→价值创造→价值捕获"的商业模式维度划分及逻辑关系，互联网短视频商业模式的关键构成要素包括内容、流量、运营和变现，其中内容属于价值主张维度，包括媒体导向型内容和社交导向型内容；流量和运营属于价值创造维度，流量包括公域流量和私域流量，运营包括中心化运营和去中心化运营；变现属于价值捕获维度，包括交易推广型变现和情感关系型变现。根据商业模式维度关系下构成要素的不同组合，进一步将互联网短视频商业模式细分为"内容为王"型、"社交至上"型和"双轮驱动"型三个理论架构。

其次，在网络效应理论的支持下，互联网短视频商业模式的价值创造机制因其独特的资源隔离机制而异，这种机制由内容定位、流量资源和运营能力的差异性构成（龚丽敏和江诗松，2016）。具体来说，"内容为王"型商业模式通过"创新"和"复制"的逻辑来创造价值，并利用平台的规模优势来捕获价值（"熊彼特租金"）（罗珉和李亮宇，2015），这一过程中涉及跨边网络效应的作用；而"社交至上"型商业模式则通过增强用户连接、用户黏性、用户中心度和用户角色的多元化来提升价值创造能力，并以用户关系为核心进行价值捕获（"连接红利"）（罗珉和李亮宇，2015），这一过程中涉及同边网络效应的作用；"双轮驱动"型商业模式则结合了"内容为王"型和"社交至上"型的优势，通过在创新、复制、用户连接、用户黏性、用户中心度和用户角色多元化等方面的互补，创造并捕获更大规模的价值（同时考虑"熊彼特租金"和"连接红利"）（罗珉和李亮宇，2015），这一过程中涉及跨边网络效应和同边网络效应的双重作用，即"双边网络效应"。

最后，互联网短视频商业模式需要不断地进行动态迭代，以适应流量红利的减少和市场竞争的加剧（周迪等，2019）。在本文中，抖音代表了"内容为王"型商业模式的典型案例，快手则代表了"社交至上"型商业模式的典型案例，而"双轮驱动"型商业模式则反映了抖音和快手的发展趋势。因此，单纯依赖"内容为王"或"社交至上"的单一商业模式并不能为互联网短视频平台带来持续的竞争优势。相反，实现"内容为王"和"社交至上"有机结合的"双轮驱动"型商业模式，才是确保长期竞争力的关键策略。

资料来源：参见王烽权，江积海. 互联网短视频商业模式如何实现价值创造？——抖音和快手的双案例研究［J］. 外国经济与管理，2021，43（2）：3－19.

**讨论题：**

1. 抖音的盈利模式是怎样的？请你用本章提出的盈利模式设计流程给抖音列表画像。结合本章开头列举的"主要思维"，讨论一下抖音在进行盈利模式创新的过程中，可能运用了哪些主要思维？实施其盈利模式需要如何开展协同合作？

2. 快手的盈利模式分析同第 1 题。

3. 其他新兴行业在面临激烈的市场竞争面前应该如何做好转型升级？应该如何适应快速发展的市场变化？

4. 传统行业是否也需要对盈利模式进行转型升级？谈谈你的看法。

　　商业模式创新是企业适应市场环境的快速变化并保持竞争力的关键。它能够为企业带来新的收入来源、降低成本、提高效率，并满足消费者不断演变的需求。通过创新商业模式，企业可以开拓新的市场领域，构建独特的竞争优势，从而在激烈的市场竞争中立于不败之地。简而言之，商业模式创新是企业持续成长和适应未来挑战的必由之路。

　　在商业模式实践中，贯穿其环境分析、模式定位、资源整合、价值创造、价值获取的全部活动过程无非是维持与创新的矛盾统一过程。可以说，任何企业系统的任何商业模式实践工作都是在维持或创新中实现其价值创造和价值获取职能的。其中，商业模式创新在企业商业模式运行的全生命周期中居于核心地位，这由环境的动态发展变化所决定。

　　本篇共一章，着重阐述以下重要问题：商业模式创新的内涵及影响因素、商业模式重构的概念及前提、商业模式重构的方法与步骤、商业模式重构的主要思维。

# 第七章 创新重构

创新重构是企业跨越生命周期的进化引擎。长寿企业以逆向思维刺破行业认知茧房，借无界融合重组产业基因，在规则重塑中构建非对称增长极，最终进化为掌握生态演化权的"价值物种"——其本质不是寻找新赛场，而是成为重写赛道规则的生态造物主。

——袁柏乔

## 【本章目标】

1. 理解商业模式创新的内涵和影响因素。
2. 理解商业模式重构的概念。
3. 了解商业模式重构的前提。
4. 掌握商业模式重构的方法。
5. 理解商业模式重构的方向。
6. 掌握商业模式重构的思维。

## 【主要概念】

创新，重构，重构思维，重构方法，重构时机

## 【主要思维】

战略思维，历史思维，系统思维，创新思维

## 【导入案例】

商业模式越巧，潜在风险越大。任何事物都具有两面性，商业模式也不例外，一面是"天使"，给企业带来巨大红利；一面是"魔鬼"，给企业的生存和发展带来潜在风险。商业模式存在的风险，具体来说包括不被市场或其他利益相关者接受的风险、资金链断裂的风险、竞争对手模仿的风险等。

摩托罗拉公司的铱星计划，一个全球卫星移动通信系统，原本被寄予厚望，有望在全球电信市场中占据重要位置。该项目经过 12 年的研发，投入了近 50 亿美元，理

论上具有巨大的市场潜力。但是，由于对市场需求的过度乐观估计、忽视了消费者的购买力，以及产品本身的缺陷，铱星计划未能获得预期的用户支持。此外，项目在启动之初未能及时对区域市场进行有效的细分，导致市场定位不准确。这些因素共同作用，使得铱星计划在 1999 年 3 月 17 日不得不宣布破产，未能实现其全球通信服务的宏伟目标。

摩托罗拉在市场预测初期，以蜂窝网移动通信用户量的 1%～3% 作为预测基础。但在市场调研和营销策略上，铱星公司未能充分认识到蜂窝网现有市场的重要性，而是将普通移动用户作为主要目标，这为其失败埋下了隐患。此外，摩托罗拉将目标市场定位于国际商务人士，这一市场调研的局限性进一步限制了铱星计划的潜在市场份额，导致收入无法覆盖成本。在市场区域定位方面，摩托罗拉未能充分考虑各级运营商的建议，导致市场决策与实际脱节，最终走向失败。

资料来源：参见罗慧辉，刘先涛，伍怡. 技术创新与市场的碰撞——"铱星计划"与"小灵通"的案例比较研究 [J]. 技术经济与管理研究，2005 (1)：64－65.

【思考】面对复杂多变的市场环境，企业要想开拓市场，应该如何进行商业模式的创新与重构？

在席卷全球的技术革新浪潮中，企业面临着前所未有的竞争压力和市场变化。传统的商业模式，尽管在过去曾带来辉煌的成就，但在快速变化的今天，已逐渐显露出其局限性。为了适应新的市场需求，捕捉新兴市场和行业的商业机会，企业必须进行商业模式的创新与重构。然而，现实世界中的创新与重构，并不是抱着理论书籍一边看一边做的，而是往往由实践场景触发。

本章将从行业扫描、需求研究、模仿借鉴、技术创新、资本运营等常见实践场景入手，深入探讨商业模式创新与重构的内涵和意义，分析当前市场环境下企业面临的挑战，并提供一系列创新与重构的策略和方法，以帮助企业在市场竞争中保持领先，实现可持续发展。

# 第一节　商业模式创新

## 一、商业模式创新的内涵和意义

【思考】商业模式创新的内涵和意义是什么？

### （一）商业模式创新的内涵

受到科学技术变革、商业环境变化、市场机会牵引、消费者行为变化等因素的驱动，商业模式需要不断创新才能适应社会发展，从而使企业持续获得竞争优势。商业模式创新的研究结合了交易成本理论、资源基础理论、资源依赖理论、动态能力理论、价值链理论等，研究积累丰富，代表性研究有莫里斯等（Morris et al.，2005）、奥斯特瓦尔德等（Osterwalder et al.，2005）、佐特和阿米特（Zott and Amit，2011）、魏炜和朱武祥（2012）等。

从创新结果来看，商业模式创新与创新范围及创新的新颖程度有关，这种新颖程度对于企业或其所在行业而言有效（Foss and Saebi，2017；罗兴武等，2018）。一些以商业模式内容创新为特点的企业，虽然没有技术优势，却各具特点，构成行业转型升级的重要基础（云乐鑫，2014）。

与商业模式的内涵研究类似，对商业模式创新的理解同样始于价值。佐特和阿米特（2001）关注企业通过商业模式创新所带来的价值，认为这种价值甚至能够超过企业合作创造的价值。奥斯杰夫斯基（2015）认为，商业模式创新是指企业寻找为股东创造价值、获取价值的新逻辑和新方法，商业模式变革是对价值创造和价值获取惯例的改变。

不同的视角下，商业模式创新的内涵不同。本书分别从战略视角、价值链视角、权变观视角、认知与学习视角、构成要素视角、创新途径视角和创新过程视角对商业模式创新的内涵进行梳理。

1. 战略视角的商业模式创新研究。帕特里克（Patrick，2002）把商业模式创新视为一种基于差异化实现竞争优势、形成核心能力的战略或方法。切斯布罗（Chesbrough，2007）把商业模式创新视为企业从低层级模式向高层级模式的不断跃进。佐特和阿米特（2010）认为商业模式创新是企业通过对资源和合作伙伴的重组来改进现有的运营系统或重新设计新运营系统的过程。创新的商业模式构成了企业竞争优势和企业绩效的重要来源（Casadesus-Masanell and Zhu，2013；Desyllas and Sako，2013）。根据约翰逊等（Johnson et al.，2008）的观点，对于企业成功来说，商业模式创新比产品创新或者服务创新显得更为重要。特别地，关于战略视角的商业模式创新，加里·皮萨诺（Garyp Pisano，2019）提出了一些独特观点，值得参考。

📖 **专栏7.1【名家观点】** ⋯⋯⋯⋯⋯⋯⋯⋯⋯⋯⋯⋯⋯⋯⋯⋯⋯⋯⋯⋯⋯⋯⋯⋯⋯⋯⋯⋯⋯

### 加里·皮萨诺：创新的"第二十二条军规"以及创新战略的规划与重点

约瑟夫·海勒著的《第二十二条军规》中有一个令人难忘的场景。尤索林意识到："如果奥尔执行更多的飞行任务，他就会精神错乱；如果任务减少，他就能保持神志正常；但如果他神志正常，他就得执行飞行任务；如果他执行飞行任务，他就会发疯，然后他就不必执行飞行任务；但如果他不想执行飞行任务，就表明他头脑没有发疯，他就得继续执行任务。第二十二条军规如此简单明了，令尤索林深感佩服，不由自主地发出口哨声。'这是个圈套！第二十二条军规就是个圈套！'"尤索林可能也会对创新的悖论深感震撼，这种悖论堪称别样的"第二十二条军规"。创新推动企业发展，按常理来说，企业发展导致规模扩大，但规模扩大似乎使创新变得更加困难。更糟糕的是，动态的竞争却又使创新愈加必要。竞争对手和新入行者最终会模仿你拥有的东西，或者推出更好的产品。你在创新上取得的成果越大，就越要创新，但这只会变得越来越困难。

企业创新的首要事项是确立创新战略。创新战略指明了公司打算如何利用创新来创造和获取价值，并阐明不同类型的创新机会中的优先级。好的创新战略包括两个关键目的。首先，好的创新战略有助于明确公司在短期利用现有市场和长期探索新机会之间愿意做出的权衡。这种明确性至关重要，如果缺乏明确性，大多数组织就会倾向于开发现有市场。投资改善现有产品线比打造全新产品线似乎更有利可图。在权衡利弊时，明确的创新战略能为有效执行奠定基础。其次，好的创新战略有助于协调组织的不同部分，为共同的优先事项尽力献策。在具有多种组成结构的复杂组织中，这种协调尤其重要。通过推动协调，好的创新战略使大型组织成为一个并不复杂的创新场所。

资料来源：参见［美］加里·皮萨诺（Garyp Pisano）. 变革性创新［M］. 何文忠，桂世豪，周璐莹，译. 北京：中信出版集团，2019.

2. 价值链视角的商业模式创新研究。玛格丽塔（Magretta，2002）关注商业模式与企业发展的匹配性，从价值链的角度探究商业模式的内涵，认为价值链能够被划分成这样两部分——与生产相关的所有活动，以及与销售相关的所有活动。因产品创新或流程创新通常能够形成商业模式创新，商业模式创新可以分为原价值链调整、价值链要素创新等形式。瑞帕（Rappa，2004）则从产业价值链和企业价值链的角度研究商业模式创新。

3. 权变观视角的商业模式创新研究。弗尔佩尔、莱德奥尔德和特基等（Voelpel, Leidold, Tekie et al.，2004）认为，商业模式创新具有系统性，商业模式创新应与企业所处的外部环境相匹配。索斯那等（Sosna et al.，2010）认为，商业模式创新可能是在环境变化的情况下进行试错的结果。蒂默尔斯（Timmers，1998），埃米特和佐特（Amit & Zott，2001）认为，技术环境影响商业模式创新，以互联网技术为代表的新技术是商业模式创新的主要动力。小玉文雄（Fumio Kodama，2004）认为，在IT领域，商业模式创新是否与技术创新保持一致显得非常重要。坎巴德拉和麦加恩（Cambardella and Mcgahan，2010）对新技术驱动生物制药企业的商业模式创新进行了验证。常阳等（Calia et al.，2007）强调在商业模式创新中技术创新网络的重要性。切斯布罗（Chesbrough，2007）则从开放性创新的视角进行分析，强调在商业模式创新中合作伙伴的重要性。蒂斯（Teece，2010）认为，技术及规则变化是商业模式创新的两个可能来源。文卡特拉曼和赫德森（Venkatraman and Hederson，2008）认为，竞争压力和竞争环境变化会促使企业开展商业模式创新活动。

4. 认知与学习视角的商业模式创新研究。一些学者把商业模式创新视为一种学习过程（Mezger，2014；Sosna et al.，2010）。贝伦茨等（Berends et al.，2016）认为，商业模式有认知和行动两个维度，商业模式的形成具有二元性。商业模式被概念化为认知构成要素和行为模式（Baden-Fuller and Morgan，2010；Massa and Tucci，2014）。当商业模式被视为一种认知现象时（Furnari，2015；Martins et al.，2015），它被描述成代表因素（Arend，2013；Morris et al.，2005；Perkmann and Spicer，2010）、认知工具（Baden-Fuller and Mangematin，2013）、启发（Chesbrough and Rosenbloom，2002）、逻辑（Teece，2010）及蓝图（Osterwalder and Pigneur，2010）等。当商业模式被视为一种组织行为时，它被描述为一种活动系统（Zott and Amit，2010）、例行工作（Winter and Szulanski，2001）或者行为模式（Brousseau and Penard，2007）。

5. 构成要素视角的商业模式创新研究。韦尔等（Weill et al.，2001）认为，战略目标、关键成功要素、核心能力和经营收益来源是商业模式的基本构成要素，可以通过对这些要素进行重组形成新的商业模式。奥斯特瓦尔德（Osterwalder，2004）认为，企业可以通过改变价值主张、目标顾客、关键业务、成本结构等要素来实现商业模式创新。弗尔佩尔、莱德奥尔德和特基等（Voelpel，Lederald and Turgie，2004）认为，企业在充分考虑技术、顾客、基础设备和盈利四个要素的基础上可以实现商业模式创新。商业模式创新可以被定义为现有的商业模式的演化或变革；创新能够被变革驱动，通过商业模式的不同构成因素之间相互关联和相互影响的方式实现（Abdelkafi et al.，2013；Carayannis，Sindakis and Walter，2015）。根据以构成要素为基础进行商业模式创新的研究，商业模式创新可以从客户、技术、组织基础设施和盈利四个方面展开（Voelpel，Leidold and Tekie，2004），也可以从价值主张、供应链和目标顾客三个方面展开（Davila，Epstein and Shelton，2005）；还可以从价值主张、核心能力、成本结构等要素的改变方面实现商业模式创新（Osterwalder，2004，2007）。此外，考虑企业的商业模式创新时，应该关注行业因素和地域因素，从而更好地识别商业模式构成要素，识别商业模式创新的影响因素（张玉利和李海月，2009）。

商业模式构成要素中的每一种要素都不是孤立存在的，加韦蒂和列文索尔（Gavetti and Levinthal，2000）认为，要素间可能的相互作用增加了纳入考量范围的影响因素的数量；特别是在不确定性条件下，当那些相互作用未知时更是如此（Berends et al.，2016）。商业模式具有其构成要素相互依赖的特征，通过这些要素变量组合（Billinger et al.，2014）可以实现商业模式再设计或创新。这些构成要素可能匹配（Siggelkow，2001），进而通过一组连贯的强化选择构成（Morris et al.，2005）；也可能不匹配，要素间形成不利的、有冲突的影响（Lehoux et al.，2014）。商业模式创新涉及多种构成要素的变化，最终结构取决于所有构成要素之间的相互作用（Berends et al.，2016）。这使得商业模式创新及相关过程更加具有不确定性，也很难预知特定的商业模式能否成功（Andries and Debackere，2007；Cavalcante et al.，2011；McGrath，2010）。

6. 创新途径视角的商业模式创新研究。魏尔和维塔利（Weill and Vitale，2001）从商业模式构成模块的角度研究商业模式创新途径。根据他们的观点，"原子商业模式"由若干模块通过不同方式组合而成，当企业原有商业模式的构成模块间的联系规则被改变，或者有新的模块增加时，就出现了商业模式创新。戈登等（Gordijn et al.，2001）从企业价值模型的角度探讨商业模式创新途径，认为可以通过对企业的价值模型进行解构和重构来实现商业模式创新。奥斯特瓦尔德（2004）、魏炜和朱武祥（2012）更具体地从商业模式构成要素的角度研究商业模式创新途径。奥斯特瓦尔德（2004）认为能够通过改变九个构成要素实现商业模式创新，魏炜和朱武祥（2012）认为能够通过改变六个构成要素实现商业模式创新，对构成要素的改变就形成商业模式创新的不同途径。约翰逊等（Johnsone et al.，2008）认为，商业模式创新是企业在资源整合方式、业务流程等方面实现创新，从而为客户提供新的价值主张。德米尔和勒科克（Demil and Lecocq，2010）认为，商业模式创新源于商业模式构成要素之间的互动，要素互动使企业有新的价值主张、新的资源组合等选择，或者促使组织系统演化，各种构成要素或构成维度受到影响，甚至可能对整个行业带来根本性创新。斯皮思等（Spieth et al.，2015）认为，在价值提供、价值创造结构及收入模式逻辑三个商业模式维度中，一个或多个维度受到影响，实现企业变革，那就是商业模式创新。

7. 创新过程视角的商业模式创新研究。索斯那等（Sosna et al.，2010）从动态视角看待商业模式创新，认为商业模式创新是一个以试错学习为基础的持续改进、适应并优化的过程。博克等（Bock et al.，2012）认为，商业模式创新其实是一种组织变革过程，但又不同于其他类型的组织创新，是在组织层面面对高层次、长期性挑战时采用的变革方式，是一种新颖的、特殊的创新。笛德和本珊特（Tidd and Bessant，2009）则从创新程度进行阐释，把商业模式创新视为一种非连续性创新。劳丁（Laudien，2016）通过多案例研究发现，商业模式创新可能是一个高度突发和无意识的过程。

综上所述，本书认为，商业模式创新是指企业为了获得市场竞争优势，对现有商业模式进行显著改变或创造全新商业模式的过程。商业模式创新是改变企业价值创造的基本逻辑的一系列活动的总和。这种创新可以涉及产品、服务、市场、技术、组织结构等多个方面，目的是更好地满足客户需求、提高效率、降低成本或创造新的收入来源。在这个过程中，企业需要清晰地定义自己的价值主张，确保所提供的产品或服务能够解决客户的痛点，提供独特的价值。商业模式创新的关键在于形成独特的核心能力，这需要通过不断创新和调整来实现。

与商业模式的内涵相比，在商业模式创新的内涵中，其价值创造与价值传递的功能更加凸显，是一种有利于企业实现竞争优势的战略选择。在商业模式创新方面的挑战主要是，新产品、新服务如何在企业价值网络的行为者中创造价值和传递价值，不同的行为者的激励措施如何与新的价值分配情况相一致（Markides，2006；Osborne，2011）。在商业模式创新中，商业模式本身被视为创新的对象（Johnson et al.，2008；Chesbrough，2010；Demil and Lecocq，2010），这是商业模式创新的本质（Cortimiglia，Ghezzi and Frank，2016）。在商业模式创新中，呈现出商业模式从低层级到高层级的跃进。商业模式是商业模式创新的分析单元，可以通过其构成要素的调整或改变实现商业模式创新，还可以通过构成要素间关系的关联变革实现商业模式创新。商业模式创新是创造出不同于现有商业模式的新模式，可以通过商业模式构成模块或构成维度的增加、改变，或联系规则的改变而实现。商业模式能够简化影响企业结构化的众多变量，以统一的形式呈现这些变量（Baden-Fuller and Morgan，2010）。从组织角度来看，商业模式创新也是一种组织层面的变革，表现为一种持续改进的变革过程。商业模式创新应与外部环境相匹配，与具体情境相适应，不存在具有普适性的优秀商业模式创新模板，技术、合作网络、竞争环境等都会对企业商业模式创新带来重要影响。

### （二）商业模式创新的意义

商业模式是企业运营的核心，一个好的商业模式能够带来丰厚的利润，同时也是企业发展的基石。在快速变化的市场环境中，保持灵活性和适应性，不断探索新的商业模式，是企业持续成功的关键。商业模式创新的重要意义在于：首先，它能够发挥杠杆作用，以小博大。商业模式创新通过放大资源的效用，帮助企业提升资源效率和价值。例如，金风科技通过高资源利用率实现了比联想集团更高的市值，尽管后者的销售额和员工数量更大。其次，商业模式创新是企业切入高利润区的利器。企业通过识别价值链中的高利润环节，优化资源配置，提高投资回报率。再次，它有助于降低选择和试错的成本。良好的商业模式为决策提供明确方向，减少不必要的试错，从而降低因决策失误带来的成本。此外，商业模式创新能够提高客户满意度。企业通过提供更符合消费者个性化需求的产品和服务，如在线旅游平台的个性化旅游方案，提升客户体验。同时，它能够提升企业竞争力。创新的商业模式使企业在产品、渠道、客户关系等方面形成独特优势，如阿里巴巴的"淘宝"平台，通过开放平台促成交易，增强了市场竞争力。进一步地，商业模式创新有助于突破企业发展的限制。长期发展的企业可能会遇到增长瓶颈，这往往与商业模式的局限性有关。商业模式创新是企业实现跨越式发展的关键。最后，它能够促进整个行业的发展。商业模式创新不仅带动单个企业的发展，还能推动整个行业的创新和升级，尤其是在数字化转型成为趋势的今天，它有助于企业更好地适应市场变化，推动产业升级。例如，阿里巴巴的"淘宝"平台通过创新的商业模式，不仅成为电商领域的领导者，也推动了整个行业的数字化转型。

## 二、商业模式创新的类型和影响因素

【思考】商业模式创新的类型和影响因素有哪些？你认为哪种分类方式更加简单实用？

### （一）商业模式创新的类型

不同的学者对商业模式创新有不同的分类方式，本章重点介绍第四种分类。

1. 莫里斯等（2005）认为商业模式定义可分为经济类、运营类、战略类三大类型，商业模式创新类型也同样可以分为经济类、运营类、战略类三大类型。其中，经济类商业模式创新，指对企业赚钱的商业经济逻辑进行创新，通过创新收益来源、定价方法、成本结构和利润等因素达到商业模式创新的目的；运营类商业模式创新，指对企业内部的经营管理和业务流程进行创新，主要包括产品或服务交付方式、管理流程、资源、知识管理等要素的创新；战略类商业模式创新，指对企业的战略管理的创新，包括市场定位、组织边界、竞争优势、价值创造等要素的创新。

2. "商业画布之父"奥斯特瓦尔德（2008）将商业模式构成分为九大要素板块。有的学者据此把原有商业模式中九大要素的改变也视为商业模式的创新。客户细分的创新可以是商业模式的创新，价值主张、渠道通路、客户关系、收入来源、核心资源、关键业务、重要合作、成本结构，其中任一个要素的改变也都是对整个商业模式的创新，所以商业模式创新有九大类型，分别是客户细分类、价值主张类、渠道通路类、客户关系类、收入来源类、核心资源类、关键业务类、重要合作类和成本结构类商业模式创新。

3. 从常见的商业模式类型汇总的角度，常见的商业模式有价值链模式、客户模式、渠道模式、资源模式、产品模式、组织模式、巨型模式和知识模式八个类型。由此，商业模式创新的类型也可以被分为八个类型，分别为价值链模式创新、客户模式创新、渠道模式创新、资源模式创新、产品模式创新、组织模式创新、巨型模式创新和知识模式创新。

4. 魏炜、李飞和朱武祥（2020）在谈到如何才能洞察商业模式迭代创新的机会时指出，创新机遇源自视角转变。当企业以不同的视角来分析与生态系统的关系时，就能归纳出商业模式创新的四个路径，由此也就衍生出商业模式创新的四个类型。

（1）设界。设界就是设定企业边界。设界的核心在于明确企业在商业生态系统中的角色和边界。在众多交易角色中，每个角色都拥有其独特的价值空间、交易成本和对整个生态系统的影响力。无论是新进入的企业还是已存在的企业，都需要考虑哪些交易角色是自己应当承担的，哪些则应该放弃。对于新进入的企业，它们需要从商业生态系统的角度出发，选择合适的交易角色，并据此构建自己的商业模式。而现有的企业则需要不断审视自身，决定哪些交易环节可以外包，哪些则需要收回内部管理。设界往往意味着对传统商业模式的重新思考。设界的实践案例包括名创优品和海澜之家。名创优品承担了设计和零售两个环节，而海澜之家则将设计工作交给了供应商。这些创新举措都取得了积极的市场效果。

设界主要有三种路径：一是将市场交易转化为非市场交易，即企业可以承担其供应链上下游的一些业务活动和特定角色。二是将非市场交易转化为市场交易，即将企业内部承担的一些角色和业务活动外包给市场。三是在市场条件不变的情况下，调整角色的归属，企业可以主动选择自己要从事的业务活动和交易角色。[①]

设界有助于增加交易价值，主要通过资源能力的效率重构来实现。企业需要考虑如何选择业务活动和交易环节，以及不同交易角色及其关键资源能力如何影响交易价值和成本。通过这样的创新，企业能够更有效地利用资源，提高整体的运营效率和市场竞争力。

（2）补缺。补缺是一种通过增加业务活动和交易角色来提升商业生态系统交易效率的方法。在生态系统的发展过程中，存在许多机会来增加业务活动和交易角色，这不仅可以提升整个生态系统的价值空间，还能帮助企业发现新的商业机会。要实现补缺，企业需要对现有商业生态系统有深入的洞察和敏锐的判断力。企业需要从宏观的角度审视生态系统，识别瓶颈和痛点，并把握商业机会。

补缺主要有两种途径：一是对现有生态系统中的角色进行补充和扩展，通过补缺提高企业的交易价值。二是创新交易角色，以改善整个商业生态系统的交易价值。[②]

补缺能够促进交易结构效率的改善，它针对影响交易效率的结构性因素，如业务活动的缺失或短缺，以及交易角色的缺失或短缺，进行结构性的补充。通过补缺，企业能够拓宽交易渠道，提高交易效率，并提升交易价值。这种创新有助于企业在生态系统中找到新的增长点，同时也推动整个生态系统的健康发展。

（3）再造。商业模式再造是在商业生态系统中，在不改变利益主体边界的前提下，通过调整交易结构要素来获取价值增量的一种方法。这种再造要求企业基于当前的商业生态，设计出全新的商业模式，这不仅涉及创新和变革，还需要对商业逻辑有深刻的理解。再造可以涉及多个交易结构要素的调整，包括成本结构、盈利模式、收入结构和现金流结构等。

再造主要有两种途径：一是企业基于现有的商业生态和新的商业逻辑，设计出不同的商业模式，实现从价值创造到价值捕获的闭环，推动商业生态以多元交易结构扩大其价值。二是利用技术创新，改变或优化业务活动环节，实现商业模式的再造。例

---

①②　魏炜，李飞，朱武祥. 商业模式学原理［M］. 北京：北京大学出版社，2020：256 − 257.

如，移动互联网技术降低了交易搜寻成本，催生了许多新的商业模式。①

再造有助于增加交易价值，其主要贡献来自结构性效率的提升。因此，企业应持续审视和优化商业生态系统内的交易结构，以提高商业模式的结构性效率，从而实现持续的价值增长。

（4）觅新。觅新是指企业在现有的商业生态系统中寻找新的外部利益相关者或资源能力，以此促进生态系统的成长和发展。这一过程要求企业保持开放和探索的心态，不仅在生态系统内部寻找机会，也要在外部环境中寻找可能的合作伙伴和资源，以实现跨界合作和价值创造。

为了实现觅新，企业可以采取以下两种主要途径：一是发掘未被充分利用的资源。企业可以识别和交易当前生态系统中尚未被充分利用的资源和能力，通过设计新的交易结构来释放这些资源的潜在价值。例如，电商企业可以将其积累的数据和计算能力应用于传统行业，从而创造新的价值。二是引入外部资源。企业还可以引入其他生态系统的资源和能力，如跨行业的资源或由新技术带来的能力，以增强现有生态系统的价值。②

觅新对商业生态系统的价值贡献主要体现在提升潜在资源的效率上。这些资源可能来自当前生态系统内部，通过与外部生态系统的互动来实现价值增长；也可能来自生态系统外部，通过跨界拓展来实现生态系统的增值。通过这种方式，企业不仅能够创造新的价值，还可能通过优化资源配置来降低交易成本，从而推动整个生态系统的持续发展和创新。

本书在设界、补缺、再造、觅新的基础上，延展提出四种创新类型：无界融合型、生态嵌合型、链态重组型、奇点破局型。第一，基于动态能力理论的无界融合型创新，其内涵是打破产业物理边界，例如苹果"手机＋互联网"的模式，这种创新强调主动跨界，以实现多元融合。第二，基于生态位理论的生态嵌合型创新，其核心是嵌入价值网络填补结构洞，例如拼多多"下沉市场C2M"的策略，这种创新体现生物共生关系，通过嵌合实现生态协同。第三，基于价值网模型的链态重组型创新，其关键在于解构并重组价值链形态，例如戴尔"直销模式革命"的实践，这种创新突出价值链的流体特性，通过重组实现效率提升。第四，基于颠覆式创新理论的奇点破局型创新，其重点是捕捉技术/需求突变点，例如Zoom"云视频临界点"的突破，这种创新揭示了突变窗口的本质，通过破局实现跨越式发展。

### （二）商业模式创新的影响因素

企业有必要了解商业模式创新的影响因素，从而洞察环境变化，依据自身企业类

---

① 魏炜，李飞，朱武祥. 商业模式学原理 [M]. 北京：北京大学出版社，2020：256－257.

② 魏炜，李飞，朱武祥. 商业模式学原理 [M]. 北京：北京大学出版社，2020：258.

型和特点、通过不同途径实现商业模式创新。我们将对比在位企业和新创企业，分别
从商业模式创新的制约因素和驱动因素对此进行研究。

1. 制约企业进行商业模式创新的因素。企业的现有商业模式通常被称作商业模式
原型（Gerasymenko et al.，2015），或主导商业模式（Bohnsack et al.，2014）。然而，
在经济环境的快速变化中，企业曾经成功的商业模式可能不再适应新的环境，无法持
续创造原有的价值。这种不适应性往往伴随着企业内部的惯性、冲突，以及外部环境
带来的风险。正是这些挑战，激发了企业进行商业模式创新的动力。

第一，对在位企业来说，惯性制约着企业的商业模式创新（Tripsa and Gavetti，
2000）。这种惯性首先体现在企业经理人的认知惯性，包括其对现存实践的认知制约和
政治考虑的一贯性（Amit and Zott，2012；Chesbrough，2010；Huff et al.，1992）；将
不同设计元素和设计主题组合起来的一致性（Casadesus-Masanell and Ricart，2010）；
其对商业模式原型的熟悉程度（Chesbrough and Rosenbloom，2002），以及对新商业
模式的潜力价值的认识不足（Chesbrough，2010）。其次惯性体现为，在位企业会对
原有商业模式/商业模式原型/主导商业模式产生惯性、路径依赖和资源依赖（Bohn-
sack et al.，2014；Gerasymenko et al.，2015），在位企业会倾向于延续或复制自己过
去的成功。商业模式原型对于在位企业的资源和能力有锁定效应（Sosna et al.，
2007）；企业的资产和流程组合会受到惯性的影响，进而制约新商业模式的建立。
尽管有些公司得以建立起新的商业模式，但新旧商业模式的资源分配可能会出现
"互噬"的现象（Øiestad and Bugge，2014）。所以，在位企业只有在需要避开创新
者、获得关键市场份额以及寻求长期生存时，才会引入新的商业模式（Sosna et al.，
2007）。

第二，企业在新市场环境中的商业模式原型与市场环境的不匹配，是制约商业模
式创新的另一重要因素。当企业将其商业模式原型扩展到新的市场领域时，这种不匹
配表现为一系列挑战。不同国家的市场复杂性、文化差异以及消费者行为的多样性，
都可能影响一个商业模式在不同国家市场的有效性（Cortili and Menegotto，2010；
Fleury and Fleury，2014）。特别是在新兴市场，由于基础设施不完善、制度不健全以及
市场层次复杂，企业的商业模式原型面临着激烈的竞争、市场不确定性、动态变化以
及法律法规的多重挑战（Khanna et al.，2005；Prahalad and Mashelkar，2010）。简单
地将商业模式原型复制到新市场，往往难以适应，甚至可能削弱企业的竞争力和市场
表现（Zander et al.，2015）。因此，企业需要深入理解新市场的特定需求，并主动调
整其商业模式，通过本地化（Wu et al.，2010）或创新（DaSilva and Trkman，2014），
以克服新市场的挑战。从这个角度来看，商业模式创新对于企业成功进入新兴市场、
满足新兴市场的价格—绩效需求、与国际竞争对手抗衡，以及在新兴市场中实现长期
生存至关重要（Seelos and Mair，2007）。

第三，技术和环境的快速变化带来的风险，对在位企业进行商业模式创新构成

了制约。商业模式创新的机会往往是不可预测的（Alvarez and Barney, 2007；Andries, Debackere et al., 2013），即便新的商业模式既新颖又高效，也不一定能获得市场的认可（Øiestad and Bugge, 2014），市场的不确定性使得企业往往固守现有的商业模式原型。在位企业与新创企业在处理新商业模式时存在显著差异：在位企业需要同时管理现有的商业模式原型和新的商业模式，解决两者之间的冲突和协调问题，而新创企业则没有这样的负担（Kim and Min, 2015）。新创企业的惯性主要受到创始人的教育背景和工作经验的影响（Sosna et al., 2007），其生存和发展高度依赖于创始人克服挑战、实现商业模式创新的能力（McGrath and McGrath, 2000）。此外，新创企业的商业模式创新面临更大的风险，部分原因是环境的动态性。商业模式创新对新创企业的竞争地位和存活概率有着重要影响（George and Bock, 2011），因此新创企业必须考虑其创新商业模式的适应性和持续创新的能力（Gerasymenko et al., 2015）。风险的另一个来源是产业内竞争的动态性，新创企业需要评估在位企业是否会模仿其创新商业模式，并据此决定自己的商业模式策略（Casadesus-Masanell and Zhu, 2013）。

2. 驱动企业进行商业模式创新的因素。企业要保持竞争力就需要不断地发展与改变自身的商业模式，以下驱动因素激励企业不断更新技术、提升能力、积累资源，从而推动商业模式创新的实现。

首先，企业及其高层领导者对外部环境的认知能力是推动商业模式创新的关键因素（Baden-Fuller and Managmatin, 2013；Martins et al., 2015）。在组织层面，企业领导者是影响商业模式的最重要个体。作为商业模式的设计者，他们的能力和决策对商业模式创新的成功至关重要，需要特定的领导力来引导这一过程（Svejenova et al., 2010），包括领导者对市场的认知能力、信念（Aspara et al., 2011）和创造力（Svejenova et al., 2010）。领导者通过直觉和洞察力推进企业最初的商业模式设计（Sosna et al., 2007），并在维持现状或模仿市场中其他商业模式之间作出决策（Casadesus-Masanell and Zhu, 2013）。企业领导者通过类比推理和概念组合两种机制来规划和分析企业的商业模式，从而主动作出商业模式创新的决策。在资源密集型组织中，企业领导者引领商业模式创新需要三步流程：确定组织类型、分析竞争对手的地位、构建新的商业模式（Sheehan and Stabell, 2007）。

其次，技术创新是推动商业模式创新的重要因素（Teece, 2010）。技术创新不仅催生了将技术商业化的需求，也为满足消费者的潜在需求提供了市场机会。尽管商业模式创新并不总是依赖于新技术（Mezger, 2014），但新技术的出现往往能够促进商业模式的创新（Khanagha, Volberda et al., 2014；Velu, 2015）。在成熟产业中，尤其是在利润下降或与强大外部伙伴合作时，新技术可能会对产业的主导设计或企业的商业模式原型构成挑战，这解释了为何一项优秀的技术并不总能立即被市场接受（Sabatier, Craig-Kennard et al., 2012）。技术创新与商业模式创新之间存在一种共生关系，从企业内部来看，企业的技术创新能力为商业模式创新及其发展提供了坚实的支撑（吴晓波等，2013）。

最后，企业在各个层面的资源和能力是推动商业模式创新的重要驱动力。企业必须具备灵活多样的动态能力，以克服由惯性、冲突和风险带来的挑战（Witzeman et al.，2006；Hafkesbrink and Scholl，2010；Doz and Kosonen，2010），并确保商业模式创新的成功实施（Augier and Teece，2009；Teece，2010）。即使是已经拥有成功商业模式的在位企业，也需要不断识别其商业模式原型与市场环境之间的不协调之处（Frankenberger et al.，2014），并更新其商业模式原型以应对市场威胁，从而保持企业为利益相关者创造价值和传递价值的能力，确保企业能够持续获得价值并实现可持续发展（Sosna et al.，2007）。对于新创企业而言，商业模式创新要求企业或其领导者具备模仿、学习和整合外部新知识和技能的能力（Sosna et al.，2007；Casadesus-Masanell and Zhu，2013）。

此外，组织活动和组织结构的变化也驱动着企业的商业模式创新，包括：企业核心逻辑的改变（Linder and Cantrell，2000）、成本和收益结构的变化（Demil and Lecocq，2010）、组织和管理因素的变革（Hartmann et al.，2013）以及产品创新和研发方式（Kaplan，2012），组织的战略柔性也被认为是企业成功进行商业模式创新的重要因素（Doz and Kosonen，2010）。

## 三、针对不同企业设计不同的商业模式

【思考】针对处于生命周期不同阶段的企业设计不同的商业模式，有哪些注意事项？

### （一）创业型企业商业模式设计

市场竞争随着市场的成熟而日益加剧。在几乎所有的产业领域，众多企业都在争夺市场份额。因此，企业追求差异化成为一种趋势。差异化虽然表现在多个方面，但其核心在于打造独特的商业模式。不同规模、状态、行业和类型的企业拥有不同的商业模式，但它们也都遵循着一些普遍的商业原则。因此，商业模式总是既具有共性，又带有个性，个性又与共性相协调。

对于创业型企业而言，至关重要的是在创业之初就精心设计好商业模式，这往往是中国创业者容易忽视的环节。创业者在分析商业模式时，不应仅仅停留在编写可行性分析报告上，而应从以下几个维度进行深入探讨：（1）明确企业属于制造业、流通业还是服务业，因为不同行业的基本商业模式有所不同，如制造业通常是"供应—生产—销售"，而服务业则可能是"采购—销售"。（2）深入研究市场，包括企业产品或服务的市场规模、地理位置，以及目标客户群体，即产品定位。（3）分析

竞争对手，了解在同一地区、市场、产品（服务）和客户群体中的竞争对手，以及它们的优势和劣势。（4）创业者需要根据外部环境的变化，分析并设计出适应市场的商业模式。

创业并不都是由小到大。有的始于小打小闹，有的却是高举高打。小的可以小到不用投资；大的可以是十亿元、一百亿元、一千亿元。国内著名的白酒品牌金六福的商业模式就非常独特。

## 专栏7.2【商业模式实践】

### 新华联集团"借鸡生蛋"创建金六福品牌

新华联集团在进军白酒行业时，面对的是一个已经非常成熟且竞争激烈的中国白酒市场。在这个市场中，一些知名品牌长期占据主导地位，即使面临假冒伪劣产品的冲击也能保持稳定，同时新品牌也在不断涌现。如果新华联集团采用传统的商业模式，即从建窖、配方、发酵、酿酒到销售和品牌建设的全过程，不仅需要巨大的投资和漫长的周期，而且由于缺乏白酒生产、经营和管理的经验，这样的投资将面临很高的风险。为了避免这种风险，新华联集团采取了一种创新的商业模式——"借鸡生蛋"，即与中国白酒行业的领军品牌五粮液合作，创建自己的品牌，但并不直接参与生产，而是仅仅专注于营销，并建立了庞大的销售网络。尽管固定资产规模不大，却实现了年销售额达20亿元的业绩，取得显著的成功。

金六福的商业模式之所以精妙，在于它巧妙地利用了五粮液的成功要素，避免了大规模的固定生产投资，使得企业可以根据自身的资金实力逐步扩大经营规模，有效控制了投资风险。金六福品牌的无形资产完全属于公司自身，即使与五粮液的合作出现分歧，金六福也能独立运营。此外，尽管金六福与五粮液在体制和投资主体上有所不同，仅仅是OEM合作关系而非股权关系，但金六福并没有对五粮液的主打品牌构成威胁，反而帮助五粮液在不增加营销成本的情况下扩大了销售量，同时五粮液品牌也因金六福每年数千万元的广告投入而得到进一步的宣传。这种合作模式实现了双方的共赢。

资料来源：参见本刊编辑部. 五粮液：子品牌混乱，再疼也要治［J］. 国际品牌观察，2021（34）：7-11.

### （二）成长型企业商业模式设计

通常，处于培育期或成长期的企业已经初步建立了自己的商业模式。这个阶段对企业来说至关重要。许多企业在这一时期由于难以找到有效的突破口，可能会长时间停留在一定的销售规模，甚至遭受亏损或创业失败。因此，对于这些企业来说，最关键的任务是寻找一种创新的商业模式作为突破口。在这一过程中，企业决策者需要考虑自己的产品或服务是面向区域市场还是全国市场：如果市场范围限定在某个区域，那么企业决策者应该深入研究同一区域内规模相似的其他企业的商业模式，分析它们与自己企业的商业模式的异同点。通过借鉴其他企业的成功经验，避免它们的缺点，并创造性地改进自己的商业模式，企业可能会找到通往成功的路径。

## 专栏7.3【商业模式实践】

### 万通集团创新商业模式扭亏为盈

万通集团曾有一个著名的案例。1996年，经过两年半的建设，北京万通新世界广场盛大开业，并取得前所未有的销售业绩。与此同时，仅一街之隔的四川大厦，由于体制问题，历经十三年仍未完工。这两种不同的体制导致了截然不同的商业成果，一度成为业界的佳话。然而，万通广场的商业运营却面临着挑战。尽管万通引入了美国经营团队，并从西单商场、友谊商场高薪聘请了零售经营人才，但对于缺乏商业零售经验的万通来说，商场经营仍然难以为继，连续亏损。与此同时，四川大厦内的华联商场却后来居上，生意兴隆。万通集团尝试了多种方法，但未能扭转这一局面，直到1999年，开业两年多后，万通在商业模式上进行了一次大胆的创新，才彻底改变了这一局面，取得了成功。万通的策略是放弃自营模式，将所有经营面积分割出租给小商贩，将万通广场转型为小商品批发市场，吸引了众多原本在街头巷尾经营的小商贩涌入这个繁华、高档的商场。这一转变使万通广场迅速扭亏为盈，同时简化了经营管理流程。

万通在商业模式上的转变给我们带来了以下启示：在房地产领域，万通是专家，其成功甚至超过了国有体制的四川大厦。但在商业零售方面，万通是新手，没有长期的学习和实践，难以与国有体制的华联竞争。在同一个区域内，当外行与内行面临同质化竞争时，万通选择了和平共处，而不是通过价格战或其他恶性竞争手段。此外，万通也开始了从多元化投资经营向专业化调整的转变，放弃了零售业的投资经营。在进行调整时，万通没有选择低价抛售的方式，而是通过商业模式的创新，既退出了零售业，又使企业实现了盈利。

资料来源：参见本刊编辑部. 企业如何构建自己的商业模式［DB/OL］. 华慧智成咨询. 2019－12－18.

### （三）成熟型企业商业模式设计

成熟期企业在选择商业模式时，关键在于平衡稳定性与创新性。这些企业已经渡过了创业的艰难和成长的挑战，正处于一个关键的转折点，决定着它们是否能够成为全国性或跨国性企业。在这个阶段，企业可能会面临两种风险：一是过于依赖过去的成功模式，忽视市场和竞争环境的变化，导致最终的衰退；二是过度自信，盲目扩张进入不熟悉的领域，导致管理失控和失败。为了避免这些问题，成熟企业可以采取以下策略：一是利用自身的市场领先地位，通过并购或整合潜在的竞争对手，以消除威胁并巩固市场地位；二是持续创新商业模式，提升企业的核心能力，以适应不断变化的市场环境。

商业模式的创新是企业发展的永恒主题。例如，OEM（原始设备制造商）模式就是一种有效的商业模式创新，它允许大型企业在扩大规模的同时降低投资风险。关于OEM模式实践案例的详细分析，见本书第四章中的相关专栏。

### （四）扩张型企业商业模式设计

除了上述方法之外，处于成长期或成熟期的企业，还有可能同时处于扩张周期，故而补充阐述于此。扩张型企业在构建商业模式时，面临的挑战是如何在追求增长的同时保持稳健。许多企业在经历了多年的发展后，已经建立了自己的品牌和成熟的生产销售体系，实现了稳定的收益。然而，这些企业中有些在尝试通过资本市场进行快速扩张时，却遭遇了失败，甚至走向衰败。

这些失败的案例通常源于几个常见的错误：一是过度依赖资本市场的扩张策略，而忽视了企业原有的经营优势。二是缺乏对资本运营的深刻理解和风险控制，导致在追求增长的过程中放大了风险。三是未能平衡直接投资与直接经营的关系，导致企业的核心业务受损。为了避免这些陷阱，扩张型企业应该采取以下措施：一是强化对资本运营的理解和风险管理，确保扩张策略与企业的长期目标和核心能力相匹配；二是维持对核心业务的关注，确保在追求资本市场扩张的同时，不削弱企业的核心能力；三是谨慎评估资本运营的潜在回报与风险，避免盲目追求短期的高速增长。通过这些策略，扩张型企业可以在保持稳健经营的同时，实现可持续增长。

扩张型企业在追求增长的过程中，会采用多种商业模式来实现其战略目标。以下是四种常见的扩张策略：（1）多元化投资。这是一种备受争议的扩张方式。尽管一些企业如德隆系因多元化投资而遭遇失败，但多元化本身并非不可行。关键在于企业是否具备足够强大的管理能力和资源来驾驭多元化的挑战。成功的多元化投资需要企业在保持专业化管理的同时，量力而行，避免超出自身的能力圈。（2）战略投资。这种模式要求企业具有高超的投资经营水平，通常涉及战略并购、产业整合和战略管理。虽然目前国内能够成功实施战略投资的企业凤毛麟角，仅见于华润、腾讯等，但对于那些具备相应能力和资源的大型扩张型企业来说，战略投资可以作为一种有效的扩张型商业模式。（3）并购扩张。并购是扩张型企业常用的增长手段之一。然而，中国的一些扩张型企业在并购方面存在意识不足、目的不明和整合能力弱化的问题。成功的并购需要明确的目标、周密的计划和强大的整合能力。（4）价值链延伸。这是一种近年来流行的扩张模式，它侧重于沿着企业的价值链进行投资和整合。具体方法包括：其一，横向扩展。在现有产品的基础上，向相关价值产品扩展，如娃哈哈从矿泉水扩展到非常可乐。其二，纵向扩展。在产品链的上下游进行扩展，如湘火炬从汽车火花塞扩展到汽车变速箱，再到整合重型汽车产业价值链。其三，综合扩展。同时进行横向和纵向的扩展，如第一汽车在货车领域的上下游延伸，同时进入轻型车、轿车及汽车服务领域。在实施这些扩张策略时，企业需要根据自身的资源、能力和市场环境来制定合适的扩张计划，并确保在扩张过程中能够有效地管理和整合新业务，以实现可持续增长。

总之，在选择、设计商业模式的问题上，中小企业比较注重战术型的商业模式，如营销策略、产品创新、技术创新、管理创新、价格策略、联盟策略等；大型企业则多着眼于战略型的商业模式选择；而像华为、谷歌、微软、沃尔玛这样既在战略上非常成功，又在战术上非常到位的企业则十分罕见。

# 第二节　商业模式重构

## 一、商业模式重构的概念和背景

【思考】什么是商业模式重构？商业模式重构的背景有哪些？

### （一）商业模式重构的概念

魏炜和朱武祥（2009）将商业模式本质定义为利益相关者的交易结构，将商业模式重构定义为重构企业内外交易结构安排。提出企业在向生命周期的六个不同成长阶段过渡时，企业需要重构商业模式。

戴天宇（2016）则指出了商业模式重构与商业模式设计的区别。他认为，商业模式重构，是对企业已有的商业模式进行局部优化，而商业模式设计，则是从头开始，创造出一个全新的商业模式。

原磊（2007）把建立全新商业模式的混合变革路径的商业模式变革归为重构型商业模式变革（见图 7-1）。他认为当商业模式的核心逻辑完全不能够适应环境的要求时，企业必须对原有商业模式核心逻辑进行彻底的颠覆，即实施重构型商业模式变革。重构型商业模式变革是企业对自身的全方位改变，是一种最激进的商业模式变革，替代经济已经无法发挥作用。从适用环境上看，重构型商业模式变革适用于激烈动荡、非线性变化的经营环境；从产业成长的不同阶段来看，重构型商业模式变革更多发生于产业的衰退期和初创期，行业中通常伴随着突破性的技术和应用创新，消费者对自身的偏好也处于重新定义当中。此时，企业必须要不断地打破、重构自身的商业模式，通过为顾客和伙伴提供前所未有的新价值，从而获得竞争优势和利润。

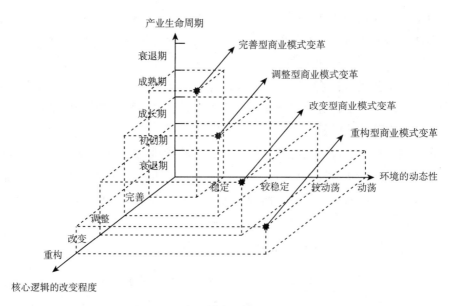

**图 7 - 1　商业模式变革的四种类型**

资料来源：原磊．商业模式体系重构［J］．中国工业经济，2007（6）：70 - 79．

综上所述，本书认为，商业模式重构是指企业在新的市场环境和技术条件下，对现有商业模式进行根本性变革的过程。商业模式重构通常涉及对企业的核心价值主张、收入来源、成本结构、合作伙伴网络以及客户关系的重新设计，目的是适应市场变化、提高效率、降低成本或创造新的收入来源。

商业模式创新和商业模式重构是两个密切相关但又有所区别的概念：商业模式创新通常涉及对企业如何创造价值和获取价值的方式进行重新思考。创新可以是渐进的，也可以是激进的，可能包括新产品、新市场、新技术或新业务模式的开发。它可能涉及对现有业务流程、客户体验或价值链的优化和改进。商业模式重构可能涉及对企业的核心战略、运营模式、收入来源、成本结构和合作伙伴关系的全面重新评估。它往往是对企业现有商业模式的彻底改造，以适应新的市场环境或利用新的技术机会。重构可能是由于外部压力（如竞争、法规变化、技术进步）或内部需求（如增长停滞、成本压力）驱动的。

总的来说，商业模式创新可以看作是商业模式发展和演进的一部分，而商业模式重构则是对企业核心商业逻辑的彻底重新思考和设计。创新更多关注增量改进和优化，而重构则涉及更深层次的变革和转型。在实践中，两者之间的界限可能并不总是清晰的，因为重构过程中可能包含创新元素，而创新过程中也可能需要对商业模式进行一定程度的重构。

### （二）商业模式重构的背景

一是技术颠覆性演进。数字化（如互联网、AI、区块链等）正在重塑生产、服务和交互方式，平台经济打破传统价值链，数据驱动决策，自动化与智能化催生新商业模式（如按使用时间付费的智能设备服务）。二是客户需求升级。体验经济崛起，消费者追求个性化、即时性和情感连接；社交媒体增强用户话语权，促使用户参与共创；环保、社会责任理念影响购买决策；便利性需求催生订阅制、即时配送等新模式。三是竞争格局剧变。科技巨头跨界颠覆（如亚马逊进入金融、医疗）；初创企业以轻资产模式挑战传统行业；全球化与本地化并存，企业需平衡规模与定制化。四是经济环境压力。市场饱和倒逼企业寻找新增长点；成本上升（如人力、合规等）推动效率优化（如共享经济、服务化转型等）；资本更看重创新与长期价值，而非短期利润。五是政策与社会趋势。数据隐私、反垄断等法规趋严，可持续发展要求企业转向循环经济（如产品即服务），社会期望企业承担更多责任（如公平劳动、社区贡献等）。六是传统模式遭遇效率"瓶颈"。利润被挤压（如中间环节、客户议价等），组织僵化难适应变化，资产（如数据、品牌等）未充分利用，无法满足新兴需求（如个性化、一站式服务等）。可见，商业模式重构已经成为许多企业无法回避的话题。

　　商业模式重构的背景呈现出三个方面的特点：一是不变则亡的紧迫性。在技术颠覆、客户变迁、竞争加剧的 VUCA（易变、不确定、复杂、模糊）时代，固守传统模式的风险极高。二是创新求生的必要性。重构不再是锦上添花，而是关乎企业生存、获取竞争优势、实现可持续增长的战略核心。三是价值重塑的机会性。新技术和新需求创造了重新定义价值主张、重构价值链、探索新收入来源的巨大机会。企业需要敏锐洞察这些背景因素的变化，主动拥抱变革，通过持续地进行商业模式重构的探索、验证和迭代，才能在动荡的商业环境中保持韧性和竞争力。重构的目的在于更好地创造价值和获取价值，以适应甚至引领未来的发展趋势。

# 二、商业模式重构的前提和时机

【思考】商业模式重构的前提是什么？商业模式重构的时机选择有何考究？

## （一）商业模式重构的前提

　　商业模式重构是企业应对变革的战略选择，但成功重构尚需具备以下重要前提条件，可从基础条件、能力条件和环境条件三个维度加以探讨。

　　首先，基础条件（战略与认知层面）。一是战略共识与领导力支撑，包括：高管团队对重构必要性达成深度共识；核心领导者具备变革决心与资源调配权威；股东会/董事会支持中长期战略投入（接受短期阵痛）。二是清晰的转型动因诊断，包括：明确现有模式失效根源（技术冲击/客户流失/利润下滑）；识别重构的核心目标（开辟新市场/防御颠覆/重塑价值链）。三是危机意识与创新文化，包括：组织内部存在变革紧迫感（而非温水煮青蛙状态）；容错机制支持试错（允许小范围实验性失败）。

其次，能力条件（资源与执行层面）。一是关键资源储备，包括：技术资产（如数字化基建、数据沉淀、专利池等）；客户资产（如用户洞察体系、社群基础、品牌信任等）；组织资产（如跨部门协作机制、敏捷团队等）。二是动态能力构建，包括：感知力，即市场趋势监测系统（如竞争情报、技术扫描等）；试错力，即最小可行模式验证能力；迭代力，即基于用户反馈的快速优化机制。三是财务缓冲空间，包括：保障转型期现金流（通常需预留18～36个月运营资金）；分阶段投入的预算规划（避免"全部投入满盘皆输"式风险）。

最后，环境条件（外部适配层面）。一是机会窗口可触及，包括：技术成熟度曲线进入应用爆发期（如当前生成式AI）；政策红利释放（如碳中和催生循环经济模式）；市场断层出现（传统巨头衰退/新需求井喷）。二是生态位可重构性，包括：供应链具备柔性调整空间（如从线性链转向网状生态）；合作伙伴支持价值重组（避免被既有利益链条锁死）。三是风险可控边界，包括：核心业务能提供转型托底（避免双线失血）；法律合规性可保障（如数据隐私、行业准入等）。

在上述前提条件初步具备的基础上，还要对是否启动重构进行可行性评估，主要关注三个问题：一是现有模式失效是否致命？如果回答"是"，则重构必要性加强。二是目标模式比较优势是否明确？如果回答"是"，则重构价值可量化。三是组织能力能否支撑过渡？如果回答"是"，则执行路径清晰。如果未能通过这三个可行性评估，贸然推进商业模式重构，则容易遭遇失败，企业界的案例警示并不鲜见，比如柯达在推进重构时技术储备充足但战略陷入犹豫（缺乏领导力支撑），百视达忽视奈飞（Netflix）冲击（缺失危机意识），WeWork共享办公模式未经验证而盲目扩张（突破财务缓冲边界），导致其均未能达到预期。有鉴于此，在实际操作中，还必须注意以下几点：诊断阶段，善用商业模式六职能模型扫描环境分析、模式定位等六大环节失效点；验证阶段，通过小规模试点（如区域/单品）测试新逻辑；切换阶段：保留传统业务"生命线"，渐进式过渡。

总之，商业模式重构不是粗放赌博而是精密工程，其成功需同时满足战略共识、资源储备、时机捕捉和风险管控四个条件，缺一不可。而且，商业模式重构也是系统工程，其前提本质上是构建战略韧性，即在识别断裂点时，用动态能力将危机转化为新价值曲线的跳板。正如IBM从硬件到服务的转型，表面上是业务调整，实则是组织基因的重新编程。

**（二）商业模式重构的时机**

卓越企业不在危机时转型，而在利润曲线顶点启动第二曲线。正如IBM剥离PC业务时仍盈利，微软推出Azure时Windows正值巅峰。商业模式重构在本质上是"晴天修屋顶"的战略自律。

魏炜、李飞和朱武祥（2020）认为，企业的生命周期可分为六个阶段：起步、规模收益递增、规模收益递减、并购整合、垄断收益递增、垄断收益递减。如果一家企业在起步、规模收益递减和垄断收益递减三个阶段中，抓住契机，重构商业模式，就可以逃脱生命周期的束缚，脱胎换骨，获得新生。

1. 重构契机一：起步阶段，称之为模式验证期的重构（0～3 年）。其核心矛盾是产品市场匹配度与生存压力的博弈，重构焦点是价值主张校准。在企业的初创阶段，核心任务是识别商机并设计试验商业模式。这可能基于满足特定客户需求，如"左撇子店"针对左撇子的特殊产品；或将某项技术如施乐的静电复印术商业化，通过创新商业模式使其成功。

对于具有巨大潜力的初创公司，尽管起步资金不多，但可以吸引天使投资者或风险投资的支持，如携程获得 IDG 和软银的投资助力其成长。

初创公司在早期犯错是正常的，关键在于及时纠正。如果发现商业模式存在问题，应抓住时机进行重构。由于早期资产和组织规模较小，重构的难度和阻力也相对较小。

## 专栏7.4【商业模式实践】

### 携程创业初期的商业模式重构

携程在成立之初到 2003 年成功在纳斯达克上市的 5 年时间里，创造了资本市场的传奇。但鲜为人知的是，携程在早期曾对商业模式进行过关键性的重构。

1999 年成立初期，携程获得了 IDG 和软银银行等投资方的 500 多万美元投资，这为公司提供了充足的资金去尝试和修正商业模式。最初，携程试图将自己打造成一个旅游信息的在线百科全书，通过提供旅游景点的详细信息并展示相关广告来获得收入。然而，尽管在线旅游信息的查询逐渐流行，携程的这一盈利模式并未得到市场的积极响应，导致公司未能实现盈利。

面对这一挑战，携程的创始人团队，决定对商业模式进行重构。他们将携程转型为一个旅游产品分销平台，与传统旅行社的业务模式相结合。为了吸引用户，携程在机场等人流量大的地方发放会员卡，并通过与酒店和航空公司的谈判获取旅游资源。以机票分销为例，在携程之前，国内没有一家公司能统一处理全国机票，而携程利用信息系统平台在上海总部设立了集中处理机票业务的呼叫中心，各地的机票业务都由呼叫中心与 IT 后台统一处理。机票的出票时间、价格都得到了严格的实时监控与更新。2000 年携程收购现代运通商务旅游服务有限公司，开始了"落地经营"策略。2002 年携程又收购了北京海岸机票代理公司，随即推出了全国机票中央预订系统，送票业务覆盖国内 10 个主要城市，能够提供 12 条国内航线，涵盖 40 多个国内目的地。顾客可通过呼叫中心或网上预订机票。携程为顾客送递机票，从客户处收钱，留下属于自己的佣金部分，将剩余部分返还给航空公司。随着合作伙伴数量的增加和网站流量的提升，携程的客户数量实现了爆炸性增长，形成了客户增长与合作伙伴提供的优惠折扣相互促进的盈利模式。

这一转型成效显著，几个月后，通过携程预订酒店的订单量激增至 15 万次。到 2002 年末，携程的营业额达到了 10 亿元人民币，创造了令人瞩目的商业成就。到 2006 年末，携程市值已达 15 亿美元，是同在纳斯达克上市的 e 龙的 5 倍，同时也高于规模大于己的新浪、搜狐与盛大。

如果携程在遇到初创困难时没有及时调整商业模式，而是继续坚持原有的旅游门户网站模式，可能就无法实现后来的成功。这一历史性转变证明了商业模式重构的重要性，以及在面对市场挑战时及时调整策略的必要性。

资料来源：参见简兆权，肖霄. 网络环境下的服务创新与价值共创：携程案例研究 ［J］. 管理工程学报，2015，29（1）：20 - 29.

2. 重构契机二：规模收益递减阶段，称之为增长失速期的重构（3~10 年）。其核心矛盾是规模经济边际效益衰减与组织复杂度飙升之间的矛盾，重构焦点是成本结构再造与效率破局。在规模收益递增阶段的后期，市场可能会因为需求增长放缓和新竞争者的涌入而出现供给过剩，导致利润率下降，企业进入规模收益递减阶段。此时，企业往往面临资产和负债的增加，固定成本上升，而收益率和现金流压力加大，容易受到市场竞争和环境变化的双重挑战。

然而，这个阶段也为企业提供了通过商业模式重构来获得竞争优势的机会。企业可以利用其增强的资源整合能力和软实力，进行必要的调整，比如优化成本结构、降低固定成本占比，以及探索新的盈利模式、开发新的收入来源，从而提高运营效率和灵活性。对于规模化发展到第二阶段的优秀企业，如果能够重构商业模式，将非核心竞争优势的环节外包或出售，专注于优势环节，并围绕这些优势环节重新设计交易结构和市场扩张策略，往往能够在市场低迷时期实现逆势增长，保持强劲的发展势头。

## 专栏7.5【商业模式实践】

### 万豪分拆，先减后加

控制 2700 多家酒店的万豪的固定资产只有 23 亿美元，不到麦当劳的 1/8，仅占公司总资产的 27%，其秘诀就是在正确的时间重构了商业模式，成功转换成本结构，实现了资产轻量化。1993 年，万豪进行了业务拆分，将酒店地产业务和酒店管理业务分别成立为万豪服务和万豪国际两个独立实体。万豪服务通过房地产投资信托（REITs）的方式，为投资者提供投资渠道，同时享受税收优惠并释放现金流。而万豪国际则专注于酒店管理，不直接持有酒店资产，通过管理合同获得收益。

这种拆分策略大幅降低了万豪的固定资产比例，减少了经营风险。尽管两家公司独立运营，但它们之间的合作依旧紧密，万豪服务为万豪国际提供新建或改建酒店的融资，并签订长期管理合同，而万豪国际则利用品牌影响力保障万豪服务的证券化收益。

此外，万豪国际还拓展了特许经营业务，而万豪服务则将其地产业务扩展到其他酒店品牌。通过这种先减后加的策略，万豪酒店集团不仅减轻了企业负担，还扩大了业务范围，实现了规模收益的递增。

资料来源：参见 DEREK CHING. 万豪国际减重 [J]. 商务旅行，2012（1）：14.

3. 重构契机三：垄断收益递减阶段，称之为生态僵化期的重构（10 年及以上）。其核心矛盾是垄断利润可持续性与颠覆性创新冲击之间的矛盾，重构焦点是生态位重塑与反脆弱设计。随着垄断竞争的加速演进，企业可能从垄断收益递增逐渐过渡到垄断收益递减阶段。在这一阶段，企业可能面临资产庞大、人员众多、管理复杂化，以及法规和标准要求带来的成本上升。同时，原有产品和业务线进入成熟期，增长潜力有限，而新兴竞争者或替代品的出现加剧了企业的经营和财务风险。

一些企业为了寻找新的增长点，可能会尝试不相关多元化战略，但成功率不一。例如，通用电气成功地从专业化的工业公司转型为以金融为核心的多元化企业集团，而中国的 TCL、海尔等家电巨头在模仿杰克·韦尔奇的多元化战略时，却遭遇了挑战。

在垄断收益递减阶段，企业可能已经拥有丰富的产品线，如 IBM，或者通过并购消除了主要竞争对手，成为专业领域的寡头，如微软。这些企业可能会因产品线过于广泛而导致管理复杂，或者因依赖单一市场而面临较大的经营风险。两者都面临着收益递减的挑战。在这种情况下，优秀的企业会通过重构商业模式来寻找新的增长机会，以恢复企业的活力和竞争力。和规模收益递减阶段相比，垄断收益递减阶段拥有的资源能力更强，同时，多年发展形成的桎梏也更严重，是老树发新芽还是积重难返，取决于企业家的魄力和重构商业模式的想象力。

## 专栏7.6【商业模式实践】

### GE 多元化经营容易学习吗？

GE 是一家从事技术、媒体、金融服务等多元化经营的全球性公司，发展至今已经成为全球产融结合的经典案例。1981 年韦尔奇接任 CEO 以来，以"全球化、服务、质量"的发展理念，逐步扩大金融与产业的结合，通过一系列并购和业务重组使 GE 成为"美国最受尊敬、拥有最大股票市值的公司"。2005 年，GE 重新将业务划分为基础设施、商业金融、GE Money、医疗、工业和 NBC 环球六大板块。2008 年 GE 再次进行板块划分，将业务整合为五大板块（见图 7 - 2）：能源基础设施（Energy Infrastructure），技术基础设施（Technology Infrastructure）、NBC 环球（NBC Universal）、资本金融（Capital Finance）、消费者与工业（Consumer & Industrial）。这次板块划分最为显著的特点之一是进一步整合金融业务，将散布在其他业务板块中的金融业务基本聚集到一个单独的金融板块（资本金融）。

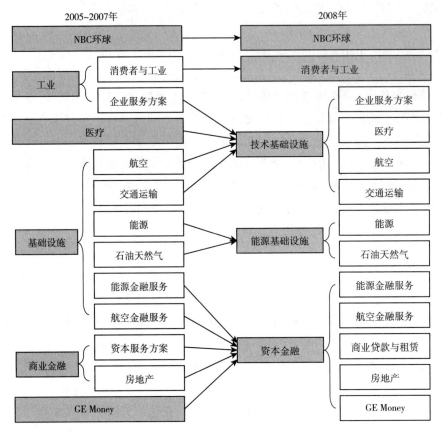

**图 7 - 2　2008 年 GE 板块整合图**

　　近年来，不少中国企业倾向于采取不相关多元化的经营策略，这一做法受到了 GE 的影响。然而，放眼全球，真正能够通过不相关多元化实现专业化并取得成功的案例并不多见，GE 的模式并不容易被复制。

　　GE 之所以能够在不相关多元化的道路上取得成功，关键在于其对业务组合的严格筛选和管理。GE 只保留那些在各自行业中排名前三而且现金流充沛的"明星业务"，并不断优化这一组合。这种策略不仅确保了业务的竞争力，也为公司带来了稳定的业绩，进而支持了 GE 金融业务获得低成本资金的优势。这种产业与金融的协同效应，是通用电气多元化战略成功的核心。

中国企业家在借鉴通用电气的经验时，往往容易忽视这种成功背后的复杂性和 GE 特有的条件。齐白石的名言"学我者死，似我者死"提醒我们，简单模仿他人的成功模式而不结合自身实际，往往难以达到预期。因此，在基于多元化战略转型下的商业模式重构过程中，企业应深入分析自身的资源、能力和市场环境，重构出符合自身特点的商业模式。

资料来源：参见王增业，任克娟，姚淑瑜. 解读 GE Capital Service［J］. 会计之友（下旬刊），2009（11）：98 - 102.

商业模式重构不是补救措施，而是贯穿企业生命周期的呼吸节奏：创业期重构是求生本能（寻找氧气）；规模期重构是强肌健体（提升血氧量）；垄断期重构是基因进化（适应新大气层）。正如亚马逊从在线书店（创业重构）到百货商店（规模重构），再到 AWS 云生态（垄断重构）的跃迁，每一次深呼吸都是在为下一周期蓄能。

## 三、商业模式重构的方法和方向

【思考】商业模式重构的方法有哪些？商业模式重构的方向有哪几个？

### （一）商业模式重构的方法

如何重构商业模式呢？魏炜、李飞和朱武祥（2020）认为，可以从商业模式的六个要素着手，重构其定位、业务系统、盈利模式、关键资源能力、现金流结构，最终实现企业价值的最大化。

本书首度提出商业模式六职能模型，认为任何企业的商业模式设计与实施均是环境分析、模式定位、资源整合、价值创造、价值获取、创新重构六大职能协同运行的系统集合和过程集合。因此，从上述"环境分析→模式定位→资源整合→价值创造→价值获取"中的任意一个或多个职能入手进行变革，均有可能实现商业模式的重构。当然，每一个方面的变革都会引起或者需要其他方面进行相应的调整。

其一，环境分析，包括外部环境和内部环境，详见本书第二章。此处强调几点：一是市场趋势。分析市场趋势，如消费者行为变化、技术进步、法规政策等，以预见未来的机会和威胁。二是竞争对手分析。研究竞争对手的商业模式，寻找差异化的创新点。三是客户需求。深入理解客户需求和痛点，以便设计更符合市场的产品或服务。

其二，模式定位，包括市场细分和价值主张等。一是市场细分。识别并专注于特定的市场细分，为这些细分提供定制化的解决方案。二是价值主张。开发独特的价值主张，解决客户痛点或提供独特的客户体验。

其三，资源整合，包括内部和外部资源整合等。一是核心能力。识别并加强核心能力，外包非核心活动。二是技术整合。利用最新技术，如人工智能、大数据，提高运营效率。

其四，价值创造，包括合作伙伴网络和客户参与等。一是合作伙伴网络。建立合作伙伴关系，共享资源，实现协同效应。二是客户参与。通过客户反馈和参与，共同创造价值。三是供应链优化。优化供应链，减少成本，提高响应速度。四是产品/服务创新。不断推出新产品或服务，满足市场需求。

其五，价值获取，包括定价策略和盈利模式等。一是定价策略。采用动态定价、价值定价等策略，以适应市场变化。二是收入来源多样化。开发多个收入来源，如广告、数据分析服务等。三是客户关系管理。通过 CRM 系统，提高客户忠诚度和生命周期价值。四是盈利模式。探索新的盈利模式，如订阅服务、按使用付费、租赁等。

在实践中，商业模式重构往往涉及多个过程的协同作用。例如，通过资源整合来加强核心能力，可能会影响价值创造的方式；而价值获取的新策略可能需要重新考虑模式定位。因此，企业在进行商业模式重构时，应该综合考虑这些过程，并进行系统性的规划和实施。此外，商业模式创新还需要考虑内外部环境的变化，如技术进步、法规变化、市场需求变动等，以确保新商业模式的可持续性和竞争力。通过不断地学习和适应，企业可以保持其商业模式的活力和创新能力。

## 专栏7.7【商业模式实践】

### 海澜之家的商业模式重构

在市场环境不断演变的当下，企业要想拓展发展空间、增强自身价值和盈利能力，关键在于利用商业模式的"系统力量"。实际上，许多企业虽然在技术创新上没有显著突破，但通过优化商业模式，重新塑造自己的价值主张，从而在市场估值上超越竞争对手。这种通过商业模式创新来提升企业价值和竞争力的策略，正成为企业成功的关键因素。以海澜之家为例，海澜之家作为服装行业中的一员，其商业模式的重构经历了两个阶段。

在初始阶段，海澜之家采纳了日本服装品牌"量贩式自选购物"的零售模式，创立了自己的品牌，并采用"加盟＋全托管"的商业模式，这是一种典型的轻资产运营策略。海澜之家将核心业务聚焦于产品设计、品牌建设、零售管理和供应链优化等关键增值领域，而将生产和销售环节外包。这种模式不仅减轻了公司的资产负担，还促进了与加盟商的互利共赢关系。

在发展的第二阶段，海澜之家针对市场消费升级和消费者需求多样化的趋势，不仅定位于提供男装整体解决方案，还特别针对二、三线城市推出了门店加盟模式（见

图7－3）。这一战略强化了公司对供应链和品牌核心资源的管理控制。通过这种商业模式的创新，海澜之家实现了对服装设计、生产到销售等关键环节的自主管理和控制，从而能够更灵活地响应市场变化，满足消费者的个性化需求。这一全新的商业模式，使得海澜之家对服装设计、生产、销售等关键业务实现了自主掌控。

通过以上"两步走"，海澜之家实现了商业模式的重构，最终实现了企业价值的提升。

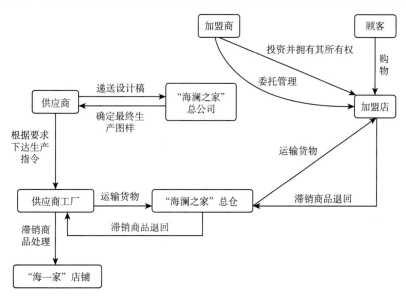

**图7－3 海澜之家加盟店经营业务流程图**

资料来源：参见李唯滨，邢广睿，王文静. 海澜之家商业模式创新对企业价值创造的影响[J]. 财务管理研究，2019（2）：20－32.

### （二）商业模式重构的方向

1. 成本结构弹性化。将固定成本结构转变为可变成本结构是商业模式重构的重要方向。这种转变可以通过内部运营优化和外部合作实现，目的是降低风险、提高灵活性和促进增长。方法举例如下。

其一，内部研发外包。例如，苏威集团将研发外包给昆泰制药，按实际效益支付费用，减少了自身的固定成本，并提高了研发效率。2001年，苏威集团将其研发外包给昆泰，约定苏威按昆泰的研发给自己带来的实际效益支付费用。合同公布时，两家公司的股价都开始上涨。5年的合作成绩斐然：苏威完成了3个第三阶段临床试验计划，提前完成了两种成分药从第二阶段到第三阶段的试验计划，并为其他两个项目提供了第二阶段结论性数据并终止项目，提前释放了研发资源。2006年10月24日，双方协议把合作期延长5年。

其二，租赁而非购买。例如，如家酒店通过租赁物业而非购买，降低了初始投资，加速了扩张速度。

其三，加盟模式。例如，麦当劳、肯德基通过加盟模式，将店铺装修和设备投资的固定成本转嫁给加盟商，实现快速扩张。

其四，客户支付模式创新。例如，房地产按揭和施乐复印机的分期付款，降低了客户的一次性支付门槛，同时为企业带来稳定收入。

其五，利用金融工具。例如，企业可以利用 REITs、设备租赁融资等金融工具，将高固定成本转化为可变成本。

其六，合作联盟。例如，投资银行与 VC 合作，形成加盟渠道，无需大规模雇佣人员，实现资源共享。

其七，行业特有模式转变。例如，影视制作行业从固定成本的制片厂模式转变为按需招募演员的灵活模式。

其八，成本转收益。例如，旅行社将导游从固定员工转变为合作关系，不仅降低了成本，还能从导游的业务中获得收益。

2. 资产模式敏捷化。即从传统重资产（自有厂房）到轻资产（租赁/共享），再到无边界资产（生态伙伴产能整合）。轻资产运营模式，起源于 2001 年麦肯锡对光明乳业做咨询时提出的战略性思维，基于亚当·斯密的分工理论和迈克尔·波特的价值链理论。这一模式强调企业应专注于高附加值的研发和品牌营销环节，而将劳动密集型的生产加工等低附加值环节外包，形成 U 型附加值曲线。

轻资产的核心在于专注核心业务，剥离非核心业务。企业通过租赁、共享或合作等方式获取资源，减少固定资产投入。服务型企业可通过外包和分销，转移供应链成本，提升效率，支持轻资产转型。在共享经济时代，轻资产化成为企业升级的重要途径。

3. 盈利矩阵生态化。重构公式是从"多源收入"到"价值网络收益"。传统企业通常依赖单一的盈利模式，但优秀的商业模式设计可以实现多元化的盈利途径，即使主营业务利润率下降，也能通过新的收益来源提升净资产收益率和投资价值，这种模式特别适用于服务行业。

其一，专业化经营与多样化盈利。企业可以通过专业化经营，同时开发多样化的盈利点，如麦当劳通过商业地产和产品销售实现盈利。

其二，增值服务。物业管理公司如花样年通过提供增值服务，如购物、充值卡、送水等，为业主创造便利的同时，也为自己带来额外收益。

其三，高价值服务。例如，世邦魏理仕通过提供高端商业地产管理服务，实现高收费和高资产保值，与租户建立长期合作关系，形成多种盈利来源。

其四，角色重构。例如，花样年和世邦魏理仕通过重新定义自身角色，花样年作为区域消费管理者，世邦魏理仕则增加资产管理和商业地产中介职能，实现多元化盈利。

其五，市场定位。企业应根据市场需求和自身优势，选择适合的市场定位和盈利模式，无论是面向大众市场的花样年还是专注高端市场的世邦魏理仕，都取得了成功。

4. 角色价值流动化。其进化形态是建立"角色转换器"，比如让用户角色从购买者（传统定位）转换为产品共创者（重构模式），从而实现价值跃迁（如小米社群开发 MIUI）。

再如，华为公司也采取了类似的策略，通过与地方政府和电信管理局合作，将他们转变为合资公司的股东，同时让邮电职工通过持股获得分红。这种模式将传统的上下游关系转变为合作伙伴关系，增强了各方的利益绑定，促进了共同发展。

5. 组织韧性液态化。其终极形态是打造"生物型组织"。组织韧性液态化体现在通过信息流来驱动产品流、服务流和现金流，利用信息系统整合业务活动，并通过信息流的管理来实现业务流程的软一体化，完成所有交易活动。这种模式使得企业能够灵活地调整资源配置，快速响应市场变化，同时减少对固定资产的依赖。

## 专栏7.8【商业模式实践】

### 苹果公司的商业模式重构
#### ——从设备提供商到"三位一体"

苹果推出 iphone，颠覆了以往的定位，从一个设备提供商变成了设备提供商、平台提供商和服务提供商的"三位一体"。

苹果公司在设备制造方面专注于 iPhone 的关键研发，同时将生产任务外包给 OEM 厂商，以提高效率和降低成本。此外，苹果利用其半封闭的 iOS 操作系统为服务和内容提供商构建了一个平台，创造了一个吸引开发者和内容创作者的环境。通过开发如 iTunes 这样的应用软件，苹果进一步吸引了内容提供商，扩展其生态系统，增强了用户黏性。

苹果公司在欧美市场打破了传统的"手机定制"模式，通过与运营商签订排他性协议，确立了 iPhone 用户在一定期限内必须使用特定运营商网络的条件。这一策略不仅强化了苹果在手机市场的话语权，而且通过将 iPod + iTunes 模式的成功经验扩展到 iPhone，整合了 iTunes、地图、YouTube 等服务，苹果实现了作为设备制造商、平台提供商以及关键服务提供商的多重角色。

在销售渠道上，iPhone 同时通过苹果和运营商的渠道进行销售。

苹果公司为 iPhone 操作系统推出了开放式的 SDK（软件开发工具包），鼓励第三方开发者参与应用开发。SDK 本身免费，降低了开发者的入门成本。通过支付 99 美元加入 iPhone Developer Program，开发者不仅能获得苹果的官方技术支持，还能将应用上架到独家的 App Store，享受自由定价的权利。苹果与开发者之间的收入分成比例为 30∶70，开发者获得大部分收益，且无需支付额外的管理或上架费用。这种模式对于吸引第三方开发厂商和个人开发者极具吸引力，有效激发了他们的开发热情，从而丰富了 iPhone 应用生态。

苹果与信用卡公司建立了合作关系，使得用户能够直接使用信用卡在线支付，从而简化了交易流程并提升了用户体验。这种便捷的支付方式不仅为顾客提供了便利，也极大地促进了 App Store 的快速增长和商业成功。

苹果的重构具有极强的颠覆性，不仅让客户对苹果的消费从设备扩展到软件、音乐等，而且从渠道（线下和线上）上增加了客户对产品和服务的接触点，有效地降低了多项交易成本，类似于信息服务的整体解决方案。

资料来源：参见戴天婧，张茹，汤谷良. 财务战略驱动企业盈利模式——美国苹果公司轻资产模式案例研究［J］. 会计研究，2012（11）：23 - 32，94.

值得注意的是，这五大方向并不是孤立选项，而是数字化生存的必修基因。当企业完整具备成本呼吸能力（血管）、无边界资源整合（肢体）、生态盈利网络（神经系统）、角色价值流动（细胞代谢）和生物型组织（进化基因）时，才能真正跨越经济周期，成为商业世界的"新物种"。特斯拉就是一个典型案例，其商业模式重构闭环包括：可变成本（电池租赁替代买断）；无边界资产（开放专利吸引生态伙伴）；盈利矩阵（卖车 + 软件订阅 + 碳积分交易）；角色转换（车主成为自动驾驶数据采集员）；组织液态（通过 OTA［Over-the-Air］空中升级技术远程升级车辆功能）。

## 四、商业模式的重构思维

【思考】商业模式的重构思维有哪些？你认为应该如何运用这些重构思维？

商业模式本身的价值之一，就是资源整合、创造价值、获取价值。可以说，商业模式重构就是对企业内部价值链乃至整个产业链上所有企业的价值进行重组的过程。常见的重构思维如图 7 - 4 所示。

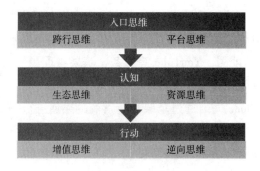

**图 7 - 4  商业模式重构的七种思维**

### （一）入口思维——从聚积人气到构建入口寻求流量变现

在当下这个流量价格节节攀升、获客成本越来越高的时代，如果还不懂得如何引流和转化，那么企业经营不会一帆风顺。如果一家企业是依靠卖产品或做服务盈利的，那么产品或服务就是流量"入口"。当然，企业并不是简单地用产品直接增加收入，而是借助产品聚集人气，构建入口。掌握流量入口，就意味着赢得了流量变现的机会。所谓入口思维，就是用一款爆款产品或服务引流，通过高性价比、免费方式来吸引流量。这一思维运用的前提是企业的后端必须有能够盈利的产品。打造爆款产品或服务，关键在于以下方面。

1. 用户痛点。深入理解并解决用户的核心需求。通过需求调研、社群互动和用户反馈，精准把握用户痛点，是吸引和留住用户的关键。

2. 差异化。产品或服务需要具有独特性，无论是技术、设计、功能还是整体品质，都要力求领先市场，减少替代性，以成为吸引用户的超级入口。

3. 性价比。提供高性价比的产品或服务，能够迅速吸引用户。例如，小米通过提供高配置、低价格的手机，成功吸引了大量用户，证明了性价比在市场竞争中的重要性。

4. 用户关联。即使产品或服务在独特性和性价比上不具备优势，通过建立与用户的紧密联系也能吸引流量。例如，教育平台通过分享有价值的内容，如推荐精选书籍，帮助用户节省时间，快速获取知识，从而与用户建立联系。

### （二）跨行思维——从老业务到跨行寻求利润

企业的商业活动通常遵循特定的商业模式。为了增加流量，企业需要采用跨行经营的思维，将业务拓展到新的领域。过去，许多企业过于依赖主营业务，如服装店仅靠卖服装盈利，彩妆店仅靠卖彩妆盈利。这种保守的做法限制了企业的发展潜力。跨行思维鼓励企业打破传统思维的局限，用开放的眼光寻找新机遇。这意味着要整合不同行业的资源，探索新的商业模式，从而开辟更广阔的发展道路。

1. 为企业增加更多的流量。没有流量，就没有销量。跨行商业模式的一个重要特质，就是为企业增加更多流量。京东通过从线下到线上的转型，采用"自营＋平台"模式，扩大了业务规模，吸引了大量流量。随后，京东进一步拓展到金融领域，推出多种金融产品，如京东白条，既服务消费者又为商城引流，增强了流量和盈利。

2. 为企业增加更多的盈利点。这是跨行商业模式的另一个重要特质。麦当劳通过跨行商业模式，不仅在餐饮业盈利，还通过品牌加盟和地产出租获得收益，成为房地产大户。此外，麦当劳还进入金融领域，展示了跨行经营的多样性和盈利能力。跨行经营对企业增长至关重要，有助于企业在市场中获得竞争优势。

### （三）平台思维——实现资源整合与流通

平台商业模式被认为是互联网经济下最典型的商业模式。平台思维就是将各项资源聚集到一起，组成一个足够大的平台，使得资源与需求、服务相对接。企业如淘宝、京东等通过平台思维快速崛起，成为行业领导者。构建平台商业模式要考虑如下因素。

1. 平台化。平台作为资源整合和需求满足的关键载体，促进了企业与用户之间的有效互动。

2. 网络化。互联网和移动互联网的普及缩短了人与人之间的距离，为平台商业模式提供了广泛的交流和交易空间。

3. 透明化。信息的公开透明是平台模式的显著特点，用户可以轻松比较商品信息，作出明智的购买决策。

4. 扁平化。平台成员之间没有等级之分，管理结构扁平，如京东平台上的商户平等经营，共同构成一个开放的商业生态。

5. 开放性。平台模式的开放性允许广泛的资源和用户参与，满足多元化的用户需求。

6. 交互性。平台成员之间的互动是商业模式成功的关键，通过交流和合作实现共同利益的最大化。

### （四）生态思维——构建利益生态体系

新环境下，企业不再是孤立发展的个体，而是需要在商业生态系统中找到自己的定位，与合作伙伴共同成长，实现互利共赢。生态思维强调不同企业或业态的集合，形成一个共同生存和发展的网络，其中每个成员都相互依存，共同追求可持续发展。小米科技的成功就是运用生态思维的典型例子，其商业模式涵盖了硬件、软件、服务和零售等多个领域，形成了一个全方位的商业生态圈。小米科技的生态商业模式包括：（1）硬件：手机、电脑、电视、AI音箱、路由器等。（2）软件：MIUI操作系统、语音助理、小米运动、小米视频等。（3）服务：文学、金融、影视、云服务等。（4）零售：有品商城、小米之家、小米商城等。这个"铁四角"战略不仅吸引了大量用户流量，还通过生态内的协同效应增强了用户黏性，促进了流量的内部循环，带来持续的收益。生态商业模式有以下优势。

1. 业态多元化。企业通过构建多元化的生态链和生态圈，分散单一产品风险，优化资源配置，扩大客户基础，实现收益来源的多样化。

2. 连接流通。生态圈内不同成员的融合促进了供需之间的有效对接，为资源共享和价值交换提供了平台。这种流通不仅促进了资源和品牌的流动，还吸引了更多新成员加入，形成正向循环。

3. 价值共创。打破传统组织和行业的界限，通过内外资源的协同合作，企业能够显著提升价值创造的效率和效果。

4. 价值共享。在生态圈中，每个成员既是价值的创造者也是享有者，确保了付出与回报的平衡。共享价值是生态圈持续健康发展的核心动力。

**（五）资源思维——资源得到合理配置**

资源驾驭能力，在很大程度上决定企业的成长速度。资源思维就是整合资源和配置资源的思维。在重构商业模式时，一定要注重资源思维的应用，重点是将产业链上下游的资源进行重新梳理，让这些资源得以重新组合和配置。基于资源思维重构商业模式，涉及多个方面，包括核心资源识别、投资关键资源建设、关键流程设计。

1. 明确企业的核心资源是构建商业模式的基础。这些资源包括但不限于土地、人力资源、重要合作伙伴、财务资源以及其他生产经营所需资源。核心资源的有效配置能够为商业模式提供坚实的基础，确保其在市场竞争中的优势地位。

2. 投资关键资源的开发和维护至关重要。这包括对人力资源的培育、技术的研发、品牌的建立等多方面的持续投入，以强化企业的核心能力。通过建立强大的关键资源能力，可以为商业模式的成功奠定坚实基础。

3. 设计关键流程是资源合理配置的重要环节。这涉及供应链管理、生产流程、市场营销等多个方面的科学合理设计，旨在提升企业运营效率和产品质量，进一步增强核心能力。在设计关键流程时，需要考虑产品生命周期、市场变化等因素，以确保商业模式能够适应市场环境。

**（六）增值思维——实现企业价值增值**

企业运作的最终目的，就是实现价值增值。商业模式可以为企业创造价值，带来收益，而收益的一部分来源，就是增值。正确的商业模式可以让一个企业走得更加稳健，甚至逆袭成一家独角兽企业。但实现价值增值，才是一切得以实现的根本。因此，在重构商业模式时，一定不能忽视增值思维，可以从以下方面入手。

1. 品牌增值。通过商业模式重构，提升品牌价值和市场影响力。以亚马逊为例，率先通过引入机器人仓储和无人机配送等独特模式，打造"空中仓储中心"。借助增值思维，亚马逊重构其商业模式，不但坐拥数量最为庞大的卖家和客户资源，还成就了当时全球品牌市值居首位的佳绩。

2. 资本增值。利用现有资本，通过有效的商业模式实现资产价值增长。如日本蘑菇饼干品牌通过 AR 小游戏推广产品，实现资本增值。

3. 股权增值。通过商业模式重构，提升企业股权价值。如美团通过不断重构其 O2O 商业模式，扩大市场份额，实现股权增值，股价持续上涨。

**（七）逆向思维——不可思议才更显格局**

企业要实现跨越式发展，必须依托一个强大的商业模式。而思维模式是决定企业能走多远的关键因素。逆向思维，作为一种创新的思考方式，能够颠覆传统的商业模式。它不是简单地反对他人，而是一种独立且深入的思考方法，它鼓励人们从不同的角度探索问题。正向思维是大多数人习惯的思考方式，而逆向思维则要求人们打破常规，勇于探索新的可能性。例如，当顾客询问橘子的味道时，传统的回答可能是直接告诉顾客橘子是酸是甜。但如果采用逆向思维，商贩会先询问顾客的偏好，然后根据顾客的需求提供相应的产品建议。这种策略不仅展现了商贩的诚实，也增加了顾客的信任和忠诚度，从而促进了复购。逆向思维有以下几种类型。

1. 转换型逆向思维。它鼓励企业不随大流，而是寻找全新解决方案。例如，华为虽然在手机市场取得巨大成功，但其核心业务依然是运营商业务。这种思维让华为能够在保持核心优势的同时，拓展新的市场领域。

2. 反转型逆向思维。它要求企业从事物的反面进行思考，颠覆传统的商业模式。传统的推销方式是商家主动接触客户，而反转型逆向思维则是通过提供客户真正需要的价值，吸引客户主动上门。例如，通过定制服务来满足消费者的个性化需求，而不是仅仅提供标准化产品。

3. 缺点型逆向思维。它鼓励企业识别并利用那些常被忽视的弱点，将它们转化为独特的商业机会。这种思维模式促进了商业模式的创新，因为它要求企业从非传统的角度寻找问题的解决方案。实践中，缺点型逆向思维可能导致非常规的商业模式，但这些模式往往具有很高的实践价值，能够实现差异化竞争。抓住人性的弱点，有针对性地打造商业模式，就是典型案例。例如，一些企业可能会针对消费者的拖延习惯，开发出提醒和激励机制的服务，将拖延的倾向转化为提高效率的机会，如常见的手机"备忘录"提醒服务和酒店的叫醒服务就是典型应用。

基于本书原创的商业模式六职能模型，我们选取"拼多多电商模式"案例进行应用分析，从第二章开始，每章末尾均采用专栏形式加以展开。该案例分析贯穿于第二章至第七章，依次对应商业模式六大职能模块：环境分析→模式定位→资源整合→价值创造→价值获取→创新重构。

## 📑 专栏7.9【商业模式六职能模型应用分析之六】 --------------------------

### 拼多多电商模式
#### ——后发平台企业的颠覆式创新

一、可怕的"增长怪兽"，迅速成长为头部电商（详见本书第二章末）

二、三大电商巨头2024年第一季度财报对比（详见本书第二章末）

三、作为后发平台企业的拼多多何以实现逆袭突围？借助本书提出的商业模式六职能模型，我们对其颠覆式创新进行简要分析（本章增加对应的创新重构分析），如表7-1所示。

**表7-1　基于商业模式六职能模型的拼多多探索期、追赶期、颠覆期商业模式分析**

| 主要过程 | 维度要素 | 重要概念 | 部分典型援引 |
|---|---|---|---|
| 创新重构 | 拼多多探索期商业模式分析（2015年4月~2015年8月） | | |
| | 模式创新 | 再造型创新 | 拼多多改变了电商的盈利模式，将其他电商常用的分成模式、价差模式改为团购模式，将交易方式从"搜索"方式变成"社交"方式。这个再造过程并没有改变商业生态系统和利益主体的边界，而是在商业生态系统内部进行结构性变革，这种变革让单一企业和整个商业生态系统获得了不同的价值创造能力 |
| | 模式重构 | 有效运用平台思维、逆向思维进行重构 | 拼多多在商业模式重构中运用了平台思维，成功将各项资源聚集到一起，组成一个足够大的平台，使得资源与需求、服务相对接。此外，还运用了反转型逆向思维，即从事物发展的反方向进行思考，比如在探索期即着力简化审核流程、退货退款流程 |
| | 拼多多追赶期商业模式分析（2015年9月~2019年5月） | | |
| | 模式创新 | 再造型创新 | 拼多多改变了电商的盈利模式，将其他电商常用的分成模式、价差模式改为团购模式，将交易方式从"搜索"方式变成"社交"方式。这个再造过程并没有改变商业生态系统和利益主体的边界，而是在商业生态系统内部进行结构性变革，这种变革让单一企业和整个商业生态系统获得了不同的价值创造能力。拼多多在2019年之前处于亏损状态 |
| | 模式重构 | 有效运用平台思维、逆向思维进行重构 | 拼多多在商业模式重构中运用了平台思维，成功将各项资源聚集到一起，组成一个足够大的平台，使得资源与需求、服务相对接。例如，在竞争中，拼多多倾向于集中力量完成单一核心目标。2019年之前，拼多多最核心的目标是追求GMV（成交总额）增长。当时，即使已经和阿里产生竞争，拼多多依然保持和支付宝、菜鸟合作。它将数据暴露在竞争对手面前，但保证了那个阶段全力做重要的事——拉来更多交易<br><br>此外，还运用了反转型逆向思维，即从事物发展的反方向进行思考，比如大力简化审核流程、退货退款流程。例如，2020年前的极速退款流程、效率比京东、天猫高很多 |
| | 拼多多颠覆期商业模式分析（2019年6月至今） | | |
| | 模式创新 | 再造型创新 | 拼多多改变了电商的盈利模式，将其他电商常用的分成模式、价差模式改为团购模式，将交易方式从"搜索"方式变成"社交"方式。这个再造过程并没有改变商业生态系统和利益主体的边界，而是在商业生态系统内部进行结构性变革，这种变革让单一企业和整个商业生态系统获得了不同的价值创造能力。拼多多自2020年三季度首次实现盈利，此后，利润率开始快速上升 |
| | 模式重构 | 有效运用平台思维、逆向思维进行重构 | 拼多多在商业模式重构中运用了平台思维，成功将各项资源聚集到一起，组成一个足够大的平台，使得资源与需求、服务相对接。例如，在竞争中，拼多多倾向于集中力量完成单一核心目标。自2020年开始，抖音、快手等平台介入电商。拼多多最核心的指标变为DAU（日活跃用户），认为DAU重要度大于GMV（成交总额），平台希望衍生出更多复合场景，提高用户黏性<br><br>此外，还运用了反转型逆向思维，即从事物发展的反方向进行思考，比如大力简化审核流程、退货退款流程。例如，"仅退款"规则在2021年初上线，旨在对货不对板、质量不合格、恶意欺诈的商品进行售后改善用户体验。"仅退款"规则效果卓著，引致京东、天猫竞相效仿 |

拼多多之所以在电商领域取得卓著成就，主要得益于其一贯坚持的极致低价策略。在竞争激烈的电商市场中，顾客对性价比的敏感度不断上升。拼多多精准地把握了这一趋势，通过优化供应链管理和减少运营成本，有效降低商品价格，吸引了大量价格敏感型顾客。同时，拼多多还创新性地引入拼团和砍价等营销手段，进一步拉低商品成本，使顾客能够以更低的价格购买到心仪的商品。这种低价策略不仅提升了拼多多的市场竞争力，还帮助其建立了积极的品牌形象和顾客忠诚度。

除了低价策略，拼多多还专注于提升用户的购物体验和服务质量。平台提供的商品种类丰富，覆盖了消费者日常生活的各个方面。拼多多简化了购物流程，并提供高标准的售后服务，确保消费者能够享受到便捷愉快的购物体验。这种以用户为中心的经营理念，让拼多多在众多电商竞争者中脱颖而出。

——— 【本章小结】 ———

1. 不同视角下商业模式创新的内涵不同。本章分别从战略、价值链、权变观，以及构成要素、创新途径和创新过程的角度对其进行梳理。

2. 不同学者对商业模式创新有不同的分类。莫里斯等（2005）认为可以分为经济类、运营类、战略类；魏炜、李飞和朱武祥（2020）认为可以分为设界型、补缺型、再造型和觅新型。本书提出无界融合型、生态嵌合型、链态重组型和奇点破局型创新。

3. 商业模式创新的制约因素包括惯性、企业商业模式原型与新市场环境的冲突、技术和环境动态性变化带来的风险；商业模式创新的驱动因素包括技术创新、企业各个层面资源和能力、组织活动和组织结构的变化。

4. 不同规模、不同行业、不同类型的企业有着不一样的商业模式，应该有针对性地设计不同的商业模式。

5. 商业模式重构，在本质上是"晴天修屋顶"的战略自律，方向有五个：成本结构弹性化、资产模式敏捷化、盈利矩阵生态化、角色价值流动化和组织韧性液态化。

6. 重构思维主要有七个：入口、跨行、平台、生态、资源、增值和逆向思维。

——— 【复习思考题】 ———

1. 新环境下，企业为什么要进行商业模式创新？企业进行商业模式创新的视角又有哪些？

2. 企业进行商业模式创新的制约因素和驱动因素分别有哪些？如何利用好驱动因素并规避制约因素进行商业模式创新？

3. 企业在什么环境下需要进行商业模式重构？企业发展到什么阶段需要进行商业模式重构？

4. 企业进行商业模式重构可以用什么方法？重构方向有哪些？

5. 重构商业模式很重要的一点是重塑企业家的理念，那么可以运用哪些思维方式重塑企业家的理念？

## ──────【做中学模式】──────

1. 选择一家你身边的企业，回到原点对其商业模式进行创新设计，并找出商业模式创新影响因素中具有驱动作用的因素和具有制约作用的因素。

2. 选择一家你身边的企业，运用跨行思维或平台思维对其商业模式进行重构。

3. 选择一家你身边的企业，运用生态思维或逆向思维对其商业模式进行重构。

4. 同学之间或小组之间互评一下各自设计的重构方案，并提出改进措施。

## ──────【章末案例】──────

### 元赋能：工业互联网平台驱动企业商业模式创新能力构建研究

#### （一）平台赋能对企业商业模式创新影响研究

以往有关商业模式创新的研究主要分为要素观和架构观（福斯和塞尔比，2017）。要素观的商业模式创新研究强调对商业模式核心特征的关注（赵宇楠等，2019），侧重于解析企业商业模式单个要素或组件的变化（博克等，2012；施奈德和斯皮思，2013）。而现有平台赋能研究主要基于要素观探讨平台对企业商业模式创新某一要素的影响。在价值主张创新上，平台赋能能够促进企业价值主张的持续变化，实现从旧有的商品主导逻辑向生态系统型服务主导逻辑的升级（杜勇等，2022）。在产品和服务创新上，一方面，嵌入平台网络的被赋能企业拥有各种网络联系，能够与平台和其他企业进行持续互动（解等，2022），不断获取知识和信息，刺激产品创新想法的产生（普图塞里等，2020）；另一方面，平台帮助企业对用户数据进行挖掘和分析，解决了企业和用户间的信息不对称问题，有利于企业识别顾客偏好、构建用户画像、加速产品迭代、促进产品创新（梁、李，2022）。在业务流程创新上，平台通过数字技术对企业原有业务过程进行重新设计（卡纳加等，2018），实现数据采集和自动化的处理，促进企业生产效率的提升（陈武等，2022；梁、李，2022）。

尽管，基于要素观的商业模式创新研究非常丰富且深入，但是要素观的研究一定程度上忽视了商业模式要素间的内在联系，难以解析商业模式的复杂性和互补性关系（福斯和塞尔比，2017）。因此，商业模式创新研究开始从要素观转向架构观（福斯和塞尔比，2018）。架构观的商业模式创新研究基于价值系统视角，关注相互依赖和互补的要素组成的商业模式整体架构（阿米特和佐特，2012），解构了商业模式创新中各要素之间的联系（福斯和塞尔比，2018）。基于架构观视角，赵宇楠等（2019）探究了在商业模式创新过程中，企业增加新的核心要素是为了促进要素间及要素和外部环境的匹配。佩普拉等（2022）识别出新创企业的商业模式在弱制度环境下的演变会触发价值主张、价值创造和交付、价值获取的连锁反应和持续改变。但是现有平台赋能研究较少从架构观视角探讨其对被赋能企业商业模式创新的影响，因此，本文从架构观的角度出发，探究平台赋能对企业商业模式创新的影响。

**（二）案例选择**

本文遵循案例样本选取的典型性、启发性和数据可获得性原则，选取树根互联作为研究样本。作为赋能平台，树根互联创立于 2016 年，是我国工业互联网平台中连接工业装备最多、服务行业最广泛的企业，连续 4 年入选工业和信息化部"跨行业跨领域工业互联网平台名单"。在赋能过程方面，与其他工业互联网平台为被赋能企业直接提供集成式解决方案的"造车"模式不同，树根互联探索"通用平台＋产业生态"的 P2P2B（Platform Partner-Business）"修路"模式，借助平台（platform），支持、帮助合作伙伴（partner）建立起自主创新和服务能力，从而服务 B 端（business）客户，构建起可持续发展的赋能路径；在赋能结果上，树根互联赋能的多家企业在赋能之后能够自己主导商业模式的迭代和创新，逐步成长为赋能平台并具备对垂直市场进行赋能的能力，实现了从产品主导逻辑向服务主导逻辑的转变，而非仅限运营效率的提升。

本文选取树根互联及其所赋能的 3 家企业分别作为本文的主分析单元和子分析单元。3 家被赋能企业的具体情况如表 7 - 2 所示。

表 7 - 2 　　　　　　　　　　嵌入式案例中的被赋能企业介绍

| 企业名称 | 广州温伴新能源科技有限公司（以下简称广州温伴） | 长沙优力电驱动系统有限公司（以下简称优力电驱） | 杰克科技股份有限公司（以下简称杰克股份） |
|---|---|---|---|
| 企业创立时间 | 2014 年 | 2015 年 | 2003 年 |
| 企业规模/人数 | 少于 50 人 | 100 余人 | 8000 余人 |
| 企业类型 | 小微企业 | 中小企业 | 大型企业 |
| 合作起始时间 | 2016 年 | 2018 年 | 2018 年 |
| 所处行业 | 农业机械管理 | 通用设备制造 | 专用设备制造 |
| 主营业务 | 热泵产品的研发、制造和销售 | 电动车驱动系统（智能动力电池/控制器）研发、制造和销售 | 工业缝纫机械的研发、生产和销售 |
| 与树根互联合作动因 | 设备面向农村，销售分布零散，造成售后成本高，响应不及时 | 电池易被盗，且失窃找回率低；电池寿命短且无法管理，充电存在安全隐患 | 机器智能化水平低，订单交付周期长，"隔季生产"模式难以满足市场需求 |
| 市场优势 | 广州温伴现在成为以扶贫助农为中心，以烘干为基础，不断扩展租赁解决方案和烘干包销售等多种商业模式的公司 | 在长沙，优力电驱产品占有率已达35%，拥有各类相关专利50余项和多个自主品牌，并获批"工信部工业互联网平台创新应用案例" | 杰克股份提升了缝制产业整体的数字化、网络化、智能化水平，并入选工信部"工业互联网平台创新领航应用案例" |

### （三）结果讨论

树根互联通过构建"通用平台＋产业生态"，助力被赋能企业商业模式创新能力构建。树根互联的定位是一个赋能平台，是一个助手，他们希望辅助行业有创新想法的企业，帮助其以最快的速度搭建起垂直行业的基于工业互联网的创新应用，让其持续地、自主地进行创新。广州温伴、优力电驱、杰克股份等企业基于树根互联的赋能完成了从业务数据化、数据资产化到创新自主化的迭代升级，从被动接受数字化赋能到主动进行商业模式创新，充分体现出树根互联赋能后的价值外溢效应。随着被赋能企业的能力提升，更多的价值链上下游用户加入被赋能企业打造的垂直行业平台应用，此时构成被赋能企业数字底座的根云系统的价值创造能力也随之增强，从而使得树根互联实现了赋能的倍增效应。上述树根互联解耦式赋能过程如图 7－5 所示。

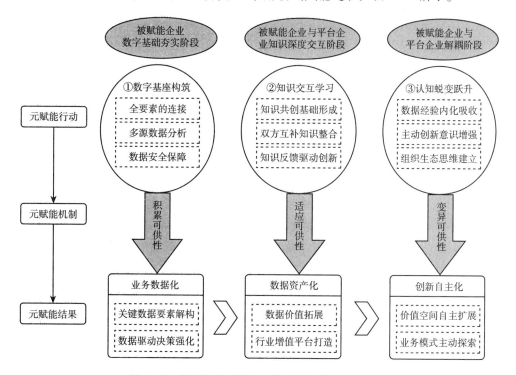

图 7－5　元赋能模式下商业模式创新能力构建过程

本文从赋能逻辑、赋能过程、赋能结果和适用边界 4 个方面对已有赋能模式与元赋能模式进行比较（见表 7－3），以辨析两者的差异。

表 7－3　　　　　　　　　以往赋能模式与元赋能模式的比较

| 比较维度 | 以往赋能模式 | 元赋能模式 |
|---|---|---|
| 赋能逻辑 | 耦合式赋能（卡特洛、肯尼，2021；刘等，2023b） | 解耦式赋能 |
| 赋能过程 | 赋能平台为核心的单边主导过程（麦金太尔、斯里尼瓦桑，2017；魏江等，2023） | 赋能平台与被赋能企业的双边交互过程 |

续表

| 比较维度 | 以往赋能模式 | 元赋能模式 |
|---|---|---|
| 赋能结果 | 授人以鱼：通过提供解决方案，满足被赋能企业的需求（周文辉等，2018；杨大鹏、王节祥，2022） | 授人以渔：通过提升被赋能企业基于数据感知和利用商业机会的能力，实现被赋能企业的商业模式持续创新 |
| 适用边界 | 赋能主体具有数字技术优势，可以根据赋能对象的需求开发技术模块解决相应问题（许晖等，2021；韩炜、唐洁，2023） | 赋能主体具备数字技术的底层信息模型，可以实现高异质性工业设备间的联通和数据交换 |

首先是赋能逻辑。以往赋能模式属于耦合式赋能逻辑，强调赋能主体在帮助被赋能企业预期目标实现的过程中与其进行价值的深度捆绑，提升被赋能企业对平台的单边依赖，进而在这种对被赋能企业的锁定效应中持续获益。但这种赋能模式也带来了一定的局限，例如，被赋能企业会丧失自主性和降低组织环境适应性，从而造成自身创新惰性。而本文基于案例分析提炼的元赋能模式本质上属于解耦式赋能逻辑，使得被赋能企业在对平台依赖程度降低的条件下，具备商业模式持续创新的能力。反过来，被赋能企业在商业模式持续创新的过程中，通过自身业务需求增长、示范效应和垂直市场深耕，为赋能平台带来持续的正向收益，从而反哺平台促进其可持续发展。

其次是赋能过程。以往赋能模式的过程通常以赋能平台作为主导者，被赋能企业作为参与者，关注赋能平台对被赋能企业的单向价值输出。本文提出的元赋能模式是一种双边动态互动的复杂过程，在被赋能企业商业模式持续创新这一最终目标需求的牵引下，平台帮助被赋能企业逐步实现商业模式创新能力构建。第一阶段，业务数据化使得被赋能企业能够根据平台提供的数据采集、分析和应用功能，实现运营效率的提升。在此阶段，平台可以为被赋能企业提供通用解决方案，但是被赋能企业要想使业务中的数据价值进一步释放，需要将企业的数据资源转化为具有实际价值的资产，因此，被赋能企业数据价值的挖掘和利用就成为元赋能模式第一阶段向第二阶段迈进的核心动因。第二阶段，被赋能企业逐步加深对自身数据的理解，开始结合行业痛点问题与平台共创业务解决方案，提升商业机会利用能力。此时，平台与被赋能企业作为价值共创主体，通过不断互动来整合双方的互补性知识和资源，以实现数据的资产化。在此阶段，数据的资产化构成了被赋能企业商业模式自主创新的重要能力基础，也因此推动了元赋能模式由第二阶段向第三阶段的迈进。第三阶段，被赋能企业基于先前的知识和经验开始主动探索和开拓新的商业机会，发掘新的价值场景，灵活应对市场变化，成长为独立的价值创造者。此时，被赋能企业与平台的依赖关系开始从高依赖状态转向低依赖状态，虽然被赋能企业的创新仍需要依靠平台的数据接口和基础设施，但被赋能企业与平台互动频率逐渐降低，互动中被赋能企业的能动性也显著增强。上述赋能过程使得被赋能企业成长为可以实现商业模式持续创新的主体。

再次是赋能结果。以往赋能模式中赋能平台"授人以鱼"，围绕被赋能企业核心需求提供解决方案。其不足是造成被赋能企业难以获得能力的提升，从而对平台存在着高度依赖。而元赋能模式中赋能平台"授人以渔"，通过数字基座构筑夯实了被赋能企业的数字基础，帮助被赋能企业进行商业机会洞察，有效利用商业机会，被赋能企业不仅能够降低对平台的依赖，还可以实现商业模式的持续创新。

最后是适用边界。在以往赋能模式下，赋能主体需要具备先进的数字技术，并围绕被赋能企业的需求开发技术模块，解决被赋能企业面临的具体问题。而元赋能模式的可行性不仅需要赋能主体具备数字技术优势，还需要赋能主体能够打造数字技术的底层信息模型，实现高异质性工业设备间的联通和数据交换。这一模型具有高度开放性和可扩展性，可为跨行业、跨领域的被赋能企业实现商业模式创新提供底座支持，助力其不断进行创新应用的开发和拓展。此外，元赋能模式还需要平台在赋能过程中充分"授人以渔"，与被赋能企业持续交互进行深度价值共创，才能够助力被赋能企业构建起商业模式创新能力。可见，数字基座构筑和赋能过程的持续交互是元赋能模式最终得以实现的限制因素和边界条件。例如，通用电气的 Predix 平台试图打造适用于所有领域的通用型系统平台，但忽视了工业细分领域行业知识的巨大差异，未能通过与被赋能企业持续互动以进行深度价值共创，从而导致与用户的实际需求和应用场景严重脱节，最终以失败告终。

资料来源：参见张骁，刘润喆，吴小龙，等. 元赋能：工业互联网平台驱动企业商业模式创新能力构建研究 [J]. 管理世界，2024，40（7）：26-46，83.

## 讨论题：

1. 元赋能模式的设计可能运用了本章开头提及的哪些主要思维？结合本文材料讨论，元赋能模式的实践需要如何开展协同合作？

2. 文中提及的"造车"模式和"修路"模式有何异同？你认为哪一个模式更有助于被赋能企业的商业模式创新？为什么？

3. 相比以往的赋能模式，元赋能模式在赋能逻辑和赋能结果上有何不同？

第五篇

# 伦理篇

　　商业伦理是组织行为的道德指南。经营者围绕商业模式所做的相关决策必须遵循商业伦理规范。任何组织的生存发展、兴衰存亡在很大程度上都取决于高层管理者能否审时度势、把握环境变化、抓住发展机遇，同时坚守商业伦理准则，有胆略地进行风险决策和模式创新。在这一过程中，商业伦理不仅是组织对外展示形象的重要方面，更是内部决策和集体行动的道德约束。它要求管理者在追求经济效益的同时，也要考虑社会责任、公平正义和可持续发展，确保组织的行为符合伦理道德规范和社会期望。

　　学好商业模式学，需要深刻认识组织利益相关者的需求及其动态变化，理解当今世界商业环境正在发生的深刻变化，以及对经营者提出的伦理道德和社会责任新要求，掌握商业模式伦理管理的框架思路和具体策略。

　　本篇共一章，将围绕上述重要问题依次展开。

# 第八章　伦理关照

伦理管理不是成本支出，而是商业生命的免疫系统。关照伦理的商业模式实践，核心在于均衡考量各利益相关方的合理诉求。具备长远视野的企业主动放弃利润驱动的最强动力，主动选择伦理驱动的最好动力。这种战略性的伦理决策，不仅塑造负责任的商业实践，更能构筑深厚的信任基础与可持续发展优势，是企业行稳致远，实现基业长青的关键路径。

——袁柏乔

## 【本章目标】

1. 理解企业经营开展商业模式伦理分析的必要性与内在逻辑。
2. 了解伦理分析在商业模式设计与实践中的作用与内涵。
3. 掌握评估商业模式决策可行性的五大维度。
4. 理解伦理的定义及其内涵。
5. 理解道德的定义及其内涵。
6. 了解伦理与道德的联系与区别。
7. 理解卡罗的企业社会责任观。
8. 理解企业伦理责任及其特征。
9. 了解商业模式六职能在运行过程中可能存在的伦理问题。
10. 理解成为企业利益相关者的必备属性。
11. 掌握利益相关者管理原则。
12. 了解利益相关者管理框架。

## 【主要概念】

伦理，道德，企业伦理，利益相关者，企业伦理责任

## 【主要思维】

战略思维，系统思维，法治思维，底线思维

**【导入案例】**

信誉楼，1984年成立于河北黄骅市，是一家民营百货零售连锁企业。经过40年的发展，它从一家面积只有200多平方米、员工仅有30人的"小卖场"，成长为拥有门店43家、员工约4万人，覆盖河北、山东、天津，总资产超80亿元的商业集团。近十年来，信誉楼业绩稳步上升，中国连锁百强排名从第84位升至第32位，被誉为"百强企业中绝无仅有的长跑冠军"。2023年，尽管面临宏观经济压力，信誉楼销售收入仍然达236亿元，同比增长18%，纳税额12.9亿元，同比增长34.8%，展现出强劲的发展势头。

20世纪80年代，企业成立之初，便实行"五试一退"制度，即自行车试骑三天；收音机、录音机试听五天；洗衣机试用七天；电视机试看半个月；各种日用化妆品当面试用；凡经营商品，属于质量问题，都可凭票退换。为了让消费者退换商品更方便，企业又推出了"信誉卡"，向消费者承诺：所有商品保证质量，如不满意，尽管放心回来退换。20世纪90年代，企业创立"视客为友"服务理念，细化各项服务原则：为顾客提供好的商品，合理定价；不断完善售后服务，始终坚持"无理由退换货"，在矛盾面前，把对的一面让给顾客；诚心诚意当好顾客参谋，帮助顾客选到适合的商品；为顾客提供解决问题的方案；做顾客健康品质生活方式的引领者；不让顾客吃亏；为顾客提供更为愉悦的购物体验，提高顾客满意度。与供应商交往，企业坚守"我利客无利，则客不存；我利大客利小，则客不久；客我利相当，则客可久存，我可久利"的原则，不拖欠供应商货款、不向供应商转嫁风险、不接受供应商回扣、不接受供应商吃请等，并且设专门管理人员监督检查。

资料来源：参见商务部市场建设司.2021年全国"诚信兴商十大案例"［EB/OL］. http://scjss. mofcom. gov. cn/xyjs/zcfb/art/2021. html，2021－09－28.

**【思考】** 在信誉楼的商业模式实践中，主要面对哪些利益相关者？信誉楼是如何践行伦理管理原则的？其四十年如一日的伦理实践对你有何启示？归纳其经营哲学，并谈一谈你的看法？请进一步思考，外部环境复杂多变，消费需求凸显个性，企业经营到底有没有可能做到基业长青？如果有，其奥秘是什么？

在当今全球化和高度互联的商业环境中，商业模式的伦理关照已成为企业可持续发展的关键。伦理不仅关乎企业的社会责任，也是构建消费者信任和维护企业声誉的基石。从历史上看，商业模式伦理的概念经历了从简单的慈善捐赠到全面的企业社会责任的转变。随着社会对企业行为的期望日益提高，商业模式伦理已经成为企业战略规划中不可或缺的一部分。我们将通过分析一些成功的案例，展示企业如何在尊重伦理原则的同时实现商业成功。

然而，商业模式伦理也面临着诸多挑战，包括全球化带来的文化差异、技术进步引发的伦理问题，以及消费者对透明度和可持续性的要求。本章将深入探讨商业模式伦理的内涵，分析其在商业决策中的作用，并审视企业如何在追求利润的同时，确保其商业模式符合道德标准和社会期望，并提出相应的应对策略。

# 第一节　商业模式中的伦理问题

本章所谓"关照"，即"照应"的意思。在团队合作或共同工作中，"关照"意味着彼此之间要相互配合，确保工作的顺利进行。所谓"伦理关照"，其含义主要涉及对人类行为、社会关系以及人类整体前途命运的伦理思考和反思，旨在帮助人类实现自我发展的不断超越。伦理关照是一种全面的、深远的思考方式，它不仅关注个体的道德行为和社会的伦理秩序，还涉及人类命运共同体的构建以及对未来的伦理思考，旨在促进人类社会的和谐、公正和可持续发展。今天，企业关于商业模式的几乎所有决策都是伦理决策（即对他人或社会有着或多或少的利益或损失），正因如此，在进行商业模式设计与实践决策时非常有必要做伦理分析。

## 一、商业模式与伦理

【思考】如何评估商业模式决策的可行性？请运用本章提出的五维度模型评估一下信誉楼商业模式决策的可行性。

在进行商业模式分析时，除了考虑其经济合理性和技术可行性之外，还需考虑其他重要因素。基于战略和系统思维，商业模式决策的可行性应从以下五个维度进行综合评估。一是经济维度：商业模式是否能够带来盈利，包括短期收益和长期收益？二是技术维度：所采用的技术是否成熟，是否能够支撑商业模式的实施？三是政策维度：商业模式是否与国家的政策方针保持一致？四是法律维度：商业模式是否符合现行法律法规的要求？五是伦理维度：商业模式是否遵循商业伦理，是否符合社会道德标准？

商业模式的成功并非仅由经济利益和技术实现性决定，它同样需要与国家的政策导向相契合，确保法律合规性，并且在伦理道德上得到肯定。通过这五个关键维度的全面评估，商业模式决策将获得坚实的基础，从而保障其在实施过程中的可行性和长远的持续发展。商业模式的伦理分析的提出有其内在逻辑。企业的所有商业模式决策，不论是关乎于环境分析、模式定位，还是关乎于资源整合、价值创造和价值获取，无一不给企业自身带来利益或者损失，而且也会对利益相关者产生正面或负面的影响。因此，商业模式的可行性并非只由企业自身的盈利能力和技术实施的可行性决定，它同样依赖于能否获得利益相关者的支持和认可。如果一个商业模式以牺牲利益相关者的利益为代价，并且这种牺牲违背了伦理原则，那么利益相关者的支持就无从谈起。在缺乏支持甚至面临反对的情况下，商业模式的实施将面临重大障碍，甚至可能变得不可行。正因如此，众多西方学者将伦理分析视为企业伦理与管理学科交叉领域中的核心议题。比如，弗雷德里克·B. 伯德（Frederick B. Bird，1991）和杰弗里·甘兹（Jeffrey Gandz，1991）认为，企业伦理学是关于制定和实施涉及道德判断的决策的。

### （一）伦理与道德

**【思考】** 伦理与道德有何区别？

周祖城（2020）认为，企业伦理学专注于探讨企业在其运营过程中的道德问题。在新环境下，商业模式是企业伦理学关注的重要方向。要深入理解企业道德，首先需要明确两个核心概念——伦理和道德。

那么，伦理是什么？"伦"字由"人"和"仑"组成，"仑"意味着辈分或等级。因此，"伦"字本意是指人与人之间的差序格局和相互关系。进一步扩展，"伦"字涵盖了个体、组织、社会以及自然环境之间的相互联系，包括个体与他人、个体与组织、个体与社会、个体与自然、组织与组织、组织与社会、组织与自然、社会与社会以及社会与自然之间的关系。"理"字则代表道理、规则和原则。将"伦"与"理"结合起来，伦理就是指用来指导和规范个体、组织、社会和自然环境之间利益关系的一套行为准则。

道德又是什么？道德是一个内涵广泛的概念，它由"道"和"德"两个字组成，各自承载着不同的意义。

首先，"道"字有多种含义：（1）作为道路，它指的是人们行走的途径。如东汉学者许慎在《说文解字》中所解释的那样，"道，所行道也。"（2）作为法则或规则，它代表了宇宙万物运行的规律，《韩非子·解老》中对此进行了阐述，"道者，万物之所然也，万理之所稽也。"（3）作为世界的本源，它是一种先于天地存在，能够成为万物之母的存在，这一观点在《老子》中有所体现，"有物混成，先天地生，可以为天下母。吾不知其名，字之曰'道'"。尽管"道"字有多种用法，但其核心含义都指向了规律和道理。

其次，"德"字则关乎于人们的内心世界，它代表了人们的情感、信念以及遵循行为准则所形成的品质或境界。"道者，人之所共由；德者，人之所自得。"朱熹："德者，得其道于心而不失之谓也。"由此可知，朱熹认为"德"是人们内心对"道"的理解和实践，许慎在《说文解字》中进一步解释说，"德"意味着"外得于人，内得于己"。"外得于人"指的是以善行影响他人，使他人受益；"内得于己"则是指以善念充实内心，实现身心的和谐。

可见，"道"可以理解为规范和准则，而"德"则是个体对这些规范和准则的认同、情感、意志、信仰，以及在此基础上形成的稳定和一贯的行为模式。道德就是个体在遵循"道"的基础上，通过内心的"德"来实现自我提升和与他人和谐相处的一种品质。

"道"是"德"的基础，没有共同遵守的规则，个人就无法从内心体会到这些规则的深层含义；而"德"则是"道"的实现，只有当规则被内化于心并付诸行动时，才能体现其价值，也就是说，一个人只有理解了规则，将其内化于心，并在行为上体现出来，才能被认为是有德之人。将外在的规则转化为个人自觉遵循的行为标准，需要通过社会舆论、个人信念、道德教育和自我修养等长期的努力。因此，道德包含三个层面的内容：道——即道德规范，是社会共同遵守的行为准则。德——指个人对这些规范的理解和内化，表现为道德认识、情感、意志、信仰和习惯。道转化为德的过程——包括道德评价、教育和修养等，是将道德规范内化为个人德行的途径和方法。上述内容强调了道德的三个关键要素：规范本身、个人对规范的内化以及内化过程所需的各种机制和活动。这三个方面相互关联，共同构成了完整的道德体系。

我们通常把 ethics 译为伦理或伦理学，morality 译为道德。那么，ethics 和 morality 各是指什么呢？

这两个词虽然在词源上有共同之处，但在实际使用中，它们各自承载了特定的意义。"ethics"一词源自古希腊语"ethikos"，而"ethikos"又来自"ethos"，意指风俗或习惯。古罗马思想家西塞罗创造了"moralis"一词，用以描述国家生活的道德风俗和人们的道德个性，并且用"moralis"来翻译"ethikos"。"morality"一词便继承了这一含义。从词源学的角度来看，"morality"和"ethics"在内涵上是相通的，这也是为什么有人将它们视为同义词。然而，如果两个词在一种语言中含义完全相同，那么它们的独立存在似乎就没有必要了。因此，自然而然地，"ethics"和"morality"在实际使用中被区分开来。尽管存在多种区分方式，但有一种区分是比较常见的。

"ethics"一词具有双重含义，一方面它代表指导人们行为的准则；另一方面它也指代伦理学这一学科。作为行为准则时，"ethics"与"morality"的区别在于："ethics"指的是规范性的准则，即那些所有理性个体在特定情境下普遍认同的行为标准；而"morality"则指描述性的准则，反映的是特定社会或群体所推崇或个人所认同的行为标准。理查德·T. 迪乔治（Richard T. De George，2010）对"morality"的理解包含三个层面：首先，它涉及对行为的是非善恶的判断；其次，它包括指导这些行为的标准；最后，它是体现在行为中并通过行为得以强化的价值观。曼纽·G. 维拉斯奎兹（Manuel G. Velasquez，1998）则将"morality"定义为个人或群体所持有的行为准则。迪乔治和维拉斯奎兹对"morality"的定义共同点在于，它们都是描述性的"应当"，即实际被推崇或接受的行为准则，而非规范性的"应当"，即从伦理学角度应当被推崇或接受的行为准则。

作为一门学科，"ethics"代表伦理学，而"morality"则是伦理学研究的核心主题。伦理学的目的在于对行为进行评估，区分哪些行为是值得推崇的，哪些是应当反对的；它还对实际生活中指导和约束人们行为的准则进行评价，以确定哪些准则是值得遵循的；此外，伦理学还涉及对现实价值观的评估，旨在提出哪些价值观是值得推广的，包括探讨何种生活方式是有意义的，以及哪些美德是应当追求的。通过这些评价和提倡，伦理学旨在为个人和社会提供道德指引和行为准则。

总的来说，"道德"和"伦理"这两个词在很多情况下并没有被严格区分，它们往往可以互相替代使用，尤其是在指代行为规范时。[1] 例如，当我们说"道德标准"和"伦理标准"，"道德规范"和"伦理规范"，"合乎道德"和"合乎伦理"，以及"讲道德"和"讲伦理"时，这些表达的含义基本上是相同的。然而，在日常生活中，"伦理"和"道德"这两个词还是存在一些微妙的差异。虽然它们经常被互换使用，但在某些语境下，人们可能会根据特定的语义或文化背景来选择使用其中一个词。这种细微差别可能源于人们对这两个概念在哲学、文化或社会层面上的不同理解和强调。罗国杰等认为，"不论在中国还是外国，'伦理'和'道德'这两个概念，在一定的词源含义上，可以视为同义异词，指的是社会道德现象。但它们又有所不同，道德较多的是指人们之间的实际道德关系，伦理则较多的是指有关这种关系的道理。"[2] 何怀宏（2002）对"伦理""道德"的日常使用差异有这样的描述："在我们日常生活中对'伦理''道德'的使用中，我们会说某个人'有道德'，或者说是'有道德的人'，但一般习惯不会说这个人'有伦理'，是'有伦理的人'。""在日常用法中，如果我们细细体会，会发现'道德'更多地或更有可能用于人，更含主观、主体、个人、个体意味；而'伦理'更具客观、客体、社会、团体的意味"。

### （二）企业伦理

【思考】企业伦理具有哪些特点？为什么具有这些特点？

周祖城（2020）认为，企业伦理具有以下特点：第一，企业伦理涉及企业及其员工的行为准则。尽管企业由个体构成，但企业的行为并不是单纯由个别成员行为的简单叠加，企业本身拥有其独特的目标、利益和运作模式。当讨论到企业应采取的行动或其道德责任时，实际上是将企业视作一个具有道德责任的"实体"或"道德主体"。然而，企业的具体运作是由其成员执行的。因此，在探讨企业应遵循的伦理规范时，也间接地为各个层级的员工设定了相应的行为标准。这包括管理层、技术团队、生产

① 周祖城.企业伦理学［M］.北京：清华大学出版社，2020：7.
② 罗国杰，马博宣，余进.伦理学教程［M］.北京：中国人民大学出版社，1985：4.

线工作人员、市场与销售人员、财务团队以及后勤支持人员等，他们各自都应遵循特定的伦理规范。

第二，企业伦理定义了企业经营活动中的正面与负面行为标准，即明确了哪些商业行为是正当和可接受的，哪些是不当和应避免的。企业伦理提供了一套准则，指导人们识别和区分良好的商业实践与不良的商业实践。它探讨了什么样的经营活动可能被认为是道德的，值得推崇的，以及什么样的经营活动是道德上不可接受的，应当受到谴责的。这正是企业伦理学研究的核心内容。一般而言，人们总是把那些有利于自己、他人及社会群体的行为和事件当成是善，而把那些有害于自己、他人及社会群体的行为和事件当成是恶。

实践中，联合国全球契约是一个旨在促进企业社会责任和可持续发展的国际倡议，目前已成为世界上最大的自愿企业责任倡议，它鼓励企业遵守十项基本原则，这对其构建合乎伦理的商业模式大有裨益。

## 专栏8.1【商业模式实践】

### 联合国全球契约

联合国全球契约是一个旨在促进企业社会责任和可持续发展的国际倡议。它鼓励企业将全球契约及其原则融入其战略和业务中，同时推动主要利益相关者之间的合作，以支持联合国的目标。该倡议由联合国秘书长科菲·安南在2000年发起，基于人权、劳工、环境和反腐败的十项普遍原则，这些原则源自多个国际文件和公约。

全球契约的组织结构包括一个由联合国秘书长任命的理事会，以及在国家层面运作的地方网络，这些网络支持本地和跨国企业履行原则并提交年度进展报告。此外，全球契约还与多个组织合作，提供执行原则的资源和指南，以打击腐败。联合国全球契约不仅是一个自愿的领导平台，还提供学习和对话的机会，帮助企业实现透明运营，支持联合国2030年可持续发展议程。目前，它是世界上最大的自愿企业责任倡议，拥有来自145个国家的12000多家企业参与者和其他利益相关者。

通过参与全球契约，企业可以与政府、联合国机构和民间社会合作，共同应对全球挑战，为社会谋取更大的利益。这个平台促进了企业与主要利益相关者之间的合作，形成了一个更广泛和平等的世界市场，推动了全球经济的透明度和可持续发展。全球契约的原则分为四个领域：人权、劳工、环境和反腐败，每个领域都有相应的机制来开发和培养。具体原则如下：

1. 人权原则。
原则1：企业应在其影响范围内对保护国际人权给予支持和尊重。
原则2：企业应保证不与践踏人权者同流合污。

2. 劳工原则。

原则 3：企业界应支持结社自由及切实承认集体谈判权。

原则 4：消除一切形式的强迫和强制劳动。

原则 5：切实消除童工现象。

原则 6：消除就业和职业方面的歧视行为。

3. 环境原则。

原则 7：企业应支持采用预防性方法来应对环境挑战。

原则 8：采取主动行动，促进在环境方面采取更负责任的做法。

原则 9：鼓励开发和推广不损害环境的技术。

4. 反腐败原则。

原则 10：推广并且采用反对包括勒索和贿赂在内的各种形式腐败的举措。

资料来源：联合国全球契约网站，www.ungolbalcompact.org。

第三，企业伦理涉及指导企业及其成员如何恰当地与社会、利益相关方以及自然环境互动的规范。它确立了原则和标准，帮助企业在与外部环境互动时作出合理且负责任的决策。这些决策旨在确保企业行为不仅道德合规，而且促进与社会和自然环境的和谐共存。企业伦理强调，道德的基础在于利益的合理分配和调整。

在企业经营中，存在多种利益关系，主要分为内部和外部两大类：一是内部关系，包括员工之间的合作，以及管理者与员工之间的关系。这些关系涉及团队协作、职责分配和内部沟通。二是外部关系，涵盖企业与顾客、供应商、竞争者、社区、政府、自然环境、所有者，以及在特定经营活动中可能产生的其他利益关系，如与专利发明人或合作伙伴的关系。

企业伦理的核心作用在于提供一套规范和原则，用以调节和平衡企业及其成员与这些利益相关方之间的关系。通过这种方式，企业伦理有助于促进企业的道德行为，增强企业的社会责任，并推动可持续发展。简而言之，企业伦理是企业在追求经济效益的同时，确保其行为对社会和环境负责的重要工具。

第四，企业伦理的有效实施依赖于社会舆论、个人道德信念和企业内部规章制度的共同作用。它与法律都是规范企业及其员工行为的重要机制，但在执行方式上有所不同。法律通过国家的强制力量执行，具有强制性和外在性。它是由外部施加的规则，对违法行为有明确的惩罚措施。而道德则更多依靠社会舆论、个人的自我评价和内心信念来实现自我约束和自我激励，具有自觉性和内在性。道德规范是内在的，通过个人的自我认同和社会的认可来推动行为的规范。

在企业层面，可以通过制定具体的行为准则来明确期望的行为标准。对于模范遵守这些准则的员工，企业可以通过表扬、提高薪酬、评为优秀员工、晋升等正面激励措施来予以奖励。对于违反准则的行为，企业则可以采取批评、降低薪酬、职位降级甚至解雇等负面惩罚措施来进行惩戒。

通过这种方式，企业伦理不仅有助于塑造一个积极的企业文化，还能够促进员工的道德行为，增强企业的社会责任，推动企业的可持续发展。李占祥（2000）认为，企业伦理在企业可持续成长中具有战略支撑地位和作用。

## 专栏8.2【名家观点】

### 李占祥：企业伦理在企业可持续成长中具有战略支撑地位和作用

企业伦理主要是指企业的经济性和社会性相统一的调整企业内外利益关系的行为规范和原则。它包括企业经营行为准则和道德规范、企业同其相关者（顾客、供应商、员工、协作者、竞争者、社区等）之间以及企业对社会、国家的义务。企业伦理具有相对性，它受一个国家和地区的政治、经济、文化的制约。同时，它又是依据社会的经济关系以及它和其他社会意识形态的联系而发生、发展的。

企业的经济性和社会性相统一的本质，决定着既不存在不考虑企业扩大再生产所需要的利润的管理，也不存在不考虑企业伦理的利润。经济性和社会性是相辅相成的矛盾关系，二者之间存在着相斥性。企业伦理就是要整合企业的经济性和社会性之间的矛盾，协调它们之间的相斥关系，使它们在企业经营中均衡并存，这是实施企业可持续成长的具有重大意义的战略问题。事实证明，企业存续时间的长短同支配这种时间长短的企业伦理道德高低成正比。进行企业伦理建设，需要建立健全规范的企业伦理规章（或叫伦理准则、道德准则、行动宪章等），它表明企业的基本价值观和要求员工遵守的伦理规则。优秀的企业伦理必须同优秀的企业文化相配合，以优秀的企业文化支持伦理行为。同时，还要保证管理决策的道德性；要建立支持企业伦理的企业制度；要建立伦理监督机构，把经营检查和伦理检查结合起来，把伦理纳入业绩评价范围，并且同激励制度相结合；还要进行道德培训，增强员工的道德意识，提高员工对经营中道德问题的认识。总之，长盛不衰的受到人们广泛赞誉的优秀企业，都是注重伦理建设的企业。

资料来源：参见李占祥. 李占祥自选集［M］. 北京：中国人民大学出版社，2007：508－511.

### （三）利益相关者和企业伦理责任

【思考】企业伦理责任的内涵是什么？

利益相关者的理念在20世纪80年代随着公司治理理论的发展而兴起。这一理念主张，所有对企业达成其宗旨有影响力或可能受到企业宗旨实现过程影响的个人和集体，都应被认定为企业的利益相关者（Freeman，1984）。这一理念的目的是向企业强调，除了追求经济绩效之外，还必须担负起其在慈善、伦理和法律方面的责任（Carroll，1993），如图8－1所示。

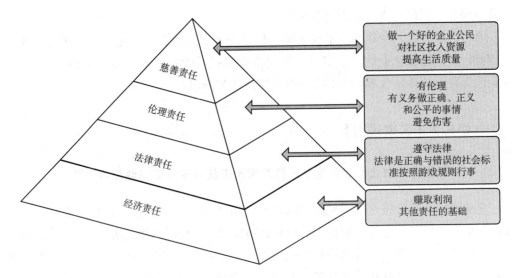

图 8 - 1　卡罗（Carroll）的企业社会责任观（综合责任）

周祖城（2020）认为，要理解利益相关者（stakeholder），首先需要理解利益（stake）的含义。阿基·B. 卡罗（Archie B. Carroll）和安妮·K. 布契霍茨（Ann K. Buchholtz）认为，"stake" 这个词，一端是指单纯的利益；另一端是指依法拥有的所有权，两端之间则是某种权利。这种权利可能是法律的权利，也可能是道德的权利。

因此，"stake" 有三层含义：一是利益（interest），当一个人或一个群体会受到某项决策的影响，则这个人或这个群体在该决策中存在利益。二是权利（right），包括法律权利和道德权利。法律权利是指一个人或一个群体依法应该受到某种对待或拥有应该得到法律保护的某种权利。道德权利是指一个人或一个群体认为，应该受到合乎道德的对待，或者拥有按照道德应该享有的某种权利。三是所有权（ownership），当一个人或一个群体依法拥有某种资产或财产，则这个人拥有所有权。

所以，企业的利益相关者（stakeholder）是指在企业经营中拥有一种或一种以上利益（stake）的个人或群体（Carroll and Buchholtz，2000）。更为常见的定义是，利益相关者是指可能对组织的决策和活动施加影响或可能受组织的决策和活动影响的所有个人、群体和组织（Freeman，1984）。投资者、员工、顾客、供应商、竞争者、政府、社区和公众都是企业的利益相关者。企业是一个利益相关体，企业经营是一种合作活动。企业要有所有者，没有所有者的初始投入，就不可能有企业。企业要有员工，员工的素质越高，员工与员工之间，员工与企业之间的合作程度越高，越能生产出具有竞争力的产品或服务。企业要有顾客，产品或服务得有足够数量的人按足够高的价格购买才行，购买的人越多，愿意出的价格越高，企业获得的利润越多。企业要有供应者，企业不可能所有原材料、零部件都自己生产，不可能所有技术都自己开发，不可能自备所有的资金，故需要原材料、零部件、技术、资金供应者。原材料、技术、资金的供应越是稳定可靠，企业经营就越顺利。企业要有竞争者，企业通常不喜欢有竞争，但没有了竞争者，就成了垄断，而垄断是法律所不容的。企业还要有政府、社区、公众的理解、合作、支持。反过来说，所有者、顾客、员工、供应者、竞争者、政府、社区、公众也能从与企业的合作中获得好处，他们也离不开企业。可见，企业有许多利益相关者，而且与他们关系十分密切。可以说，企业的任何决策、任何行为都会对利益相关者产生或多或少的影响。换句话说，怎样处理与利益相关者的关系是企业不可避免的、每时每刻都面临的问题。

特别地，在本书讨论的商业模式学领域，该定义的颗粒度（指对商业模式的各个职能进行分析和设计时的细化程度）需要进一步细化。比如，在魏炜和朱武祥（2009）商业模式界定中，"利益相关者"是指那些具有自身独立的利益追求、拥有相对独立的资源能力，并与焦点企业保持着交易联系的行为主体。本书认为，利益相关者是指那些追求自身利益、拥有独立资源，并与主体企业有协同合作关系的独立行为主体。

什么是企业伦理责任？周祖城（2020）认为，所谓企业伦理责任，是指企业在从事各项活动时，应当合乎伦理地对待利益相关者和社会，并应当承担没有达到伦理要求而引起的后果。这个定义包含以下几个特征：首先，企业伦理责任的主体是企业。其次，企业应该对利益相关者和社会负责。最后，企业伦理责任的内涵包括两个方面：一是企业应当合乎伦理地从事各项经营活动；二是应当为没有达到伦理要求而引起的后果负责。

吕力（2022）"商利天下、商立天下"的观点与上述论断具有异曲同工之妙。

## 专栏8.3【名家观点】

### 吕力：商利天下、商立天下

子曰："人能弘道，非道弘人。"（《论语·卫灵公》）

"自强不息、厚德载物、以弘商道"可视为东方儒学的精髓。

"天下"可以被理解为一个多重含义的世界概念：第一，在地理学意义上，指整个大地。第二，在社会学和心理学意义上，天下指所有土地上所有人的心思，即"民心"。人甚至比地更重要。第三，在政治学意义上，指世界政治制度。世界政治制度定义了普遍秩序，因此使世界政治一体化而结束世界的乱世状态。作为世界制度的"天下"才是天下概念的最后完成形式。管子所说的"创制天下"正是这个意思。

"商利天下"意谓通过商业互通天下之有无、互惠互利，意味着商业为社会创造财富。就美国工商业的发展来看，现代企业最早出现于19世纪晚期，正是第二次工业革命进行得如火如荼的时代。从19世纪50年代一直持续到20世纪早期，大量供给面创新，包括电报、铁路和其他技术进步，大大增强了美国的生产能力。这些创新有助于制造和分销大量商品和服务，并催生了许多新产业，如百货商店、大众零售店、炼油厂、投资银行以及汽车制造业。与此同时，收入的上涨、人口的增加和城市化的深入，改变了经济的需求面和消费方式。

"商立天下"指现代工商业影响越来越广泛，成为推动社会进步的关键力量，其公平交易的价值观成为社会平等、自由可靠的基石。1985 年，管理学大师彼得·德鲁克将创业定义为"使资源能够创造新价值的行为"，这是其最具体、最有意义的定义之一。美国经济学家威廉·鲍莫尔将创业者定义为"为经济目标而甘愿冒险的个体"，正是这些个体和他们的商业探险历程为世界历史轨迹带来意想不到的影响。例如，古美索不达米亚商人创立城市市场经济，中国茶商发明"飞钱"（如纸币"交子"），创业者在 16 世纪到 19 世纪在资本主义发展中扮演了重要角色，以及推动了当下世界经济竞争的"扁平化"趋势。

资料来源：参见吕力. 中国管理哲学［M］. 上海：东方出版中心，2022：7-8，32-36.

## 二、环境分析中的伦理问题

【思考】商业模式环境分析中可能存在哪些伦理问题？为什么？

在利益相关者理论视角下，基于系统观和过程观的商业模式设计与实践，包括六大过程：环境分析、模式定位、资源整合、价值创造、价值获取、创新重构。追求可持续发展的企业，在其商业模式设计与实践中的每一过程，都需要伦理关照，如图 8-2 所示。

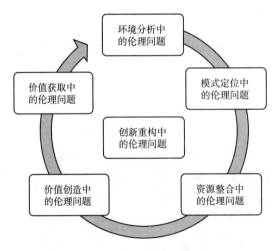

**图 8-2　商业模式伦理关照过程模型**

在商业环境中，伦理问题是一个不容忽视的重要议题。无论是外部的一般环境、行业环境还是内部环境，伦理问题都贯穿其中。

### （一）外部一般环境中的伦理问题

1. 政治环境问题。在某些政策制定过程中，企业需要充分考虑伦理因素，确保政策既符合法律规定，又能维护消费者权益。例如，某些环保政策可能对企业的生产方式提出更高的要求，企业需要在追求经济效益和履行社会责任之间作出权衡。

2. 经济环境问题。在经济全球化背景下，企业需要关注跨国公司的伦理行为，避免不公平竞争和侵犯知识产权的行为。企业应秉持公平竞争、诚信经营的原则，为行业树立良好的道德风尚。

3. 社会环境问题。随着社会舆论和公众意识的提高，企业在履行社会责任的过程中，应充分考虑社会影响，积极回应用户反馈和建议，建立良好的企业形象。

4. 技术环境问题。随着互联网技术的发展，信息传播速度加快，企业在运用新技术时需要关注信息安全和隐私保护等问题，确保消费者的合法权益不受侵犯。

5. 自然环境问题。企业应关注环保问题，积极采用绿色生产技术，减少对环境的污染。在资源开采、产品制造和物流运输等环节中，企业应尊重自然规律，确保可持续发展。

6. 全球化环境问题。全球化是一个复杂的现象，它涉及经济、政治、文化、社会等多个方面。在全球化环境中，伦理问题尤其复杂，因为它常常涉及不同文化、价值观和法律体系的冲突。

其表现常涉及以下方面：（1）供应链伦理。全球化的商业模式往往依赖于复杂的供应链，这些供应链可能跨越多个国家和地区。供应链中的伦理问题包括确保供应商遵守劳动法、环境保护法规以及公平贸易原则。（2）文化敏感性和多样性。全球化的商业模式需要对不同文化持敏感态度。企业在进入新市场时，必须尊重当地的文化、宗教和习俗，并确保其产品和服务不会冒犯当地消费者。此外，还涉及跨国公司的责任，数据保护和隐私，知识产权等问题。上述问题，需要灵活运用系统思维、法治思维等，加以理性对待。

### （二）外部行业环境中的伦理问题

1. 顾客问题。企业在满足顾客需求的过程中，应尊重消费者的权益和尊严。例如，企业在收集和使用用户数据时，应遵循相关法律法规，不得侵犯用户的隐私权。此外，企业还应关注顾客的反馈和建议，不断改进产品和服务，提高顾客满意度。

2. 供应商问题。企业在与供应商合作的过程中，应尊重供应商的权益，公平交易，确保供应链的稳定和可持续性。同时，企业还应关注供应商的环境保护和社会责任情况，共同推动供应链的绿色发展。

3. 竞争对手问题。企业在竞争中应遵循公平、公正、诚信的原则，不采取不正当手段侵犯竞争对手的权益。在合作与竞争中共同成长，共同推动行业的健康发展。

4. 替代品和潜在入侵者问题。企业在面对替代品和潜在入侵者的威胁时，应关注市场变化，积极创新，提高自身的核心能力。同时，企业还应关注行业规范和法律法规的变化，确保自身的行为符合伦理要求。

实践中，应学会判断具体案例中所涉及的是什么环境因素并善于提出具有针对性的策略和措施。

## 专栏8.4【商业模式实践】

### 突然宣布停止运营！产品将全面下架！

1. 曾经一年卖出 1 亿片。作为第一批进入中国市场的韩妆品牌，春雨曾红极一时，一款黄色蜂蜜面膜，成为不少 90 后定格在青春的回忆。据网友评论，当年经典款产品"蜂蜜面膜"在当时的大学生群体中几乎人手一片，话题上热搜后网友们纷纷感慨，还有网友说自己已经用了 6 年，没想到要退出中国市场了。

据时代周报，创立于 2012 年的春雨，是韩国 COSTORY 株式会社旗下的化妆品品牌；2014 年，伸美集团将其引入国内。彼时，面膜市场概念战尚未打响，凭借"0 添加""精华中含有 87% 的蜂蜜原液"等宣传概念，春雨迅速打开中国市场，圈粉无数。2016 年，春雨共卖出 1 亿片面膜，有 90% 都销往了中国；2018 年，春雨得益于明星效应，当年年度新品"春雨果蔬面膜"在开售后的 90 分钟，销售额便突破了 200 万元。到 2020 年巅峰时期年度零售成交额达到 20 亿元之级别，2022 年，春雨经典的蜂蜜面膜更是成为天猫国际面膜销量第一名。据业内透露，2023 年春雨前端 GMV 区间为 5 亿 ~ 6 亿元。不难看出，春雨依旧是中国市场"抢手"的韩妆品牌。美妆营销从业人士认为，春雨在中国市场寻找新的代理商的可能性更大。

2. 曾经爆款，为何开始走下坡？美妆资深评论人、美云空间电商平台创始人白云虎在接受时代周报记者采访时表示，韩国品牌曾经以产品营销和包装创新，在韩流文化风行的时代，获得了中国年轻消费用户的热捧，但是，这些并非可持续的竞争力。就像网友说的，中式审美开始影响更多年轻的消费者，日韩审美不再是消费主流。不仅是韩系美妆，日系美妆品牌在中国市场面临着新的危机。在刚过去的双十一，日系美妆品牌集体在 TOP10 的销售榜单中"消失"。国金证券研究报告显示，2023 年双十一期间淘系美妆店铺销售前十品牌分别为珀莱雅、欧莱雅、兰蔻、雅诗兰黛、薇诺娜、海蓝之谜、玉兰油、修丽可、赫莲娜、娇兰，其中无一为日妆品牌。据媒体观察，这是日妆品牌 SK-Ⅱ自 2016 年以来首次跌出榜单前十，也是日妆品牌资生堂自 2017 年跻身榜单前十后首次出局，两者之前都占据榜单多年。

日韩美妆未能引领国内市场风潮的战局，背后是国货美妆的迅速崛起。随着国货美妆影响力的日渐扩大，美妆市场竞争日益激烈。《2023 年上半年美妆市场复盘》数据显示，上美集团旗下品牌韩束在抖音面部护理类目的市场份额约为 1.37%，销售额同比增长 282.49%，位列国货面护第一名；丸美则增长 299.19%，在抖音面护类目市场占有率达到 0.9%；巨子生物旗下可复美也拿到 294.15% 的增长率。"美妆行业的发展趋向理性，创新和品质是行业的共同认知。以后，靠价格战，没有品质纯靠营销等打法都是会被历史淘汰的。"业内人士在接受《21 世纪经济报道》记者采访时表示，"但无论是研究，还是企业发展，都还需要时间积累"。

资料来源：参见胡慧茵，易佳颖. 突然宣布停止运营！产品将全面下架！[J/OL]. 21 世纪经济报道，2023 - 12 - 09.

### （三）内部环境中的伦理问题

1. 资源问题。企业在配置资源时，应遵循公平、公正、透明的原则，避免资源浪费和分配不公等问题。同时，企业还应关注员工、合作伙伴和其他利益相关者的利益诉求，确保资源的可持续利用。

2. 能力问题。企业应注重提高自身的道德和伦理意识，加强员工培训和教育，提高企业的道德水平和管理水平。此外，企业还应关注社会责任的履行情况，积极承担对社会的责任。

例如，企业绿色供应链管理——知名电子产品制造企业联想（北京）有限公司为了履行社会责任，十分注重环保和可持续性发展，在供应链管理方面，该企业积极推动绿色供应链建设。首先，与供应商合作开发环保材料和技术，减少产品对环境的污染；其次，加强供应链的环保监管和评估，确保供应商遵守环保法规；最后，推动供应商开展绿色生产实践，共同推动供应链的绿色发展。该企业的绿色供应链管理不仅有利于环境保护和社会责任履行，还提高了企业的声誉和市场竞争力。

3. 文化问题。企业文化是企业价值观的体现，企业应注重培育良好的企业文化，树立正确的价值导向。同时，企业还应关注员工的心理健康和职业发展，为员工提供良好的工作氛围和发展机会。

可见，商业模式环境分析中的伦理问题贯穿于企业的各个层面。企业应关注外部环境的动态变化，把握市场机遇和挑战；同时加强内部管理，提升自身的道德和伦理水平；最后与利益相关者建立良好的合作关系，共同推动行业的健康发展。以负责、诚信的态度参与市场竞争和社会发展，实现企业的可持续发展。反之，则可能引起争议，甚至阻碍企业发展。

## 专栏8.5【商业模式实践】

### 归真堂熊胆粉商业模式

1. 归真堂简介。据福建归真堂药业股份有限公司官网介绍，该公司成立于 2000

年，拥有珍稀的国药瑰宝"金胆级"熊胆粉独特资源，被赋予行业首枚"中国驰名商标"，并荣登"2017年度中华民族医药百强品牌企业"榜单。以"弘扬国药，健康民生"为使命，归真堂在传承中创新，产业化运营，通过"CAP规范养殖（上游）、CMP科学制药（中游）、GSP品牌运营（下游）"整合，掌控产业链三大环节，构建了品牌核心能力。

2. 养熊业简介。熊胆作为一种中药材，在中国和东南亚地区有着悠久的应用历史。自1988年中国实施《野生动物保护法》以来，黑熊和棕熊被列为国家二级保护动物，非法获取野外熊胆的行为受到严格禁止。随着人口增长，对熊胆的需求也在上升，这促使了人工养殖熊类和活体取胆技术的发展。中国在20世纪80年代初期开始引进和发展了黑熊的人工养殖、繁殖以及活体取胆技术，形成了一套完整的技术体系。研究显示，人工养殖引流得到的熊胆汁在有效成分和药用价值上与天然熊胆汁基本相同。中国卫生部批准人工引流熊胆汁干品作为天然熊胆的替代品，并命名为"熊胆粉"。东南亚地区对熊胆粉有着极大的需求，市场潜力巨大。但同时，动物权益保护组织的压力和抵制行为也对市场产生了影响。中国国家林业部门对国内养熊产业进行了全面整治，至2011年，全国仅剩下68家拥有至少50头黑熊的较大规模养殖企业，并且停止了新养殖企业的审批。在政策法规方面，《中华人民共和国野生动物保护法》提供了野生动物保护的法律框架，确保了野生动物资源的合理利用和保护。这些法律法规的实施对于规范熊胆市场和保护熊类动物的福利起到了重要作用。

可见，熊胆的利用和贸易在中国受到严格的法律法规控制，同时，动物保护组织的抵制行为也在不断影响着这一行业的发展。未来，熊胆粉行业的可持续发展将需要在法律法规的框架内，平衡市场需求与动物福利的保护。

3. 归真堂活取熊胆事件。2012年2月1日，证监会公布了一批IPO申报企业基本信息表显示，从事活熊取胆的福建药企"归真堂"正在谋求在国内创业板上市。据归真堂介绍，当时其养殖场有黑熊400头，为中国南方最大的黑熊养殖基地。该公司表示，计划用上市募集的资金建设总规划面积为3000亩的养殖基地，把黑熊养殖规模扩大到1200头。此举遭到了民间组织和社会人士的反对，"活熊取胆"问题逐渐演变为公司、行业协会、动物保护组织、公众等关于中药产业发展与野生动物保护的激烈争论。另据《公益时报》记者张明敏报道，从2012年谋求IPO（首次公开募股）上市遭动物保护组织和个人因"活熊取胆"反对未获成功，到后来选择"新三板"（股份转让系统）上市再次遭遇公众"阻击"，这家名为归真堂的福建养熊企业上市之路依旧"雄心勃勃"。面对质疑，归真堂曾于2012年选择开放熊场，邀请公众见证"活熊取胆"的全程，但也未能改变2013年终止IPO上市的命运。2015年12月24日，动物保护组织"它基金"在北京召开新闻发布会，反对从事活熊取胆的福建归真堂谋求新三板上市，敦促其放弃活熊取胆，实现企业健康转型。遭遇上市一波三折的归真堂，两年后再次向资本市场进军，选择新三板，意味几何？

4. 熊胆可以被取代吗？自 1983 年"人工熊胆项目"立项以来，沈阳药科大学的研究团队一直致力于人工熊胆的研发。1989 年，该团队完成了药理、毒理等实验，并制造出人工熊胆，随后进入临床试验。研究显示，人工熊胆与天然熊胆在临床效果上可以 1∶1 等量替代。2005 年，熊胆滴眼液的临床试验也证明了这一点。

有中医专家表示，许多常见的中草药材可以替代熊胆的功效，如野菊花、金银花在清热解毒方面的效果甚至优于熊胆，而熊胆清肝明目的功效则不如龙胆草和栀子。因此，在中医经典中，熊胆并非必需药材。北京同仁堂集团的赵小刚则认为，虽然熊胆不能完全被中草药替代，但考虑到中药产业的发展，如何平衡野生动物保护与中药资源的利用是一个值得深思的问题。2023 年初，上海凯宝药业在投资者互动平台上宣布，其研制的体外培育熊胆粉中试已取得重大突破，并拥有全部知识产权。

5. 基于利益相关者理论的归真堂熊胆粉商业模式分析。首先，根据利益相关者理论分析评价归真堂涉及的利益相关者类型和利益相对重要性。门德罗（Mendelow，1991）提出的"利益相关者权力——利益矩阵"分析法（以下简称 Mendelow 法）即是比较适用的对不同利益相关者的利益相对重要性的评价工具，其理论框架详见本章第二节。

根据 Mendelow 矩阵对归真堂的利益相关者进行分析，可以识别出四类不同的群体：一是高利益、高权力群体。在归真堂案例中，公司的大股东，尤其是董事长，属于这一类别。为了满足这些股东扩大经营规模和增加利润的需求，归真堂即使面临公众的广泛批评，也持续寻求上市的机会。二是低利益、高权力群体。在归真堂案例中，中药协会、卫生部药政局、国家药监局药品注册司等相关部门属于这一类别。三是高利益、低权力群体。归真堂在 2010 年首次尝试上市时因动物保护团体的反对而失败。2012 年，为了获得这一群体的认可，公司举办了开放日活动，希望与他们建立有效沟通，但最终未能赢得大多数人的支持，动物保护主义者的核心利益——动物保护和人道对待——未能得到充分满足。四是低利益、低权力群体。通过分析，可以看出归真堂在制定商业模式决策时，并没有与高利益、低权力的动物保护主义者进行充分沟通并达成共识。因此，可以预见，归真堂的上市之路势必充满挑战和困难。

其次，根据利益相关者理论分析评价归真堂商业模式可能存在的潜在风险如下：第一，替代品威胁。依据案例所述，越来越多的医药企业或科研机构正在开展熊胆粉替代品研究，并且有机构已经取得很大突破，一旦投入量产，势必形成较大威胁。第二，伦理压力。归真堂在经营中所面临的伦理压力主要源于动物保护主义者对其"活熊取胆"模式的反对，以及公众、市场、法律和投资者的伦理考量。如何应对这些压力，平衡商业利益与伦理责任，是归真堂需要深入思考的问题。具体包括以下方面：一是动物福利的关注。随着社会对动物权利和福利意识的提高，归真堂的"活熊取胆"模式遭到了动物保护组织的强烈反对。这些组织认为这种做法对动物造成了不必要的痛苦和伤害。二是公众舆论的压力。动物保护主义者通过媒体和社交平台发起了反对归真堂上市和熊胆产品的活动，引起了广泛的公众关注和讨论。这种舆论压力对归真堂的品牌形象和市场表现产生了影响。三是法律与政策的约束。虽然归真堂声称采用了无痛取胆技术，但动物保护组织和部分公众仍然对其操作的合法性和道德性表示怀疑。此外，有关动物保护的法律法规的出台可能会对归真堂的经营模式构成进一步的挑战。四是市场和消费者行为的变化。随着动物保护意识的增强，一些消费者可能会选择避免购买涉及虐待动物的产品。这可能导致归真堂的产品市场需求下降，影响其销售和利润。五是投资者和合作伙伴的考量。动物保护组织的反对活动可能会影响潜在投资者和合作伙伴对归真堂的看法。他们可能会因为伦理考虑而选择不与归真堂进行商业往来。六是企业社会责任的挑战。面对伦理压力，归真堂需要在追求经济效益的同时，考虑其企业社会责任。这包括改进养熊和取胆的技术，确保动物福利，以及与动物保护组织进行对话和沟通，寻求共识。

最后，请你采用本书提出的商业模式六职能模型对归真堂熊胆粉商业模式进行分析（见表 8 – 1）。

表 8 – 1　　　　归真堂熊胆粉商业模式分析（六职能模型分析法）

| 主要过程 | 维度要素 | | 重要概念 | 部分典型援引 |
|---|---|---|---|---|
| 环境分析 | 外部环境 | 一般环境 | | |
| | | 行业环境 | | |
| | 内部环境 | | | |
| 模式定位 | 价值维度 | | | |
| | 产品维度 | | | |
| | 产权维度 | | | |
| 资源整合 | 资源配置 | | | |
| 价值创造 | 价值网络 | | | |
| | 用户价值 | | | |
| 价值获取 | 定价机制 | | | |
| | 竞争模式 | | | |
| 创新重构 | 模式创新 | | | |
| | 模式重构 | | | |

# 三、模式定位中的伦理问题

【思考】商业模式定位中可能存在哪些伦理问题？为什么？

商业模式定位中的伦理问题是商业运营中一个备受关注的议题。伦理问题涉及企业在经济活动中所面临的道德和社会责任，以及其商业模式对社会、环境和利益相关方产生的影响。下面通过讨论伦理问题，结合案例，探讨商业模式定位中的伦理挑战。

首先，伦理问题常常涉及企业的社会责任。企业在制定商业模式时，需要考虑其产品或服务对社会的影响。例如，某些企业可能通过降低成本提供廉价商品，但这可能导致劳工条件下降、环境破坏等问题。一个鲜明的案例是快时尚产业，一些企业因为过度追求低成本而被指责在制造过程中违反劳工权益和环境保护法规。

其次，商业模式定位中的伦理问题还牵涉企业的广告宣传和消费者欺诈问题。为了推动销售，一些企业可能采用夸大宣传、虚假广告或操纵信息的手段，误导消费者。例如，某企业推广一种健康食品，声称具有医学上的奇效，但实际上这种宣传可能毫无科学依据。这种行为不仅是对消费者的不负责任，还涉及伦理和法规的问题。

最后，隐私问题是商业模式定位中常见的伦理挑战。随着科技的迅速发展，企业可能通过收集和分析用户数据来改进其商业模式。然而，这涉及个人隐私和数据安全的问题。一些互联网公司可能在未经用户同意的情况下收集个人信息，或者将个人数据用于不透明的目的，这引起了隐私权保护方面的争议。

此外，伦理问题还包括与供应链和社区关系相关的问题。一些企业在全球范围内设有复杂的供应链网络，其中可能存在劳工剥削、环境破坏等问题。企业在选择供应商和合作伙伴时，需要更多地关注这些问题，确保其商业模式的影响符合伦理和社会责任的标准。社区关系方面，企业应当尊重当地文化、习俗和环境，避免对当地社区造成不可逆转的影响。

在面对这些伦理问题时，企业需要采取积极的措施来确保其商业模式符合道德和社会责任的标准。首先，企业需要建立透明的经营模式，向利益相关方公开有关其社会责任和可持续发展的信息。其次，企业应当建立有效的监管和合规体系，确保其商业活动符合法规和道德规范。此外，企业还应当积极参与社会公益活动，回馈社会，增进企业与社会的良好关系。

## 四、资源整合中的伦理问题

【思考】商业模式资源整合中可能存在哪些伦理问题？为什么？

商业模式资源整合中的伦理问题是一个涉及资源获取、利益平衡和社会责任的关键议题。在竞争激烈、全球化的商业环境中，企业需要整合各类资源以保持竞争力。资源整合中的伦理问题涉及资源获取的道德性、资源利用的公正性以及企业对社会的责任等方面。

首先，资源获取阶段存在着伦理问题，尤其是在涉及自然资源或人力资源的情境下。许多企业为了获取廉价的原材料或劳动力，可能忽视环境保护可持续或违反劳工权益。以采矿行业为例，一些企业可能在资源开采中破坏生态环境，侵占土地，或使用不公正的劳动力条件，这引发了对资源获取过程中伦理问题的担忧。

其次，资源整合过程中的伦理问题涉及企业内部和外部的利益平衡。在整合各类资源时，企业需要平衡股东、员工、消费者、供应商等多方利益。如果企业过于追求短期经济效益而忽略员工权益、产品质量或社区福祉，就可能引发伦理问题。例如，一些企业为了提高股东回报率，可能采用缩减员工福利或使用低质量原材料的方式，而这可能伤害到员工和消费者的权益。

再次，资源整合中的伦理问题还牵涉知识产权和创新的方面。企业在获取和整合知识与技术资源时，应当尊重知识产权，避免侵权行为。然而，在实际操作中，一些企业可能会试图绕过专利、侵犯知识产权，以获取竞争优势。这不仅伤害了创新者的权益，还违反了商业道德。例如，某国际化妆品公司在资源整合中触及知识产权的伦理问题。该公司被指控盗用了一家小型创新公司的专利技术，而未与该公司进行正当的技术合作或授权。这一行为既违反了知识产权法律，也损害了创新公司的合法权益，引起舆论的质疑和道德上的谴责。

最后，资源整合中的伦理问题还涉及企业对社会的责任。企业在利用资源的过程中，应当考虑其对社会、环境和可持续发展的影响。一些企业可能为了降低成本而采取不负责任的环境管理措施，或者在资源整合中产生过度浪费，对社会产生负面影响。

在面对这些伦理问题时，企业需要采取一系列措施来确保资源整合的道德性。首先，企业应制定并遵守道德准则，明确资源获取和整合中的道德底线。其次，企业应建立完善的内部管理制度，确保资源整合过程中的透明度和公正性。此外，企业还应当积极关注社会责任，回馈社会，推动资源整合走向可持续和负责任发展。

## 五、价值创造中的伦理问题

【思考】商业模式价值创造中可能存在哪些伦理问题？为什么？

商业模式价值创造中的伦理问题是一个涉及企业道德、社会责任和可持续发展的复杂议题。企业在价值创造的过程中，需要平衡经济利益与社会影响，确保其商业活动不仅符合法律法规，还符合道德伦理标准。下面通过讨论伦理问题，结合案例分析，探讨商业模式价值创造中的伦理挑战。

首先，伦理问题在企业的产品和服务质量方面表现得尤为明显。企业在追求利润的同时，应当确保提供的产品和服务符合高质量标准，不会对消费者的健康和权益产生负面影响。然而，在实际操作中，一些企业可能为了节省成本而采取降低产品质量或提供虚假广告的方式，损害了消费者的利益。例如，某食品公司为了提高产品的吸引力，使用了大量的食品添加剂，并且在宣传中夸大了产品的功效。后来，消费者发现产品中的某些添加剂可能对健康造成潜在风险，从而引发了社会的广泛关注和质疑。这一案例揭示了企业在产品质量方面追求短期经济利益可能引发的伦理问题。

其次，伦理问题还涉及企业的雇佣和劳工关系。企业在人力资源管理中，应当尊重员工的权益，提供公正的薪酬和良好的工作环境。然而，一些企业可能在雇佣和劳工关系方面存在不公正的行为，例如雇佣童工、采取不合理的工时安排或拒绝工会组织。这种行为不仅有损劳工权益，也催生了伦理问题。例如，某服装公司被曝光在其生产线上使用童工，并以低廉的价格从供应商处购买产品。这一行为不仅违反了国际劳工标准，还损害了企业的声誉，引起社会的谴责。

再次，企业在与供应商和合作伙伴的关系中，也面临着伦理考量。一些企业可能在采购、合同履行等方面存在侵权行为，违背商业道德。同时，在与合作伙伴的互动中，企业需要考虑合作的公平性和诚信度，以维护商业关系的稳定和健康发展。例如，某国际公司因在与政府官员进行商业谈判时涉嫌行贿，导致其在国际市场上声誉受损。这一案例凸显了企业在与供应商和政府合作中存在的伦理问题。

最后，伦理问题还涉及企业在社会和环境方面的责任。企业需要关注其商业活动对社会的影响，积极参与社会公益事业，反哺其可持续发展。一些企业缺乏对社会和环境的关切，可能在生产和运营中产生环境污染、资源浪费等问题，从而引发社会的不满和抵制。例如，某化工企业因排放有毒废物，导致附近居民的健康受到威胁，引起社会抗议。这一案例反映了企业在生产活动中忽视环保责任所带来的伦理问题。

在应对商业模式价值创造中的伦理问题时，企业可以采取一系列措施。首先，企业应当建立和遵守道德准则，确保商业活动的合法性和道德性。其次，企业需要强化内部监管和合规机制，确保员工的行为符合伦理规范。最后，企业还可以通过公开透明的信息披露，展示其对社会责任和可持续发展的承诺，赢得消费者和社会的信任。

## 六、价值获取中的伦理问题

【思考】商业模式价值获取中可能存在哪些伦理问题？为什么？

商业模式价值获取中的伦理问题涉及企业在收支方式、盈利模式等方面的行为是否符合道德和社会责任的标准。这个问题不仅影响着企业的经济利益，还关系到企业在社会中的声誉和可持续发展。通过案例分析，可以窥探商业模式价值获取中的伦理挑战。

首先，企业在收支方式上可能面临着关于价格公正和竞争公平的伦理问题。在市场竞争中，一些企业可能通过垄断地位或不正当手段来设定过高的价格，损害消费者的权益。此外，不公平的竞争行为，如恶意破坏市场平衡、垄断市场份额，也是商业模式价值获取中常见的伦理问题。例如，某药品公司垄断了某一特定药物的生产并将价格暴涨数倍，使得原本依赖该药物的患者难以承受药价。这引起了社会的广泛不满和道德谴责。

其次，盈利模式中可能存在关于隐私和数据安全的伦理问题。一些企业通过收集和分析用户数据来实现个性化推荐和广告投放，但如果未经充分授权或保护不善，这可能侵犯用户的隐私权。企业需要在盈利的同时，保障用户数据的合法使用和安全性。例如，某社交媒体平台被曝光在未经用户同意的情况下，出售用户的个人信息给第三方广告公司，引发了用户对隐私泄露的强烈抗议。

再次，广告和宣传中的伦理问题也是商业模式价值获取中的一大难题。为了提高销售额，一些企业可能采用夸大宣传、虚假广告或误导性宣传手段，欺骗消费者。这不仅违反了公平竞争的伦理准则，还损害了企业的信誉。例如，某汽车制造公司在广告中宣称其某款汽车具有零排放，但实际上在生产过程中产生了大量污染。这一虚假宣传引起了消费者的不满和社会的谴责。

最后，企业在盈利模式设计中是否遵循税收法规也是一个关键的伦理问题。一些企业可能通过避税手段，将利润转移至低税收地区，逃避应缴纳的税金。这种行为不仅损害了社会的税收秩序，还使得企业未尽其应尽的社会责任。例如，某跨国公司通过将利润转移至低税收地区，极大程度地减少了在本国应缴纳的税金，引起了政府和公众的不满。

在应对这些伦理问题时，企业可以采取一系列措施。首先，企业需要建立并遵守伦理准则，明确道德底线，确保价值获取的合法性和公正性。其次，企业应当加强内部监管和合规机制建设，确保员工的行为符合伦理规范。此外，企业可以通过透明的信息披露，展示其社会责任和诚信承诺，赢得消费者和社会的信任。

## 七、创新重构中的伦理问题

【思考】商业模式创新重构中可能存在哪些伦理问题？为什么？

商业模式的创新与重构，涉及从环境分析、模式定位到价值获取的全过程。因此，在上述每一过程中出现过的伦理问题，在商业模式创新与重构中，都可能会重复出现。这些问题包括但不限于大数据、人工智能等新兴技术在商业应用中带来的诸如隐私保护、算法偏见等伦理困境。上述问题的重复出现，倒逼企业在追求经济效益的同时，尽可能充分考虑社会责任和道德规范。

第一，产品和服务创新中的伦理问题。例如，某科技企业在商业模式创新与重构的时候，推出了一款智能家居设备，该设备具有收集用户生活习惯数据的功能。然而，企业未能充分告知用户数据收集的范围和目的，容易引发隐私泄露的担忧。因此，企业在创新过程中，应确保用户数据的安全和隐私保护，避免因追求技术进步而忽视用户的基本权利。

第二，市场再定位与目标消费群体选择中的伦理问题。例如，一家快餐连锁企业推出了针对儿童的促销活动，其中包括赠送玩具。这一做法容易受到批评，因为促销活动可能助长儿童的不健康饮食习惯。因此，企业在制定市场再定位策略时，应避免推广可能对特定群体（如儿童）产生负面影响的产品或服务。

第三，供应链重构中的伦理问题。例如，一家服装品牌被曝光其供应链中存在使用不公平劳动条件的情况，如低工资和长时间劳动。因此，企业在商业模式创新与重构供应链的过程中，应确保所有供应商遵守劳动法规和道德标准，避免剥削工人。

第四，知识产权和创新保护中的伦理问题。例如，一家软件公司被指控抄袭了竞争对手的产品设计。这一行为不仅损害了竞争对手的利益，也破坏了行业的创新环境。因此，企业在商业模式创新过程中，应尊重他人的知识产权，通过合法途径保护自身的创新成果。

第五，利益相关者权益保护中的伦理问题。例如，一家矿业公司在开发新矿区时，未能充分考虑当地社区的意见，导致社区居民产生对环境破坏和生活方式改变的担忧。因此，企业在重构商业模式时，应与所有利益相关者进行沟通，确保他们的利益和关切得到妥善处理。

第六，全球化与文化差异引起的伦理问题。例如，一家跨国公司在进入新市场时，未能适应当地文化，其广告宣传引起了当地消费者的不满。因此，企业在全球扩张中，应该进行商业模式创新与重构，以尊重并适应不同文化，加强跨文化管理，减少文化冲突。

第七，技术进步与就业平衡中的伦理问题。例如，随着人工智能的发展，一家制造企业大量裁员，却未能为员工提供再培训或转岗机会。因此，企业在商业模式创新与重构过程中采用新技术时，应充分考虑对员工就业的影响，并提供相应的支持和解决方案。

在应对商业模式创新与重构中的伦理问题时，企业可以采取一系列措施：一是建立伦理委员会，对商业模式创新进行伦理审查和指导。二是加强与利益相关者的沟通，确保他们的权益得到尊重和保护。三是强化内部合规培训，提高管理者和员工对伦理问题的识别和处理能力。四是公开透明地披露企业信息，建立公众信任。五是定期评估商业模式对社会、环境和利益相关者的影响，及时调整策略。通过这些措施，企业就有可能在创新与重构的过程中，平衡经济利益与伦理责任，实现可持续发展。

总之，在商业模式设计与实践的六大过程"环境分析→模式定位→资源整合→价值创造→价值获取→创新重构"中，都可能涉及一系列复杂而严峻的伦理挑战。企业在上述过程中的方方面面的行为不仅影响其经济效益，更关系到其在社会中的声誉和可持续发展。通过关注社会和环境责任、建立伦理委员会、遵守道德准则、提高产品和服务质量、尊重员工权益、维护公平竞争和合作伙伴关系、保护用户隐私、合规纳税、定期评估等方式，企业可以创造更加健康、可持续和更具社会责任感的商业模式。在伦理问题上始终保持敬畏之心和高度敏感，有助于企业在竞争激烈的商业环境中建立良好的声誉，实现长期可持续发展。

# 第二节　商业模式的伦理管理

利益相关者理论（Stakeholder Theory）起源于 20 世纪 60 年代，主要在美国和英国等国家发展，这些国家长期采用外部控制型的公司治理模式。这一理论的核心观点与传统的股东至上主义不同，它强调公司的成功和成长依赖于各种利益相关者的共同贡献，包括股东、债权人、员工、客户和供应商等。根据这一理论，企业可看作是"一种治理和管理专业化投资的制度安排"（Blair，1995）。换句话说，企业经营的本质是统筹管理和协调由各利益相关者所构成的"契约联合体"，旨在为所有利益相关者服务，而不仅仅是股东。

在潘罗斯、安索夫等先驱者的研究基础上，弗里曼、布莱尔、多劳逊和米切尔等学者对利益相关者理论进行了深入研究，不仅完善了理论框架，还推动其在实践中的应用，取得显著成效。

## 一、利益相关者类型

【思考】利益相关者类型有哪些分类？你如何看待这些分类？

中国学者贾生华和陈宏辉（2002）认为，企业在发展过程中，面对众多的利益相关者，并不需要"等量齐观"。相反，实施"分类治理"策略，根据各方的利益和影响力进行差异化管理，是确保企业长期稳定发展的关键。因此，采用科学的方法来明确界定和识别企业的利益相关者，是利益相关者理论研究的首要步骤。通过这种方式，企业能够更有效地平衡各方利益，实现可持续发展。为此，有必要先明确如何界定利益相关者的类型。

学术界首先出现的是定性分析框架，比如门德罗（Mendelow，2000）的利益相关者权力——利益矩阵（stakeholder mapping）（见图 8 - 3）。该矩阵按照利益水平和权力水平的高低把利益相关者分为四类。

一是高利益、高权力水平的利益相关者。他们属于关键的影响者，如企业的大股东、大客户，公司的战略决策必须能够让他们接受。

二是低利益、高权力水平的利益相关者。对他们也要小心对待，因为他们有可能会转变成高利益、高权力水平的利益相关者。公司的战略决策应该要能够让他们满意。

三是高利益、低权力水平的利益相关者，他们可以通过游说活动来增强其影响力，如社区代表、慈善团体等，公司应当与这些利益相关者保持良好的沟通。

四是低利益、低权力水平的利益相关者，公司对他们所应付出的努力可以相对小一些。例如，普通民众。

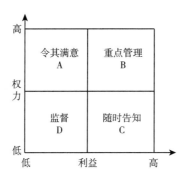

图 8-3 利益相关者图示：权力/利益矩阵

资料来源：Mendelow. Proceedings of Second International Conference on Information System［M］. Cambridge, M. A. Coded from：Marion C. Markwick, 1991；Golf tourism development, stakeholders, differing discourses and alternative agendas：the case of Malta［J］. Tourism Management, 2000, 21（5）：515–524.

戴维·韦勒（David Wheeler, 1997）和玛丽亚·西拉帕（Maria Sillanpaa, 1997）把利益相关者分为直接利益相关者（primary stakeholder）和间接利益相关者（secondary stakeholder）。直接利益相关者包括：所有者、普通员工和管理者、顾客、社区、供应商和其他合作伙伴。间接利益相关者包括：政府、公共组织、社会压力团体、新闻界和学术界、工会、竞争者。由于直接利益相关者与组织有直接的利益关系，所以往往更受重视。实践中，有时候间接利益相关者也能对组织施加重大影响。

周玲等（2004）认为，美国学者 R. K. 米切尔（R. K. Mitchell, 1997）之前的学者从多个维度来细分利益相关者的思路大大深化了人们对企业利益相关者的认识。不过，这些界定方法普遍的缺陷是缺乏可操作性，仍然停留在学院式的研究上，从而制约了利益相关者理论的实际运用。R. K. 米切尔、B. R. 阿格尔（B. R. Agle, 1997）和 D. J. 伍德（D. J. Wood, 1997）详细研究过利益相关者理论产生和发展的历史，归纳了 27 种有代表性的利益相关者定义，并提出了一种评分法（score based approach）以界定利益相关者，这算是定量研究框架的代表。

米切尔明确指出，有两个问题居于利益相关者理论的核心：一是利益相关者的认定（stakeholder identification），即谁是企业的利益相关者；二是利益相关者的特征（stakeholder salience），即管理层依据什么来给予特定群体以关注（Mitchell, 1997）。由此可以从三个属性对可能的利益相关者进行评分，然后根据分值的高低确定某一个人或者群体是不是企业的利益相关者，是哪一类型的利益相关者。这三个属性是：正当性（legitimacy），即某一群体是否被赋予法律和道义上的或者特定的对于企业的索取权；权力（power），即某一群体是否拥有影响企业决策的地位、能力和相应的手段；紧迫性（urgency），即某一群体的要求能否立即引起企业管理层的关注。

米切尔认为，要成为一个企业的利益相关者，至少要符合以上一条属性，要么就是对企业拥有合法的索取权，要么能够紧急地引起企业管理层关注，要么能够对企业决策施加压力，否则不能成为企业的利益相关者。根据企业的具体情况，对上述三个特性进行评分后，企业的利益相关者可以细分为8种类型（见图8-4）。

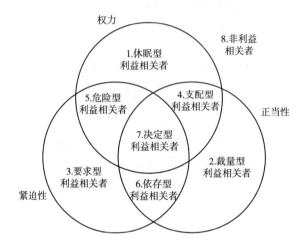

**图8-4　米切尔评分法界定的利益相关者类型**

资料来源：Mitchell R. K., Agle B. R., Wood D. J. Toward a theory of stakeholder identification and salience ［J］. Academy of Management Review, 1997, 22 (4)：853-886.

## 二、利益相关者管理原则

【思考】商业模式利益相关者管理原则有哪些？你认为其中最关键的原则是什么？为什么？

### （一）克拉克森原则

克拉克森原则（clarkson principles），又名"利益相关者管理原则"，起源于多伦多大学法律学院企业社会绩效与伦理研究中心（Clarkson Centre for Business Ethics & Board Effectiveness）在1993～1998年组织的四次学术会议。在几次会议期间，来自各个商学院的学生们聚在一起，围绕利益相关者理论，探讨交流一个新兴的领域，即企业与员工、顾客、供货商、社会、环境之间的关系，以及企业所应担负的社会责任。克拉克森原则代表了企业管理人员对利益相关者管理的一种初期认识，21世纪初商业丑闻频发之际，它成了广泛讨论的社会议题。

原则1：管理者应该承认和积极地监控所有合法的利益相关者的关注点，并应该在决策和运营中恰当地考虑他们的利益。

原则 2：管理者应该倾听利益相关者并与之公开地交流，了解他们各自的关注点和贡献，以及他们由于与企业发生联系而可能承受的风险。

原则 3：管理者应该采用对每个利益相关者的关注点和能力敏感的过程和行为模式。

原则 4：管理者应该认识到利益相关者之间付出和回报的交互作用，并在考虑他们各自的风险和脆弱性的基础上，力求在他们之间公平地分配企业行为的收益和负担。

原则 5：管理者应该和其他实体（包括公共的和民间的）通力合作，从而保证将企业活动所带来的风险和伤害最小化，当风险和伤害不可避免时能够获得恰当的补偿。

原则 6：管理者应该彻底避免可能危及不可剥夺的人权（如生命权）的行为，或者会引起以下风险的行为：如果被清楚地了解后，明显不会被相关的利益相关者所接受。

原则 7：管理者应该承认自己作为企业的利益相关者与作为其他利益相关者利益的法律、道德责任承担人之间的双重角色冲突，承认和强调这一对冲突的形式有很多，比如公开的沟通、适当的报告、有效的激励，必要时还可以采用第三方评议。

资料来源：Post J. E. Global corporate citizenship: principles to live and work by [J]. Business Ethics Quarterly, 2001, 12 (2): 143-153.

## 专栏8.6【商业模式实践】

### 反之道：胖东来的商业模式

《道德经》有言，"反者道之动"。"反"，既包含了对立统一的哲学思想，也体现了返本复初、反复循环的自然规律，同时还蕴含了反思和反向思考的智慧。在胖东来购物，不用担心品质问题，当别的超市未使用过的产品要退货都要做各种登记相当麻烦时，胖东来直接做到面包糕点等熟食不好吃免费退，吃一半也能退，甚至能免费上门退货；在胖东来看电影，如果不满意影片内容，前半小时可以申请退款50%；当别的超市为了保证销售和利润，不断延长营业时间时，胖东来为了保证员工个人生活，果断周二闭店，除特殊时期、特殊岗位，绝大多数岗位在大多数时间严禁加班，工作时间一天不得超过7小时，人手不够找临时工额外付费解决；别的商家为了避免网络舆论发酵损害企业品牌形象，对顾客上传的投诉视频往往采取息事宁人、处罚内部员工了事，而胖东来在很多年前就设置了员工"委屈奖"，在给顾客道歉补偿的同时，不忘给打工人以尊严……这样宝藏级的良心企业有谁不爱？

解码胖东来的商业模式，其实质是在其创始人的自我超越型价值观牵引下的多方利益相关者长期合作共赢。那么，胖东来商业模式的关键成功因素都有哪些？调研发现，其不同于其他企业的关键成功因素很多，其经营理念和做法与其他企业也大相径庭。

1. 有战略定力，战略聚焦主航道。胖东来从 1995 年创立，发展至今将近 30 年，在其他零售企业都忙着上市、四处开店的时候，胖东来最终只新进入了一座城市——新乡；在一些零售企业抓住了零售行业红利期赚了一笔钱，又觉得零售行业赚钱辛苦，转而投入来钱快的房地产、金融等行业时，胖东来还是踏踏实实地做自己的线下零售；当实体零售受到线上电商渠道剧烈冲击时，胖东来甚至都没有认真地做过线上销售平台的投入，还是老老实实地精耕细作自己的线下门店，甚至把高峰期的 30 家门店缩减到了 13 家。胖东来聚焦零售业务主航道，深耕河南少数城市市场，围绕着消费者的民生需求展开零售业态建设。

2. 坚持长期主义，拒绝急功近利。胖东来坚持长期主义，明确自己的目标和能力边界，控制扩张欲望。企业通过提升专业能力、制度标准和人员能力，形成完整的企业文化体系。胖东来追求成为一家幸福、有品质、快乐的企业，有着"英国的绅士、德国的严谨、瑞士的忠诚、法国的浪漫"，具有国际化企业的专业标准。在店面投资和运营上，胖东来不追求短期利益，注重长期发展，通过高质量的产品和服务以及口碑营销来赢得顾客认可，认为企业的长期成功不依赖于低价竞争。

3. 诚信经营，向善发展，做有光的企业。很多人、很多企业都说自己诚信，但在关键事件上的表现才能检验你是否诚信。顾客都知道在胖东来买东西就是放心，因为如果有问题不仅会很快解决，还可能获得十几倍的赔偿。胖东来起家就是因为自己开店以来没有卖过一瓶假酒、一条假烟，在当地积累了较好的口碑，甚至邻村有红白喜事也到其店铺采购物品，烟酒店的诚信经营理念为其赢得了顾客的信任。胖东来在日常销售活动中会公开部分产品的毛利率，比如大众服饰鞋帽产品的毛利率标注一般在 15%～30%，批发集市中的产品毛利率标注一般在 3%～15%，胖东来公开透明的产品销售是一种给予消费者直接利益回报的营销模式。

4. 以员工和顾客为"双中心"的理念。服务价值链理论强调企业应以员工和顾客为"双中心"，认为服务好员工能提升顾客满意度和忠诚度，从而为企业创造持续利润。胖东来实践这一理念，通过了解顾客需求、提前解决问题来提升顾客生活品质，并在利益冲突时优先保护顾客利益。同时，胖东来尊重员工，提供好的工作环境和工具，确保员工满意度，从而提高工作效率和幸福感。胖东来的目标是让员工和顾客都感到满意，超出他们的期望，实现"双超"。

5. 舍得分钱，想清楚了分钱的逻辑。很多企业主没有想清楚分钱的逻辑，不舍得分钱，总是觉得员工会拿了钱不干事，或者希望给分钱附加很多前置条件，比如年前分一半，年后分一半。有多年来跟踪学习胖东来的企业主表示，其创始人本人就像一面"照妖镜"，总能照出自己内心自私和阴暗的角落；胖东来也是"镜子"，在那里你会发觉自己企业与其之间的差距，这些差距的根源在于过多地考虑自身，而较少地考虑员工和顾客。很多企业主只关心业绩提升，即价值创造，而要想让员工全力创造价值，就必须能够对员工创造的价值尽心合理地分配，否则员工自然会惜力，而要想做出合理的价值分配，就要对员工贡献进行科学正确的价值评价。胖东来也深谙这一逻辑。胖东来之所以有今天的成就，首先是因为它做到了"舍"，包括对顾客的舍和对员工的舍。

6. "理念—制度—人"的三重正向循环。胖东来认为优秀的企业文化和理念是建立良好体制的基础，这样的体制能够激励员工，提供优质顾客服务。胖东来的文化不仅人性化，而且强势，以创始人的理念为核心，并通过严格的制度体系执行。文化和制度相辅相成，共同推动企业发展（见图8-5）。

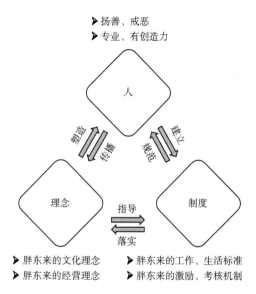

**图8-5 胖东来的"理念—制度—人"循环图**

胖东来的文化治理不是空谈，而是有具体的制度和标准体系支撑，所有制度和评价标准都以文化价值观为最终依据。不符合价值观的制度和标准会被修改，管理层和员工也需符合这些价值观。胖东来重视文化价值观的体系化，通过文字和视频记录文化理念，形成体系，并不断精细化文化指引和案例故事。

资料来源：参见许惠文. 胖东来，没有秘密［J］. 销售与市场，2024，（25）：8-22.

### （二）考克斯圆桌委员会商务原则

考克斯圆桌委员会（Caux Round Table，CRT）是一个国际性的非政府组织，由来自北美、欧洲和日本的100多名商界领导组成。该组织成立于20世纪80年代中期，背景是在全球汽车和消费品市场日益激烈的排外主义。考克斯圆桌会议旨在通过对话和协商的方式，消除商业上的排外主义，提倡公平竞争原则，并强调商业活动不应以妨碍他人利益为前提。

在1991年，贺来龙三郎在担任佳能公司总裁时，成功地将日本的"共生"概念应用于公司管理，并在随后的考克斯圆桌会议中引入了这一理念。1994年，《考克斯圆桌商业原则》正式出版，这些原则肯定了道德在商业决策中的价值，并提出了一系列商业行为准则。

考克斯圆桌商业原则包括了对客户、员工、业主或投资者、供应商、竞争对手以及社区六个利益相关群体的责任规定。这些原则强调企业不仅要追求经济利益，还应尊重人格尊严，维护客户权益，善待员工，并在处理各方利益关系时兼顾他人的福利和利益，以实现共赢的结果。

该组织相信，全世界商业群体应在改善经济和社会条件中发挥重要作用，并致力于推动将这些原则与企业战略和企业的日常活动相结合的实践。考克斯圆桌会议每年在瑞士的考克斯召开，以促进国际商业的敏感度和持续的交流沟通。

1. 负责任经营原则（principles for responsible business）。无论是法律还是市场机制都不足以确保企业行为是积极的、有效的，有鉴于此，提出以下七项负责任经营的核心原则。

原则1：尊重利益相关者。一家负责任的企业不只是要对投资者和管理者负责，还要对其他利益相关者负责。

原则2：对经济和社会发展作出贡献。

原则3：通过超越遵守字面上的法律的行动建立信任。

原则4：尊重规则。

原则5：支持负责任的全球化。

原则6：尊重环境。

原则7：禁止非法活动。

2. 利益相关者管理指南（stakeholder management guidelines）。利益相关者管理指南是对负责任经营原则的补充，它们为企业处理与利益相关者关系提供了具体的指引。以下利益相关者是企业取得成功和可持续发展的关键，反过来说，也是负责任经营实践的主要受益者。

（1）客户：负责任的企业给予客户尊重和尊严。

（2）员工：负责任的企业为员工的幸福着想。

（3）股东：负责任的企业珍惜投资者的信任，谨慎地开展业务。

（4）供应商：负责任的企业必须尊重并真诚地对待供应商。

（5）竞争者：公平竞争是增加财富和促进经济稳定的关键，企业必须避免反竞争行为，尊重有形财产权和知识产权，拒绝通过不道德方式获取商业信息。

（6）社区：企业必须尽其所能促进人权保护，支持致力于改善社区，促进可持续发展，助力社会多元化的倡议（计划）。

请结合专栏8.7材料分析星巴克主要运用了哪几项负责任经营的核心原则。

## 专栏8.7【商业模式实践】

### 企业"碳"索行动｜星巴克"绿色门店"
#### ——打造可持续消费场景

　　2020 年 1 月，星巴克宣布了一项长期愿景，即 Planet Positive（环境向绿）战略，内容包括丰富菜单中的植物基产品；单次使用包装向循环使用转变；推动供应链的减排，聚焦生态农业、植树造林、森林保护和水补偿；投资废弃物处理的更佳方案；创新开发更可持续的门店、运营、制造和物流方案。通过在上述五大领域推动战略执行，希望转型成为一家资源积极型公司。

　　2021 年 9 月全球最为"绿色"的一家星巴克门店——星巴克向绿工坊在上海前滩太古里正式开业。它将作为星巴克全球首家环保实验店，聚焦于节约能源、水耗管理、废弃物处置等关键领域，实践星巴克最前沿的环保创举，全方位探索可循环的绿色零售新模式，鼓励更多顾客一起践行更为绿色的生活方式。

　　1. 全面贯彻使用可再生能源并提升能效水平。自 2005 年以来，星巴克投资了可再生能源，并在去年实现了一个里程碑式的进展，即采购相当于全球自营店面用电量 100% 的可再生能源，主要利用美国和加拿大的可再生能源信贷（REC）和通过欧洲的绿色电力供应合约实现。在咖啡行业的 EPA 绿色电力合作伙伴关系计划全国前 100 强榜单中，星巴克是第一大可再生电力采购商。

　　去年，星巴克加入了气候组织的 RE100，世界上一些规模最大的致力于使用可再生电力的企业都是该联盟的成员。展望未来时，星巴克将专注于确定与地理位置相关的新方式来采购可再生能源，并将新的可再生能源项目推广到世界上那些星巴克开设店面的国家/地区。星巴克臻选上海烘焙工坊是内地餐饮行业首家获得 LEED 绿色建筑铂金级认证的门店。所有经认证的绿色门店必须通过全国绿证认购平台购买绿色电力，100% 使用可再生能源，从而为消费行业可持续转型树立标杆。

　　所有通过绿色认证的门店要求采取全面覆盖的能效、水效提升措施。以照明为例，光源全部实现智能控制，无需手动调节。照明系统设置白天、傍晚与深夜多个模式，有效减少电力消耗。经测算，相较 2019 年一家同等大小的普通星巴克门店，以上措施每年预计将额外减少约 15% 的碳排放。同时，通过采用低流量水龙头等水耗管理措施，门店预计还可平均减少 15%~20% 的用水量。

　　2. 积极推行店面可循环利用组装设计。星巴克已经在 20 个国家/地区开设了超过 1200 家拥有 LEED®（能源与环境设计领导者）认证的店面。在咖啡行业中，星巴克开设的绿色店铺数量最多，在全球拥有 LEED® 认证的零售项目中占了 20%。现在，星巴克将通过制定店面验证计划来深化其对环保零售业的承诺，从而提高所有店面的创新性、可持续性和效率。目标是到 2025 年实现 10000 个更环保的零售店，其中包括新开设的店面和现有的店面。针对这些店面评估和制定建筑标准、实用性效率目标以及合作伙伴项目。此项计划将星巴克定位为真正善加利用其规模的公司，并有助于实现其成为世界上最环保零售商的愿望。

向绿工坊店内约50%的建筑材料都可在未来被循环利用、升级改造或是降解。整家门店的吧台及后区采用了全新的模块化设计，吧台由功能各异的模块构成，可以根据需求拆卸、组装。如果门店在未来改造，旧模块也可以在其他门店"重新上岗"。

3. 发展绿色生产与种植，探索低碳排食材替代。星巴克致力于为消费者带来更丰富的美味和可持续兼具的消费体验。投资约11亿元打造的星巴克中国咖啡创新产业园，将在烘焙生产中引入业内前沿尖端技术，助推中国精品咖啡产业可持续发展，树立行业领先的绿色环保典范。产业园依照国际LEED认证标准和中国绿色建筑三星认证标准设计，可再生能源使用最多达30%，预计可减少超过30%的碳排放。

店内超过50%的食品及含牛奶类饮品均以植物基食材代替，含牛奶类饮品也将默认使用燕麦奶，同时推出15款全新的植物基膳食食品，涵盖多款烘焙产品、三明治及蛋糕。经测算，与常规含动物油脂的麦芬相比，每个星膳食燕麦乳巧克力麦芬减少60克温室气体排放，约相当于节电0.1度。

4. 创造性地研发更环保的杯子。星巴克已经在这方面取得重大进展。星巴克是第一家为自带可重复使用的杯子的顾客提供折扣的公司，率先将10%的消费后纤维（PCF）纳入星巴克的热饮杯中，并且一直在引领行业倡导增加回收利用基础设施。虽然星巴克如今可以在许多社区回收杯子，但星巴克将继续与当地政府和利益相关方合作，共同倡导在所有自营市场中加强回收利用。2022年的目标是加速实现更环保的杯子的进程：将热饮杯中的可回收物质的含量增加一倍，并探索冷饮杯的替代材料，将继续致力于回收利用，并努力将使用杯子回收利用的店面和社区数量增加一倍，将宣传和鼓励"在店内饮用"和使用可重复使用杯子。

5. 探索废弃物循环利用。店内咖啡师所穿的绿围裙是由回收的PET饮料瓶经过清洁加工、再生制成聚酯切片、纱线、面料，最后加工成为独一无二的环保绿围裙，不仅减少PET饮料瓶的废弃物产生量，相较传统的纺织工艺，还能减少能源和资源消耗，降低产品的碳排放。根据专业机构估算，这样一条绿围裙在它的生命周期里，可减少约1千克的温室气体排放。提倡更多消费者共同体验可持续生活方式。店内的主要废弃物之一咖啡渣得到了高效的回收再利用，一部分咖啡渣将无偿分享给消费者用于除湿、除味，另一部分在进行堆肥处理后作为农作物和花园的有机肥料使用，从而减少使用高碳排放、高污染的化学肥料。

资料来源：参见张雨娜等."碳"索行动｜星巴克"绿色门店"——打造可持续消费场景[DB/OL].三零六零，2023-07-24.

## 三、利益相关者管理框架

【思考】商业模式利益相关者管理框架包括哪些内容？你认为其中最关键的步骤是什么？为什么？

周玲（2004）等认为，从国内外研究取得的成果可以看出利益相关者理论和分析方法本身解决问题的能力是有限的，它只是提供一个解剖问题的锋刃所在。有效解决问题的利刀，还需要结合社会学、管理学、政治学等领域的理论与系统分析的思想和方法，来建立和发展相应的利益相关者管理理论和方法。

林曦（2010）认为，弗里曼的经典著作《战略管理：利益相关者方法》奠定了利益相关者管理理论的基石，但是弗里曼的研究没有指出利益相关者识别和重要性排序的具体标准，很多企业利益相关者管理中应考虑的管理情境被忽视了。尽管这一理论提供了一个系统而完整的利益相关者战略管理框架模型（见图8-6），但缺乏解释整体利益相关者管理的说服力。此外，弗里曼虽然注意到了战略形成的微观过程，但是没有指出内部各利益相关者是如何相互影响，以及如何将企业资源在职能部门之间合理进行配置，这些都为利益相关者管理理论的研究留下了广泛的空间。

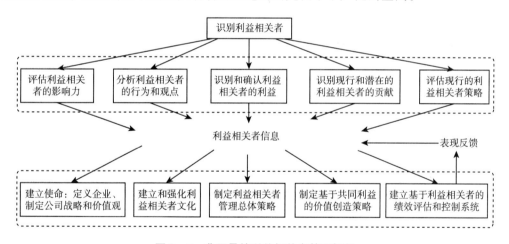

**图8-6　弗里曼的利益相关者管理框架**

资料来源：Freeman R. E., Harrison J. S., Zyglidopoulos S. Stakeholder Theory: Concepts and Strategies ［M］. Cambridge, UK: Cambridge University Press, 2018：31；周祖城. 企业伦理学 ［M］. 清华大学出版社，2020：285 - 287.

尽管如此，我们仍然认为，利益相关者理论是在反思传统公司治理理论的基础上，所提出的一套新的治理理念与理论结构，它在健全企业社会责任观与完善公司治理理论方面，特别是在运用战略思维和系统思维分析利益协调问题、实现"平衡治理"方面，对我国企业开展商业模式协同合作具有特别重要的借鉴意义。

1. 识别利益相关者。利益相关者是受企业活动和产出影响且会影响企业目标实现的个人和群体。一些利益相关者直接参与企业价值创造过程，如投资者、员工、顾客、供应商、当地社区等；另外一些并不直接参与价值创造过程，如竞争者、媒体、政府官员、非政府组织等。利益相关者是有情感、偏见、欲望、需要和利益，以及不同的经历、认知能力、观点、技能和背景的人，他们既不总是理性的，也不只是考虑自己的。

2. 评估利益相关者的影响力。利益相关者影响力是指利益相关者对企业战略和决策施加影响的能力，包括经济影响力、政治影响力和社会影响力。经济影响力是指利益相关者拥有企业所需的资源进而对其施加影响的能力；政治影响力是指利益相关者对事关企业利益的政治过程施加影响的能力；社会影响力是指利益相关者对关乎企业利益的社会舆论施加影响的能力。

3. 分析利益相关者的行为和观点。主要分析三类利益相关者行为：现行的行为；未来可以帮助企业实现更高目标的行为；潜在的可能损害企业目标实现的行为。不要轻易地作出利益相关者"不讲理"的判断，可能是因为利益相关者有不同的利益诉求，也可能是因为利益相关者受到外部因素的影响，还可能是因为利益相关者拥有不同的价值观，应努力去理解利益相关者。

4. 识别和确认利益相关者的利益。要通过多种途径了解各类利益相关者关心的问题，也就是说，要了解利益相关者希望从企业这里获得什么。

5. 识别现行和潜在的利益相关者的贡献。利益相关者的贡献是指利益相关者能够为企业创造价值作出什么贡献，即分析企业可以从利益相关者那里得到什么。

6. 评估现行的利益相关者策略。企业现行的利益相关者策略是怎样的？是无视利益相关者，或者仅仅作为公共关系来处理，还是默默地把利益相关者利益考虑进去，抑或是主动地与利益相关者对话、沟通，并把利益相关者的利益考虑进去？

7. 建立使命：定义企业、制定公司战略和价值观。通过为顾客提供产品和服务来定义企业，通过能为利益相关者做什么来确定企业的目的，公司战略和价值观应当反映企业对社会的责任。

8. 建立和强化利益相关者文化。利益相关者文化是公司文化的重要组成部分。利益相关者文化的核心是企业共享的关于如何看待利益相关者的信念、价值观和假设。

9. 制定利益相关者管理总体策略。从相对的战略威胁和相对的合作潜力两个维度进行分析。一是战略威胁小，合作潜力大时，宜采用"进取型策略"（offensive strategy）。由于风险极小，任何创造价值的机会都可以一试。二是战略威胁大，合作潜力小时，宜采用"防御型策略"（defensive strategy）。由于对企业创造价值的潜在威胁大，企业应确保该利益相关者感受到自己受到了公平合理的对待，任何错误，无论是真实发生的还是该利益相关者感受到的，都应该立即纠正，而且要慷慨行事。三是战略威胁小，合作潜力小时，宜采用"维持型策略"（hold strategy）。需要注意的是，维持不是忽视。四是战略威胁大，合作潜力大时，宜采用"转变型策略"（swing strategy）。关键是，要让该利益相关者参与到企业决策过程之中，让他们感受到自己是公司这个大家庭的一员。

10. 制定基于共同利益的价值创造策略。根据利益相关者普遍最为关心的问题，制定价值创造策略。可能的策略包括：直接回应某个利益相关者的议题，或者回应某个利益相关者的利益相关者（如顾客的顾客）的某个重要议题；企业与利益相关者联合创造价值的项目；企业自身采用创新的策略，以更有效率和有效果的方式开展工作。

11. 建立基于利益相关者的绩效评估和控制系统。首先要制定相关的基于利益相关者的目标，然后再建立相应的绩效评估和控制系统。

结合利益相关者管理框架分析松下电器是如何管理利益相关者的。

## 专栏8.8【商业模式实践】

### 松下幸之助的企业伦理观

松下幸之助对企业与相关利益者关系有独到的看法。

1. 企业与社会：企业乃社会公器。普遍观点认为，企业的主要目标是盈利。然而，松下电器的创始人松下幸之助持有不同见解。"经营企业非私人之事，乃公众之事，企业是社会的公器。"他认为企业不仅是盈利工具，更是社会的公器，其核心使命在于通过业务活动提升社会福祉和生活水平。他强调企业应超越个人利益，承担社会责任，以国家的安全和发展、员工的幸福为目标，从而获得社会的认可和长远发展。松下并不反对追求财富，实际上，他提倡通过高效的经营实现丰厚的利润和广泛的销售——"厚利多销"，但又视金钱为手段而非目的，松下幸之助的核心理念是，企业的根本目的在于提升人们的生活质量。因此，按照他的观点，企业的社会责任是通过高效的管理和运营来增强社会的福祉。

2. 企业与顾客：顾客是明君。松下幸之助认为，企业不应盲目遵从顾客的所有要求。他认为，如果企业对顾客的任何要求都盲目顺从，即使是最明智的顾客也可能变得专横，最终导致双方关系的恶化，甚至可能引发反抗，这是非常危险的。他主张企业应择时向顾客提出建议和忠告，以维护顾客的明智和企业的长远利益。松下幸之助强调顾客至上，他经常说："卖方要做买方的掌柜""商品是我的千金小姐，客户就是可爱的女儿的婆家"。但他将顾客视为明智的君主，而非无条件服从的对象，以确保双方关系的和谐与企业的可持续发展。他还提倡生产者和消费者之间的相互理解和融合，认为这有助于建立稳固的生产与消费关系。

在与顾客的互动中，松下幸之助倡导"诚意为本"的原则，他认为，最重要的是要考虑如何让顾客感到高兴，如何接待顾客才能让他们感到满意。如果一个人内心有这样的诚意，那么他的言行举止自然会流露出感人之处，销售能力也会随之提高。

3. 企业与竞争者：君子之争。在商业领域，竞争是不可避免的，有时竞争的激烈程度可与战场相提并论。松下幸之助对竞争持有复杂的看法：一方面认为过度竞争是不道德的；另一方面也认识到，经营企业本质上是一种充满挑战的战斗，缺乏斗志的企业最终将面临失败。

松下幸之助在商业竞争中提倡三个核心原则：首先，正当竞争，强调企业应基于正直和诚信进行竞争，避免不正当手段。"经营者是实业家的同时，也要是一位真正的绅士，要堂堂正正地做生意"。其次，和谐共处。他认为，"做生意固然需要竞争，但仔细想来，任何人都不是为了竞争而做生意的。所以，即使同业在自家附近新开店经营，也应以开阔之心胸对待，而不应视为眼中钉。新开店的人，也应以对待先进之心，行后进应尽之礼，此种良好的风范，更可令顾客对店家产生信赖。"最后，相互学习，鼓励企业从竞争对手中学习，以激发自身潜能和促进成长。他认为，虽然竞争是商业的一部分，但应以道德和合作为基础，以实现企业的长远发展。

4. 企业与政府：互相帮助。松下幸之助认为，政府的合法性和有效运作依赖于民众的支持，因此政府在发言和行动时必须考虑到民众的感受，避免采取可能引起广泛反感的措施。政府通常会展现出一种愿意帮助和服务所有人的姿态。然而，他同时强调，企业不应过度依赖政府的支持，企业应该依靠自己的力量，在力所能及的范围内，认真履行自己的职责和义务。这种自力更生的精神是企业最宝贵的品质。他进一步指出，与其期待政府的救济，不如鼓励和动员民众积极参与，帮助政府解决问题。这样不仅能够减轻政府的负担，还能促进社会的和谐与进步。通过民众的积极参与和贡献，可以形成政府与民间的良性互动，共同推动社会的发展。

5. 劳方与资方：对立中协调。松下幸之助认为理想的劳资关系应该是经常保持"对立而又协调"的状态。他主张，劳资双方应该坦诚地表达自己的观点和立场，坚持必要的主张，但在必要时也要能够相互妥协和接受对方的意见。这种关系中，对立和协调是相辅相成的：在寻求协调的过程中保持一定的对立，而在对立中寻求协调，这是维持双方关系平衡的关键。他进一步比喻说，公司和工会就像一辆汽车的两个轮子，它们需要大小和力量均衡，以确保企业能够顺利前进。如果两者之间存在不平衡，那么企业的运行和发展就会受到影响。

6. 管理者与下属：以德服人。管理工作的核心在于通过他人来完成任务。那么，如何激励下属积极工作呢？松下幸之助认为以德服人是最为关键的。他强调领导者应以德服人，通过提升自身的道德品质和理解下属来建立权威和影响力。他提倡管理者应以公共利益为出发点，保持公正无私，不断自我反省。他甚至认为，"究竟能做到几分大公无私，以无私之心观察事物是成功的经营者与失败的经营者之间的最大分野。"他认为，管理者的责任至关重要，公司和团队的成功与领导者的决策密切相关。松下幸之助将最高经营者比作"带有方向指示的倒茶者"，意味着领导者既要服务团队，也要具备引导方向的能力，同时视下属为公司的主人，在 1956 年 2 月的一次谈话中，他提到"现在我这里有 10000 名员工，我就认为我有 10000 个主人"，强调了领导者与团队成员之间的相互尊重和责任共担。

7. 员工与企业：确认职业人的义务。松下幸之助认为员工与企业应共同承担社会责任，他鼓励员工将个人成长与社会贡献相结合，认识到工作不仅是谋生手段，更是实现个人价值和社会使命的途径。他强调，员工应视工作为对社会的贡献，而不仅仅是为了薪水。他说，"薪水乃维持自我生活所必需，当然是工作的目的之一，但不可忘记它背后更大的意义。那就是透过自己的工作，或透过自己服务的公司或商店，对社会有所贡献，亦即彻底完成了职业人或产业人的使命，广义地说，也等于完成了人生而为人的使命。"

松下幸之助倡导员工与企业形成命运共同体，在 1963 年 1 月与员工的一次交流中，他表达了一个深刻的观点："如果你们能够深刻地认识到'我是松下电器的主人，这是我的事业'，我相信将会激发出难以想象的巨大力量。因此，希望大家将自己的工作看作是自己的事业，不要有只为薪水而工作的想法，而应具有与工作共存亡的企业家精神。"松下幸之助要求员工对公司作出长期的承诺，"一生一世奉献公司"。他强调，每个人都应该下定决心，以永远作为这家公司员工的心态，为自己开拓一条生存和发展的道路。如果遇到困难就考虑转行，那么将永远无法取得重大成就。每个人都应该对自己的职责有清晰的认识，全身心地投入工作中，绝不能掉以轻心。鼓励员工以主人翁精神对待工作，将个人事业与公司发展紧密相连。他要求员工对公司做出长期承诺，以企业家精神全身心投入工作，不断自我提升，共同推动企业和社会的进步。

8. 员工与员工：和睦相处。松下幸之助强调，在追求生活的过程中，物质条件虽然重要，但更重要的是人与人之间能够正确维护彼此间的关系。他认为，情感的交流、相互间的忠诚以及共同感激生命的心态，构成了人际关系和人伦道德的基石。他鼓励员工认识到与他人和谐共处的重要性，保持一颗感恩的心，在与人交往时不忘恩情、不忽视感谢之情、尊重彼此间的义气。因为工作场所聚集了不同年龄、性格和观点的人，要使大家能够顺利协作，就必须注重礼仪。

松下幸之助的企业伦理思想在其基本经营原则和七精神中得到了明确的体现。松下的基本经营原则包括：激励进步、增进社会福利以及推动世界文化的进一步发展。松下七精神——产业报国、光明正大、和亲一致、力争向上、礼节谦让、顺应同化和感谢报恩。

资料来源：参见陈炳富，周祖城. 企业伦理 [M]. 天津：天津人民出版社，1996：76-83.

传统的企业理论认为，企业的唯一目标就是"实现经济利润最大化"，这已经被越来越多的有识之士否定。不过，利益相关者理论的出现，分散了企业的经营目标，除了经济上的目标以外，企业也必须承担社会的、政治上的责任。这又可能会导致企业陷入"企业办社会"的僵局。一旦利益相关者理论被大众所接受，企业的行为势必受到框架限制，企业无形中被套上公益色彩，结果很可能会导致企业经济利润上的损失。更有可能让企业陷入一种顾此失彼的境地，比如，企业实现了经济利润的最大化，却又照顾不到社会责任；若过多地考虑到社会责任，又会让对手有可乘之机，丧失了经济上的优势。基于此，本书认为，在实践中二者需要适度平衡和权衡。

──── 【本章小结】 ────

1. 商业模式伦理分析的提出有其内在逻辑。商业模式的可行性并非只由企业自身的盈利能力和技术实施的可行性决定，它同样依赖于能否获得利益相关者的支持和认可。如果一个商业模式以牺牲利益相关者的利益为代价，并且这种牺牲违背了伦理原则，那么利益相关者的支持就无从谈起。在缺乏支持甚至面临反对的情况下，商业模式的实施将面临重大障碍，甚至可能变得不可行。正因如此，众多西方学者将伦理分析视为企业伦理与管理学科交叉领域中的核心议题。基于战略和系统思维，商业模式决策的可行性应从五个维度进行综合评估：经济维度、技术维度、政策维度、法律维度和伦理维度。

2. 伦理就是指用来指导和规范个体、组织、社会和自然环境之间利益关系的一套行为准则。道德就是个体在遵循"道"的基础上，通过内心的"德"来实现自我提升和与他人和谐相处的一种品质。卡罗的企业社会责任观包括：经济、法律、伦理、慈善责任。利益相关者是指可能对组织的决策和活动施加影响或可能受组织的决策和活动影响的所有个人、群体和组织。企业伦理责任，是指企业在从事各项活动时，应当合乎伦理地对待利益相关者和社会，并应当承担没有达到伦理要求而引起的后果。伦理关照应贯穿于商业模式实践的全过程，包括：环境分析→模式定位→资源整合→价值创造→价值获取→创新重构。

3. 要成为一个企业的利益相关者，至少要符合以下一条属性：正当性、权力、紧迫性。利益相关者管理原则总共有七项，企业守住这七项原则，就更可能实现与利益相关者之间的高度协同和价值共创。利益相关者管理框架在健全企业社会责任观与完善公司治理理论方面，特别是在运用战略思维和系统思维分析利益协调问题、实现"平衡治理"方面，对我国企业开展商业模式协同合作具有特别重要的借鉴意义。考察实践中的伦理，不难发现，中国的方太、信誉楼、胖东来和力源等企业，均在其商业模式实践中践行了伦理管理的基本思想，其经营持续获得卓越成效。

──── 【复习思考题】 ────

1. 本书提出企业经营有必要开展商业模式伦理分析，其内在逻辑是什么？

2. 伦理分析在商业模式设计与实践中的作用与内涵是什么？

3. 基于战略和系统思维，商业模式决策的可行性应从哪几个维度进行评估？

4. 什么是伦理？其内涵是什么？

5. 什么是道德？其内涵是什么？

6. 伦理与道德有何异同？

7. 卡罗的企业社会责任观包括哪几个层面的内容？其具体责任是否应该依次递进落实？

8. 什么是企业伦理责任？其特征是什么？

9. 本书提出伦理关照应贯穿于商业模式实践的全过程。请具体分析商业模式实践的每一个过程可能存在哪些伦理问题？

10. 要成为一个企业的利益相关者，需要具备哪些属性？

11. 利益相关者管理的原则有哪些？举例说明其如何应用。

12. 利益相关者管理框架包括哪几个层次的内涵？举例说明其如何应用。

─────【做中学模式】─────

1. 选择一到两家你身边的企业或通过互联网查询你感兴趣的一到两家企业，分析其各自的利益相关者类型，并比较其异同。

2. 选择一到两家你身边的企业或通过互联网查询你感兴趣的一到两家企业，分析其是如何履行社会责任的。

3. 选择一到两家你身边的企业或通过互联网查询你感兴趣的一到两家企业，分析其是如何管理利益相关者的，并考察其运用了哪些利益相关者管理原则。

─────【章末案例】─────

### 从低价到极致低价：拼多多的低价螺旋让谁受益？

在 2018 年双 11 购物节期间，阿里巴巴首次意识到拼多多作为竞争对手的崛起。尽管后者当时上市时间不长，其总成交额（GMV）仅为阿里巴巴的 1/10，但许多观察家已经开始将其与淘宝的早期阶段相提并论。阿里巴巴对拼多多的增长速度和潜力有着清晰的认识。拼多多当时依赖菜鸟平台处理快递订单，使得其订单量对阿里巴巴几乎完全透明。

面对这一挑战，阿里巴巴在接下来的五年中采取了一系列应对措施。2019 年 3 月，整合了聚划算和淘宝的特价业务，打造了一个专注于低价商品的统一平台。年底，聚划算推出了"百亿补贴"计划。次年，淘宝特价版上线，通过补贴策略迅速吸引了 3 亿用户。到了 2023 年，阿里巴巴进一步强化了低价战略，强调回归用户和互联网的本质。

2023 年初，阿里巴巴和京东都将"低价"作为核心战略，进行了组织调整和策略优化，集中力量抗衡拼多多。然而，尽管进行了一年的低价竞争，拼多多的市值却超过了阿里巴巴，相当于四个半京东。

拼多多的员工总数不足 1.5 万人，仅占阿里巴巴的 6% 和京东的 3%，但这些员工却支撑着拼多多的多项业务，与阿里巴巴、美团和 SHEIN 等企业竞争。在人均创收方面，拼多多的效率甚至超过了知名的会员制仓储量贩店 Costco。拼多多之所以能够实现这一成就，是因为其始终坚持一个简单的目标——构建一个让商品自然变得更便宜的机制。

1. 单一目标的平台、单一目标的公司。互联网巨头通常以平台模式运营。淘宝和天猫在流量分配上会考虑商家的权重、广告投入和商品定价，而京东则要协调自营与第三方商家的关系。拼多多则专注于价格竞争，简化购物流程，取消购物车，鼓励一键购买，并通过红包、优惠券等直观激励促进用户下单，推动用户分享以获得更低价格。

低价螺旋的开始是用户。它取消了传统的购物车功能，鼓励用户直接下单并支付，将购物决策过程简化为一个点击动作。拼多多避免使用复杂的满减优惠，而是通过红包、优惠券和小游戏等直观方式激励用户下单。这种策略促使上亿用户主动分享购物链接，以获取更低的价格。商家在拼多多上要想增加销量，就必须提供最低价格的商品，因为平台的竞价非常细致，价格高出一点就可能失去流量。这种策略使得品牌和非品牌商品同台竞争，都在争取最低价格的优势。拼多多的这种以价格为中心的模式，不仅吸引了消费者，也给商家带来了巨大的流量压力。各电商平台流量分发机制如表 8-2 所示。

表 8-2　　　　　　　　各电商平台流量分发机制及收费情况

| 项目 | 淘系 | 京东 | 拼多多 | 抖音电商 |
|---|---|---|---|---|
| 流量分发逻辑 | 店铺加权 | 低价优先 | 低价为主单品爆发 | 店铺自播 |
| 头部商家体量 | 天猫旗舰店为主 | 自营旗舰店为主 | 白牌为主 | 官方旗舰店为主 |
| 店铺数量 | 千万量级 | — | 千万量级 | 百万量级 |
| 佣金费率 | 淘宝免佣金天猫 0.5% ~ 5% | 第三方商家 0 ~ 8% | 主站 0.6%百亿补贴 1% ~ 3%多多买菜 0.5% | 2% ~ 8% |
| 营销推广服务费率（2022） | 3% 左右 | — | 3% 左右 | 7% 左右 |
| 整体货币化率（2022） | 3.54% | 2.36% | 3.11% | 9% ~ 10% |

资料来源：沈方伟. 低价、极致低价与拼多多 [DB/OL]. 晚点，2023-12-19.

拼多多以其简化的商家流程和低廉的费率，为商家提供了一个以价格竞争为主的平台。商家在拼多多上架商品的步骤简化，自动标题生成等功能使得上架速度大幅提升，且费率较竞争对手低，主站交易佣金仅为 0.6%，百亿补贴的佣金也仅为 1% ~ 3%，大约是天猫的一半。拼多多的运营成本也较低，其员工虽然工时较长，但工作目标明确，考核简单，内部实行赛马机制，每天、每周、每月赛马，再按照 2 – 7 – 1 机制考核，对 20% 和 70% 的员工给予晋升和丰厚奖励，激励员工达成目标。在高 KPI 目标和赛马制度的压力下，招商员工为获得更好成绩，必须去找到更多供给。低价就成了完成 KPI 的方法之一。

拼多多在竞争中专注于核心目标，如 GMV 增长和用户日活跃度（DAU）。在 2019 年以前集中精力追求 GMV 增长时，拼多多甚至与支付宝和菜鸟保持合作，牺牲数据隐私以专注于增加交易量。随着 2020 年抖音、快手等平台的加入，拼多多将 DAU 视为比 GMV 更重要的指标，以增强用户黏性和拓展更多复合场景。

2. 百亿补贴：几款大通货打开的品牌心智。拼多多的崛起并非仅靠销售工厂白牌商品，而是通过引入品牌商品实现了向综合性电商平台的转变。起初，品牌商对入驻拼多多持谨慎态度，担心品牌形象受损。但随着其推出"百亿补贴"策略，成功吸引消费者购买低价正品，如 iPhone 和飞天茅台，逐渐改变了市场对其的看法。

百亿补贴策略不仅提升了拼多多的品牌形象，还通过与线下经销商合作，解决了品牌官方渠道的抵触问题。这些经销商面临库存压力，拼多多成为他们清理库存的有效途径。随着时间的推移，百亿补贴逐渐形成了规模效应，拼多多开始收取佣金，补贴模式也由平台单方面补贴转变为与经销商共同承担。

拼多多的策略使其在手机等品类上取得显著的市场份额，尤其是苹果手机的销售额有望在年内达到 700 亿元，从而成为苹果在中国最大的第三方销售渠道。尽管品牌商仍需维护其定价权和经销体系，但拼多多的规模和消费者对性价比的追求已使得品牌商继续考虑与拼多多的合作。品牌商在拼多多上的销售额已占其总营收的 10% ~ 20%，显示了拼多多在品牌商整体销售中的重要性。随着拼多多的持续增长，品牌商预计将在平台上销售更多新品和爆品。

3. 白牌是基本盘，现在越来越难做。拼多多在扶持品牌商家的同时，白牌商家逐渐失去了平台的核心地位。尽管白牌商家曾是拼多多增长的基石，但随着品牌商家的增多，白牌商家仅靠低价获取流量的时代已经结束。拼多多上市前一年，平台的活跃商家数量是 160 万。在 2022 年平台最后一次公布数量时，年活跃商家数量已经达到 1300 万。目前拼多多年活跃商家中超过 70% 都是白牌商家。拼多多的商业化策略导致免费流量减少，商家需要投入更多广告费用来获取资源。

拼多多的"仅退款"政策和罚款规则，虽然旨在改善用户体验和维护消费者权益，但因执行过程中的不透明和滥用，引起了商家的不满。商家在处理交易纠纷时常常面临平台的自动介入和沟通限制，导致他们难以维护自己的利益。

尽管商家对此有所抱怨，但一位拼多多员工则认为自 2021 年年初上线的"仅退款"规则是国内互联网产品的最优秀设计之一，因为它维护了用户信任并节省了售后成本，尽管这些成本最终由商家承担。黄峥曾经将拼多多的定位总结为"Disney + Costco"，前者是各种小游戏，后者是"百亿补贴"+"仅退款"组合，维护了其"线上Costco"的形象，百亿补贴用低价、正品保证、假一赔十提高了商品生态的上限，"仅退款"维护了消费者权益的下限。尽管面临挑战，白牌商家只能适应新规则，提供更优质的产品和服务以吸引客户。

4. 市场需要拼多多，但不能只有拼多多。现代管理学之父彼得·德鲁克强调企业的唯一使命是创造顾客。然而，随着阿里和京东规模的扩大，组织结构变得复杂，过去的成功模式限制了它们的创新能力，尤其在面对拼多多的激烈价格竞争时。拼多多以极致的性价比策略在市场中占据了一席之地，而阿里和京东则试图在多个方面如多样性、速度和质量上保持竞争力。

阿里侧重于商品多样性和品质，与品牌建立紧密联系，其商业模式以店铺为核心，为新品牌提供了成长空间。京东则侧重于物流速度和商品质量，自建物流网络，为消费者提供了优质服务。这种多目标追求在一定程度上影响了效率。随着基础设施的完善，平台间的差异减少，价格成为主要的竞争手段。有阿里员工对当前电商行业的低价竞争表示失望，认为缺乏创新。

米尔顿·弗里德曼曾在1970年提出企业的主要社会责任是增加利润，但50年后的今天，许多经济学家和企业家不再认同这一观点。他们认为，单纯追求效率和利润可能会破坏社会，而不是建设一个更好的社会。这表明，企业需要在追求利润的同时，也要考虑其对社会和环境的影响。

资料来源：参见沈方伟. 低价、极致低价与拼多多［DB/OL］. 晚点，2023 - 12 - 19.

## 讨论题：

1. 你是否在拼多多、淘宝、京东平台消费过？如果有消费经历，请对比一下各平台带给你的体验如何？

2. 你认为拼多多在设计和重构商业模式的不同阶段，可能运用了本章开头提及的哪些主要思维？其在商业模式实践过程中是如何开展协同合作的？

3. 请你结合利益相关者理论，分别扮演消费者、平台商家、供应链、平台竞争对手（即其他电商）、平台自身等角色，设身处地思考一下，拼多多的低价策略会带给你什么影响（正面和负面都要考虑）？

4. 请你结合利益相关者理论，从更长远的视角（10年及以上）出发，思考拼多多的低价螺旋会给全社会带来什么影响？请分别从消费文化、市场秩序、创新动力、就业环境、社会公平、知识产权保护、环境保护七个方向展开讨论。

# 参考文献

[1] 陈传明，等．管理学［M］．北京：高等教育出版社，2019.

[2] 程少川．价值形式辩证逻辑原理［M］．广东：华南理工大学出版社，2023.

[3] 戴天宇．商业模式基因工程［M］．北京：北京大学出版社，2022.

[4] 方志远．商业模式创新战略［M］．北京：清华大学出版社，2014.

[5] 何怀宏．伦理学是什么［M］．北京：北京大学出版社，2002.

[6] 胡江伟．从0到1学商业模式［M］．北京：中华工商联合出版社，2022.

[7] 黄津孚．现代企业管理原理［M］．北京：清华大学出版社，2017.

[8] 慧杰．低风险创业与商业模式设计［M］．北京：人民邮电出版社，2020.

[9] （日）今枝昌宏．商业模式教科书［M］．王晗，译．北京：华夏出版社，2020.

[10] 贾生华，陈宏辉．利益相关者的界定方法述评［J］．外国经济与管理，2002（5）：13－18.

[11] 江积海，李琴．平台型商业模式创新中连接属性影响价值共创的内在机理——Airbnb的案例研究［J］．管理评论，2016，28（7）：252－260.

[12] 金碚．工业的使命和价值——中国产业转型升级的理论逻辑［J］．中国工业经济，2014（9）：51－64.

[13] （美）克莱顿·克里斯坦森．创新者的窘境［M］．胡建桥，译．北京：中信出版社，2010.

[14] 黎鹏．区域经济协同发展及其理论依据与实施途径［J］．地理与地理信息科学，2005（4）：51－55.

[15] （美）里思，特劳特．定位［M］．王恩冕，于少蔚，译．北京：中国财政经济出版社，2002.

[16] 李庆丰．商业模式与战略共舞［M］．北京：北京时代华文书局，2020.

[17] 李原．世界顶级思维大全［M］．北京：中国华侨出版社，2018.

[18] 李占祥．李占祥自选集［M］．北京：中国人民大学出版社，2007.

[19] 栗学思．商业模式制胜：案例解析超速赢利的商业模式［M］．北京：中国经济出版社，2015.

[20] 林曦．弗里曼利益相关者理论评述［J］．商业研究，2010（8）：66－70.

[21] 凌发明．企业战略与商业模式［M］．北京：机械工业出版社，2016.

[22] 凌发明. 认知边界: 认知决定你的财富 [M]. 北京: 中国纺织出版社, 2021.

[23] 吕力. 中国管理哲学 [M]. 上海: 东方出版中心, 2022.

[24] 罗国杰, 马博宣, 余进. 伦理学教程 [M]. 北京: 中国人民大学出版社, 1985.

[25] 邱栋. 商业模式革新 [M]. 北京: 企业管理出版社, 2018.

[26] (美) 琼斯. 光电帝国 [M]. 北京: 中信出版社, 2006.

[27] 芮明杰. 管理学 [M]. 北京: 高等教育出版社, 2021.

[28] (日) 三谷宏治. 商业模式教科书 [M]. 马云雷, 杜君临, 译. 南京: 江苏凤凰文艺出版社, 2016.

[29] 孙瑞鹗, 等. 经济技术市场丛书 [M]. 合肥: 安徽科学技术出版社, 1985.

[30] 孙新波, 张媛, 王永霞, 等. 数字价值创造: 研究框架与展望 [J]. 外国经济与管理, 2021, 43 (10): 35-49.

[31] 唐方成, 顾世玲, 马晓楠, 等. 后发平台企业的颠覆式创新路径——以拼多多为例 [J]. 南开管理评论, 2024, 27 (5): 175-185.

[32] 汪存富. 开放创新和平台经济 IT 及互联网产业商业模式创新之道 [M]. 北京: 电子工业出版社, 2021.

[33] 汪寿阳, 乔晗, 胡毅, 等. 商业模式冰山理论: 方法与案例 [M]. 北京: 科学出版社, 2017.

[34] 王凤彬, 王骁鹏, 张驰. 超模块平台组织结构与客制化创业支持——基于海尔向平台组织转型的嵌入式案例研究 [J]. 管理世界, 2019, 35 (2): 121-150, 199-200.

[35] (美) 威廉·尼克尔斯, 吉姆·麦克修, 苏珊·麦克修. 认识商业第 10 版 [M]. 陈智凯, 黄启瑞, 黄延峰, 译. 北京: 世界图书出版公司北京公司, 2016.

[36] 魏江, 邬爱其, 等. 战略管理 [M]. 北京: 机械工业出版社, 2018.

[37] 魏炜, 李飞, 朱武祥. 商业模式学原理 [M]. 北京: 北京大学出版社, 2020.

[38] 吴朝晖, 吴晓波. 现代服务业商业模式创新: 价值网络视角 [M]. 北京: 科学出版社, 2013.

[39] 吴照云, 余焕新. 管理的本质与管理思想的东方回归 [J]. 当代财经, 2008 (8): 75-79.

[40] 席酉民, 尚玉钒. 和谐管理理论 [M]. 北京: 中国人民大学出版社, 2002.

[41] 徐飞. 战略管理 [M]. 北京: 中国人民大学出版社, 2022.

[42] 许小年. 商业的本质和互联网 (第 2 版) [M]. 北京: 机械工业出版社, 2023.

[43] (美) 亚历山大·奥斯特瓦尔德, 等. 商业模式新生代 [M]. 王帅, 等译. 北京: 机械工业出版社, 2011.

[44] 杨红卫, 杨军, 焦艳军. 商业模式设计与创新 [M]. 成都: 电子科技大学出版社, 2020.

［45］余来文，林晓伟，陈明，封智勇．企业商业模式：创业的视角（第二版）［M］．厦门：厦门大学出版社，2018.

［46］余来文．互联网思维商业模式的颠覆与重塑［M］．北京：经济管理出版社，2020.

［47］袁柏乔，肖啸空．构建企业可持续健康发展根基——基于企业文化视角［J］．企业经济，2013，32（3）：50 - 53.

［48］袁柏乔，张兴福，等．管理学［M］．上海：上海交通大学出版社，2018.

［49］原磊．商业模式体系重构［J］．中国工业经济，2007（6）.

［50］张国军．企业核心竞争力的构建与扩散：一种战略协同的过程［J］．经济管理，2001（20）：26 - 31.

［51］赵洱崉，刘平阔．固定电价与可再生能源配额交易的政策效果——基于生物质发电产业［J］．工业技术经济，2013，32（9）：125 - 137.

［52］钟宪瑞．商业模式创新与管理［M］．北京：经济管理出版社，2017.

［53］（新）周宏骐．生意的本质：商业模式动态升级的底层逻辑［M］．北京：机械工业出版社，2024.

［54］周祖城．企业伦理学［M］．北京：清华大学出版社，2020.

［55］Carroll A. B.，Buchholtz A. K. Business and Society：Ethics and Stakeholder Management［M］．4th ed. Cincinnati，Ohio：South-Western Publishing Co.，2000：65 - 66.

［56］De George R. T. Business Ethics［M］．7th ed. Upper Saddle River，NJ：Prentice Hall，2010：12.

［57］Dianne Dredge. Golf tourism development，stakeholders，differing discourses and alternative agendas：the case of Malta［J］．Tourism Management，2000，21（5）：515 - 524.

［58］Freema R. E. Strategic Management：A Stakeholder Approach［M］．Boston：Pitman，1984：25.［59］Freeman R. E.，Harrison J. S.，Zyglidopoulos S. Stakeholder Theory：Concepts and Strategies［M］．Cambridge，UK Cambridge University Press，2018：15 - 68.

［60］Mendelow. Proceedings of Second International Conference on Information System［M］．Cambridge，M. A. Coded from：Marion C. Markwick，1991.

［61］Shafer S. M.，Smith H. J.，Linder J. C . The power of business models［J］．Business Horizons，2005，48（3）：199 - 207.

［62］Velasquez M. G. Business Ethics：Concepts and Cases［M］．4th ed. Upper Saddle River，NJ：Prentice-Hall，1998：8.

［63］Wheeler D.，Sillanpaa M. The Stakeholder Corporation：A Blueprint for Maximizing Stakeholder Value［M］．London：Pitman Publishing，1997：167.

# 赞　誉
PRAISE

**魏炜**

博士、北京大学汇丰商学院教授、商业模式研究中心主任、国内商业模式理论研究的先行者和奠基人

《商业模式教程》系统整合了数字经济和人工智能新时代的商业模式理论框架与实践案例，在商业模式研究的体系化探索中作出积极贡献，为学界和业界提供了有价值的参考。全书以"协同文明"为始，以"伦理共生"为终，构建了完整的商业模式价值升维体系。作者构建的商业模式六职能动态演进框架不仅是方法论工具，更是商业文明进化指南。当企业从"利润攫取者"蜕变为"生态价值分配者"，便真正践行了"协同创造"的商业使命。

**朱武祥**

博士、清华大学经济管理学院教授、博士生导师、魏朱商业模式理论联合创建人

本书开篇直指商业本质跃迁——从"斗兽场博弈"到"价值网络协同"，作者提出的"六大动态职能"框架，成功弥合了静态要素与动态过程的学科断层，将商业模式从机械拼图升维为有机生命体。尤为可贵的是，作者揭示了"协同学是价值观与方法论的双螺旋"，为高质量发展时代提供了理论支持，堪称企业家打破内卷宿命的启蒙宣言。

**芮明杰**

博士、复旦大学文科国家一级教授、博士生导师、国务院政府特殊津贴专家

本书提出"环境理解深度决定商业模式上限"，破解了商业模式不可复制之谜，可谓是颠覆性洞见。通过"宏观湍流分析→行业突变点预警→内部基因解码"的三层环境分析，深刻揭示了成功商业模式的生态特异性。书中关于春秋航空的案例生动证明：适应环境土壤的商业模式创新才能取得成功。本书可为"中国模式出海"提供有价值的方法论参考："创新重于复制"。

**吴照云**

博士、二级教授、
博士生导师、江西
财经大学原副校长

本书突破传统定位理论局限，构建了以"动态满足利益相关
者需求"为核心的三维坐标体系，揭示商业模式定位的本质
是设计可持续的共赢规则。通过对西南航空三重定位融合
（战略—营销—商业模式）的解构，实证了生态位构建的协同
价值，并警示伦理缺位将引发系统风险。该理论框架为企业打
破红海竞争僵局、开辟蓝海空间提供了动态导航机制，推动定
位理论从静态占位向生态共赢范式演进。

**黄津孚**

首都经济贸易大学
二级教授、中国人
民大学博士生导
师、国务院政府特
殊津贴专家

"企业缺的，世界都有"——本书以振聋发聩的洞见，提出
"生态位重构"的新范式，定义经营者为资源连接者而非占有
者。书中提出的九维资源整合框架（渠道/技术/信息/资本/供
应链等），配合协同学原理和客户价值最大化原则，直指智能互
联时代的企业核心竞争力。从苹果 OEM 模式到华硕 OBM 模式
的案例表明，资源整合范式决定商业进化速度——在智能互联
时代，谁能在最短时间内把九维资源萃取成客户可感知的价值，
谁就能突破熵增，跟上商业进化的节奏。

**陈传明**

博士、教授、博士
生导师、南京大学
管理学院原院长

作者抛弃"优势—劣势"的静态博弈逻辑，以"护城河的本
质是持续创造深度差异化"为重要命题，构建价值网络的五
大战略框架（动态规划、生态重组、边界拓展、智能协同、
深度耦合），为经营者提供了一套完整的生态级协同工具包。
从丰田与斯巴鲁联合研发的技术协同，到社交新零售模式的
价值链裂变，本书揭示了真正的防复制护城河，源于对生态
要素的颠覆式重组能力。本书不仅是一部关于如何超越未来
竞争的预言，更是颠覆者的生态作战指南——在不确定性成
为常态的时代，启发经营者如何将线性竞争优势转变为网络
化协同能力。

**吕力**

博士、扬州大学特
聘教授、博士生
导师

_____

本书提出"盈利是价值势能的转化结果",重新定义了商业
成功的底层逻辑:通过结构性优势(如特斯拉能源墙)、核
心能力壁垒(如台积电先进制程)、生态网络价值(如微信
小程序)构建持续盈利基础。书中提供了一套完整的价值获
取工具包:动态定价(云服务弹性定价)、智能分配(区块
链自动分成)、伦理预警(识别不可持续的盈利模式)等,
帮助企业从零和博弈转向多方共赢。当多数企业还在进行价
格战时,领先者已构建"价值共生系统"——让利润推动良
性循环,最终实现"盈利与增长同步"的健康商业形态。这
不仅是对传统商业思维的升级,更是数字经济时代可持续经
营的新范式。

**黎鹏**

博士、广西大学二
级教授、博士生导
师、国务院政府特
殊津贴专家

_____

作者认为,唯有与环境共振、持续迭代商业模式,企业方能长
寿。为此,本书以系统视角打通商业模式创新与重构的全流
程,理论扎实、案例丰富:既整合战略选择、要素观与整体观
等多学派成果,又提出"六职能模型"与四条可操作路径,
为初创到成熟企业提供了清晰的升级路线图。专栏穿插最新本
土案例,增强了可读性与落地感,不愧是数字经济时代商业模
式迭代的实用指南。

**赵洱崟**

博士、北京理工大
学教授、博士生导
师、博士后合作
导师

_____

本书立足利益相关者视角,以系统而温情的笔触构筑了商业模
式伦理的完整坐标:从伦理/道德溯源,到六大环节的潜在风
险扫描,再到利益相关者识别—评估—协同的实操工具包,辅
以信誉楼、归真堂、星巴克等鲜活案例,形成"理念—方
法—实践"的暖心闭环。视野宏阔,方法详明,既有学术深
度又有落地指引,堪称企业在利润与善意之间寻找平衡点的贴
心路标。